ELOGIOS A *O REI DA MADISON AVENUE*

"Esta brilhante biografia é como a ponta de um maravilhoso iceberg. Ela deslumbra e é, embaixo, um bloco de importantes pesquisas. Kenneth Roman nos encanta com o seu relato da vida e da época de David Ogilvy, que se ergueu acima do mundo da publicidade. Embaixo está o trabalho, até agora oculto, de um agente dos tempos de guerra. Recordamos que Churchill incitou na guerra uma marinha inteira com palavras escritas em um dos lados de uma pequena folha de papel. Ogilvy instigava o público com uma brevidade semelhante. A história é narrada rapidamente. A volumosa pesquisa fascinará aqueles que desejam saber por que era fundamental pintar um pano de fundo de importantes eventos históricos nesse retrato de um homem singular. Ele deveria ser lido por todos, quer estejam ou não envolvidos na arte de vender."
— William Stevenson, autor de *A Man Called Intrepid*

"Finalmente! A biografia final do mais influente executivo de publicidade com quem tive o prazer de trabalhar. Ken Roman trouxe à tona mais informações sobre David. Uma excelente leitura."
— Jack Keenan, ex-CEO da Kraft Foods International e da Diageo PLC Wine and Spirits

"Excelente biografia de um homem genuinamente notável. David Ogilvy reescreveu o livro sobre a propaganda moderna. Com *O Rei da Madison Avenue*, Ken Roman conta a sua história de uma maneira digna das realizações de David. O livro se baseia em uma intensa pesquisa e é muito bem escrito."
— Philip Carroll, ex-CEO da Shell Oil

"Uma leitura fabulosa! David Ogilvy foi inquestionavelmente o Rei da Madison Avenue. Este retrato íntimo deixa clara a inspiradora liderança de Ogilvy na sua agência. As convicções de Ogilvy a respeito do que tendia a resultar em uma propaganda eficaz — o que vende — estão bem descritas, assim como a sua brilhante arte pessoal de conquistar novos clientes."
— Ron Daniel, ex-sócio-diretor da McKinsey & Co.

"Um livro extremamente interessante. Um relato sensível da carreira desse homem complexo que combinou com êxito a intuição e a análise. Ele deveria ser uma leitura obrigatória para qualquer pessoa que esteja contemplando uma carreira no setor publicitário ou das comunicações."
— Sir Michael Angus, ex-presidente da Unilever

"David e Leo eram dois tipos muito diferentes, mas tinham grande admiração um pelo outro. O livro de Ken Roman baseou-se em uma profunda pesquisa e está muito bem escrito. O chefe teria orgulho dele."
— Cap Adams, ex-CEO da Leo Burnett Co.

"Uma narrativa da história de uma pessoa bastante complexa. Belo texto."
— Harold Burson, fundador da Burson-Marsteller Public Relations

"Um livro surpreendentemente interessante a respeito de uma das personalidades mais extraordinárias da história da publicidade."
— Martin May

"Um retrato fascinante de uma vida única e da contribuição feita a uma indústria em desenvolvimento. Um grande trabalho."
— Carlo Vittorini, ex-editor do *Parade*

"Ken Roman traçou um retrato vívido e realista de um dos gigantes empresariais do século XX, e me faz lembrar que as ideias revolucionárias de David Ogilvy sobre a alma dos consumidores ainda valem mais do que todos os algoritmos que formam a base da Internet."
— Randall Rothenberg, presidente e CEO do Interactive Advertising Bureau, ex-colunista de publicidade do *New York Times*

"Ninguém jamais precisará escrever outra palavra a respeito de David Ogilvy agora que Ken Roman escreveu *O Rei da Madison Avenue*. Esta é a biografia final do homem mais incrível que o setor publicitário já conheceu. É a biografia mais justa, mais cuidadosa, mais completa e mais humana daquele gênio imperfeito que provavelmente jamais leremos. *O Rei da Madison Avenue* é para as outras biografias o que a publicidade de David Ogilvy era para a das outras agências: simplesmente superior. Todos os que conheceram David Ogilvy encontrarão nela alguma coisa que não conheciam a respeito do homem, e aqueles que não o conheceram passarão momentos alegres e divertidos enquanto passam a conhecê-lo. Este é sem dúvida o livro mais legível já escrito a respeito da publicidade."
— Bruce McCall, redator e ilustrador da revista *New Yorker*

"Depois de ler *Confessions of an Advertising Man* pelo menos sete vezes, achei que já sabia tudo o que havia para saber a respeito de David Ogilvy, mas eu estava errado. Em *O Rei da Madison Avenue*, Ken Roman me mostrou um David Ogilvy que ninguém jamais viu antes. É uma leitura obrigatória para qualquer pessoa que esteja ou não envolvida com o setor publicitário. Ogilvy era brilhante e, sem dúvida, um dos "Mad Men" originais do seriado da televisão. Só lamento que Cary Grant já tenha falecido. Ele teria sido um grande intérprete de David Ogilvy no filme que sem dúvida se baseará em *O Rei da Madison Avenue*.
— Jerry Della Femina, presidente e CEO da Della Femina/Rothschild/Jerry & Partners

KENNETH ROMAN

O REI DA MADISON AVENUE

DAVID OGILVY E A CRIAÇÃO DA PUBLICIDADE MODERNA

Tradução
CLAUDIA GERPE DUARTE

Editora Cultrix
SÃO PAULO

Para Ellen,

que se casou com a agência e também com o autor

Copyright © 2009 Kenneth Roman.
Publicado pela primeira vez em 2009 pela PALGRAVE MACMILLAN® nos Estados Unidos, uma divisão da St. Martin´s Press LLC, 175 Fifth Avenue, New York, NY 10010.

Todos os direitos reservados. Nenhuma parte desta obra pode ser reproduzida ou usada de qualquer forma ou por qualquer meio, eletrônico ou mecânico, inclusive fotocópias, gravações ou sistema de armazenamento em banco de dados, sem permissão por escrito, exceto nos casos de trechos curtos citados em resenhas críticas ou artigos de revistas.
A Editora Pensamento-Cultrix Ltda. não se responsabiliza por eventuais mudanças ocorridas nos endereços convencionais ou eletrônicos citados neste livro.

Palgrave® e Macmillan® são marcas registradas nos Estados Unidos, no Reino Unido, na Europa e em outros países.

Coordenação editorial: Denise de C. Rocha Delela e Roseli de S. Ferraz
Preparação de originais: Maria Sylvia Correa
Revisão: Iraci Miyuki Kishi

Dados Internacionais de Catalogação na Publicação (CIP)
(Câmara Brasileira do Livro, SP, Brasil)

Roman, Kenneth
O rei da Madison Avenue: David Ogilvy e a criação da publicidade moderna / Kenneth Roman ; tradução Claudia Gerpe Duarte. – São Paulo : Cultrix, 2011.

Título original: The king of Madison Avenue : David Ogilvy and the making of modern advertising.
Bibliografia.
ISBN 978-85-316-1118-6

1. Agências de publicidade – Estados Unidos – Século 20 – História 2. Executivos de publicidade – Estados Unidos – Biografia 3. Ogilvy, David, 1911-1999 4. Publicidade – Estados Unidos – Século 20 – História I. Título

11-03433   CDD-659.092

Índices para catálogo sistemático:

1. Executivos de publicidade : Biografia   659.092

O primeiro número à esquerda indica a edição, ou reedição, desta obra. A primeira dezena à direita indica o ano em que esta edição, ou reedição, foi publicada.

Edição	Ano
1-2-3-4-5-6-7-8-9	11-12-13-14-15-16-17

Direitos de tradução para o Brasil
adquiridos com exclusividade pela
EDITORA PENSAMENTO-CULTRIX LTDA.
Rua Dr. Mário Vicente, 368 — 04270-000 — São Paulo, SP
Fone: 2066-9000 — Fax: 2066-9008
E-mail: pensamento@cultrix.com.br
http://www.pensamento-cultrix.com.br
que se reserva a propriedade literária desta tradução.
Foi feito o depósito legal.

FOTOGRAFIAS E CRÉDITOS ARTÍSTICOS

Foto da capa © Annie Liebovitz/Contact Press Images
Foto do autor © Michael J. Leu
Ilustração Fettes — cortesia do Fettes College
Fleet Street — documentos de David Ogilvy, Manuscript Division, The Library of Congress
Francis Ogilvy e família — cortesia de Ian Ogilvy
David Ogilvy e a esposa Melinda em Lancaster — cortesia de Warren M. Peter Posey
The New Yorker Hathaway cartoon © The New Yorker Collection 1952 Carl Rose de cartoonbank.com
David Ogilvy com anúncios © Erich Hartmann/Magnum Photos
David Ogilvy no navio, no jardim no castelo — cortesia de Ogilvy & Mather e Herta Ogilvy
Galeria da Fama — cortesia de Ogilvy & Mather e da American Advertising Federation
Château de Touffou © Nick Evans
Foto da equipe de Ogilvy & Mather, David Ogilvy em um programa de treinamento, quinquagésimo aniversário de Ogilvy & Mather, logotipo "Ogilvy" — cortesia de Ogilvy & Mather

AUTORIZAÇÕES DE PUBLICAÇÃO DE TEXTOS

Textos das seguintes obras e documentos são citados com a devida autorização:
Relatórios de professores de Oxford, Christ Church College
Confessions of an Advertising Man © 1963 pelo David Ogilvy Trustee, Simon & Schuster
OBM 125 Years © 1975 Stanley Pigott, Ogilvy & Mather London
The Pump House Gang © 1968 Tom Wolfe
Ogilvy on Advertising de autoria de David Ogilvy © Random House 1983
David Ogilvy: An Autobiography © 1997 David Ogilvy. John Wiley & Sons, Inc.
Aga: The Story of a Kitchen Classic © 2002 Tim James, Absolute Press, Bath, Inglaterra
Correspondência entre Leo Burnett e David Ogilvy © Leo Burnett Worldwide, Inc. 2006
Corporate Culture e *The View from Touffou* © Ogilvy & Mather Worldwide
David Ogilvy as I Knew Him © 2008 Michael J. Ball
Material do documentário *David Ogilvy: Original Mad Man* © 2008 utilizado com autorização da World of Wonder Ltd.
Documentos de David Ogilvy, American Association of Advertising Agencies
Palestra de David Ogilvy, "We Sell. Or Else". Association of National Advertisers
Documentos de David Ogilvy, Manuscript Division, Library of Congress, Washington, DC. Doados à biblioteca em 1965. Dedicados ao público e tornados disponíveis em 8 de janeiro de 1990
Documentos de Barton Cummings, Archives Center, National Museum of American History, Smithsonian Institution, Washington, DC
Documentos de David B. McCall e Jock Elliott, John W. Hartman Center for Sales, Advertising & Marketing History, Rare Book, Manuscript e Special Collections Library, Duke University, Durham, NC
Documentos de Rosser Reeves, Wisconsin Historical Society, Madison, WI

SUMÁRIO

Nota do autor 9

Introdução: O Rei da Madison Avenue 11

CAPÍTULO 1 Uma Excêntrica Mistura Céltica 21
CAPÍTULO 2 "Não Passei em Nenhum Exame" 33
CAPÍTULO 3 A Formação de um Profissional de Vendas 45
CAPÍTULO 4 Quem Foi Mather? 56
CAPÍTULO 5 O Lucro nos Estados Unidos 66
CAPÍTULO 6 O Agricultor e o Espião 81
CAPÍTULO 7 Grandes Ideias 97
CAPÍTULO 8 Os Reis Filósofos 129
CAPÍTULO 9 A Verdadeira Igreja 149
CAPÍTULO 10 O Rei no seu Castelo 177
CAPÍTULO 11 Megafusões e Megalomaníacos 212
CAPÍTULO 12 Uma Doença Chamada Entretenimento 235
CAPÍTULO 13 A Rebarba de Singularidade 260

Epílogo (Mais) Textos não Publicados de David Ogilvy 274

Bibliografia e Notas das Fontes 289

NOTA DO AUTOR

*D*avid Ogilvy já estava em plena atividade em 1963 quando ingressei na Ogilvy, Benson & Mather, uma agência de publicidade de médio porte com uma grande reputação. Ele tinha 52 anos e era famoso. Eu tinha 33 e era um executivo de conta júnior. Inicialmente, ele escreveu uma carta para um dos meus clientes. Depois de relacionar oito razões pelas quais alguns anúncios preparados pelo departamento de criação da empresa não seriam eficazes, Ogilvy apresentou o seu argumento decisivo:

> *A única coisa que pode ser dita a favor dos layouts é que eles são "diferentes". Poderíamos fazer uma vaca parecer diferente removendo-lhe as tetas. Mas essa vaca não daria resultados.*

Assim teve início o meu arquivo "David". Quase todo mundo que trabalhava na agência tinha um desse tipo.

No Natal do meu primeiro ano na empresa, todos nós, em um total de seiscentos, marchamos pela Quinta Avenida em direção ao Museum of Modern Art para a nossa reunião anual. Muito elegante, pensei, como os tapetes vermelhos que revestiam os corredores dos nossos escritórios, de resto modestos. "Vejam o meu novo terno Sears", exultava Ogilvy no palco enquanto andava de um lado para o outro, um toque expressivo para enfatizar a sua lealdade aos clientes — e um estímulo para que todo mundo usasse os produtos deles.

Ao longo dos 26 anos seguintes, aprendi outras lições desse tipo, tive inúmeros encontros com ele ao redor do mundo e *muito* mais memorandos e cartas. Com o tempo, quando me tornei o seu terceiro sucessor na presidência, tecnicamente deixei de estar subordinado a ele, mas ele sempre foi uma presença intimidante, e todos pensávamos na agência como sendo a empresa dele.

Embora Ogilvy tenha revelado muito a respeito da sua vida em três livros e várias centenas de entrevistas, ele não pôde avaliar o seu próprio legado e a sua relevância hoje em dia. Esta biografia, a primeira, visa oferecer essa perspectiva e transmitir um sentimento de uma magnificência digna de ser citada. Os vislumbres de Ogilvy transcendem a publicidade, encaminhando-se para a liderança e se aplicam a praticamente qualquer organização de serviços profissionais. Tento também conferir vida à sua personalidade idiossincrática e vívida.

Comecei com um conjunto abundante de recordações pessoais, documentos e fitas, acrescentando a eles mais de cem entrevistas e os 30 mil documentos da Library of Congress, além de várias outras coleções particulares e de bibliotecas, inúmeros livros e artigos, bem como visitas às escolas que ele cursou na Escócia e na Inglaterra, e às suas casas em Nova York, Lancaster County, Pensilvânia e França. Essa pesquisa completou muitas lacunas, adicionando dimensão e matizes. Quase todo mundo que teve um encontro, mesmo que rápido, com ele, tem uma história a contar sobre David.

De tempos em tempos, neste livro, ao relatar eventos dos quais participei, abandonarei a minha objetividade de biógrafo e apresentarei ao leitor um ponto de vista pessoal.

Kenneth Roman

INTRODUÇÃO

O Rei da Madison Avenue

*M*adison Avenue está para a publicidade como Hollywood está para o cinema ou a Fleet Street está para os jornais londrinos, sendo ao mesmo tempo uma identidade e um lugar. Ela evoca imagens de ternos de flanela cinza e almoços com dois martínis. A Madison Avenue foi, durante muitos anos, o endereço de muitas agências de publicidade. Embora a maioria tenha posteriormente se mudado para escritórios em locais menos dispendiosos, "Madison Avenue" continua a ser sinônimo de publicidade americana.

A Segunda Guerra Mundial terminara havia apenas três anos quando David Ogilvy, um imigrante inglês de 39 anos, com praticamente nenhuma experiência em publicidade, decidiu fundar uma empresa, em 1948. Embora os seus escritórios fossem, de fato, na Madison Avenue, os líderes do mundo da publicidade da época não tinham nenhum motivo para prestar atenção nele. No entanto, em poucos anos, Ogilvy passou a ser considerado um deles.

Em 1953, a revista especializada *Printer's Ink* estava pronta para declarar que Ogilvy havia "se tornado de uma só vez a consciência e o agente catalisador da Madison Avenue". Em 1958, ele era descrito em um tom exaltado: "Nenhuma figura isolada que surgiu no horizonte da publicidade americana nos últimos cinquenta anos criou a impressão sensacional produzida pelo endiabrado quarentão britânico, David Ogilvy. No ramo publici-

11

tário há apenas nove anos, o exuberante Ogilvy, praticamente um personagem extraído de Dickens, tem sido o publicitário mais discutido e badalado de toda uma geração".

Em 1965, a revista *Fortune* perguntou: "Ogilvy é um Gênio?" e concluiu que ele talvez fosse. (Ogilvy se perguntou se não deveria entrar com um processo por causa do ponto de interrogação.) A revista *Time* chamou Ogilvy de "o bruxo mais procurado da indústria da publicidade". Quando pediram a Ed Ney, que dirigia a Young & Rubicam, que dissesse qual seria a sua equipe publicitária ideal, ele respondeu: "Eu começaria com David Ogilvy. Ele é escandalosamente brilhante. Bernbach era aceitável, mas David era o campeão". (Era sempre *David*. Isso era deixado claro no boletim informativo da agência: "Chamar David de Dave é uma indicação quase certa de que a pessoa não conhece pessoalmente o sr. Ogilvy, e uma absoluta certeza de que ela nunca o chamou pelo seu primeiro nome".)

O *best-seller* de Ogilvy, *Confessions of an Advertising Man*, publicado em 1962, foi descrito como "o único livro civilizado, esclarecido e divertido jamais escrito a respeito de publicidade — uma destilação mágica de aprendizado e sabedoria".

No auge da carreira, Ogilvy foi convidado para ir à Casa Branca, ofereceram-lhe o papel principal em uma peça da Broadway, e ele foi citado como o indicador da fama no ensaio de 1964 de Tom Wolfe, "Mid-Atlantic Man":

> Ele sempre fez uma questão enorme de dizer a todo mundo que estava esperando um telefonema de Nova York, de *David* — e todo mundo sabia que esse era um importante publicitário de Nova York — David! — David! — Nova York! Nova York! — hot line para a fonte — terra das pernas de flamingo e montanhas de vidro!

Ogilvy se tornaria mais tarde, de longe, o publicitário mais conhecido tanto na Ásia quanto na Europa, Canadá e África do Sul. Na Índia, ele era tratado como um magnata do cinema; uma revista relacionou Ogilvy ao lado do papa João Paulo II e da princesa Diana como as pessoas que mais tinham sido notícia nos Estados Unidos em 1982. Na décima terceira Asian Advertising Conference que teve lugar naquele ano, o *Advertising Age*, a bíblia da indústria, informou que "Ogilvy tinha chegado o mais perto que um mortal poderia chegar de ser ungido rei do Mundo da Publicidade".

Nesse mesmo ano, Ogilvy enviou um memorando para os diretores da sua agência, citando a revista francesa *Expansion* que havia nomeado os trinta homens que mais haviam contribuído para a Revolução Industrial, entre eles, Thomas Edison, Albert Einstein, John Maynard Keynes, Alfred Krupp, Lênin, Karl Marx e, em sétimo lugar, David Ogilvy: "o papa da publicidade moderna". O memorando terminava assim: *O Colégio de Cardeais poderia por favor se aquietar?*

~

Nos primeiros anos da agência, Ogilvy vestia uma capa preta longa, esvoaçante, com o forro vermelho. Um jovem funcionário achou que ele parecia Heathcliff saindo do pântano. Sem a capa, ele parecia o cavalheiro do interior da Inglaterra com gravata borboleta, um fular no bolso do terno de tweed, um colete com lapelas e sapatos de sola grossa de borracha. Em anos posteriores, tudo isso foi substituído por um blazer azul-marinho com duas fileiras de botões (com forro escarlate) e uma gravata de listras tradicional mantida no lugar, quem diria, por um clipe de papel Bulldog. Ele quase nunca usava um "terno executivo" tradicional. Em ocasiões de grande pompa, vestia um colete azul-real de origem vagamente eclesiástica. Em uma época de ternos de flanela e camisas convencionais, Ogilvy se destacava como exótico.

O seu cabelo ondulado, "vermelho flamejante" nas primeiras descrições, mudou com o tempo para louro-escuro e depois para ferrugem. Os olhos azuis cintilavam. A sua tez era rubicunda, as feições aristocráticas, e ele falava com um sotaque inglês de Oxford. Uma empregada chamada Bridey Murphy lhe servia chá no escritório todas as tardes. Ele aparece em muitas fotografias com um cachimbo, que raramente deixava os seus lábios, mas também fumava (embora raramente comprasse) charutos e cigarros.

Ogilvy era magricela quando chegou aos Estados Unidos, mas ficou mais troncudo com a idade. À medida que foi amadurecendo e ficando mais cheio, dava a impressão de ser grande. Ele tinha cerca de 1m e 78 e a cabeça, os ombros e as mãos grandes; "mãos grandes de agricultor", diz um ex-colega, que se lembra de Ogilvy, quando este tinha cerca de 60 anos, erguendo sobre uma sebe uma pedra enorme que ele não pensaria em levantar.

Ogilvy era bastante bonito. Uma amiga que o conheceu quando era aluno de Oxford relembra: "Ele lembrava um pouco Rupert Brooke, de modo que estava sempre passando as mãos pelo topete. Virava a cabeça para que todos pudéssemos admirar o seu belo perfil". Adorava mulheres bonitas e inteligentes, e fazia com que elas se sentissem especiais. "Ele era extremamente sexy e muito atraente", declara uma ex-redatora de publicidade. Uma outra concorda: "No meu segundo dia no escritório, David entrou de repente. Fiquei de queixo caído. Era como se um astro de cinema estivesse na minha salinha. Ele era alto, bonito, sensacional. Quase lhe pedi um autógrafo. Era como se tudo fosse preto e branco, e ele tecnicolor".

Ogilvy era uma presença irresistível. Entrava inesperadamente na sala das pessoas, se sentava e começava um interrogatório. Nós nos tornávamos o centro da sua atenção. Ele olhava fixamente para nós e fazia perguntas diretas. Quando terminava (ou ficava entediado), levantava-se abruptamente e ia embora, assim como entrara. Os novatos achavam que tinham feito alguma coisa para irritá-lo e ficavam remoendo o ocorrido até que descobriam que ele se comportava da mesma maneira com os figurões. Ele sempre se levantava de um salto.

Para entender o homem, é preciso compreender primeiro que Ogilvy era um ator. O seu sotaque inglês cultivado tinha um toque teatral. Sabia ser o centro das atenções e tinha um instinto certo para os gestos memoráveis. Quando avistou Helena Rubinstein, a sua cliente octogenária, saltando do carro perto de uma poça, ele correu pela rua e estendeu o paletó no chão aos pés dela. Provava um ponto de vista com floreios dramáticos e frequentemente vestia-se de acordo com cada papel. Poderia comparecer a eventos a rigor vestido com uma saia escocesa. "Talvez isso seja um pouco de autopromoção", explicava ele. "Se você não consegue se promover, que esperança há de que consiga promover qualquer outra coisa?"

Ele tinha o dom de entrar e sair como os atores. Em vez de entrar em uma sala de conferência quando o presidente de outra agência estivesse falando, Ogilvy esperava o homem terminar e ir embora, para que todos os olhares se voltassem para ele. Certa consultora de oratória achava que a teatralidade de Ogilvy precisava de tão pouco aperfeiçoamento que se ele lhe pedisse ajuda ela o mandaria para casa! O seu motorista o conduzia por Nova York em um Rolls-Royce antes que muitos desses carros estivessem em circulação. Era um espetáculo e tanto.

Ogilvy não tinha nada contra enfeitar a história burlesca da sua vida. Ele disse ao dirigente da British American Tobacco que o seu primeiro emprego tinha sido com a BAT. Alguns meses depois, disse a *outro* CEO que o seu primeiro emprego tinha sido na empresa daquele homem. Tudo isso fazia parte do processo de ele vender a sua imagem. O problema de Ogilvy, escreveu a *Printer's Ink*, é que "ele é dominado por um impulso irresistível de dizer o que acha que as pessoas gostarão de ouvir ou ler. Esse impulso o leva a acrescentar coisas, de modo que ele nunca conta duas vezes a mesma história: ela é *quase* a mesma... mas sempre um pouco enfeitada". Como qualquer ator, ele concede a si mesmo uma fala melhor.

Uma das características dos gênios, afirmou Einstein, é o fato de serem intensamente curiosos. O grande segredo de Ogilvy era a sua mente inquisitiva. Nas conversas, ele nunca pontificava, ele interrogava. Em um jantar com uma redatora de publicidade e o seu marido que trabalhava no setor de petróleo, Ogilvy encheu o homem de perguntas a respeito da situação do petróleo no Oriente Médio. Interrogou a filha de 15 anos de um executivo a respeito da flauta que ela tocava na banda da escola: "Quantas flautas? Quantos flautins?" Certa mulher que se sentou ao lado dele em um jantar disse que na hora da sobremesa ele já sabia mais a seu respeito do que a sua própria mãe. Em outro nível, ele era um fofoqueiro inveterado. Pressionava as pessoas para conseguir informações: "Vamos lá. Conte-me os *babados*"; "O que você acha de Blank? Ele está à altura da tarefa?".

Ogilvy era um aluno entusiasmado do setor e afirmava ter lido todos os livros sobre publicidade, desprezando aqueles que julgavam não precisar desse conhecimento. Pilhas de livros se espalhavam pela sua casa, a maioria a respeito de líderes bem-sucedidos dos negócios e do governo. Interessava-se pela maneira como esses homens usavam a liderança, em como ganhavam dinheiro e, em especial, na forma como os ricos utilizavam a própria riqueza.

Ele sabia muito a respeito de muitas coisas e empregava esse conhecimento para estabelecer um denominador comum com uma ampla variedade de pessoas. Ao falar com o British Philatelic Bureau, um cliente em Londres, Ogilvy perguntou: "Diga-me, o que aconteceu com a coleção de selos de Jorge V?". Adorava Mozart, Brahms e o compositor barroco Henry Purcell, e ia com frequência a concertos da Filarmônica de Nova York. Certa vez, corrigiu um grupo de criação em relação a uma fala de uma opereta de Gilbert & Sullivan. Em outra ocasião, deixou um possível funcionário à vontade com uma conversa sobre pintura abstrata e a política na Tchecoslováquia. Mas a "cultura" o deixava entediado. Eis o seu comentário sobre um documentário francês agonizantemente longo: "Meu traseiro pegou no sono".

Como a maioria das pessoas esnobes, Ogilvy adorava afirmar que conhecia pessoas importantes. Segundo ele, um dos seus amigos em Chicago era um ex-rei da Iugoslávia. Gostava de dizer aos colegas que ia jantar com o rei. "Se existe uma coisa que David aprecia, essa coisa é a realeza", declara um amigo, "e um rei é o máximo". Nos negócios, no entanto, era democrático. Quando ingressou nos círculos da publicidade, ficou chocado ao descobrir como a comunidade judaica era separada da não judaica. "Eu disse à nossa pequena equipe que eu não iria participar desse jogo. Muitos dos nossos clientes eram judeus, como por exemplo [Helena] Rubinstein e mais tarde Seagram e os nossos executivos seniores também eram uma mistura, o que certamente não era o caso na JWT [J. Walter Thompson] ou em qualquer uma das outras grandes agências." Não ocorria a Ogilvy que a raça ou a religião deveriam representar um problema na contratação das pessoas mais qualificadas.

Ele atribuía um grande valor ao interesse pelas pessoas e pela prática de boas maneiras. "Nós não levamos as pessoas até o elevador; nós as conduzimos até a rua." Quando soube que um jovem escritor havia perdido os pais em um desastre de avião, Ogilvy convidou o rapaz (que ele não conhecia) e a esposa para jantar na sua casa. Uma funcionária da sua equipe que perdeu o marido de câncer ficou profundamente comovida com o bilhete que ele lhe escreveu: "Pobre anjo".

Ele cultivava e ostentava as suas excentricidades, e nem todas eram cativantes. A pior delas era o seu comportamento estarrecedor nos restaurantes, onde ele com frequência parecia se esforçar ao máximo para fazer uma cena. Depois de ouvir quais eram as especialidades da casa, pedia cereais, um prato de ketchup ou um pote de geleia como a refeição completa. Em um jantar na época do Natal com clientes ingleses, ele rejeitou o cardápio e pediu duas empadas de carne como entrada, duas empadas de carne como prato principal e mais duas empadas de carne de sobremesa.

O medo que tinha de voar não era uma excentricidade; era aterrorizante de tão real. Ele fazia coisas estranhíssimas para não ter que entrar em um avião, preferindo viajar de trem, mesmo em percursos muito longos. Era uma companhia agradável nos trens, já que tinha um estoque infinito de histórias e observações, e as pessoas recebiam bem esse tempo prolongado com ele.

Quase todo mundo sentia que o seu humor e o seu charme sobrepujavam a sua ocasional grosseria. "Ele era famoso pelas suas excentricidades", admitiu David McCall, um dos sucessores de Ogilvy como editor chefe da agência, "mas era a ortodoxia da sua mente operacional que o tornava um pioneiro insubstituível em um setor que precisava desesperadamente dele."

~

Grande parte do sucesso de Ogilvy era proveniente da energia que ele investia para gerar o que desejava. Começava mencionando uma ideia, de uma maneira mais ou menos casual, e depois a acompanhava com um memorando ou uma carta, recortes de artigos, mais memorandos — uma enorme quantidade de informações. Uma pessoa de um modo geral resoluta poderia seguir uma ideia com um segundo bilhete ou um telefonema; as mais obstinadas poderiam voltar várias vezes antes de prosseguir. Ogilvy *nunca* desistia.

Nas conversas, quando estava de acordo, ele assentia com a cabeça. Quando discordava, não fazia nada. No entanto, voltava para a sua sala e escrevia um memorando, com frequência violento, às vezes maldoso. Brutal ao escrever, Ogilvy tinha a tendência de ser covarde face a face. Certo homem do setor de contabilidade sentia que conseguia ganhar qualquer discussão simplesmente dando três passos ameaçadores na direção de Ogilvy.

As suas ideias adquiriam poder a partir de um estilo de redação conciso e compacto. "Acredito no dogmatismo da brevidade", explicava Ogilvy. Ele registrava os pensamentos importantes sublinhando-os nos memorandos e nas cartas e usava a ênfase verbal nas conversas e discursos. Estes últimos eram instigantes; o público não falava enquanto ele estava discursando. Como um ator profissional, ele conseguia filmar uma palestra em uma única tomada.

Ogilvy colecionava e repetia aforismos para atingir os seus objetivos. Na compensação: "Pague por amendoins e você recebe macacos". Ao verificar as contas de despesas: "Até mesmo o Papa tem um confessor". Na liderança:

Procure nos parques de todas as suas cidades,
Você não encontrará estátuas de comitês.

Ele expressava o que queria com metáforas vívidas. Ao discutir qual de dois comerciais deveria ser mostrado primeiro a um cliente, Ogilvy disse o seguinte à equipe de criação: "Quando eu era menino, sempre guardava a cereja do pudim para o fim, até o dia em que a minha irmã a roubou. A partir daí, passei a comer sempre a cereja primeiro. Vamos mostrar o melhor comercial em primeiro lugar". O cliente gostou do primeiro comercial.

"Ele nutria um ódio quase psicótico por todas as formas de preguiça", afirma um ex-redator de publicidade. "Era a pessoa menos preguiçosa que já conheci. A sua filosofia da publicidade era lançada com intolerância à preguiça. As pessoas preguiçosas aceitam a mediocridade, o que ele odiava." Por melhor que fossem, todas as coisas tinham que ser *melhores*.

Walter Cronkite, vizinho de Ogilvy em Nova York, disse que conseguia vê-lo da janela trabalhando na sua mesa, noite após noite, hora após hora. Pela manhã, cartas tinham sido respondidas, planos delineados, memorandos para a equipe redigidos. Ogilvy era infatigável; trabalhava todos os dias no escritório até as sete horas da noite e depois colocava o material que não tinha terminado em duas pastas que levava para casa (o que não ajudou muito o seu segundo casamento). Os fins de semana eram dedicados a mais trabalho, não ao lazer. "Neste fim de semana examinei 375 páginas", escreveu ele para os seus diretores. "O Duque de Wellington nunca ia para casa sem terminar todo o trabalho que tinha em cima da mesa."

Quando a Association of National Advertisers pediu a Ogilvy que discursasse na sua convenção de 1991, a celebridade octogenária da publicidade subiu à plataforma e se sentou atrás de uma mesinha de centro baixa que fora colocada ali para ele. Depois de uma introdução, ele se levantou, despiu o paletó e o deixou cair sobre uma cadeira próxima, expondo os suspensórios vermelhos. Em seguida, voltou a se sentar e contemplou a audiência:

> A última vez que discursei na ANA não foi exatamente ontem. Foi há 37 anos, em 1954. Vocês só me convidaram para voltar depois de 37 anos!

Foi um bom começo. A audiência de executivos de marketing adorou.

> Vou falar a respeito de uma cruzada que empreendi, e também sobre algumas ideias que tenho na cabeça. A minha cruzada é a favor da publicidade

que vende. O meu brado de guerra é: "Ou vendemos... ou vocês vão sofrer as consequências..."

Ele descreveu um rolo de filme com comerciais de televisão que haviam ganhado prêmios mas que o impressionaram como "um contrassenso pretensioso e incompreensível" e exagerou nos adjetivos mordazes: "obscuro", "prepotente", "convencido", "ignorante".

Quando redijo um anúncio, não quero que vocês o achem "criativo". Quero que vocês o considerem persuasivo a ponto de comprar o produto — ou comprá-lo com mais frequência.
Essa tem sido a minha filosofia há cinquenta anos, e nunca me afastei dela, independentemente da tentação de adotar as manias da moda que afetam o setor publicitário.

Ao chegar ao fim do discurso, Ogilvy mencionou outra ocasião em que fora aplaudido. Ele disse que havia considerado os aplausos insuficientes, de modo que fizera um leve gesto para cima com as mãos, induzindo o público a ficar de pé e expressar mais entusiasmo. Ele fez o mesmo agora. A *Advertising Age* relatou uma ovação entusiástica para "a maior lenda viva do setor publicitário".

A maior parte das campanhas publicitárias mais notáveis de Ogilvy foi produzida durante um intenso período de dez anos no início da sua carreira. Ele as chamou de Grandes Ideias (sempre em maiúsculas). "A não ser que a sua publicidade se baseie em uma Grande Ideia, ela passará como um navio na noite." As suas Grandes Ideias foram além dos anúncios memoráveis. (Ele condenava a "criatividade", palavra que ele afirmava não entender.) As metas de Ogilvy eram extravagantes de tão ambiciosas: nada menos do que mudar o setor publicitário e torná-lo mais profissional. Uma das suas Grandes Ideias era o conceito hoje predominante das marcas. Ele reconheceu desde cedo a sua importância, bem como o papel crucial da publicidade no seu desenvolvimento. Antes de interromper as suas atividades, esse imigrante inglês reescreveria, de uma maneira improvável, muitas das regras da Madison Avenue e se tornaria ele próprio uma marca.

CAPÍTULO 1

Uma Excêntrica Mistura Céltica

N osso *chairman* "*decididamente* descende de cinco diferentes linhagens de Carlos Magno,* rei dos Francos e imperador do Ocidente", obsequiosamente relatou o *Flagbearer*, o boletim informativo dos funcionários, na década de 1970. Dizem que essa descoberta foi feita por um parente que investigava as raízes da família. Para ajudar a fortalecer a associação, o artigo era acompanhado por imagens de Carlos Magno e Ogilvy lado a lado, "para demonstrar a semelhança dos traços faciais".

David Mackenzie Ogilvy era o quarto de cinco filhos, tendo nascido em 1911 em West Horsley, uma aldeia agrícola rural entre Guildford e Leatherhead, em Surrey, situada a cerca de 50 quilômetros de Londres. Extraordinariamente, a data do seu nascimento, 23 de junho, era a mesma que a do seu pai e a do seu avô. Também era a data da coroação de Jorge V e o ano em que Ronald Reagan nasceu.

Embora a população de West Horsley tivesse tido pouco antes um surto de crescimento, chegando a 750 habitantes, ainda havia mais veículos puxados a cavalo do que carros a motor, e a forja da aldeia só parou de funcionar em 1920. A história da região recua aos romanos, que foram substi-

---

* Ele também assinalou um relacionamento com a Imperatriz Eugênia da França, a bela e elegante esposa do imperador Napoleão III, por meio do seu pentavô.

tuídos em 410 d.C. pelos mercenários saxões invasores e depois pelos dinamarqueses e normandos. "Horsley" é uma palavra saxã que significa "clareira para pasto de cavalos". A Revolução Industrial passou ao largo da cidade, de modo que a paisagem foi preservada, sem ser prejudicada por fábricas ou fileiras de casas.

A casa de Ogilvy, Wix Hill, era uma velha propriedade rural com uma mansão senhorial que datava do século XIV. A família se mudara de East Horsley para lá. A casa foi revestida com tijolos no século XVIII para parecer mais moderna. O nome "Wix" deriva de "Wick", uma corruptela do vocábulo latino *vicus*, que significa "um lugar habitado onde era possível obter mantimentos", o que era importante para qualquer pessoa que empreendesse uma longa jornada em uma região rural pouquíssimo habitada.

Ogilvy relembrava a Surrey de quando era bem jovem: "um paraíso de ovos de tarambola, vinho de prímula silvestre, fogões a carvão, caravanas de ciganos, montes de feno e carroças de governantas". E mais uma bruxa chamada Dame Feathers. Quando a sua agência criou a campanha "Venha para a Grã-Bretanha" para a British Travel Authority, ele em pessoa selecionou as luxuriantes fotografias coloridas da região rural da Inglaterra, escolhendo aquelas que refletiam a Inglaterra onde ele cresceu. "Suponho que não deveria dizer nada disso. Deveria fingir que baseei a minha escolha em pesquisas." Era um mundo de famílias abastadas com criados, muito semelhante ao que é retratado no filme *Mary Poppins*. Com um motorista, babá, auxiliar de babá e dois outros criados, Ogilvy começou a vida de uma maneira sólida, em uma posição entre a classe média alta e a classe alta.

Poucas informações sobre a genealogia são fornecidas na autobiografia que escreveu em 1978, *Blood, Brain and Beer*. O título tinha origem na bizarra determinação do seu pai quando David tinha 6 anos de que o menino tomasse um copo de sangue fresco todos os dias (para ficar forte) e comesse miolos de bezerro três vezes por semana (para expandir as faculdades mentais), tudo isso acompanhado de garrafas de cerveja. Alguns habitantes da localidade ainda se lembram do pai "excêntrico" de Wix Hill.

Ler essa breve autobiografia é como jantar com um encantador contador de histórias. Ela oferece poucos detalhes sobre a família. Não somos informados do nome do pai ou da mãe de Ogilvy. Ele descreve o pai como um homem afetuoso, carinhoso e fracassado. O seu avô escocês é retratado como frio, temível e bem-sucedido — e o seu herói. Ogilvy tinha três irmãs e um irmão mais velho, mas só chama pelo nome a irmã Mary e o irmão Francis. A irmã mais nova, Christina, ficou tão furiosa com a maneira pela qual ele descreveu o pai deles no livro que parou de falar com o irmão durante 15 anos.

Ogilvy foi uma criança doentia atormentada pela asma, que o incomodou até o fim da vida. Ogilvy disse que a sua babá o ridicularizava "porque eu era mimado, delicado, não me toques, uma espécie de maricas porque a minha irmã Mary era capaz de me derrotar em tudo — nas brigas, em qualquer jogo concebível, até mesmo na hora de subir em árvores. E eu cresci achando que era um idiota. E continuei a pensar dessa maneira até a meia-idade". Isso o levou à psicanálise quando estava na metade da casa dos quarenta e, com a ajuda do analista, chegou à conclusão de que não era tão idiota quanto imaginara.

A autobiografia retrata um menino avançando com preguiça pelas escolas, conhecendo pessoas interessantes que o fascinam e abrindo caminho através de vários empregos que o preparam inadvertidamente para o sucesso na publicidade. Ela cita vários nomes famosos: George Bernard Shaw, Harpo Marx, Albert Einstein, Leonard Bernstein, Lady Astor, Henry Luce, Edward R. Murrow, Alexander Woollcott, George S. Kaufman, Ethel Barrymore, Robert Moses, David Selznick, Charles Laughton, Loretta Young, Alfred Hitchcock, Thornton Wilder, Samuel Goldwyn, Walt Disney, Aldous Huxley. Todos eles, de alguma maneira, cruzaram o caminho de Ogilvy, e ele não fazia questão de esconder o fato.

Apesar do sucesso de outros livros de Ogilvy, ele admitiu que esse foi um fracasso. Disse que sabia o motivo. "Quando escrevemos um livro a respeito de publicidade, estamos competindo com anões, mas quando escrevemos uma autobiografia estamos competindo com gigantes." Ele também reconheceu que o título era repulsivo, "assim como a minha vaidade".

Ogilvy sempre descreveu a si mesmo como escocês, embora tenha nascido e sido criado na Inglaterra, e a sua mãe fosse irlandesa. O seu pai era escocês. "Isso é tudo que importa", afirmam os escoceses. A sua ascendência gaélico-irlandesa — "essa excêntrica mistura céltica" — como disse um colega inglês — era produto da reunião de três famílias, como a fusão de gigantes industriais: as famílias Ogilvy e Mackenzie na Escócia, e a família Fairfield na Irlanda. Ogilvy enfatizava com firmeza: "Sou celta, não anglo-saxão".

A sua pretensão ancestral foi mais tarde exposta em um brinde ao Scottish Council, na qualidade de o membro mais jovem do seu Comitê americano: "Tive a infelicidade de passar os doze primeiros anos da minha vida no sul da Inglaterra, o que o meu espartano pai escocês me impôs como uma prova de caráter". Ele tinha orgulho dos seus parentes das Highlands do norte da Escócia e enviou um telegrama provocando o seu amigo George Lindsay, um dos diretores da sua agência: "Bem, este pobre coitado veio do país baixo".

Ele exibiu o seu orgulho escocês em um discurso que proferiu em 1962 para a Saint Andrew's Society em Nova York e foi apresentado como diplomado do Fettes College de Edinburgh. [Aclamações e aplausos.] Depois de mencionar o propósito da sociedade, que era arrecadar fundos para ajudar os escoceses indigentes (ele observou que eles eram em grande número), Ogilvy contou piadas, destruiu estereótipos escoceses e narrou a história de Ralph Waldo Emerson caminhando pela zona rural da Escócia ao lado de Thomas Carlyle. Olhando para o solo pouco fértil, Emerson perguntou a Carlyle: "O que vocês cultivam em uma terra assim?". Carlyle respondeu: "Cultivamos homens". [Aplausos.] Falou sobre a campanha da sua agência incentivando turistas americanos a visitar a Grã-Bretanha — "Estou me referindo à Escócia" — e citou Benjamin Franklin: "As seis semanas que passei na Escócia me proporcionaram a felicidade mais plena que jamais conheci na vida".

Ogilvy escreveu para um tal de Richard Ogilvie, xerife de Cook County em Chicago, dizendo que havia uma probabilidade de eles serem parentes, já que as duas grafias do nome só se firmaram por volta de 1800, e mencionando ainda outro escocês, Alan Pinkerton, que descobriu uma trama, ainda nos seus primórdios, que visava assassinar Abraham Lincoln em Baltimore, o que fez com que ele fosse nomeado chefe do serviço secreto. Foi o sucessor de Pinkerton que fracassou na proteção ao presidente. "Sempre acreditei que, se Lincoln tivesse conservado Pinkerton, ele teria evitado a tragédia que teve lugar no Ford's Theatre." Ogilvy também ressaltou que esse escocês era "o pai do FBI, do OSS e da CIA."

A base do clã de Ogilvy está localizada em Cortachy Castle, na costa nordeste da Escócia. Nos anos 1960, o atual chefe do clã, David George Coke Patrick Ogilvy (o décimo terceiro conde de Airlie), avistou o seu homônimo em Nova York caminhando pela Madison Avenue em Nova York e o abordou dizendo: "Preciso me apresentar. Eu me chamo David Ogilvy". A resposta foi rápida como um relâmpago: "Prazer em conhecê-lo. Que tal é ser confundido comigo?".

Ele recebeu o nome em homenagem ao tio-avô David Ogilvy, que se alistou no exército francês na guerra franco-prussiana e foi morto em uma escaramuça. O seu trisavô, um comerciante, também se chamava David Ogilvy. Ele não tinha nenhuma conexão conhecida com outro ramo da família Ogilvy — o conde de Airlie, a princesa Alexandra e outros —, afirma o seu amigo Louis Auchincloss, "a não ser que recuemos a Adão e Eva. Isso realmente o deixava zangado. Eles eram muito famosos".

Mesmo que o bisavô Thomas Ogilvy não fosse um dos membros da realeza, ele era visivelmente abastado, proprietário de terras e um homem de prestígio (juiz de paz). Ele nasceu em Inverness, nas Highlands,* e foi durante algum tempo comerciante em Liverpool antes de se mudar para Londres. O Registro Geral escocês relaciona seis criados — uma empregada doméstica, uma babá, uma faxineira, uma ama de leite, uma cozinheira e uma ajudante. O seu testamento de 1796 tinha 55 páginas.

O avô que Ogilvy tanto admirava, Francis (Frank) Mackenzie Ogilvy, era criador de carneiros por profissão mas tinha o coração de um aventureiro. Nasceu na Escócia, mudou-se para Londres e, aos 24 anos, emigrou para a América do Sul, onde viveu uma vida temerária e perigosa, lutando na guerra da Argentina contra o Paraguai. Ele também administrou uma fazenda de gado de um grupo de investidores escoceses. Quando a fazenda faliu, voltou para Londres, onde conseguiu um emprego como secretário no English Bank of Rio de Janeiro. "Quatro anos depois", escreve Ogilvy, "esse inculto criador de carneiros tornou-se gerente do Brown Shipley, onde treinou o futuro presidente do Bank of England. Conseguiu enviar os sete filhos para escolas e universidades particulares" e "viveu como um Forsyte".** A expe-

---

* Highlands — terras altas. Região da Escócia.

** Três romances da *Saga Forsyte*, de autoria de John Galsworthy, descrevem uma família de classe média alta muito consciente da sua condição de "emergente".

riência no setor bancário o levou a orientar o neto a estudar a empresa de J. P. Morgan, apontando para os critérios de Morgan para sócios ("Cavalheiros inteligentes") e clientes ("Somente empresas de primeira classe e em um estilo de primeira classe"). Ambos se tornaram mais tarde parte do credo da agência de Ogilvy.

O seu pai, Francis John Longley Ogilvy, nasceu na Argentina em uma fazenda de carneiros, mas continuou a ser cidadão inglês. Era um autodidata clássico que aprendeu sozinho a língua gaélica e lia grego no banheiro, além de tocar gaita de foles para o filho. David era obrigado a chamá-lo de "senhor" na presença de outras pessoas e mais tarde diria que o seu pai lhe legara duas coisas: um senso de humor escatológico e uma queda para fumar cachimbo.

Por ser agnóstico, o pai de Ogilvy criou o filho sob uma rigorosa moralidade vitoriana. "Meu querido menino. Você não precisa ser cristão para se comportar como um cavalheiro." O jovem Ogilvy tornou-se um fervoroso ateu, e discutiu religião com um colega, ex-teólogo, que via Ogilvy como um homem intensamente racional que não conseguia se identificar com a ideia de um Ser capaz de alterar o destino humano. Ogilvy confirmou a sua ausência de fé. "Eu achava repulsiva a ideia de comer o corpo e beber o sangue de Jesus. Não conseguia acreditar na Criação, no Nascimento Virgem, na Ascensão, no Céu, no Inferno e tampouco no Espírito Santo."

O pai de Ogilvy alcançara um êxito mediano como corretor de valores. Quando David tinha apenas 3 anos de idade, a Inglaterra declarou guerra à Alemanha, os mercados sofreram um colapso e o seu pai perdeu tudo o que tinha. Cinco criados foram demitidos, e a família precisou deixar Wix Hill e se mudar durante algum tempo para a casa da avó materna de David em Londres antes de ir para Guildford, onde os seus pais compraram a casa de Lewis Carroll. Ogilvy disse que conheceu Alice Liddell, a Alice original do País das Maravilhas. Beatrix Potter, amante de animais e autora de *The Tale of Peter Rabbit*, visitou o vizinho, trazendo consigo um ouriço domesticado chamado sra. Tiggy-Winkle. Acreditava-se que o famoso jardineiro de Potter, o sr. McGregor, era baseado no mal-humorado jardineiro da Fazenda Woodcote da localidade. "A Inglaterra dela é a Inglaterra de que me recordo", comenta Ogilvy.

Entretanto, eles viveram em uma pobreza refinada. "Éramos uma família muito pobre", declarou Ogilvy. "A renda total anual do meu pai era inferior a mil dólares." O seu avô recusou um pedido de empréstimo do seu pai, e este último tentou cometer suicídio cortando a garganta. Embora Ogilvy adorasse o pai e o considerasse um grande cavalheiro, reconhecia que o pai era um estudioso, não um homem de negócios. Ele considerava o avô exatamente o oposto. "Era duro como pedra, mas um homem de negócios muito bem-sucedido. Eu não conseguia discernir se iria ser como o meu pai ou como o meu avô."

Quando os pais fracassam, os filhos muitas vezes são compelidos a ter êxito. O filho seria sempre motivado para o sucesso — e obcecado por dinheiro.

O outro ramo escocês, a família Mackenzie — que aparece em David *Mackenzie* Ogilvy — entrou na família quando o avô Frank Ogilvy se casou com Kythé Caroline Mackenzie em 1865. A história da linhagem Mackenzie recua a 1494, quando o rei Jaime IV concedeu a Hector Roy Mackenzie um "edito de fogo e espada" conferindo-lhe o direito sobre 70 mil hectares de terra, com 159 quilômetros de costa marítima, montanhas, lagos e cursos d'água — com a condição de que ele fornecesse empregos aos nativos. As terras doadas correspondiam a uma remota propriedade rural nas Highlands na costa ocidental de Ross-shire. De 1494 a 1958 — 464 anos — houve uma sucessão ininterrupta de pai para filho de 15 proprietários de terras de Gairloch.

Sir Hector foi um guerreiro destemido (e quase incessante), mas não tão ameaçador quanto o seu meio-irmão Kenneth of the Battle, que certa vez se sentiu insultado pelo primo da sua esposa. Kenneth decidiu pagar insulto com insulto, devolvendo a esposa (que só tinha um olho) para a família dela. Ele a enviou de volta em um pônei caolho, acompanhado por um criado zarolho que tinha ao seu lado um cão caolho, naturalmente provocando alguma matança.

Ogilvy, que se descrevia como um "ardoroso" Mackenzie, convenceu a sua igualmente ardente irmã Christina a publicar as memórias do seu outro avô escocês. Dr. John Mackenzie era um reformista. Obteve o diploma de medicina na University of Edinburgh, onde os exames finais eram prestados em latim. Quando era um jovem médico, trabalhou nas favelas de Edimburgo. Como quase todos os pobres procuravam o farmacêutico, "o médico dos pobres", o dr. John abandonou a medicina e voltou para a sua amada Highland. Era a época da Desobstrução das Highlands, com famílias sendo desalojadas a fim de favorecer a criação de carneiros. Dr. John tentou convencer os arrendatários a modernizar os seus métodos de criação. Ele pregou a educação das crianças, o aperfeiçoamento pessoal dos rapazes, a desobstrução das favelas, a saúde pública e a abstinência do álcool.

O gene da jardinagem de Ogilvy talvez fosse proveniente de um parente Mackenzie. Osgood Mackenzie, o jardineiro mais famoso da Escócia, criou um grande jardim em Inverewe, no norte da Escócia, hoje parte do National Trust.

O lado materno da família de Ogilvy, a família Fairfield, era de origem anglo-irlandesa, mas residia no Condado de Kerry havia quatrocentos anos. Em séculos anteriores, muitos proprietários de terras ingleses e escoceses haviam sido encorajados a comprar terras na Irlanda para reagir à agitação irlandesa. O avô irlandês de Ogilvy, Arthur Rowan Fairfield, estava relacionado nos registros públicos como um "Gentleman" (ou seja, rico). Amigo de George Bernard Shaw, o avô Fairfield fez preleções ao neto (então com 4 anos de idade) sobre as atrocidades armênias e a vileza de William Gladstone do Partido Liberal, "um primo do outro lado da minha família".

A mãe de Ogilvy, Dorothy Blew Fairfield, chamada de Dolly, era tão pequena que era conhecida como "pocket Venus".* Uma bela moça com olhos castanhos e sardas, ela era inteligente, nervosa... e ambiciosa. Aos 18 anos, quando era estudante de medicina, casou-se com o seu marido de 33 anos, tornando-se frustrada por ser esposa e mãe em vez de médica, como planejara. Sem a carreira de medicina, e entediada com o marido, Dolly satisfez as suas ambições por intermédio dos filhos. Ela queria que eles deixassem a sua marca no mundo e os levou a usar a inteligência.

O casamento de Francis Ogilvy e Dorothy Fairfield produziu dois filhos, Francis Fairfield Ogilvy e David Mackenzie Ogilvy, e três filhas: Kythé, Mary e Christina.

---

* Pocket Venus é uma referência a uma mulher pequena e atraente, como em "pocket book", livro de bolso. (N. da T.)

David descreveu a mãe como uma irlandesa muito firme e excêntrica, procedente de uma louca família irlandesa. "As pessoas hoje diriam 'louca de pedra'. Não gostavam muito de mim. Achavam que eu era muito materialista."

David tinha uma rivalidade unilateral com o irmão mais velho (oito anos), que era extremamente competente. Francis se tornaria, de longe, o mais importante dos irmãos na vida de David, tanto sob o aspecto fraternal quanto profissional. Francis já era uma estrela na escola e já estava estabelecido como executivo de uma agência de publicidade em Londres quando o irmão mais novo ainda estava tentando encontrar o seu caminho. Francis achava que o irmão era um gênio e abriu portas para ele em todos os momentos críticos, ajuda que David mal reconheceu na sua autobiografia.

Ogilvy considerava Christina a mais inteligente das suas três irmãs. Ela foi uma oficial superior do serviço de inteligência militar durante a Segunda Guerra Mundial e inventou um dispositivo para ler a correspondência das pessoas sem o conhecimento delas. A sua invenção era uma haste de vidro com um gancho na ponta que era deslizado por dentro da parte do envelope que não tinha sido lambida; a carta era extraída enrolada na haste e depois colocada de volta da mesma maneira depois de lida. Ele tinha mais afinidade com Kythé, a irmã mais velha — alta, interessante e extravagante — e gostava do marido dela, Sir Philip Hendy, que foi durante um longo tempo diretor da National Gallery em Londres. A segunda irmã, Mary, tornou-se assistente social, e depois administradora de uma famosa escola progressista.

Dolly deixou algum dinheiro como herança para as filhas por achar que as mulheres dependiam demais dos maridos. Ela era conhecida por instigar a família com discussões intelectuais, fazendo com que cada membro adotasse um ponto de vista diferente, e os seus filhos se tornaram adultos altamente competitivos, tanto no mundo quanto uns com os outros. "Eles tendiam a conseguir o que perseguiam", comentou um amigo.

Uma prima do ramo Fairfield, Rebecca West, uma das intelectuais e escritoras mais influentes da Grã-Bretanha em meados do século XX, mudou o nome de Cicely Isabel Fairfield por achar que ninguém levaria a sério uma pessoa com um nome tão afetado. Embora o seu caso amoroso com H. G. Wells, que era casado, fosse aberto e emancipado, os pais de Ogilvy recusaram-se a permitir que David visitasse Wells, que, do ponto de vista deles, havia seduzido West. Mais tarde, Ogilvy tornou-se um bom amigo de West, que lhe contou que o lado da família da sua avó era judeu. "Uma grande sensação", comentou Ogilvy, "mas Rebecca era uma mentirosa incurável, de modo que temo que isso não seja verdade."

Ogilvy sempre teve orgulho da sua tradição, mas contraditório quanto a expô-la publicamente. Quando a rainha Elizabeth foi a Nova York em uma visita, ele deu a tarde de folga para os membros da sua equipe na agência com instruções para que fossem ao Waldorf-Astoria Hotel para que ela pudesse ter um público apropriado. Por outro lado, um grupo barulhento de tocadores de gaita de foles contratado pelo escritório de Chicago para apresentá-lo em uma reunião provocou um protesto: "Parem com esse som horrível. Foi por esse motivo que deixei a Escócia".

Ogilvy casou-se três vezes: primeiro com Melinda Street, que vinha de uma das primeiras famílias da Virgínia e era mãe do seu único filho, depois com Anne Flint Cabot, que fora casada com um dos membros de sangue azul da família Cabot de Boston, e finalmente com Herta Lans de la Touche, nascida no México com ascendência teuto-holandesa e suíço-inglesa, que ele conheceu na França; eles permaneceram casados pelo resto da sua vida.

Ao contrário do irmão, Francis, que ostentava os casos amorosos, Ogilvy era discreto a respeito dos seus envolvimentos românticos fora dos casamentos. Ele amava as mulheres e era atraído por elas (e elas por ele). Nas festas, ele se concentrava na moça mais bonita da sala, envolvia-a em uma conversa e a encantava, mas havia pouca evidência do que o seu amigo Jock Elliott chama de a sua "exuberância".

Ogilvy passava momentos felizes com os seus enteados, filhos de duas das esposas, incentivando-os a ser travessos para ver até onde eles iriam. Já na casa dos 80 anos, ele adorava François, o seu neto postiço louro de olhos azuis — "o seu último amor", diz Herta. Mas a pessoa de quem ele mais gostava no mundo era o seu filho com Melinda, David Fairfield Ogilvy — "Zucky" na infância, "Fairfield" até a idade adulta, hoje "David" ou "David Jr." para os amigos e clientes da sua bem-sucedida firma imobiliária em Greenwich, Connecticut.

Ogilvy foi louco pelo filho desde que ele nasceu, mas depois se tornou um pai desatento ou, às vezes, prepotente demais durante os primeiros anos de vida do menino, quando estava formando a sua agência. Fairfield tinha 16 anos quando os seus pais se divorciaram e foi criado pela mãe com a ajuda do cunhado desta, o executivo de agência de publicidade Rosser Reeves. Estudou no Hotchkiss, uma escola para meninos em Lakeville, Connecticut. No almoço com o pai e David McCall, um graduado de Hotchkiss e posteriormente editor-chefe da agência, o jovem Ogilvy ficou ressentido. Quando o seu pai descreveu o tipo de escola que administraria se fosse o diretor, o menino levantou os olhos com um olhar gelado e disse: "Essa escola deve ser horrível. Eu nunca estudaria lá. Deve ser um lugar cruel e odioso". O seu pai lhe disse para tomar cuidado na companhia de quem ele dizia essas coisas. "O Sr. McCall *frequenta* uma escola assim."

Quando adolescente, obrigado a vestir uma saia escocesa para um baile, ele passou a noite desabafando quanto odiava usar a saia escocesa, odiava a publicidade, odiava tudo. Fairfield era um menino maravilhoso, segundo um colega, mas ter David como pai era "uma mistura muito cruel". Depois de se formar em Hotchkiss e na University of Virginia, Fairfield causou novas preocupações ao pai. "O que vou fazer com o meu filho?", pensou Ogilvy. "Ele é muito fútil e deveria ter um emprego." Seguir a carreira do pai em publicidade nunca foi uma opção; Fairfield deixou claro que isso era uma coisa que não queria fazer.

Quando o filho completou 21 anos, talvez em parte para aplacar a sua culpa com relação à sua ausência como pai, Ogilvy lhe cedeu os direitos autorais de *Confessions of an Advertising Man*, pressupondo que a quantia não seria muito elevada. Ele se arrependeu dessa decisão quando o livro se revelou um *best-seller* e lamentou o fato de o filho ter usado os fundos para financiar um breve período como um "vagabundo do esqui" na Europa, mas sentiu orgulho do sucesso posterior dele como corretor de imóveis. Em uma das suas visitas a Greenwich, quando Ogilvy entregou o seu American Express Card na loja de ferragens do local, o comerciante perguntou: "Você é *o* David Ogilvy, o famoso corretor de imóveis?". Ogilvy não se cansava de repetir a história, com evidente prazer.

Independentemente dos problemas que tenha tido com o pai na infância e adolescência, é visível para todo mundo que o filho é uma pessoa agradável e normal, e também bem-sucedida. Ogilvy reconheceu uma qualidade especial nele: "Quando alguém na nossa família está tendo algum problema, ou pessoas estão discordando uma da outra, é incrível a capacidade desse rapaz, que eu considero tão fútil, de interferir e resolver as coisas. Fairfield remedia tudo".

Pai e filho ficaram afastados por um período depois que Ogilvy se divorciou de Melinda, mas depois se reconciliaram e se tornaram bastante próximos. Eles se beijavam quando se encontravam, levando um observador a desejar que ele e o filho tivessem um relacionamento semelhante. Quando Ogilvy se aposentou e foi para a França, ficou com lágrimas nos olhos quando foi levar o filho ao trem de volta para casa. Em uma das visitas, quando Fairfield teve um atraso inevitável, o pai esperou o dia inteiro na guarita. "Ele não teria feito isso por mais ninguém", declarou um amigo. "Ele gostava do filho mais do que de qualquer outra pessoa." Ogilvy escreveu o seguinte a respeito do filho: "Ele se tornou um excelente corretor de seguros e o meu infalível consultor em questões importantes e secundárias".

Quando Ogilvy estava perto de morrer, Fairfield voava dos Estados Unidos para a França quase todas as semanas para estar com ele. Quando o pai faleceu e Fairfield voltou a se casar depois de um divórcio, ele teve uma filha — a primeira neta de Ogilvy, Melinda Fairfield Ogilvy (conhecida como Field) —, a Melinda de nona geração pelo lado da família da sua mãe. Descendente de Carlos Magno?

CAPÍTULO 2

"Não Passei em Nenhum Exame"

*O*gilvy tinha apenas 10 anos de idade quando os seus pais receberam um boletim escolar com os seguintes comentários do professor:

> Ele tem uma mente bastante original e se expressa bem em inglês. Tem uma certa inclinação para discutir com os professores e tentar convencê-los de que ele está certo e os livros estão errados; mas isso talvez seja apenas uma prova adicional da sua originalidade. No entanto, seria interessante desencorajar esse hábito, e espero que ele faça um esforço e se refreie nesse aspecto no futuro.

O professor de Aritmética era da mesma opinião. "Ele leva a matéria a sério e trabalha bem, a não ser nos períodos dedicados a tentativas de descobrir métodos superiores aos do instrutor."

Ter uma mente original nem sempre corresponde a um bom aproveitamento na escola. A educação formal de Ogilvy começou de uma maneira medíocre e terminou da mesma maneira. Quando ele estava com 6 anos, o pai, escocês, o mandou para um jardim de infância em Londres vestindo uma saia escocesa. Envergonhado e provocado pelos colegas, Ogilvy deu um soco em um dos que o estavam perturbando. Seguindo o conselho da mãe, ele aprendeu a enfrentar os futuros inimigos com a língua.

No entanto, o supremo horror dos seus anos escolares começou quando ele tinha 8 anos, na abominável St. Cyprian School, em Eastbourne, em

Sussex, na costa meridional da Inglaterra. Relatos de outros alunos da St. Cyprian's — entre eles os autores George Orwell e Cyril Connolly, e o fotógrafo de moda Cecil Beaton — confirmam que as experiências traumáticas de Ogilvy não foram únicas.

A St. Cyprian era típica dos internatos da Inglaterra inaugurados na década de 1850, quando britânicos eram enviados para a Índia e outros lugares distantes para administrar o Império Britânico no exército e no serviço público. Os pais mandavam os filhos, com idades entre 9 e 14 anos, de volta à Inglaterra para prosseguir os estudos. Esses internatos apenas para meninos, que em geral funcionavam em casas na região rural, preparavam os alunos para Eton, Harrow e outras importantes escolas particulares. Além de proporcionar uma boa educação, essas escolas também assumiam a responsabilidade de moldar o caráter: incutindo nos meninos que estavam aos seus cuidados os ideais do dever, da disciplina, do serviço e do respeito pelas virtudes do Império. Essas escolas eram normalmente administradas por um diretor e, com muita frequência, pela esposa dele. A situação era um pouco dickensoniana. Em muitos casos, uma esposa de vontade forte efetivamente administrava a escola. Quando ela era uma mulher afetuosa, do tipo maternal, os meninos solitários sentiam que tinham uma mãe olhando por eles. Quando ela não era, eles passavam maus momentos.

Tudo dependia da sorte, e Ogilvy teve azar. A St. Cyprian's* era dirigida pelo sr. L. C. Vaughan Wilkes, apelidado pelos alunos de "Sambo" (por razões desconhecidas), e a sua esposa, Cicely Ellen Philadelphia Vaughan Wilkes, conhecida extraoficialmente como "Flip" (referência a um busto bem desenvolvido que balançava quando ela andava pelos corredores) e oficialmente como "Mum". Dizem que o personagem do Big Brother no livro *1984*, o romance de manipulação psicológica de George Orwell, se baseia em parte na sra. Wilkes, que humilhava os meninos sem piedade enquanto o seu marido apenas recomendava que eles evitassem envolvimentos românticos e não poluíssem o corpo com a masturbação.

Orwell descreveu a escola como "um mundo no qual não me era possível ser bom", e extravasou a sua amargura em um ensaio ironicamente intitulado "Such, Such Were the Joys", considerado tão difamatório na ocasião que só foi publicado depois da sua morte. Cecil Beaton se lembrou de que

---

* Não existe mais.

"as salas de aula cheiravam a tinta e eram empoeiradas, a água da piscina era estagnada, os banheiros, frios e úmidos". Ele disse o seguinte sobre a sra. Wilkes: "ficar livre de Flip quando finalmente deixamos St. Cyprian's foi um dos grandes momentos do início da minha carreira".

St. Cyprian's era cara demais para a família Ogilvy, que acabara de ficar pobre, mas a escola concordou em aceitar David como aluno pela metade da anuidade, na esperança de que as distinções do pai em Cambridge fossem repetidas pelo filho, que não tardou a compartilhar as opiniões de Orwell a respeito da escola.

> O horror era a sra. Wilkes, a esposa do diretor. Essa satânica mulher conduzia a arte da castração a uma perfeição extraordinária. À semelhança de um campeão de xadrez que joga partidas simultâneas contra vários adversários, a sra. Wilkes jogava jogos de rivalidade contra cada menino na escola. Cada um deles ficara alternadamente nas graças dela ou era perseguido, como os cortesãos de Versailles... os meninos cujos pais, como o meu, não eram nem artísticos nem ricos eram sempre perseguidos; durante quatro anos vivi em uma nuvem negra de rejeição.

Ogilvy recordou o dia em que a sra. Wilkes recusou-se a permitir que ele comprasse um pêssego, lembrando-lhe que ele era pobre e tinha uma bolsa de estudos.

> "Como você ousa?", gritou ela, alto o bastante para que toda a escola ouvisse. "O seu pai é tão pobre que somos obrigados a manter você aqui quase de graça. Que direito tem o filho de um miserável de gastar dinheiro em luxos como pêssegos?"

Os seus pais não podiam pagar o preço de um bolo de aniversário ou mesmo de uma visita durante os quatro anos em que David estudou lá, embora morassem a menos de 80 quilômetros de distância. Ele sentia uma "tremenda saudade de casa" e aguardava ansioso as cartas da sua família e os fins de semana com os seus amigos da escola e a família deles entre os períodos que passava em casa nas férias. O seu melhor amigo, Johnnie Rotherham, tornou-se vice-marechal do ar na Royal Air Force; a irmã de Johnnie, Jean, foi o grande amor de Ogilvy entre as idades de 12 e 15 anos.

Ensinava-se muito a Bíblia em St. Cyprian's. Os alunos tinham que aprender um capítulo por dia e recitar os versículos no café da manhã. Se cometessem mais de dois erros durante a recitação, tinham que ficar em pé durante todas as refeições do dia. "Assim sendo, decorei grande parte da Bíblia em quatro anos", declarou Ogilvy, ressaltando que, embora não tivesse "nenhuma religião", sabia a Bíblia melhor do que a maioria dos cristãos que conhecia.

Ogilvy escreveu que a sra. Wilkes tinha um lucro exorbitante fazendo os cerca de noventa alunos da escola passarem fome, a ponto de ser capaz de alugar áreas reservadas à caça de tetrazes na Escócia durante o verão e enviar os filhos para o Eton College. "Ela e o marido nunca comiam a nossa comida, mas aqueles que tinham o privilégio de se sentar ao lado da sra. Wilkes às refeições beliscavam a comida do prato daquele homem distraído e intimidado pela mulher." Ogilvy foi enviado certa vez para a cama sem jantar por ter dito que Napoleão era holandês. Às vezes ele ia dormir à noite chupando um pequeno buraco em uma lata de leite condensado Nestlé ("tem gosto de leite materno") e, quando isso acabava, ele chupava creme dental de amostras grátis.

Morar longe dos pais, ser humilhado publicamente como aluno bolsista, ir para a cama com fome. Foi uma experiência lamentável e solitária que alimentou a sua insegurança quando menino e poderia ter destruído a sua autoconfiança na idade adulta.

A escola seguinte de Ogilvy tinha um aluno ficcional, o agente secreto James Bond. No seu romance de espionagem *You Only Live Twice*, Ian Fleming revela que Bond deixou Eton debaixo de uma nuvem. A tia de Bond consegue matriculá-lo em Fettes ("a antiga escola do seu pai"), concluindo que a atmosfera calvinista da escola, aliada aos seus rigorosos padrões acadêmicos e atléticos, colocaria o jovem James no caminho certo.

Essa era Fettes, uma escola preparatória nas imediações de Edimburgo, onde Ogilvy foi matriculado quando tinha 13 anos. Na época, ser um cavalheiro inglês e ser educado na Escócia era considerado uma combinação quase perfeita. O sistema educacional escocês talvez fosse o melhor do mundo naqueles dias, e Fettes era a sua melhor escola. Dizem que o prédio principal gótico baronial de Fettes, ornamentado com pináculos, frontões, botaréus e gárgulas, era o modelo arquitetônico para a Hogwarts School of Witchcraft and Wizardry nos livros de Harry Potter de J. K. Rowlings.

Fettes (que se pronuncia Fet-tes) exigia muito dos alunos — "dever de casa, dever de casa, dever de casa", comenta um ex-aluno — e era formal. Nos dias de Ogilvy, os alunos usavam fraque e cartola quando iam à igreja na cidade; eles ainda vestem blazers com listras chocolate-magenta nas aulas e são obrigados a frequentar diariamente a capela. Na década de 1950, Fettes era um lugar austero com as virtudes da escola pública clássica: ducha fria pela manhã, atividades esportivas à tarde, castigos corporais e a obrigação de prestar pequenos serviços para os meninos mais adiantados, conhecidos como prefeitos. Coisas que formam o caráter, afirma um ex-aluno.

Depois de St. Cyprian's, praticamente qualquer escola teria sido uma melhora. Ogilvy adorava a comida de Fettes: "um delicioso mingau escocês, três vezes ao dia, rosbife escocês e tortas de carne de cordeiro escocesas. Nos cinco anos seguintes, vivi como um galo de briga". Ele adorava a capela com os seus magníficos pregadores e achava o canto quase igualmente inspirador.

Uma vez mais, Ogilvy estudou com uma bolsa de estudos. Seu pai não tinha escolha. Com a depressão na Bolsa de Valores de Londres e perdas nos seus investimentos na estrada de ferro da República Argentina, a sua renda, que já era modesta, fora reduzida em quase 90%. Fettes era algo como um refúgio da família Ogilvy, a óbvia razão pela qual o jovem David se qualificou para uma ajuda financeira. A escola estava, diz ele, "no meu sangue". Lá, Ogilvy foi precedido pelo irmão, Francis, pelo pai e pelo avô, que frequentou a escola na primeira década depois da sua inauguração, em 1870. O seu tio-avô, Lord Inglis of Glencorse, foi um dos gestores originais da escola e serviu como presidente do conselho administrativo durante 48 anos, após os quais foi substituído pelo genro.

Os predecessores da família de Ogilvy na escola eram "Beneficiários" da escola, o que significa que os seus estudos eram pagos pela Fettes Foundation. Eles eram figurões, disse Ogilvy. "Eles venciam tudo. Lembro-me de que no meu período na escola um dos meninos comentou: 'Você não pode ser irmão de Francis Ogilvy'. Isso abalou o meu moral." O pai dele fora diretor da escola e capitão de Rugby, pertencera à equipe principal de críquete e de *fives* (predecessor do squash) da escola, e ganhador de quatro prêmios de gestão. O irmão Francis também foi diretor da escola e capitão tanto do time de rugby quanto de tiro, além de vencedor da taça de tiro e de dois prêmios de diretor.

Em um acentuado contraste, David se descreveu como esquisito demais para ser popular. Como sofria de asma, não participava ativamente das atividades esportivas. Em uma determinada ocasião, passou tão mal que foi removido do hospital da escola no "carrinho da morte". Mas ele se recuperou e teve o seu momento luminoso no atletismo quando o capitão do time de futebol o colocou no "Lado dos Grandes" e se tornou, de repente, um dos senhores da criação. Não que jogasse bem; sucedeu apenas que ele e o capitão do time haviam descoberto que tinham o mesmo gosto em poesia.

A música foi o centro da vida de Ogilvy em Fettes. Ele tocava o contrabaixo na orquestra, e o seu melhor amigo tocava o violino. Henry Havergal, o mestre da música, e a sua esposa se interessaram pelo jovem Ogilvy e permaneceram amigos durante sessenta anos. Ogilvy também gostava de história, lecionada por Walter Sellar, autor de *1066 and All That*, a famosa paródia do ensino da história das escolas inglesas naquela época. O jovem Ogilvy liderou a Debating Society e foi nomeado calouro principal e prefeito da casa; mais tarde ele afirmou ter sido o primeiro prefeito a não bater nos meninos menores. Mas Ogilvy disse que era preguiçoso demais para se dedicar aos estudos clássicos e seguir os passos do pai e do irmão, e se ressentia da aristocracia de classe de Fettes (embora falasse com um sotaque da elite e tenha admitido que costumava encarar com desprezo as pessoas que não o faziam, até que foi para os Estados Unidos e "superou" isso).

Uma habilidade que Fettes incutiu nos dois irmãos Ogilvy foi uma base sólida na escrita e na elocução clara. Fettes era na época uma escola predominantemente "clássica", com professores inspiradores de grego e latim, de modo que não ensinava o inglês como uma matéria à parte; presumia-se que *todos* os professores de qualquer matéria lecionassem Inglês. Embora a arte de escrever não fosse ensinada de uma maneira planejada, a atmosfera realçava o "prazer e a importância" da palavra escrita e falada, explica a ex-diretora Cameron Cochrane. Dizia-se que no caso de um determinado professor cada aula clássica era uma aula de Inglês, de História e de Geografia, além de estabelecer normas de vida. Os padrões eram elevados; as infrações de menor monta eram punidas por "linhas" — a cópia de prosa de origem bíblica ou clássica, 25, 50 ou 100 linhas por página pautada. A caligrafia tinha que ser precisa: a letra minúscula deveria tocar tanto a linha de cima quanto a de baixo. Um professor de Matemática era conhecido por especificar 12,5 linhas.

"Se você realmente deseja ser um especialista em literatura inglesa", afirma Cochrane, "deveria ter estudado os clássicos na escola. Talvez a razão do uso tão relaxado da língua inglesa, escrita e falada, hoje em dia é o fato de um número cada vez menor de alunos estudar latim e quase nenhum estudar grego." O eloquente ex-primeiro-ministro inglês Tony Blair é um ex-aluno que foi beneficiado pelo currículo da Fettes.

Ogilvy resumiu os cinco anos que passou em Fettes quando voltou àquela instituição em 1968 para proferir o discurso do Dia do Fundador. Ele aproveitou a ocasião para censurar a escola por não aceitar meninas (hoje ela aceita) e para lembrar a todos que ele não era um figurão na escola.

> Eu não era um especialista. Era incompetente nos jogos. Detestava os filisteus que mandavam na casa. Era um rebelde irreconciliável — um desajustado. Em resumo, eu era um fracasso. Companheiros fracassados, animem-se! Não existe nenhuma correlação entre o sucesso na escola e o sucesso na vida.

Ao receber novo convite em 1974, Ogilvy apresentou uma inventiva ladainha de ideias para desenvolver uma imagem exclusiva para a escola: contratar um famoso *chef* francês; treinar os alunos para ser bombeiros hidráulicos, marceneiros, eletricistas, pintores e jardineiros de primeira classe, contratar um professor de dança para que os meninos fossem capazes de dançar com a esposa do chefe; ensinar datilografia e taquigrafia (ele não sabia fazer nenhuma das duas coisas); tornar a frequência às aulas opcional e fazer com que os meninos pagassem para entrar na sala de aula ("Isso enriquecerá os bons professores. Os chatos morrerão de fome"); estabelecer um relacionamento íntimo com a Edinburgh University; e abrir uma sucursal na França (país onde ele decidira morar depois de se aposentar).

Ogilvy também propôs uma reforma em toda a teoria e prática do ensino.

> Os professores precisam nos entupir de fatos para que passemos naqueles detestáveis exames. É como empanturrar um ganso de milho para aumentar o seu fígado. O resultado final pode ser um excelente patê de foie gras, mas não causa nenhum benefício permanente ao ganso.

A missão de uma grande escola não é nos entupir de fatos que possamos regurgitar algumas semanas depois em um exame e sim nos incutir uma inclinação pelo conhecimento... que dure a vida inteira. O dr. Potts incutiu essa inclinação no meu pai; ele lia Horácio no banheiro até o dia em que morreu.

Entre uma e outra palestra polêmica, Ogilvy se sentia à vontade para oferecer propostas sobre como comercializar o "Produto Fettes". Em anos posteriores, o diretor escrevia a David Ogilvy "velho e rico amigão": "Meu querido David, você está podre de rico. Precisamos de um micro-ônibus. Ele lhe custará 7.000 libras". Ogilvy enviou o cheque com uma nota concisa: "Seus canalhas! Eis o cheque".

Diante da decisão de escolher em 1955 uma escola nos Estados Unidos para o seu filho de 12 anos, Ogilvy disse que duvidava de que alguma delas fosse capaz de ensinar às crianças a ler e escrever à altura dos seus padrões. "Esse é o problema da maioria das escolas americanas; elas formam pessoas perfeitamente ajustadas, porém ignorantes. O oposto de Fettes."

Ogilvy deixou Fettes em 1929, aos 18 anos de idade, e trabalhou por um breve período em um clube masculino na periferia de Edimburgo antes de reiniciar os estudos. Tendo se formado em Fettes com excelentes notas em estudos modernos e um atestado de "excelente caráter", ele se candidatou a uma vaga em Oxford, "evitando assim a concorrência com o meu pai, o meu irmão Francis e o resto da família que haviam se destacado em Cambridge". A sua dissertação de admissão impressionou o chefe da banca examinadora de Oxford, que lhe concedeu uma rara bolsa de estudos aberta de história baseado na teoria de que as bolsas deveriam ser concedidas àqueles que exibissem a maior promessa futura e não àqueles que se saíssem bem nos exames.

Ogilvy escolheu a faculdade Christ Church de Oxford "porque ela formara mais primeiros-ministros, vice-reis da Índia e arcebispos de Canterbury do que todas as outras faculdades reunidas". Com frequência descrita como a mais ilustre, aristocrática e religiosa de todas as faculdades de Oxford, a Christ Church é extremamente tradicional. Os seus prédios admiráveis no alto da High Street, ao longo do rio Tâmisa, são alguns dos melhores de Oxford. A magnífica sala de jantar, que aparece nos dois primeiros filmes de

Harry Potter, exibe retratos de vários dos 13 primeiros-ministros formados pela faculdade, bem como do seu fundador, o rei Henrique VIII.

Ogilvy ingressou na Christ Church em 1929 como bolsista, o que significava que ele teve que prestar um exame para receber apoio financeiro. No jantar, os bolsistas se sentavam em uma área levemente mais elevada do que o grande espaço ocupado pelos alunos não bolsistas, que pagavam a anuidade integral. Era uma hierarquia literal; os lentes (corpo docente) se sentavam em um nível ainda mais elevado. O traje acadêmico formal — becas sobre ternos escuros conhecidos como *subfuse* ("debaixo da sombra") — ainda é compulsório para o jantar, aulas dirigidas e palestras. Os bolsistas como Ogilvy vestiam longas becas, o que os distinguia dos alunos não bolsistas, que usavam becas curtas. Smoking no jantar quatro vezes por semana; gravata branca em ocasiões especiais.

A Inglaterra era muito esnobe na época, e Christ Church o era em um grau elevado. Um colega disse que a primeira pergunta que Ogilvy lhe fez foi "Você frequentou uma boa escola? Não existem muitas delas". Ogilvy era caloroso e cordial e "um pouco esquisito", comenta Margot Wilkie, uma americana que estava fazendo alguns cursos em Oxford e desenvolveu uma amizade com Ogilvy que durou a vida inteira. "Ele não era o aluno de graduação típico de Oxford. Era muito divertido e engraçado. Lembro-me de estar sentada no alojamento de alguém com David e dois outros rapazes, e eles tinham um criado que trazia tudo o que eles pediam. Isso realmente impressionava uma mulher americana. Ele costumava nos levar para andar de barco no rio. Ele era jovem, eu tinha 17 anos, de modo que ele tinha 18. E também acho que ele era um pouco inseguro."

Ogilvy teve um bom começo com o seu primeiro orientador, que o considerava "uma pessoa muito interessante e eficiente", mas nunca se sentia à vontade na atmosfera acadêmica e se opunha a ela o tempo todo. Chegava eternamente atrasado às aulas. Certa vez, quando entrou no meio de uma palestra em um grande anfiteatro, o professor parou de falar e chamou a atenção para a impontualidade de Ogilvy. Este rompeu o silêncio e disse: "Se o senhor me insultar de novo, não virei mais às suas aulas".

Mas Ogilvy não tinha um rumo certo. No segundo período, ele se transferiu de história moderna para medicina, por ter decidido naquele momento que iria ser um cirurgião, como o seu avô. "Ele era sempre dramático", afirma Wilkie, que recorda um debate em que Ogilvy, inclinado no consolo da lareira, romantizava o desejo de ser médico. "Ele enfatizava a sua tradição escocesa, e ser um cirurgião escocês era uma carreira autêntica. Ele tinha atrás de si toda uma linhagem de médicos e cirurgiões, e iria ser o melhor de todos eles." Mais tarde, quando foi trabalhar em uma cozinha francesa, Ogilvy escreveu para Wilkie: "Bem, eu achava que ia fazer alguma coisa com corpos humanos, mas estou em um hotel francês picando frangos e pombos".

O orientador de Ogilvy mostrou-se cético a respeito da troca da área de estudos. "Ele está começando a estudar a ciência a partir do zero, e teve um bom começo. Se tiver força de vontade e tentar se tornar um profissional no seu trabalho, poderá se sair bem. No momento, ele está um tanto ou quanto nas nuvens. Ele me impressiona como um amador interessado." Os problemas pioraram nos períodos seguintes, como registraram os seus professores. "Ele está achando a transição difícil e dolorosa. Também está muito preocupado com as dificuldades financeiras", escreveu um deles. Outro anotou o seguinte: "ele não é interessado a ponto de tirar o paletó e pôr mãos à obra. Mas suponho que isso se deva aos seus antecedentes literários. Ele conseguiu um trabalho nas últimas férias". O terceiro professor fez soar um alarme: "Tenho sérias dúvidas de que ele vá passar [em Química]. Ele trabalha bem, mas creio que a ciência ainda não é a sua atividade. É um jovem muito agradável".

Depois, no meio do período letivo, surgiram outros problemas. "Ele estudava resolutamente, embora prejudicado pela doença", escreveu o seu orientador. A asma o mantinha acordado à noite, e ele tinha que manter o tronco elevado, apoiado em travesseiros, para poder respirar. Como se isso não bastasse, ele também estava com uma dupla infecção na mastoide que fazia com que tivesse muita dificuldade para ler ou estudar. Antes de ingressar em Oxford, Ogilvy residira um ano em Cambridge, quando se submeteu a duas cirurgias da mastoide. A sua senhoria, Appy Sewell, uma jovem viúva, tornou-se uma amiga (e a primeira esposa do seu irmão). Naqueles dias, antes dos antibióticos, as infecções no osso mastoide atrás do ouvido eram raspadas, quase sempre com um pequeno cinzel e malho. A anestesia, provavelmente o éter, abrandava o martelar perto do cérebro, mas deve ter sido uma terrível experiência. Durante quase um ano, enquanto a incisão estava drenando, Ogilvy precisou enfaixar a cabeça em uma bandagem que parecia um turbante. A cirurgia deixou um grande buraco atrás do seu ouvido esquerdo para o resto da vida, o qual Ogilvy escondia sempre sob o longo cabelo ondulado. O processo também prejudicou a sua audição, obrigando-o a virar o corpo inteiro para ouvir alguém que estivesse à sua esquerda.

Os vários problemas de saúde de Ogilvy não ajudaram os seus estudos, e ele mal conseguiu passar. "Não creio que ele vá ser reprovado em estudos modernos neste período", escreveu o seu orientador. "É claro que ele tem um longo caminho a percorrer, mas estou satisfeito com o trabalho deste período."

Embora Oxford fosse uma instituição exigente, os alunos podiam reservar algum tempo para a diversão. Ogilvy escreveu críticas literárias, foi a Blenheim no aniversário do duque de Marlborough, deu aulas particulares para o filho de um milionário americano até que a amante francesa do homem tentou seduzi-lo, aproveitou a dica de um espiritualista para ganhar no Derby, ouviu Lady Astor discursar contra a bebida e se converteu (durante três semanas), foi a festas e fez amizades duradouras.

O problema era que ele não concluía as tarefas que lhe eram atribuídas durante os intervalos de seis semanas. Estes não eram férias. Era esperado que os alunos lessem copiosamente, redigissem trabalhos, voltassem e os entregassem na escola. Ogilvy não fazia isso, explica Wilkie. "Ele era sociável. Não fazia os trabalhos. Ele era jovem, cheio de disposição, determinação e energia. Acho que era inquieto. Era brilhante, mas confuso, e não conseguia usar a sua genialidade de uma maneira convencional." Passados dois anos, Ogilvy deixou Oxford em 1931 — em plena depressão — sem um diploma, descrevendo a si mesmo como "incapaz de receber qualquer tipo de ensino. Talvez fosse a impaciência com o ambiente acadêmico e o desejo de começar a ganhar a vida. Talvez aquilo estivesse além da minha capacidade intelectual. Fosse qual fosse a razão, fui reprovado em todos os exames".

Ogilvy diz que foi expulso e que esse foi o verdadeiro fracasso da sua vida. "Esperavam que eu fosse uma estrela em Oxford. Em vez disso, fui expulso." Os registros não declaram explicitamente que tenha sido expulso ou mesmo reprovado em todos os exames. A imagem é mais a de um jovem instável que mudou de rumo, importunado por problemas financeiros e de saúde, e que ansiava por algo mais estimulante e agitado. Uma melhor maneira de descrever a situação talvez fosse que ele decidiu abandonar a faculdade.

"Você entende o que quer dizer expulso?", perguntou Ogilvy mais tarde. "Tive a impressão de ter chegado a um período no qual eu não conseguia mais entender nada, em que nada fazia muito sentido. E eu não parecia realmente me importar. Isso era muito ruim. Eu sempre pensara em me tornar professor universitário; não sei por que eu pensei em me tornar um, mas o fato é que tive essa ideia. Estudei História Moderna. Foi por causa disso que consegui uma bolsa de estudos em Oxford. E depois fui expulso. Foi um grande desapontamento para a minha família, mas pelo menos posso dizer que estudei lá."

Está claro que, como Albert Einstein, Benjamin Franklin, Bill Gates e outras pessoas brilhantes que nunca terminam a escola, Ogilvy estava inquieto e pronto para seguir em frente. A experiência o subjugou, por algum tempo. Um estalajadeiro da localidade e amigo de Ogilvy comentou a mudança de "um excelente rapaz impetuoso, bonito e quase insensato" em Oxford para, apenas 18 meses depois, "um jovem muito quieto e ponderado".

Ogilvy guardou pelo resto da vida os seus boletins escolares como um lembrete de que deveria ter um desempenho melhor. Ele respeitava os empreendedores acadêmicos, em especial os Baker Scholars, detentores da mais alta distinção de Harvard. E ele tinha orgulho do seu Doutorado em Letras honorário do Adelphi College. Mas o que quer que Ogilvy tenha alcançado na sua carreira não parece ter sido produto da instrução formal. Ele achava que a sua vida acadêmica tinha sido um fracasso e queria recomeçar do zero. A sua educação estava prestes a começar.

CAPÍTULO 3

A Formação de um Profissional de Vendas

uando Ogilvy deixou Oxford em 1931, a Grã-Bretanha estava atolada em uma profunda depressão. Em um único ano, 1930, o desemprego quase duplicara. Milhões de pessoas estavam recebendo auxílio-desemprego. Eram tempos muitos difíceis para o mundo em geral. Ogilvy se lembrou de que "as coisas estavam muito sombrias. Era muito difícil conseguir um emprego".

Ele estava pronto para uma mudança, mesmo tendo escolhido o pior momento possível. Sentia que tinha que se afastar e não queria ter mais nada a ver com o ensino superior, com filósofos, com pessoas *cultas*. Decidiu que queria viver com artesãos — pessoas que usam as mãos — e conseguiu um emprego como cozinheiro em Paris. De todos os empreendimentos do tipo artesanal, por que uma *cozinha*?

Um *chef* sempre tem o que comer, argumentou Ogilvy com um amigo, dizendo a outras pessoas o que aprendera a respeito da boa comida com a sua mãe. "Quando ela queria saber se os seus filhos estavam limpos, ela nos *cheirava*. Quando os pratos de comida lhe eram entregues no jantar, ela os cheirava. Herdei o seu olfato e tenho um bom paladar."

Na realidade, a comida não tinha nada a ver com a coisa. Ele precisava de um emprego, e o seu pai lhe deu uma carta de apresentação para uma antiga namorada, a sra. Will Gordon, que ocupava sete quartos do Hotel Majestic em Paris. Pelo menos é o que ela dizia. Outra história é que a apresentação veio por intermédio dos pais de algumas moças bonitas que ele conheceu em Oxford. Seja como for, ele encantou de tal maneira a velha senhora que ela quase o adotou. A sra. Gordon era a melhor cliente do restaurante, de modo que foi capaz de obrigar o *chef* — "um homem cuja última coisa que queria na vida era ter um auxiliar escocês" — a contratar Ogilvy.

Muitas pessoas que têm sucesso na área da publicidade não têm diploma universitário. Em vez de credenciais convencionais, elas aprendem a partir de uma ou mais experiências de vida ecléticas. Esse seria o padrão da educação de Ogilvy, iniciando com uma experiência seminal em uma cozinha francesa, onde ele observou e aprendeu padrões elevados e liderança.

O Majestic, na ocasião situado na Avenue Kléber, 19, um enorme hotel de luxo construído em 1907 não muito distante do Arco do Triunfo, foi o local de encontros diplomáticos históricos depois da Primeira Guerra Mundial. Ele se tornou um centro de conferências internacionais de propriedade do Estado e foi confiscado por Hitler para ser um dos quartéis-generais do Wehrmacht na França ocupada durante a Segunda Guerra Mundial. Depois da guerra, o ministro do Exterior francês assumiu o controle do hotel. Foi no Majestic que Le Duc Tho e Henry Kissinger julgaram ter acabado com a Guerra do Vietnã. O hotel fechou as portas em 1937 e só reabriu em 1960, dois quarteirões depois.

Na época, o restaurante do hotel era considerado o melhor de Paris, alcançando a classificação máxima no Le Guide Michelin, nos primeiros anos da década de 1930. Ogilvy disse que Henry Soulé do Le Pavillion de Nova York comentara com ele que o Majestic, naqueles anos, com a sua brigada rabelaisiana de 35 cozinheiros, era provavelmente a melhor cozinha que já existira. Monsier Pitard, o arrogante *chef* principal, um "monstruoso autocrata" na opinião de Ogilvy, que ficou chocado quando Pitard demitiu um dos *chefs* porque ele não conseguiu fazer com que os brioches crescessem de forma adequada. Mas o sub*chef* aprendiz veio a perceber que esses padrões extravagantes faziam com que os outros *chefs* sentissem que estavam trabalhando na melhor cozinha do mundo. Trabalhar em uma grande cozinha francesa foi um passo inicial na educação de pós-graduação (ou, mais precisamente, de não graduação) de Ogilvy. O estilo de gestão de Pitard tornou-se o seu modelo de trabalho árduo, disciplina e excelência.

O Majestic era provavelmente o último hotel no mundo a ter uma cozinha no velho estilo imponente e majestoso. Lembro-me do primeiro dia em que trabalhei lá. Eu estava descascando batatas nesta postura [apoiado na parede]. Um cara então se aproximou e disse: "Fique ereto: tudo o que faz aqui é importante; tenha orgulho de tudo o que você tiver de fazer". Esse comentário me causou uma forte impressão.

Mais tarde, Ogilvy comparou o comando de uma grande cozinha francesa a tornar-se o cirurgião-chefe de um hospital universitário; ou, por inferência, o chefe de uma grande agência de publicidade.

A pessoa precisa conhecer um vasto repertório de pratos. Tem de ser capaz de disciplinar uma brigada de lunáticos coléricos. Além disso, o que é raro entre os *chefs*, precisa ser suficientemente instruída para lidar com a papelada envolvida nos pedidos de provisões e no planejamento de cardápios.

Ogilvy começou por baixo, preparando ossos quentes para os dois poodles de um cliente, mas trabalhou arduamente e conquistou duas promoções. Passou a bater claras de ovo para o confeiteiro-chefe e depois a preparar *hors d'oeuvres*, 26 variedades para cada refeição. Como trabalhava em cozinhas subterrâneas dez horas por dia, de manhã cedo Ogilvy estava encharcado de suor da cabeça aos pés. Paredes inteiras eram guarnecidas por fornos enormes. Pessoas corriam nervosas de um lado para o outro, gritando e usando uma linguagem que ele considerava "desprezível". Certa vez, um *chef* irritado atirou ovos nele; se ele ficava parado por alguns minutos, os outros esbravejavam: "*Quoi donc, rien a faire? Rien a faire?* (Não tem nada para fazer?)

Era um trabalho exaustivo, pelo qual Ogilvy recebia sete dólares por semana, mas possibilitou que ele deixasse o mundo acadêmico, ensinou-lhe algumas lições duradouras e proporcionou-lhe histórias que ele nunca se cansou de narrar. Além disso, morar em Paris não era propriamente a pior coisa do mundo. Teve um caso amoroso com uma das garotas que cuidavam da salada, jogava tênis, passava o tempo livre em Montparnasse e, em algumas noites de folga, subia as ladeiras de Montmartre para observar as luzes de Paris.

Um caso perdido no início, Ogilvy afirmou ter descoberto uma maneira de cuidar da sua protetora de uma maneira especial. A sra. Gordon adorava maçãs assadas. Ogilvy desenvolveu uma técnica na qual ele cozinhava *duas* maçãs e depois raspava cuidadosamente tudo com uma pequena colher e colocava o conteúdo das duas maçãs dentro de uma única casca. A sra. Gordon nunca saboreara uma maçã assim. "Se esse rapaz deixar de preparar essas maçãs para mim, deixarei o hotel." Com o respaldo da sra. Gordon, Pitard o manteve na equipe, e Ogilvy aprendeu a cozinhar relativamente bem em três meses.

Ogilvy disse que, um ano depois, ele se tornou competente a ponto de o *chef* principal não querer que ele fosse embora. Contou inúmeras vezes a história da incumbência que recebeu de decorar as coxas de rãs frias com folhas de cerefólio: "isso não era arte culinária e sim joalheria, e exigia uma boa visão, a mão firme e uma noção de design". Em uma determinada ocasião, ele percebeu que Pitard o estava observando atentamente. Era uma ocasião importante: o presidente da França ia jantar no hotel. Depois de um sinistro silêncio de cinco minutos, Pitard, de repente, fez um sinal, indicando que a equipe se reunisse e observasse. "Esse cara arrogante", pensou Ogilvy, nervoso, "ele vai me demitir, e vai fazê-lo diante de uma audiência, como em um enforcamento público." Ogilvy continuou a trabalhar, com os joelhos batendo um contra o outro como castanholas. Quando ele terminou, Pitard apontou para as pernas de rãs e disse para os outros *chefs*: "*Essa é a maneira correta de fazer isso*". Ogilvy descreveu esse momento como aquele que o deixou mais orgulhoso em toda a sua vida.

Ogilvy disse que viu Paul Doumer, o presidente da República, comendo as suas pernas de rã algumas horas depois. Em seguida, em um espantoso *non sequitur*, ele comenta: "Na semana seguinte, ele morreu". Às vezes Ogilvy explicava que Doumer foi morto por um russo louco. Anos mais tarde, Ogilvy levou um colega francês ao antes majestoso prédio e puxou-o com emoção até uma pequena janela que dava para o restaurante no porão, mostrando-lhe o lugar onde cozinhara para o presidente da República. Enquanto contava a história, os seus olhos se encheram de lágrimas.

Apesar de ter passado na prova de *chef*, Ogilvy enxergava pouco potencial em trabalhar longas horas na cozinha. Depois de ficar um ano e meio em Paris, ele se voltou para o irmão, Francis, que a essa altura tinha um importante emprego na Mather & Crowther, uma importante agência de publicidade em Londres. Francis conhecia bem os talentos do irmão mais novo e, por mais de uma vez, o conduziu em uma direção adequada.

A Mather & Crowther tinha lançado o Aga Cooker, um fogão exclusivo e dispendioso encontrado nas melhores cozinhas da Inglaterra e da Europa continental, e a Aga se tornara uma das maiores contas da agência. Como o orçamento inicial da propaganda era pequeno, Francis chegou à conclusão de que os melhores possíveis clientes eram as escolas, e os únicos que ele realmente conhecia eram as melhores escolas particulares. Ele redigiu pessoalmente uma carta de vendas para os diretores dessas escolas — em grego clássico — que deu origem a dezenas de respostas, algumas pedindo desculpas por não ter nenhum professor capaz de ler grego. Para estes, bem como para outros que não responderam, ele enviou uma carta subsequente — em latim clássico.

Francis apresentou David para W. T. "Freckles" Wren, então gerente de vendas (e mais tarde presidente) da Allied Ironfounders Ltd., a fabricante do fogão. Wren estava procurando uma pessoa para vender os seus fogões para restaurantes e hotéis da Inglaterra, e precisava de um homem que fosse capaz de falar francês com os *chefs* — francês culinário, o que era exatamente o que Ogilvy dominara a fundo em Paris. Wren o contratou como representante de vendas.

O Aga Cooker ("tão britânico quanto rosbife e pudim de Yorkshire" em uma das descrições) gozava de um prestígio quase mítico em muitos lares ingleses. Ele foi criado em 1922 por Gustaf Dalén, físico sueco que achava que a sua esposa precisava de um fogão que necessitasse de menos atenção e menos combustível. Tendo ficado cego em uma experiência que não deu certo, Dalén mesmo assim conseguiu inventar um fogão surpreendentemente simples: uma caixa com isolamento térmico com compartimentos cuja temperatura variava de acordo com a distância da fonte de calor (inicialmente, coque ou carvão). Não eram necessários mostradores ou medidores. O nome derivava das três últimas iniciais do nome da companhia: Svenska Aktiebolaget Gas Accumulator. Os primeiros anúncios promoveram a fenomenal economia de combustível, a limpeza ("nada de fumaça, poeira ou sujeira"), e o que se tornou a principal característica do fogão: O Aga estava sempre ligado ("sempre pronto para ser usado"). Ele conquistou uma rápida aceitação, até mesmo afeto, em lares, clubes, escolas e na Família Real Britânica.

A primeira tarefa de Ogilvy foi salvar um cliente da Aga. Um clube londrino havia instalado os fogões, mas não conseguia descobrir como usá-los e estava pronto para jogá-los fora. Ogilvy vestiu o seu uniforme de *chef* parisiense — para falar de *chef* para *chef*, e não como vendedor — e foi para a cozinha. Ao ser informado de que o Aga não cozinhava panquecas, derramou a massa em uma frigideira e cozinhou um dos lados. Quando chegou a hora de virar a panqueca, ele a jogou para o alto, com a brigada de 18 *chefs* observando na cozinha, levou a frigideira às costas, aparou a panqueca na posição certa na frigideira, e caiu no chão. *E salvou a venda.* Essa é a história de Ogilvy, e talvez seja até mesmo verdadeira.

Ele foi promovido e se tornou o primeiro representante de vendas da empresa na Escócia, vendendo fogões de porta em porta. O Aga era o fogão mais caro do mercado. Fazer visitas de surpresa a astutos escoceses no auge da depressão não poderia ser fácil, mas Ogilvy fechava vendas mostrando aos cozinheiros e cozinheiras como usar o Aga, cozinhando ele próprio se necessário. Oferecia lições de culinária gratuitas em cada fogão que vendia, e encontrou muitos compradores.

Ogilvy revelou a sua abordagem de vendas em um programa de televisão da BBC, por volta de 1989. No programa, ele descreve como sempre contornava a casa ("descia a escada") para conversar com a cozinheira sobre o Aga, porque se ela não estivesse do seu lado, ele jamais conseguiria vender o fogão à dona da casa. Quando passou a vender mais fogões oferecendo seis aulas de culinária por três guinéus (mas que eram gratuitas se a pessoa comprasse o fogão), Ogilvy aprendeu algo a respeito do poder da palavra "grátis".

Um momento decisivo teve lugar quando ele vendeu um Aga para o arcebispo católico romano de St. Andrews e Edimburgo ("um senhor idoso e muito amável, a pessoa mais próxima de um anjo que já conheci"). O bispo perguntou se o ajudaria se escrevesse cartas de apresentação para todas as instituições da sua arquidiocese. Ogilvy respondeu que ajudaria bastante.

> Durante mais ou menos quatro meses, tudo o que fiz foi dirigir de um lado para o outro da Escócia, tocando a campainha de conventos, mosteiros, escolas e hospitais. Uma freira vinha até a porta, e eu dizia: "Eu me chamo Ogilvy. Poderia falar com a Madre Superiora?". "Ela o estava aguardando", era a resposta. Eu entrava no seu gabinete, e lá estava a madre, caneta na mão, pronta para assinar o pedido. As minhas vendas presenciaram um crescimento acele-

rado. Nem sempre as coisas eram tão fáceis; afinal, não havia uma abundância de arcebispos.

Depois de passar o dia vendendo fogões para freiras, Ogilvy frequentemente passava as noites em um clube masculino em Edimburgo, onde fez amizade com o funcionário responsável pelos réus em liberdade condicional, cuja função era manter rapazes delinquentes fora da prisão. A missão de Ogilvy era treinar os jovens na dramatização. Quando três das suas produções conquistaram a medalha de ouro em um festival de teatro, o juiz declarou o diretor das peças como "a maior esperança do movimento do teatro nacional da Escócia". Em outras noites, ele jogava cartas com uma viúva quarenta anos mais velha do que ele (ela se apaixonou por ele, diz Ogilvy) na pensão onde ele estava hospedado. Passava frequentemente os fins de semana na casa de uma amiga em Dumfries, a sra. Murray of Murraythwaite, que o impressionou por empregar 16 criados.

A experiência da venda de porta em porta transformou Ogilvy em um profissional de vendas. "Caso contrário, eu poderia ter sido uma coisa bem diferente. A atividade me fez pensar sempre em função de vender coisas — e nada mais." Esse "nada mais" é um exagero característico, mas o foco nas vendas permaneceu dominante durante toda a sua carreira. Assim como muitas das suas opiniões a respeito de como liderar uma organização se formaram em uma cozinha parisiense, as suas convicções a respeito do propósito da publicidade foram moldadas pela maneira como ele era recebido na porta dos lares escoceses. "Sem venda, não há comissão. Sem comissão, eu passo fome. Isso me marcou."

Ogilvy calculou que precisava de meia hora para descrever adequadamente as características do Aga, lição que ele transformou em uma convicção vitalícia na "matéria longa" — anúncios com várias centenas de palavras de texto apresentando explicações informativas das virtudes de um produto. Mas a marca mais expressiva da experiência era a desconfiança da propaganda espalhafatosa e superficial, bem como dos prêmios à criação que não têm nenhuma relevância óbvia para a venda de um produto ou serviço a um cliente. Isso o levou a abraçar a mala direta, com a contagem de cupons para verificar os resultados. As vendas se tornaram o seu padrão da "boa" publicidade, uma obsessão que apenas cresceu com o tempo como reação ao que ele via como excessos cada vez maiores em nome da "criatividade".

Ogilvy era tão competente na venda de fogões que a empresa (sem ter conhecimento da ajuda secreta que ele recebera do seu amigo arcebispo) lhe pediu que escrevesse um manual para instruir os seus colegas vendedores. Publicado em 1935, quando Ogilvy tinha 24 anos de idade, "The Theory and Practice of Selling the Aga Cooker"* tornou-se a bíblia de vendas da companhia. Trinta anos depois, em um artigo a respeito de Ogilvy, a revista *Fortune* disse que o texto era provavelmente "o melhor manual de vendas jamais escrito". Além de ser um clássico divertido do seu tipo, o texto exibe a capacidade de Ogilvy de extrair lições da experiência e a sua avidez de ensinar o que aprendeu, características que ele mais tarde aplicaria à teoria e prática da publicidade.

O livreto de 32 páginas contém conselhos que podem ser aplicados à venda de qualquer produto. Implícita em todo o texto está a noção de que a pior falha que um vendedor pode cometer é ser chato. O astro de vendas apresentou dicas em imagens memoráveis:

O armazenamento de calor é a forma mais antiga de cozinhar. Os aborígines cozinham ouriços nas cinzas do fogo que está se extinguindo.

Embora o custo inicial do Aga fosse elevado, usá-lo não era caro:

Enfatize o fato de que nenhuma cozinheira é capaz de fazer o seu Aga queimar mais de 4 libras de combustível por ano, por mais burra, extravagante ou descuidada que ela possa ser, ou por mais que ela cozinhe. Se uma quantidade maior de combustível estiver sendo consumida, ele estará sendo roubado, e a polícia deverá ser chamada imediatamente.

A descrição do bom vendedor talvez se origine da opinião de Ogilvy sobre si mesmo:

O bom vendedor combina a tenacidade de um buldogue com o comportamento de um spaniel. Se você tiver algum charme, irradie-o.

Os benefícios do produto adquirem vida no livreto:

---

* Tradução literal: "Teoria e Prática da Venda do Fogão Aga". (N. da T.)

SEMPRE A POSTOS. É impossível surpreender um Aga. Ele está sempre alerta, pronto para ser usado a qualquer hora do dia ou da noite. É difícil para uma dona de casa que não tenha conhecimento do Aga entender exatamente o que isso significará para ela. Diga-lhe que ela pode ir à cozinha no meio da noite e assar um ganso, ou mesmo voltar a encher a sua garrafa de água quente... É possível oferecer um café da manhã quente ao infeliz visitante que precisa iniciar a viagem de volta para Londres ainda de madrugada na segunda-feira.

O texto preconiza que os vendedores do Aga precisam aprender a arte culinária além de conhecer fogões:

É inútil tentar vender um Aga se você não souber alguma coisa a respeito da arte culinária e não der a impressão de saber mais do que efetivamente sabe. Não se trata simplesmente da questão de saber qual a parte do Aga que ferve a comida e qual a que cozinha lentamente. Você precisa saber conversar com os cozinheiros e as donas de casa no território deles...

O manual sugere a utilização de diferentes abordagens, de cozinheiros a homens e a crianças fazendo balas de caramelo. Ele propõe respostas a objeções previstas e incentiva as piadas:

Acima de tudo, ria até chorar todas as vezes que o possível comprador contar uma piada sobre o Aga Khan.

Pouco antes de morrer, Ogilvy mencionou em um documentário da BBC que o Aga tinha realmente se tornado parte da vida da elite na Inglaterra:

Todo mundo precisa ter uma bengala-banco, um spaniel, mandar os filhos para um horrível internato e ter um Aga.

Começamos a vender de cima para baixo; uma espécie de símbolo de status esnobe. Nunca me esquecerei de quando a idosa rainha Mary veio dar uma olhada nos fogões e uma pessoa lhe disse que uma das tias da nobreza recebera um de graça porque fora muito amável conosco. A rainha Mary ficou furiosa quando soube que essa tal tia havia ganhado um de graça porque o seu segundo filho — o duque de York, mais tarde Jorge VI, Bertie — teve que pagar pelo dele.

Ogilvy usaria com eficácia nos anúncios o recurso do esnobismo durante vários anos. Ele se tornou amigo pessoal de "Freckles" Wren, o seu chefe na Aga, e permaneceu fã do fogão. "Nenhum desenhista industrial vestindo calças sofisticadas jamais trabalhou nele; o fogão continua a ser algo autêntico e funcional."

O mais importante é que Ogilvy se tornou um profissional de vendas inveterado devido ao seu trabalho de vender os fogões Aga. Parece que ele era um vendedor nato. Vender de porta em porta o ensinou a falar com as pessoas sem menosprezá-las. Mais tarde, ele ficaria famoso pela sua advertência: "A consumidora não é idiota. Ela é a sua mulher. Não minta para ela e não insulte a inteligência dela". A experiência com o Aga ensinou a Ogilvy a importância de não ser maçante e manter o cliente em potencial interessado por meio de histórias e piadas, bem como de fatos a respeito do produto e dos benefícios dele. Ele levou essas lições para a publicidade — sem as piadas.

O que quer que Ogilvy tenha aprendido nas cozinhas no Hotel Majestic ou ao demonstrar a utilização adequada de fogões de luxo, não foi apreciar a comida de qualidade. O ex-*sous-chef* estava mais interessado em dar um espetáculo do que na culinária sofisticada. Ele podia pedir um prato de ketchup — só ketchup — como prato principal apenas para causar um efeito dramático nas pessoas que o observavam. Se o serviço em um restaurante não era instantâneo, ele se levantava e ia embora ou, em um gesto infantil, anunciava em alto e bom som: "Quero minha comida! Quero minha comida!". Um ex-colega concorda: "David se interessava pouco por jantares elegantes e encarava a comida como um combustível e não como um ritual ou o ponto alto do dia; ele comia o que estivesse à mão, desde que fosse básico e, especialmente, se fosse um dos seus Quatro Favoritos: maionese (a que vem na embalagem de vidro), cereais Grape-Nuts, bacon e chocolate. Ele queria comer quando estava com fome e ficava logo irritado se tivesse de esperar por uma refeição".

O jantar na casa de Ogilvy em Nova York podia ser um evento igualmente excêntrico se a sua mulher estivesse ausente. Ele podia servir ostras no jantar para os convidados — apenas ostras. Ou sopa cremosa de lagosta de lata, seguida por biscoitos e sorvete. "Vamos dispensar o prato principal, se vocês estiverem de acordo", dizia ele. O executivo de uma agência acostumou-se a levar um sanduíche em um saco quando era convidado para jantar *chez* Ogilvy, para se assegurar de que comeria algo de que gostava. Apesar de ter trabalhado em uma cozinha famosa e vender um produto para grandes cozinheiros, Ogilvy só voltou a preparar refeições em raras ocasiões e nem mesmo demonstrava muito interesse pela comida. Ele se interessava por *pessoas* — pessoas que tivessem realizado coisas extraordinárias. Consumia fatos em vez de comida, e fofocas quando não havia fatos.

Ogilvy confessou ter puxado brasa para a sua sardinha ao descrever a sua experiência como *chef* em Paris. Quer ele tenha sido um *chef* autêntico, quer não, ele não sabia distinguir a boa da má comida. E sabia preparar pratos como *carbonade flamande* (carne cozida na cerveja Guinness) e *queues de boeuf* (rabo de boi) cozidos lentamente no vinho tinto.

O que ele aprendeu sobre a cozinha sofisticada é menos relevante do que os padrões que digeriu. Pitard certa vez o confrontou dizendo: "Meu querido David, o que não é perfeito é ruim".

Na história oficial do Aga, Ogilvy é citado como "uma figura central" no sucesso do fogão. Anos depois, ao tentar consolar um homem que havia sido demitido, ele fez a improvável afirmação de que a Aga o havia mandado embora. "Isso me magoou. Foi cruel. Mas graças a Deus aconteceu, caso contrário eu poderia ainda estar vendendo fogões."

Não existe nenhuma evidência de que ele tenha sido demitido da empresa, mas tampouco havia qualquer possibilidade de que Ogilvy fosse ser um vendedor de fogões para o resto da vida. Ele enviou o manual para o irmão na Mather & Crowther como prova da sua aptidão para a publicidade e foi contratado como estagiário em Londres. A experiência com o fogão Aga forneceu uma base para as suas convicções sobre a publicidade e incutiu no jovem o hábito de trabalhar arduamente. Como ele relembraria mais tarde, quando a Mather & Crowther dobrou o seu salário, "senti gosto de sangue na boca".*

---

* Tradução da expressão "I tasted blood". Em inglês, isso significa experimentar uma nova sensação, em geral violenta, e ao mesmo tempo adquirir o apetite por ela. (N. da T.)

CAPÍTULO 4

Quem Foi Mather?

A publicidade sempre foi uma atividade de homens jovens. As raízes da agência de publicidade que se tornou Ogilvy & Mather (pronuncia-se MEI-ther) recuam a uma agência britânica fundada em meados do século XIX. Edmund Charles Mather tinha apenas 27 anos de idade quando fundou a sua agência em Londres na Fleet Street, 71, em 1850, vindo logo a se tornar o homem mais bem vestido da Fleet Street. Dois anos depois da sua morte, o seu filho Harley se uniu a Herbert Oakes Crowther e fundou a Mather and Crowther em 1888.

O ramo das agências de publicidade nasceu nessa época.* Os jornais vinham publicando propaganda havia duzentos anos, mas o seu crescimento fora restringido por impostos: sobre o papel, sobre cada jornal vendido, sobre cada anúncio. No momento em que esses encargos foram removidos, mais espaço publicitário tornou-se disponível, e os jornais contrataram empresas para vendê-lo. Essas empresas — os agentes dos jornais** — foram as primeiras agências de publicidade, e a Mather & Crowther se destacava entre elas.

Naqueles primeiros dias, os fabricantes precisavam ser convencidos de que a publicidade seria compensadora *e* que ela era socialmente aceitável,

---

* A primeira agência comercial de espaço publicitário nos Estados Unidos, a Volney Palmer, foi fundada na Filadélfia em 1841. Palmer criou a expressão "agência de publicidade" em 1850.

** Os agentes eram pagos pelos jornais e não pelos anunciantes, o que representou o início do sistema de comissões.

incumbências das quais a Mather & Crowther se encarregou em uma série de prospectos promocionais enviados pelo correio para os possíveis clientes. "É indigno fazer publicidade?", indagou retoricamente um desses folhetos. NÃO, foi a resposta: "Nestes dias de acirrada concorrência, as empresas que fabricam artigos normalmente utilizados *não podem se dar ao luxo* de *não* publicar anúncios... caso contrário os seus rivais que os publicam os deixarão para trás". NÃO, observe o sucesso dos outros. NÃO, a publicidade não comprometerá a posição social deles: "Numerosos membros da Câmara dos Comuns, e não poucos membros da Casa dos Lordes, são sócios de firmas que fabricam artigos que são amplamente anunciados".

Um dos prospectos advertiu contra o "Desperdício de Publicidade", ou seja, comprar um espaço nas publicações erradas, deixando de captar a atenção do leitor, incluindo muito poucas ou excessivas informações sobre o produto, ou usando métodos de mau gosto. Em um dos primeiros acenos para o consumismo, outro folheto comentou que as mulheres provavelmente seriam consultadas na maioria das compras dos artigos anunciados, e que os compradores astutos não seriam enganados com facilidade.

A Mather & Crowther liderou o avanço da imponente prosperidade da Inglaterra com clientes que estavam prontos para uma nova maneira de fazer negócio.

Venus Soap: "Faz o trabalho para você. Não precisa esfregar"
Mellin's Food: "Para bebês, para inválidos"
Stower's Lime Juice: "Fornecido para Sua Majestade. Sabor sem ranço"
Royal Worcester American Corsets: "Naturais. Confortáveis. Elegantes"
H. Samuel's World Famed Watches: "A Rapidez e a Pontualidade Preparam o Caminho para a Prosperidade"
Mother Siegel's Syrup: "Uma dose diária mantém o meu intestino livre e o meu sangue puro"

Outra agência londrina entra em cena com a S. H. Benson, que mais tarde uniu-se à Mather & Crowther para fundar a jovem empresa de Ogilvy em Nova York. Em 1893, Samuel Herbert Benson, então com 39 anos, foi convidado a montar uma agência para anunciar Bovril, um extrato de carne espesso e salgado, popular na Inglaterra. A agência de Benson administrou com êxito o seu relacionamento com o Bovril, explorando até mesmo a versão da nova mídia da época: "propaganda elétrica" — colocando anúncios "luminosos" nos prédios públicos, monumentos e até mesmo nas nuvens — com breves mensagens como "Se a Noite Está Fria, Tome Bovril". A Ivory Soap e outros clientes procuraram a agência depois de Bovril.

> Rowntree's Elect Cocoa: "É diferente"
> Caley's Milk Chocolate: "Delicioso e Totalmente Puro"
> Virol: "Experimente se o seu filho estiver fraco"
> Coleman's Starch: "O segredo da roupa bem passada"

Não demorou muito para que surgisse a tentativa de profissionalizar o setor com uma série de livros com instruções práticas. Em 1895, a Mather & Crowther publicou *Practical Advertising*, e Benson a acompanhou com *Wisdom in Advertising* (1901) e *Force in Advertising* (1904). J. Walter Thompson, já estabelecido nos dois lados do Atlântico, entrou em cena com o seu *Blue Book on Advertising* em 1906.

Samuel Benson, em particular, percebeu que o único critério da publicidade eram as *vendas*. Por ser um apresentador além de vendedor, Benson lançou promoções que vendiam mercadorias fazendo notícia. Os motoristas de ônibus ofereciam amostras grátis do Rowntree's Cocoa, por exemplo, e o fato teve destaque nos jornais como "A Guerra do Cacau". Em um gesto inicial de patrocínio, Benson convenceu a Bovril a lançar uma competição nacional de castelos de areia para crianças com prêmios oferecidos pelos diretores de resorts à beira-mar. Durante a Primeira Guerra dos Bôeres, os donos de mercearias afixavam notícias do fronte em "Cabos de Guerra Bovril".

Com o tempo, os fundadores dessas agências faleceram e foram substituídos pela nova geração de gerência. Não havia ninguém na família Benson para substituir Samuel Herbert. Na Mather & Crowther, Edmund Lawrence ("Laurie") Mather, neto do fundador, substituiu o pai Harley na presidência, em 1935. Ele era uma pessoa benévola e tinha um jeito especial e tranquilo de administrar, passeando pela empresa, dando tapinhas na cabeça das pessoas e perguntando: "O que você faz, meu rapaz?". Ele parecia um fazendeiro inglês abastado e sossegado que tinha ido passar um ou dois dias no seu clube em Londres.

Tanto a Mathers quanto a Bensons — como as agências eram conhecidas em Londres — haviam se distinguido no período entre as guerras. A cerveja Guinness tornou-se a campanha identificadora da Bensons — "A Guinness é Boa para Você", "Fique Forte Tomando Guinness", "É Hora de Guinness" e "Meu Deus, Minha Guinness". Para a mostarda da Colman, a Bensons criou o Clube da Mostarda. "O Seu Pai Ingressou no Clube da Mostarda?" caiu no gosto, e a brincadeira pegou; os comediantes das casas de espetáculos se divertiam com a nova desculpa do pai para ficar longe de casa. Surpreendentemente, a propaganda fez com que as pessoas passassem a conversar sobre mostarda.

Na década de 1920, a Mathers foi precursora da propaganda genérica (sem marca) como a campanha "Coma Mais Frutas" e o slogan que se tornou um clichê "Uma maçã por dia mantém o médico a distância". Durante a Segunda Guerra Mundial, quando muitos produtos alimentícios não estavam disponíveis ou eram racionados, a Mathers criou anúncios para informar às donas de casa quais os alimentos que estavam disponíveis e como aproveitá-los ao máximo, o que ajudou a empresa a conquistar mais publicidade para alimentos básicos depois da guerra, como a banana, o peixe e o leite ("Beba Meio Litro de Leite Hoje").

Um dos slogans mais famosos, "Coma um Ovo Antes de Ir para o Trabalho", é atribuído a Fay Weldon, romancista e autora de contos, que começou a trabalhar no setor publicitário para prover o seu sustento e do filho depois de se divorciar. Ela se levantava às cinco horas da manhã e escrevia durante três horas antes de ir para o emprego na Mather & Crowther. Mesmo assim, conseguiu redigir mais de cinquenta enredos para o teatro e roteiros para a televisão, inclusive o primeiro episódio da memorável série da TV *Upstairs, Downstairs,* pelo qual ganhou um prêmio Writers Guild.

Outra escritora que reuniu o mundo da literatura e o da publicidade foi Dorothy L. Sayers, autora de histórias de crime e mistério. Ela trabalhou como redatora de publicidade na S. H. Benson na década de 1920, adorava trabalhar nos dois mundos e levava a publicidade muito a sério: "Nada no mundo comercial teria sido mais adequado a ela do que o seu trabalho na Bensons", escreve um biógrafo. "Ela ganhava a vida exercendo a sua atividade predileta, que era brincar com as palavras. Quer ela estivesse redigindo um anúncio para meias de náilon, quer compondo um soneto ou vilanela, as ideias precisavam se encaixar de uma forma elegante e predeterminada, e ser expressas com o máximo impacto possível." No romance que escreveu em 1933, *Murder Must Advertise*, Sayers retrata a agência Bensons da sua época.

As agências estavam se tornando conhecidas pelos seus talentos criativos e não apenas pela sua capacidade de vender espaço nos jornais.

～

Entra em cena Francis Ogilvy, irmão de David, oito anos mais velho do que ele e a grande influência na vida deste último. Mais do que qualquer outra pessoa, Francis desempenharia um papel marcante na incubação da agência de publicidade do seu irmão nos Estados Unidos.

Quando respondeu a um anúncio da Mather & Crowther que procurava um redator de publicidade em 1921, Francis não sabia o que era um redator de publicidade, segundo escreveu mais tarde, "mas eu era exatamente a pessoa que estavam procurando. Assim sendo, a Mather & Crowther me contratou por 5 libras por semana". A avó de Francis soube que o neto ia entrar no setor publicitário e comentou: "Bem, o menino sempre teve vontade de escrever".

Francis lera os clássicos e livros de direito quando era aluno da faculdade de Magdalene, em Cambridge, depois de se destacar na escola Fettes, em Edimburgo. No intervalo entre Cambridge e o emprego de redator de publicidade, ele tentara dar aulas em uma escola ("Descobri que detestava meninos pequenos e a pobreza"), ingressar no ramo do petróleo em Calcutá ("Descobri que odiava a Índia depois de ter malária, disenteria, insolação e inflamação no ouvido médio, tudo ao mesmo tempo"), e, embora ele fosse um ator amador, tivesse se casado com uma atriz e o seu filho, Ian, viesse a ser um ator:* "Descobri que detestava atores e atrizes e a pobreza permanente".

Francis subiu rapidamente na Mathers, tornando-se diretor executivo aos 34 anos e depois o primeiro presidente do conselho administrativo que não era membro da família que fundou a empresa. Ele comentou: "Descobri que adorava a publicidade e os publicitários, e continuo adorando. Por aceitar que a vida é 'detestável, cruel e breve', considero trabalhar nesse setor a melhor maneira que encontrei de viver a vida".

---

* Ian Ogilvy apareceu em mais de 60 shows da televisão britânica, entre eles *The Return of the Saint*, que o tornou um candidato a representar o papel de James Bond em determinado momento.

Até uma época relativamente recente, na década de 1950, as agências londrinas eram consideradas clubes privados de cavalheiros, e a Mathers ainda era uma agência conhecida pela sua formalidade, embora "swinging London"* estivesse prestes a irromper em cena. Nas reuniões do conselho, os diretores vestiam calça de risca de giz, paletó preto sem cauda e colarinho duro. Quando um dos diretores tocava um sino na sua mesa, um mensageiro entrava apressado na sala. Havia uma sala de espera para motoristas, que usavam uniforme e quepe. Francis se sentava a uma mesa simples, sem nenhum papel ou lápis à vista. Ele tinha dois botões debaixo da mesa; quando apertava um deles, a sua secretária entrava na sala com um bloco e lápis; o outro chamava um homem que entrava com fósforos e um maço de cigarros, que ele abria e colocava diante de Francis.

O expediente na empresa era de 9h30 da manhã às 5h30 da tarde, exceto no verão, quando passava a ser das 9 às 5 a fim de que as pessoas pudessem sair mais cedo para jogar tênis. (Os novatos eram informados de que teriam de trabalhar horas extras sem remuneração caso fosse necessário.) Como Francis era considerado carrancudo e reservado, os seus colegas diretores sugeriram que ele passeasse um pouco pela agência e conversasse com as pessoas. Na segunda-feira seguinte, quando entrou no elevador, uma jovem entrou com ele. "Bom dia, minha querida", disse ele, aparentemente com um olhar malicioso, já que essa camaradagem era nova para ele. "Velho devasso", replicou a moça.

Como presidente, Laurie Mather havia herdado uma firma que não era apenas velha mas também pré-histórica na maneira de pensar. Ele tomou a primeira decisão correta ao renovar a agência escolhendo Francis como diretor executivo para substituir o homem que exercera a função durante 33 anos. Francis era uma versão mais avantajada do irmão David: tinha mais de um metro e oitenta e três, o rosto mais redondo e rosado, e o cabelo castanho-avermelhado ondulado. Andava de um jeito estranho, mantendo os braços rigidamente ao longo do corpo. Era um *bon vivant*, apreciava a comida, a bebida e as mulheres. Ao responder a um comentário a respeito das inúmeras mulheres atraentes no escritório, ele explicou que as mulheres que se importam com a aparência também são mais cuidadosas com relação a

---

* A expressão "swinging London" faz alusão à efervescência cultural que tomou conta da cidade de Londres durante a segunda metade dos anos 60 e que transformou a capital inglesa na capital mundial da cultura e da moda. (N. da T.)

outras coisas. Isso era uma racionalização, disse David. "Essa é apenas a desculpa de Francis para contratar moças bonitas." Francis gostava de exibir o seu intelecto. Ele escreveu em latim o título de um anúncio destinado a professores; também avisou aos redatores: "Sei que todos temos muito orgulho da nossa educação clássica, mas não tolerarei *per capita*. Deverá ser *per caput* ou *por pessoa*".

Francis lançou um movimento jovem que levou a Mather, quase da noite para o dia, de um embotamento respeitável para uma nova era, transformando-a em uma das principais agências londrinas ao mesmo tempo que também redigia alguns dos seus anúncios mais bem-sucedidos. Também criou campanhas de relações públicas, montando certa vez uma exposição em um trem suburbano para mostrar aos arquitetos e às autoridades locais o tipo de dispositivos que eles poderiam obter no admirável mundo novo. Aplicou técnicas de publicidade às relações trabalhistas ao lidar com o Partido Trabalhista em Gales, para transmitir os fatos econômicos da vida aos trabalhadores. Alto, majestoso e impecável, ele exibia uma figura impressionante embora excêntrica nas reuniões dos sindicatos, nas fundições de aço e nos clubes de cerveja, mas era aceito tanto pelos representantes sindicais mais durões quanto pelos políticos de esquerda. Era particularmente famoso pela capacidade de escrever com clareza e de um modo articulado a respeito de muitos assuntos, entre eles a publicidade.

Muitas pessoas entram no setor publicitário porque querem escrever para a sua satisfação pessoal. Façam isso. Pelo amor de Deus façam isso. Mas não durante o horário do expediente. Façam um resumo do que precisam dizer e do que não precisam dizer. Criem o anúncio com a estrutura mais simples possível e com o menor número possível de tijolos. A austeridade que vocês impuserem a si mesmos produzirá uma redação firme, clara e inteligível. Vocês não enfrentarão o mau humor de outras pessoas e os seus clientes ronronarão como gatinhos felizes.

Alguém certa vez deparou com David lendo uma carta do irmão. "Francis está me dizendo que acaba de escrever 22 anúncios em uma só manhã", disse ele tristemente. "Meu Deus, tudo o que consigo é escrever um anúncio em três dias." Quando a pessoa salientou que muitos dos clientes do seu irmão eram agências do governo, ele ficou mais animado. Tudo o que realmente temos que dizer é: "Bebam Leite, Comam Peixe". Em seguida fez uma pausa e, com um jeito sonhador, acrescentou: "Façam Amor".

Francis tinha a tendência de falar tudo o que lhe vinha à cabeça e agir de modo impulsivo. Em uma apresentação de Rodgers & Hammerstein do musical *The Sound of Music*,* onde estava sentado com colegas e clientes, Francis deu uma olhada para o palco quando a cortina subiu. "Céus! Freiras e crianças. Estou fora", resmungou enquanto saía do teatro, deixando que outros explicassem a sua atitude para os clientes. Ele relacionava os seus passatempos como viagens, livros, o campo e a política internacional, e logo depois recitava uma lista de coisas que abominava: "Londres, barulho, música e os meus semelhantes". Ele era membro do Clube Conservador.

Francis era uma figura paternal, dirigia uma agência paternalista e era adorado pela equipe. "Parte do problema que David teve conosco em Londres", comenta um funcionário da Mathers, "era que ele saía perdendo quando comparado com Francis." Mas este era irresponsável e bebia demais, declaram os seus antigos sócios. Era expansivo e otimista, e não via nenhuma ligação entre a receita e as despesas; uma pessoa esperava que ele saísse para almoçar, recolhia as contas da gaveta de baixo da mesa dele e as pagava. Sabia-se que Francis tinha uma ou mais amantes, possivelmente várias ao mesmo tempo, enquanto mantinha dois casamentos tumultuados.

Embora os irmãos fossem semelhantes em muitos aspectos, David, que era oito anos mais novo, ficou à sombra de Francis desde o início. Este último tinha uma brilhante carreira escolar e universitária, tendo se formado em Cambridge com distinção em filologia clássica e direito. David não chegara a se formar em Oxford. Francis já estava dirigindo uma grande agência quando David ainda estava tentando encontrar o seu rumo. Ambos eram inteligentes e espertos. Eram questionadores insaciáveis, incessantemente perguntando *por quê*. Eram persistentes e determinados, trabalhando longas horas. Francis trabalhava quase todos os sábados e alguns domingos, mesmo que a equipe cumprisse um horário mais convencional. As pessoas chegavam para trabalhar na segunda-feira de manhã e encontravam notas "De F. O." nas suas mesas: "Você prometeu fazer um comentário sobre... Por favor, apresse-se". Ou "Pedi que você... Por favor explique por que ainda não...".

---

* Musical da Broadway e filme de grande sucesso exibido no Brasil com o título *A Noviça Rebelde*. (N. da T.)

Francis era conhecido pela capacidade de ditar cartas sem fazer anotações. A sua secretária dizia que receber ditados dele significava ficar mimada para sempre. Ele raramente hesitava ou mudava de ideia, mas quando isso acontecia e ele precisava pedir que alguma coisa fosse novamente datilografada, pedia desculpas como se tivesse deixado a secretária na mão. Os seus padrões eram elevados, as suas declarações, vitorianas. "Não sei como um homem tão talentoso pode ter a letra de uma empregada doméstica", comentou ele certa vez, torcendo o nariz a um funcionário da agência.

Os dois irmãos eram bons empresários, com estilos muito diferentes. Francis se atinha à convicção inglesa de que a liderança deveria ser cavalheiresca e reservada, e (o polo oposto do irmão) resistia à publicidade pessoal. Era um homem tímido que detestava falar em público e precisou ser pressionado pelos seus sócios para publicar o seu discurso sobre liderança: "The Seven Pillars of Survival". "Não quero esse tipo de coisa. Não preciso que o meu nome seja envolvido nisso. Vamos simplesmente administrar uma agência de sucesso." Para Francis, jogar o jogo era mais importante do que ganhar, a publicidade era um trabalho inerentemente fascinante que todos deveriam executar da melhor maneira possível, mas o dinheiro e o crescimento não eram terrivelmente importantes — o que não era exatamente a atitude do seu irmão.

Francis era um professor instintivo como David, e registrava princípios que deveriam ser seguidos pelos outros. O "Creed for Copywriters" de sua autoria poderia ter sido escrito por qualquer um dos dois.

> Aprenda o seu ofício, domine a gramática. O meu palpite é que antes de Sheraton e Chippendale terem começado a projetar mobília, ambos foram marceneiros. Antes de criar uma cadeira para uma senhora idosa, eles se certificavam de que ela nunca espetaria o traseiro na cabeça de um prego.
>
> Se você for escritor, faça de conta que está conversando com a sua esposa, porque então não ousará falar bobagens.
>
> Leia dez páginas da Bíblia ou Robert Louis Stevenson todas as manhãs antes de se levantar. E agradeça a Deus de joelhos todas as noites por você não ser um francês com o vocabulário mais escasso do mundo.

Os irmãos tinham um relacionamento estreito porém complicado, que David quase sempre ocultava. Ogilvy mal menciona Francis na sua autobiografia, preferindo falar a respeito do afeto que sentia pelo pai fracassado. Algumas pessoas acham que David sentia ciúmes e não queria admitir quaisquer influências dominantes. Francis era tudo o que David desejava ser, afirma alguém que trabalhou com os dois irmãos. "Ele era mais velho e mais bem-sucedido. David veio para os Estados Unidos em parte para procurar um novo território longe de Francis."

Na década de 1980, quando a memória das agências fundadoras era apenas uma lembrança distante, e a agência de David estava bem estabelecida como Ogilvy and Mather, as pessoas perguntavam: "Quem foi Mather?". Isso se tornou uma espécie de piada permanente. A possibilidade de mudar o nome da empresa controladora fora discutida de tempos em tempos — até mesmo David havia levantado a questão —, mas essa ideia se tornou cada vez mais problemática à medida que outras agências, com nomes diferentes, foram adquiridas. Quando o assunto veio novamente à baila em uma reunião da comissão executiva, Ogilvy estava pronto: "É um erro terrível mudar o nome de uma empresa". Socando a mesa de reuniões, declarou: "Vou lutar contra isso de corpo e alma". Pausa. "Mas se vocês o modificarem, não precisam de Mather."

CAPÍTULO 5

O Lucro nos Estados Unidos

*E*m 1935, David Ogilvy começou a trabalhar como estagiário em Londres, ganhando nove dólares por semana, na Mather & Crowther, a agência dirigida pelo seu irmão. Ele contava então 24 anos. Era a sua primeira experiência no setor publicitário, e ele passou um período em cada departamento. Uma das suas primeiras atribuições foi fazer uma apresentação de marketing para o seu ex-empregador, Allied Ironfounders, fabricante do Aga Cooker. A sua análise, apresentada em um livro de capa dura, com letras douradas, recomendava que a companhia reduzisse a sua grande linha de fogões e *boilers* e se concentrasse em um número limitado de produtos.

Ogilvy foi menos confiante e competente no seu primeiro anúncio, também para o Aga. A ilustração, que fazia parte da série "Old Masters in Advertising" da agência, era uma reprodução do polêmico quadro de Manet, *Le Déjeuner Sur l'Herbe,* que retratava uma mulher nua e dois homens totalmente vestidos fazendo um piquenique na grama. O que Ogilvy estava tentando mostrar era que, assim como o quadro chocou as pessoas na época porque abriu novos horizontes, o Aga Cooker também era "revolucionário". Embora a empresa se refira ao anúncio como sendo "original", Ogilvy logo ficou constrangido pela analogia amadora e raramente o mencionava.

Em Londres, ele dividia um apartamento no Soho com a irmã Christina, ia a concertos e bailes que duravam a noite inteira, "fazia travessuras" com moças, frequentava debates na Casa dos Comuns e brincava com a ideia de concorrer a uma cadeira no Parlamento. Tinha uma figura elegante, e ia trabalhar de fraque com uma flor na lapela, como faziam alguns dos executivos da agência. Um americano que o viu vestido dessa maneira não ficou nem um pouco impressionado: "Meu Deus, como estou feliz por não trabalhar em um escritório e ter que usar fraque todos os dias".

Finalmente, Ogilvy ficou pronto para começar a sua carreira — e *trabalhar*. Ele assinou um serviço de clipagem de Chicago para poder receber todas as novas campanhas publicitárias dos Estados Unidos, e copiava as melhores para os seus clientes britânicos. Estudou febrilmente o setor, lendo tudo o que conseguia encontrar. Apenas um ano depois, o jovem havia aprendido o suficiente para escrever um plano de marketing, que descreveu muitos anos depois para os seus sócios em Nova York.

Na parte sobre Publicidade há um trecho que prova duas coisas:

A. Aos 25 eu tinha uma inteligência brilhante.
B. Não aprendi nada novo nos 27 anos seguintes.

Um dos pontos fortes de Ogilvy era o fato de ele tocar a mesma música a vida inteira. Entre as suas prescrições estava esta diretiva do vendedor de porta em porta:

> A zombaria na publicidade é um recurso precioso para o amador, porém anátema para o agente de publicidade, que sabe que o sucesso permanente raramente é construído baseado na frivolidade e que as pessoas não compram mercadorias oferecidas por palhaços.

Em 1938, apesar de não ser ainda considerado um enorme sucesso, Ogilvy mesmo assim teve um bom desempenho, o que possibilitou que fosse promovido a executivo de contas e convencesse o irmão a enviá-lo aos Estados Unidos para estudar as técnicas de publicidade americanas.

Durante esse período de licença e as estadas subsequentes, os irmãos permaneceram em contato por meio de um espantoso volume de correspondência. Eles escreviam um ao outro várias vezes por semana, de vez em quando duas vezes por dia. Eram cartas datilografadas em espaço simples,* de duas ou três páginas que, ocasionalmente, chegavam a ter sete páginas. Pelo menos em uma ocasião, Francis escreveu para David uma carta de 14 páginas, datilografada em espaço simples, sobre muitos assuntos, mas em grande medida sobre publicidade.

Na cabeça e nos planos de Ogilvy, Londres era uma parada intermediária no caminho em direção ao seu destino final: os Estados Unidos. A primeira vez que visitou esse país foi em 1934, aos 23 anos, quando passou férias em uma fazenda em Montana. Ao longo dos anos, ele alegou um monte de razões para o seu interesse em ir para os Estados Unidos: aventura, admiração pelo New Deal de Roosevelt e o que chamava de interesse "apaixonado" pela América do Norte alimentado pela leitura das obras de Willa Cather, Edith Wharton e Sinclair Lewis. Ele dizia (com um exagero característico) que lia *Huck Finn* todos os anos e ansiava por navegar pelo rio Mississípi em uma balsa.

É claro que esses não eram os seus únicos motivos. Queria demonstrar que tinha valor, longe da sombra do irmão. E *dinheiro*. "Eu calculava que o mesmo esforço produziria nos Estados Unidos um lucro três vezes maior do que na Inglaterra." Fosse por causa da pobreza na infância ou por outras razões, o dinheiro nunca estava longe da superfície no caso de Ogilvy. E ele podia ser surpreendentemente direto. A primeira pergunta que fez ao dirigente de um importante grupo publicitário foi: "Quanto você ganha? Qual o seu patrimônio?". E eis o que indagou do sócio principal de um prestigioso escritório de advocacia: "Você ganha bem?". Ele tinha a curiosidade genuína de saber como um colega seu de Oxford conseguia sustentar a família com o salário de professor.

Ogilvy dramatizou o tema do pobrezinho em 1963 em um programa de entrevistas. "Fui pobre a maior parte da vida. Fui uma criança pobre. Os meus pais tinham cinco filhos e uma renda de menos de mil dólares por ano." O seu ex-colega, David McCall, desafiou essa caracterização nesse mesmo programa. "A minha impressão é que ele era um menino de boa família que se encontrava em uma situação difícil, o que está muito longe de ser pobre." Independentemente da maneira como encararmos o fato, está claro que em

---

* Transcritas para uma máquina de escrever com base em anotações escritas à mão.

comparação com os seus colegas do início da vida, Ogilvy era menos abastado. Apesar de ele ter ganhado com o tempo o suficiente para comprar e manter uma agradável mansão, o dinheiro era um tema constante na sua vida. No entanto, à semelhança da realeza, ele raramente andava com dinheiro, esperando que outras pessoas lidassem com essas questões mundanas.

Embora tivesse entrado no ramo da publicidade para ganhar dinheiro, Ogilvy passara a se interessar — *obsessivamente* — pelo negócio em si. Ele disse que lera todos os livros sobre o assunto, e que, como um homem jovem, tinha motivos para acreditar que seria competente na área e gostaria do trabalho. Como a publicidade nos Estados Unidos estava anos à frente da publicidade em qualquer outro lugar, Ogilvy decidiu estudar o ofício onde era mais bem praticado.

Ao chegar aos Estados Unidos (na terceira classe) em 1938, Ogilvy disse que chorou de alegria ao descortinar a silhueta de edifícios contra o céu de Manhattan. Ele chegou com muitas cartas de apresentação úteis, porém sem dinheiro. A NBC proporcionou a ele um tour das suas instalações, e ele circulou pela Madison Avenue. "Quando eu via os anúncios da Young & Rubicam, ou os ouvia no rádio, ficava boquiaberto. Os anúncios do café Sanka! Tudo aquilo me impressionava enormemente."

Uma apresentação da sua prima Rebecca West originou um convite para que ele fosse passar os fins de semana no refúgio de Alexander Woollcott em uma ilha no Lago Bomoseen, em Vermont, onde o humor e notável boa aparência de Ogilvy fizeram com que fosse bem recebido. Woollcott era o crítico teatral mais influente de Nova York e um líder da Algonquin Round Table, tendo sido o modelo para o sarcástico Sheridan Whiteside no grande sucesso da Brodway de 1930: *The Man Who Came to Dinner*. Woollcott gostava de convidar pessoas para um lugar onde ele pudesse comandar o movimento. Eis como a atriz Ruth Gordon descreveu a chegada de Ogilvy à ilha:

> O barco a motor de Bull atracou na doca e um rapaz alto com o cabelo vermelho flamejante saltou e acompanhou a sua bagagem pelo caminho em direção à mesa do café da manhã.

"Livingstone, suponho", comentou Woollcott, voltando-se para a mesa. "Este é David Ogilvy. David, estes são os parasitas."

"Bom dia", disse o novo hóspede. "Preciso de uma escrivaninha."

"Que tipo de pedido esquisito é *esse*?, perguntou Woollcott. "Sente-se e beba um pouco de café, que é melhor do que você ou qualquer súdito do seu governo merece."

"Obrigado, mas primeiro preciso escrever para o Presidente da Central of Vermont Railroad a respeito dessa *deplorável* viagem."

Essa frase captou o interesse de Woollcott. "A que deplorável viagem você está se referindo?"

"Este país precisa *fazer* alguma coisa a respeito do leito daquela linha férrea. Você pode me dar uma folha de papel? Preciso registrar a minha reclamação."

"Você escreve cartas a respeito de tudo que o incomoda? Se pretende passar algum tempo neste país, vai precisar de mais canetas do que o falecido James Boswell."

Os "parasitas" compreendiam, em diferentes ocasiões, a atriz Ethel Barrymore, os dramaturgos Robert Sherwood e George S. Kaufman, o ator cômico Harpo Marx, o dono da revista *The New Yorker* Raoul Fleischmann e outros eruditos do setor literário e de entretenimento da época. A zombaria era o esporte da ilha. Durante uma pausa na conversa na hora do jantar, Woollcott declarou em voz alta: "Ogilvy, você é um escocês de classe média sem nenhum talento". Foi um espetáculo; Woollcott se tornou um amigo, e Ogilvy se encontrou muito com ele até morrer. Ethel Barrymore era uma das favoritas de Ogilvy; certa noite, ele a levou para passear no lago em um barco a remo. Em Nova York, foi apresentado ao exuberante prefeito Fiorello La Guardia. Ogilvy estava em poderosa companhia.

Uma apresentação crucial foi para Rosser Reeves, que se tornou o primeiro de uma série de mentores de Ogilvy, sempre interessado em figuras paternas e em admirar heróis. Mais tarde, Ogilvy designou, ao lado de Reeves, Claude Hopkins e John Caples como as principais influências nas suas ideias a respeito da publicidade, ideias essas que permaneceram substancialmente inalteradas ao longo de toda a sua carreira.

Mais do que redatores de publicidade, os três homens eram *teóricos* que escreviam livros expondo as suas convicções. Ogilvy posteriormente escreveu o prefácio de novas edições para dois deles e elogiou efusivamente o terceiro. Quando Reeves, que veio a ser dirigente da Ted Bates & Company, passou a fazer parte do Advertising Hall of Fame em 1993, Ogilvy falou do complicado relacionamento dos dois.

Quando vim trabalhar nos Estados Unidos há 58 anos, eu era um típico inglês do setor publicitário da minha geração — intelectual e pretensioso. Conheci Rosser Reeves alguns dias depois de deixar Ellis Island. Adquirimos o hábito de almoçar juntos uma vez por semana. Nesses almoços, Rosser falava sem parar e eu ouvia. O que ele dizia mudou a minha vida. Ele me ensinou que o propósito da publicidade é vender o produto. E me ensinou também como vender. Algumas pessoas dirão que Rosser e eu éramos rivais — até mesmo inimigos. Fui discípulo dele. Deus o abençoe, querido Rosser. Você me ensinou o meu ofício.

"Esse bonito rapaz apareceu", comentou Reeves, na época redator de publicidade da agência Ted Bates, recordando o primeiro encontro dos dois. "Naqueles dias, David se parecia exatamente com Lord Byron. Como não representava concorrência, todos abrimos as portas para ele e lhe contamos o que sabíamos." ("Rosser está errado", corrigiu Ogilvy mais tarde. "Eu me parecia com Rupert Brooke.")

Ogilvy foi em frente e atribuiu a mais de uma pessoa mudanças no rumo da sua vida. Não houve exagero com relação a Reeves, que reforçou a sua predileção natural pelas vendas e o introduziu às ideias de Claude Hopkins, emprestando-lhe o original de *Scientific Advertising* de Hopkins, que na ocasião não havia sido publicado.

Hopkins, declarou Ogilvy mais tarde, está para a publicidade assim como Escoffier está para a culinária. Hopkins era o redator de publicidade mais bem-sucedido da sua época, e a sua capacidade de conseguir vendas para os clientes da Lord & Thomas era tão valorizada que o dono da agência, Albert Lasker, pagava a ele um salário (em dólares atuais) de 4 milhões de dólares anuais. Lasker considerava *Scientific Advertising* valioso demais para ser publicado, e trancou o original em um cofre durante vinte anos.

A introdução de Ogilvy à edição reeditada de 1966 (há muito tempo retirada do cofre) deixou clara a sua dívida.

> Ninguém, em nenhum nível, deveria ter permissão para fazer alguma coisa em publicidade enquanto não lesse várias vezes este livro. Sempre que vejo um anúncio de má qualidade, digo para os meus botões: "O homem que escreveu isto nunca leu Claude Hopkins". Se você ler este livro, jamais escreverá outro anúncio ruim — e tampouco aprovará um.

O que Ogilvy tanto admirava estava claro no parágrafo inicial de Hopkins:

> Para entender adequadamente a publicidade, ou até mesmo aprender os seus rudimentos, é preciso começar com a concepção correta. Publicidade é sinônimo da arte de vender. Os princípios são os mesmos. Os sucessos e fracassos em ambas as atividades se devem a causas semelhantes. Assim sendo, toda pergunta sobre publicidade deve ser respondida de acordo com os padrões dos profissionais de vendas.

Podemos ver nessas palavras o vendedor do Aga Cooker tocando a campainha da casa de um possível comprador. Hopkins escreve a respeito da importância de oferecer serviço nos anúncios, de títulos que vendem, de ser específico, de contar toda a história e especialmente das lições da propaganda das vendas pelo correio onde "as falsas teorias se derretiam como flocos de neve ao sol".

Ogilvy descreveu John Caples, o proeminente redator de publicidade das vendas pelo correio da época, como a pessoa que mais conhecia as *realidades* da propaganda. Ogilvy escreveu o seguinte no seu prefácio à nova edição do livro *Tested Advertising Methods*, de Caples:

> A experiência me convenceu de que os fatores que funcionam na publicidade das vendas pelo correio dão igualmente certo em todos os tipos de publicidade. No entanto, a grande maioria das pessoas que trabalham nas agências, e quase todos os seus clientes, nunca ouviu falar nesses fatores. É por esse motivo que eles derrapam irremediavelmente na superfície oleosa da genialidade

irrelevante. Desperdiçam milhões em uma publicidade de má qualidade, quando a boa publicidade poderia estar vendendo 19 ½ vezes mais.*

O que Hopkins, Reeves e Caples estavam dizendo apenas reforçava o que Ogilvy tinha aprendido vendendo de porta em porta: a publicidade precisava ser avaliada em função da sua capacidade de vender e não na de entreter. Ela deveria se basear em pesquisas a respeito do que os consumidores desejam. Quando impressa, deveria ter um título que oferecesse um benefício para o consumidor. Frequentemente deveria se apoiar em um longo texto repleto de fatos. ("Quanto mais você informa, mais você vende", exortaria ele mais tarde.)

Ao regressar a Londres depois de passar apenas um ano nos Estados Unidos, Ogilvy estava pronto para revelar o que tinha aprendido a respeito das diferenças entre a publicidade americana e a britânica na época e dizer às pessoas mais velhas na empresa exatamente o que estavam fazendo errado. "Lancei um ataque contra Sir Francis Meynell, que era então diretor de criação da Mather & Crowther", relembrou. "Embora eu o admirasse como tipógrafo e poeta, considerava as suas campanhas publicitárias um absurdo pretensioso."

Meynell o desafiou para um debate. "Com alguma generosidade e até mesmo condescendência, tomei providências para que esse rapaz alegre e entusiasmado (vinte anos mais novo do que eu) participasse de um debate formal comigo diante de toda a equipe." A apresentação de Ogilvy, relembrada como brilhante, teve início.

> As minhas ideias a respeito da publicidade foram completamente reorientadas ao longo do ano passado. Vivi a maior revolução pessoal da minha vida. Sei agora que a estética nada tem a ver com publicidade. A função mais importante de um anúncio é concentrar toda a atenção na mercadoria e nenhuma na técnica de apresentá-la. A publicidade precisa vender. E a pior coisa a respeito da sua é que ela carece da energia da venda.

---

* Caples havia escrito: "Vi um anúncio de venda pelo correio efetivamente vender, não duas vezes mais, não três vezes mais, e sim uma quantidade 19 ½ vezes maior de mercadorias do que outro anúncio do mesmo produto".

Ao redigir anúncios, comporte-se como você o faria se estivesse frente a frente com o comprador. Não se exiba. Não tente ser engraçado. Não tente ser esperto. Não se comporte de uma maneira excêntrica. Avalie os anúncios com base nos padrões de um vendedor e não nos padrões da diversão.

Ogilvy prosseguiu enumerando 32 "regras básicas da publicidade de qualidade", começando com "Os princípios demonstrados na propaganda da venda pelo correio devem ser aplicados a todas as campanhas". Enalteceu a capacidade da mala direta de avaliar os resultados com a devolução dos cupons, e descreveu os benefícios da matéria longa, de oferecer serviços e da maior eficácia das fotografias com relação aos desenhos. "Na propaganda da venda pelo correio não existe a lisonja. Não existe embelezamento. Não existe a tentativa de entreter." Ogilvy esboçou fórmulas para a redação de títulos bem-sucedidos, táticas de promoção de vendas, "regras para que os anúncios tenham um público leitor", e regras "chocantes" para ilustrações: a foto que prende a atenção, o noivo carregando a noiva nos braços ("e todas as imagens sexuais"), pessoas famosas, bebês, cachorros e outros animais.

"O que eu trouxe dos Estados Unidos não foi apenas uma coleção de truques", concluiu ele, "mas sim um New Deal fundamental. Tudo o que eu disse aqui esta tarde é elementar, simples e infantil. Não existe nada brilhante a respeito da boa propaganda. É tudo uma questão de bom-senso e obediência a certos princípios comprovados. Esta tarde eu lhe mostrei os princípios."

Meynell reconheceu a derrota. Ogilvy "me desarmou", escreveu ele na sua autobiografia. "Ele apresentou constatações de pesquisas. Tudo o que eu tinha eram opiniões." Ogilvy estava convicto de que estava no caminho certo. "De qualquer modo, a Mather & Crowther — e particularmente o meu irmão Francis — era dessa opinião. Naquela tarde acendi uma vela que continua a arder depois de quarenta anos."

Com esse triunfo, Ogilvy estava pronto para voltar rapidamente a Nova York e perseguir a sua fortuna. Como tinha pouco dinheiro — ele disse que chegou com 10 dólares, embora tenha se hospedado no elegante St. Regis Hotel, em Nova York — Ogilvy precisava arranjar logo um emprego. Parecia ter sempre os contatos certos quando viajava; dessa feita foi uma apresentação ao pesquisador de opinião pública George Gallup feita por um inglês que iniciou a pesquisa Gallup na Inglaterra.

Gallup fora notícia em 1936 quando desafiou o prognóstico da empresa dominante de pesquisas de opinião pública, a *Literary Digest*, que afirmou que Alfred E. Landon derrotaria Franklin Roosevelt nas eleições presidenciais. A *Literary Digest* fazia as pesquisas por telefone; a circulação deste último estava crescendo rapidamente, mas não em todos os lares, e os resultados da pesquisa mostraram mais a preferência das famílias mais abastadas. Gallup usou uma amostra mais representativa e predisse corretamente que Roosevelt seria reeleito. A expressiva vitória conferiu notoriedade a Gallup e estimulou o interesse de políticos e altos executivos.

Gallup havia conduzido algumas das primeiras pesquisas publicitárias da Young & Rubicam. Grande parte do seu trabalho envolvia o que ele chamava de análise de fatores, que identificava os fatores compartilhados pelos anúncios de sucesso e aqueles compartilhados pelos que fracassavam. Não era fácil, comentou um dos discípulos de Gallup da Y & R; eles tinham dificuldade em convencer as pessoas da sua própria agência a prestar atenção, que diria os clientes. Quando Ogilvy apareceu, Gallup havia se mudado para Princeton, em Nova Jersey, para montar a sua firma de pesquisa de opinião, o Audience Research Institute (ARI). Gallup ficou impressionado quando entrevistou Ogilvy e contratou-o como subdiretor, com um salário de 40 dólares semanais.

Ogilvy teve a ideia de abordar a indústria do cinema e escreveu para o irmão dizendo que gostaria de aplicar os métodos de Gallup para medir a popularidade dos astros e estrelas do cinema e fazer o pré-teste dos roteiros: "A indústria do cinema está se contorcendo na ignorância do que o público realmente gosta. Juro que é possível eliminar a ignorância cega e as falsas estatísticas que estão sufocando essa indústria gigante".

Por coincidência, Gallup havia chegado à mesma conclusão, de modo que foram juntos fazer o reconhecimento do terreno, pegando o trem que cruzava o país e com Ogilvy proporcionando o entretenimento. Ele era um grande contador de histórias; disse Gallup: "Conseguiu contar histórias desde o momento em que entramos no trem até a hora que desembarcamos, sem repetir nenhuma". Quando chegaram, Ogilvy telefonou do Beverly Hotel para os estúdios e disse que era secretário do dr. Gallup. Este último lhe perguntou certa vez por que ele tinha feito isso. Ogilvy explicou que aquelas pessoas ficavam impressionadas com qualquer homem que tivesse um secretário do sexo masculino. "E ficam duplamente impressionadas com um sotaque da Oxford University."

Ogilvy chegou com Gallup e, uma vez mais, com uma apresentação, dessa feita de uma pessoa que conhecera em Nova York: Henry Sell, profissional de publicidade (e inventor do Sell's Liver Pate [patê de fígado de Sell]). "Um rapaz inglês muito bonito e rico está a caminho de Hollywood", escreveu Sell para a atriz Constance Bennett. "Ele seria um figurante perfeito caso você estivesse procurando um. Ele decididamente não é do tipo inglês comum, sendo mais do tipo de Evelyn Waugh. Ideias muito modernas. Fora do comum e inteligente. O seu nome é David Ogilvy." "Rico?", corrigiu Ogilvy. "Eu tinha 400 dólares."

Eles fizeram a primeira venda para a RKO. A equipe de Gallup mediria a popularidade dos astros e estrelas baseados no poder que eles tinham de vender ingressos, faria o pré-teste de ideias e títulos de filmes, e descobriria quantos frequentadores de cinema tinham ouvido falar em um filme antes do lançamento. Ogilvy, que iria fazer o trabalho, descobriu que alguns artistas tinham um efeito *negativo* na bilheteria do cinema — o nome deles na marquise repelia mais compradores de ingressos do que atraía. "A personalidade dessas pessoas deslumbrava os produtores, mas deixava o público indiferente." Ele chamava essa lista altamente sigilosa de "veneno de bilheteria" e afirmava ter acabado com a carreira de alguns dos nomes mais famosos do setor. Os roteiristas de Hollywood começaram a chamá-lo de "Gestapo de Gallup".

À medida que o tempo foi passando, outros produtores começaram a demonstrar interesse — "figurões bem mais interessantes do que os astros e estrelas de cinema", comentou Ogilvy. E era ele, não Gallup, que estava lidando com eles. "Lá estava eu, indo a Hollywood o tempo todo, e lidando com magnatas como David Selznick e Sam Goldwyn. Eu estava *lidando* com eles. Tinha reuniões com eles, sozinho! Falava incessantemente com eles pelo telefone. Para isso, Gallup estava me pagando 40 dólares por semana!"

Ogilvy se via como um defensor dos espectadores negligenciados. A audiência do cinema tem uma *base mais ampla* do que a legítima audiência do teatro, escreveu ele em um relatório. "Uma peça pode fazer sucesso na Broadway ou na Shaftsbury Avenue [Londres] desde que agrade às pessoas com um nível de renda mais elevado, mas a atual organização da distribuição de filmes exige que, para fazer sucesso na tela, a história agrade a *todos* os níveis de renda." Mas para se manter em dia com o mercado, Ogilvy precisava ir ao cinema três ou quatro vezes por semana, experiência que o afetou de tal maneira a ponto de fazer com que posteriormente ele evitasse as salas de projeção.

Embora Gallup tenha recebido grande parte do mérito de um livro que eles escreveram juntos sobre as suas pesquisas do cinema, foi Ogilvy quem fez quase todo o trabalho. Durante três anos, de 1939 a 1942, ele foi o contato entre a organização Gallup e Hollywood, redigindo os relatórios em 467 levantamentos em âmbito nacional. Ele interpretou os métodos e dados do ARI para a indústria do cinema e apreciou a oportunidade de fazer generalizações radicais a respeito dos frequentadores de cinema americanos, embora, como observa Susan Ohmer em *George Gallup in Hollywood,* o próprio Ogilvy tivesse imigrado recentemente para os Estados Unidos.

Ele lembrou aos executivos dos estúdios que a maioria dos americanos não podia arcar com o custo dos passatempos prediletos dos magnatas. "Quando a RKO propôs colocar o cenário de um filme em um hipódromo", escreve Ohmer, "Ogilvy caçoou dos executivos dizendo que, embora ir às corridas talvez fosse uma das atividades favoritas deles, a maioria dos americanos preferia os jogos de futebol americano ou beisebol." Isso não significa que ele tivesse o dom de atrair pessoas de todas as classes. Em um relatório sobre *The Corn Is Green,* Ogilvy declarou com desdém: "Só nos cabe relatar os comentários registrados pelas pessoas que entrevistamos, sem tentar justificar o gosto delas". Ele mencionava os "segmentos inferiores" que apreciavam Abbott e Costello e os "admiradores proletários" de George Raft.

Ogilvy prognosticou a importância do mercado adolescente para os filmes e achava que uma das descobertas mais importantes do ARI foi que as pessoas com menos de 30 anos compravam 65% dos ingressos e as pessoas com menos de 20 eram responsáveis pela metade desse percentual. Até essa época, a tendência era desconsiderar o mercado adolescente. As pesquisas do ARI favoreceram a carreira de artistas mais jovens, mas com frequência depreciavam os mais velhos. Ao se dar conta de que Irene Dunne era mais velha do que 76% dos frequentadores de cinema, Ogilvy escreveu que observá-la em um drama de desenvolvimento emocional "equivalia a observar o desenvolvimento emocional de uma tia. A tia pode ser muito engraçada ou divertida em uma situação de comédia, mas é constrangedor observá-la em um abraço sério". Não está claro se Ogilvy encontrou o constrangimento na pesquisa ou em si mesmo.

Os relatórios traçavam analogias destinadas a bajular os clientes. Em 1942, Ogilvy escreveu o seguinte em uma carta dirigida a Selznick: "A nossa função na estrutura de Hollywood deve ser a mesma do Departamento de Inteligência na estrutura do Exército. Assim como a Inteligência mantém um fluxo de fatos circulando pelas mesas do Comandante do Exército e da sua equipe, nós também precisamos nos esforçar para manter um fluxo de fatos circulando para os nossos clientes na indústria do cinema".

Ogilvy desenvolveu uma teoria de autoidentificação, argumentando que "os rapazes querem ver astros jovens", as mulheres idosas querem ver estrelas idosas, as pessoas sofisticadas querem ver Katherine Hepburn e Laurence Olivier". Sabiamente ou não, ele advertiu que sotaques e cenários estrangeiros deveriam ser evitados, recomendando com insistência que a RKO produzisse um filme baseado no *best-seller An American Doctor's Odyssey*, porque o protagonista "é um médico *americano*". A sua convicção de que os frequentadores de cinema americanos queriam assistir a filmes com astros e estrelas nascidos nos Estados Unidos em cenários americanos familiares o levou a subestimar a atratividade de artistas que não se encaixavam nessas categorias, como Ingrid Bergman e Charles Boyer. As pesquisas do ARI também subestimaram a importância das mulheres que frequentavam os cinemas e prejudicou a sua reputação ao prognosticar que *Kitty Foyle*, que veio a se tornar o filme mais rentável da RKO, seria um fracasso de bilheteria.

Além dos seus resultados confusos com relação aos prognósticos dos filmes, o ARI caiu na armadilha de se ligar mais estreitamente aos executivos de Nova York do que a Hollywood e os seus astros e estrelas, roteiros e a produção efetiva. No entanto, por meio das suas pesquisas e levantamentos — e evidências de que muitas das suas constatações estavam corretas — Ogilvy havia alterado o modo de pensar da indústria do cinema.

Durante os anos em que trabalhou na Gallup, Ogilvy dividia o tempo entre Los Angeles e o seu escritório em Princeton, onde era visto como extravagante e "deliberadamente excêntrico", segundo George Gallup Jr. "Ele fazia questão de que todos soubessem quando ele espirrava. Sempre agia de uma maneira diferente dos outros; ia de bicicleta para o trabalho enquanto todo mundo ia de carro." Embora ele se queixasse do salário, de alguma maneira conseguia morar em uma casa do século XVIII chamada Mansgrove em um bairro acadêmico arborizado. O seu vizinho, Gerard B. Lambert, tornou-se um grande amigo dele. Lambert tinha ficado rico por inventar uma doença chamada "halitose" (normalmente chamada de mau hálito) e promover Listerine como a sua cura. Ogilvy desfrutou cruzeiros em um dos vários iates de propriedade de Lambert, que gostava de navegar no mar.

Ogilvy sempre descreveu o seu trabalho com Gallup como a melhor oportunidade que teve na vida.

> Se algum dia você decidir ganhar fortuna em um país estrangeiro, a melhor coisa que pode fazer é conseguir um emprego na Gallup do local. Isso lhe mostrará o que os nativos do lugar desejam da vida, o que eles pensam a respeito dos principais assuntos da época. Você logo passará a saber mais a respeito do país que adotou do que a maioria dos seus habitantes.

"David foi o meu braço direito durante anos", declarou Gallup, dizendo que ele era uma das pessoas mais talentosas que já conhecera. Ogilvy reconheceu a sua dívida, afirmando que Gallup lhe proporcionara uma compreensão maior dos hábitos e da mentalidade do consumidor americano do que a maioria dos redatores de publicidade nativos tinha.

A experiência de Ogilvy com Gallup fez de Ogilvy um *pesquisador* — ou, para ser mais preciso, uma pessoa que *acreditava* na pesquisa. Ele sabia o tipo de pesquisa que queria e tornou-se um eloquente defensor das necessidades e virtudes de criar uma propaganda baseada na opinião quantificável dos consumidores. "Provavelmente o único homem que eu colocaria na mesma categoria de Ogilvy", declarou Gallup, "é Raymond Rubicam [fundador da Young & Rubicam]. Os dois usavam melhor a pesquisa do que qualquer outra pessoa que conheci. A pesquisa fazia com que eles tivessem muitas ideias." Mais tarde, Ogilvy convidaria Gallup para se unir a ele e fundar uma nova agência de publicidade. Gallup refletiu sobre a ideia durante mais ou menos um mês e depois recusou a proposta, abrindo o seu próprio negócio de eficácia publicitária [copy-testing].

O emprego na Gallup proporcionou uma nova vida a Ogilvy e o sentimento de que poderia se casar e ter um filho.

Quando conheceu Melinda Street, Ogilvy ficou incrivelmente impressionado com a jovem estudante de 18 anos da Juilliard School of Music. Ela era alta, magra e atraente, e se vestia em um estilo simples e elegante de Greenwich, Connecticut. Não usava maquiagem, tinha o cabelo castanho e se sentia à vontade consigo mesma. Ela o detestou à primeira vista, achando-o empolado e convencido. No dia seguinte havia tantas rosas no seu quarto que ela mal conseguiu abrir a porta. Finalmente Ogilvy a convenceu a sair novamente com ele. Daí a uma semana, depois de apenas quatro encontros, ficaram noivos. Ele era um excelente vendedor, comenta o filho do casal.

Melinda Graeme Street pertencia a uma das primeiras famílias da Virgínia. A sua irmã se casara com Rosser Reeves, de modo que Ogilvy e Reeves eram agora cunhados. Um amigo ficou surpreso, pois esperava que Ogilvy se casasse com alguém mais exuberante. Melinda era quieta, graciosa e, segundo alguém, "a pessoa mais agradável do planeta". Tinha um maravilhoso senso de humor, e as pessoas se agrupavam ao redor dela nas festas enquanto Ogilvy ficava de cara feia no canto, examinando algumas publicações, porque não era o centro das atenções.

Mesmo tendo vindo para os Estados Unidos para ter lucro, Ogilvy encontrou outras coisas, entre elas uma família e uma opinião completamente formada sobre a publicidade. Mas se esta última e o dinheiro que ela poderia proporcionar eram os seus objetivos quando se mudou para os Estados Unidos, ele só os alcançaria depois de alguns desvios que o mantiveram bem longe da Madison Avenue durante alguns anos.

CAPÍTULO 6

O Agricultor e o Espião

O gilvy estivera fazendo um bico desde 1939 como consultor para o governo britânico sobre a opinião pública americana, ao mesmo tempo que trabalhava na Gallup. Em 1942, com o envolvimento dos Estados Unidos na Segunda Guerra Mundial, Ogilvy pediu demissão do Audience Research Institute e foi trabalhar em regime de tempo integral no serviço de inteligência militar britânico, inicialmente em Nova York. Ele chamava a guerra de "Guerra de Hitler" e foi presciente ao reconhecer o que estava em jogo. O seu primeiro cliente na Mather & Crowther em 1937, o Council of German Jewry, levantava dinheiro para refugiados que estavam fugindo de Hitler. Ogilvy afirmou que a sua ameaça de pedir demissão da agência impediu que esta aceitasse o embaixador de Hitler como cliente. Ele e Melinda sustentaram quatro crianças refugiadas da Inglaterra quando estavam morando em Princeton.

O seu novo chefe no setor de espionagem, Sir William Stephenson, era dirigente da British Security Coordination (BSC) e a figura central de operações secretas envolvendo a Grã-Bretanha e os Estados Unidos nos anos que antecederam a Segunda Guerra. A BSC iria representar todos os serviços de inteligência ingleses no Hemisfério Ocidental.

Stephenson tinha uma personalidade cativante e tornou-se um modelo para o famoso agente secreto 007 de Ian Fleming. "As pessoas frequentemente me perguntam quanto o 'herói' dos meus romances de espionagem, James

Bond, se parece com um agente secreto de verdade", escreveu Fleming, que estava trabalhando no Serviço de Inteligência Naval britânico e estava fascinado com o mundo da espionagem. Bond não é na realidade um herói, explicou ele, e sim uma versão altamente romantizada do verdadeiro espião — não estando na mesma categoria de Stephenson, um homem com "qualidades superiores", um superespião e um herói "de acordo com qualquer critério".

Fleming recorreu às operações de Stephenson no serviço de inteligência para criar várias histórias de Bond. O gigantesco aquário do hotel Hamilton Princess, nas Bermudas, um posto da BSC, tornou-se a parede de vidro que separava Bond dos tubarões do Dr. No. Um plano traçado pela BSC para roubar o ouro da Martinica, a fim de mantê-lo longe das mãos dos alemães quando os nazistas conquistaram a França, deu origem ao romance *Goldfinger*. Bond obtém a sua classificação 00 atirando em um agente secreto japonês no Rockefeller Center, local que abrigava as operações de criptoanálise da BSC em Nova York. A receita do martíni de Bond baseou-se em Stephenson, segundo Vera Atkins, agente secreta da British Special Operations: "Billy preparava martínis incríveis. Gim Booths, secos, suaves no vermute, uma fatia de limão, sacudido em vez de mexido com um misturador". Fleming respeitava os martínis de Stephenson, servidos em copos de um litro.

A história completa de como os Estados Unidos ingressaram na Segunda Guerra Mundial ainda não é amplamente conhecida. É claro que o ataque japonês a Pearl Harbor foi a suprema provocação, que foi seguida pela declaração de guerra da Alemanha. No entanto, o envolvimento americano começou antes, em 1940, em dois andares do International Building no Rockefeller Center em Nova York, na operação secreta de inteligência de Stephenson. A Alemanha nazista havia invadido a Tchecoslováquia e a Polônia, e estava avançando pelo resto da Europa, mas a busca do presidente Roosevelt de um papel para os Estados Unidos estava sendo reprimida por um poderoso bloco isolacionista, pela resistência popular ao envolvimento com problemas estrangeiros e pelo American Neutrality Act.

Na Grã-Bretanha, com falta de armas e suprimentos e enfrentando a certeza da invasão, Winston Churchill, desesperado, disse ao filho Randolph que só havia uma solução possível: "Vou arrastar os Estados Unidos para a guerra". Nos anos que conduziram a Pearl Harbor em 1941, Stephenson dirigiu as operações secretas da Grã-Bretanha nos Estados Unidos como a arma secreta de Churchill. Sendo um empresário canadense e inventor de sucesso, Stephenson ficou alarmado ao descobrir, em uma das suas viagens comerciais na década de 1930, que praticamente todo o aço alemão estava sendo desviado para armamentos, o que era uma grave e preocupante violação do Tratado de Versalhes. Churchill, o único a dar ouvidos à sua solitária campanha para alertar o governo inglês, conferiu a Stephenson a tarefa de coordenar um relacionamento extraoficial de pré-guerra entre os serviços de inteligência britânico e americano, debaixo da fachada diplomática de "Controle Britânico de Passaportes".

Stephenson era um homem baixo, decidido, com penetrantes olhos azuis — Ogilvy o descreveu como "quieto, implacável e leal" — e assumiu a difícil incumbência de combinar a propaganda em defesa da causa britânica com o trabalho do serviço de inteligência e contraespionagem e, o que era ainda mais perigoso, de se esforçar para conseguir uma posição de trabalho no serviço de inteligência americano dentro dos limites do Neutrality Act. Toda a comunicação precisava ser mantida em segredo, ocultada até mesmo do Departamento de Estado dos Estados Unidos. "Se os isolacionistas tivessem tido conhecimento da extensão da aliança secreta entre os Estados Unidos e a Grã-Bretanha", comentou mais tarde Robert Sherwood, autor de discursos (e dramaturgo) de Roosevelt, "as suas exigências para o *impeachment* do presidente teriam ribombado como trovão."

Churchill, que acreditava em codinomes adequados, sabia que o homem que iria trazer os americanos para a guerra precisava ser corajoso. "Destemido?", refletiu ele. Em seguida, disse para Stephenson: "Você precisa ser — *intrépido*". Intrépido tornou-se o seu codinome e endereço telegráfico como chefe da British Security Coordination. Nem Stephenson nem muitas das pessoas que ele recrutou eram espiões profissionais. A sua equipe pouco promissora era formada em grande parte por amadores empolgados cujo nome e rosto eram desconhecidos dos serviços de inteligência inimigos; entre eles estavam os atores Leslie Howard, David Niven e Cary Grant, o diretor Alexander Korda, o escritor Roald Dahl (que mais tarde participaria de uma história da BSC) e Noel Coward, cujo disfarce seria... Noel Coward. "A celebridade era um disfarce maravilhoso", comentou Coward. Ogilvy serviu na Divisão de Inteligência Secreta; "Freckles" Wren, seu amigo e ex-chefe na Aga, chefiava o Departamento de Segurança da BSC em Londres.

"Ogilvy talvez tenha sido o mais extraordinário dos homens mais jovens que se uniram à BSC de Stephenson", escreveu Harford Montgomery

Hyde no livro *Room 3603*, que escreveu baseado em informações privilegiadas. Recrutado por Hyde em 1941, pouco depois de completar 30 anos, Ogilvy declarou mais tarde que Stephenson (como muitos outros que ele designou antes e depois) havia mudado a sua vida. Ele considerava Stephenson um homem "extraordinariamente fecundo... Eram necessárias onze secretárias para acompanhar o seu ritmo".

O histórico de saúde fraca de Ogilvy havia impedido que ele servisse nas Forças Armadas como o irmão, que se alistou na Royal Air Force no início da guerra mas era velho demais para voar e estava trabalhando no serviço de inteligência do comando de bombardeiros. Mais tarde, quando David foi criticado por não servir, Francis o defendeu: "Apesar da sua aparência robusta e comportamento turbulento, David é fisicamente fraco. Desde bebê, ele é um inválido crônico, sofrendo particularmente de asma. Ele também precisou se submeter a duas cirurgias da mastoide no mesmo ouvido, o que o deixou aproximadamente 85% surdo nesse lado. Ele jamais poderia ingressar em nenhum serviço ativo de combate". A asma, que começou quando ele tinha 9 anos de idade, o atormentou pelo resto da vida.

Ao mesmo tempo que David estava trabalhando para a BSC, Francis trabalhava para o serviço de inteligência britânico. Este último causou uma memorável impressão em uma missão na Escócia. Hyde menciona que Francis chegou "bem trajado, vestindo chapéu preto e calças listradas, e, ao perguntar ao agente do correio se ele aceitaria dois pacotes com munições, foi imediatamente entregue à polícia". Desembaraçado em segurança da custódia policial, Francis passou a servir em uma função que dava menos na vista porém mais influente. Quando Churchill se tornou primeiro-ministro em 1940, definiu como uma das exigências para a participação na sua equipe a habilidade de escrever bem, relacionando entre vários candidatos um professor de inglês de Oxford e "aquele homem que vem escrevendo os relatórios sobre as bombas". Eram os relatórios de Francis que Churchill vinha lendo.

Durante a maior parte da Segunda Guerra, o Comandante de Esquadrão F. F. Ogilvy morou nas Salas do Gabinete de Guerra subterrâneas, não muito longe do número 10 da Downing Street, em Londres, onde montava guarda todas as noites. Ele disse que ia dormir em uma hora absurda, o Velho descia, o sacudia e ditava — não textualmente como faria para uma secretária, mas em termos amplos e genéricos, esboçando o que queria dizer, deixando para o transcritor a tarefa de redigir o texto, no estilo churchilliano.

Quero enviar um cabograma para Roosevelt, poderia dizer Churchill. Mande uma cópia para Stálin, uma cópia para o Estado Maior Conjunto. Em seguida, delineava as suas ideias. "E quero tudo pronto na hora do café da manhã." Francis disse que, quando começou a trabalhar lá, achava que sabia escrever bem, e era o que todas as outras pessoas também pensavam. "Percebi que isso não era verdade. Mas quando ele parou de gritar comigo e de me educar, no fim comecei a achar que talvez eu soubesse."

David começou no novo emprego frequentando um curso para espiões e sabotadores em Camp X, oficialmente Special Training School 103, uma escola de treinamento britânica ultrassecreta na margem norte do Lago Ontário, no Canadá. Ele disse que aprendeu lá os truques do ofício: como seguir pessoas sem ser notado, como explodir pontes, como matar um homem com as mãos. As pessoas que sabiam que ele era um tanto ou quanto covarde fisicamente acharam graça nessa declaração e também na sua afirmação de que aprendera a mutilar cães policiais agarrando as pernas da frente dos animais e rasgando-lhes o peito. Se Ogilvy se visse diante de um cão policial, comenta um ex-colega, desapareceria em um piscar de olhos. Ele certamente recorreria a outros talentos.

Como o irmão, David também aprendeu um pouco sobre a arte de escrever no período que passou no serviço de inteligência. Stephenson era um mestre da concisão. Os memorandos que lhe eram enviados eram rapidamente devolvidos ao remetente com uma de três palavras escrita no alto da página: SIM, NÃO ou FALE, o que queria dizer que a pessoa deveria ir ter com ele. Quando lhe pediram que identificasse a sua fonte para a informação de que um ataque japonês era esperado em Pearl Harbor, Stephenson respondeu: "O Presidente dos Estados Unidos", alegação que até hoje é discutível. Mais tarde, Ogilvy orientou a sua agência a publicar o memorando que Churchill escreveu para o Primeiro Lorde do Almirantado em 1941: "Por favor, informe hoje, em um dos lados de uma folha de papel, como a Royal Navy está sendo adaptada para satisfazer às condições das operações militares modernas". Esse era o modelo de clareza e brevidade de Ogilvy.

Em vez de ser lançado de paraquedas atrás das linhas inimigas, como esperava (ou, mais provavelmente, temia), Ogilvy recebeu a responsabilidade de recolher informações econômicas da América Latina, para ajudar os agentes da BSC a frustrar empresários que sabidamente estavam trabalhando contra os Aliados, fornecendo subsídios estratégicos para Hitler. Ele ajudou a criar "listas negras" de empresas alemãs e italianas rentáveis que poderiam fornecer dinheiro, ajuda ou informações, e possivelmente até mesmo espionar. Em todos os países da América Latina, havia alemães prósperos que iam a banquetes e faziam a saudação "Heil, Hitler" quando chegavam. Os mexicanos consideravam Hitler *fantástico*. "Heil, Hitler. *Fantástico*."

A experiência de Ogilvy com Gallup foi particularmente valiosa para Stephenson, que encomendou uma série de pesquisas de opinião para analisar a opinião pública dos Estados Unidos com relação à Grã-Bretanha. Os resultados contrabalançaram as dúvidas isolacionistas com relação à capacidade britânica e a vontade de ganhar a guerra. O relatório de Ogilvy, com o complicado título "Plano para Predeterminar os Resultados dos Plebiscitos, Prognosticar a Reação das Pessoas ao Impacto dos Eventos Projetados e Aplicar as Técnicas Gallup a Outros Setores do Serviço Secreto de Inteligência", mostrou que as pesquisas de opinião poderiam avaliar a verdadeira força dos movimentos políticos em diferentes países e orientar a política britânica. Embora nem a embaixada britânica em Washington nem o Serviço Secreto de Inteligência (SIS) em Londres tenham seguido as recomendações do relatório, a equipe do general Eisenhower prestou atenção mais tarde ao que ele disse e realizou pesquisas de opinião bem-sucedidas na Europa como Ogilvy havia sugerido.

A função básica de Ogilvy, comenta o especialista em inteligência Richard Spence, era manipular ou bloquear informações das pesquisas consideradas nocivas (ou úteis) para os interesses britânicos. A BSC desejava resultados que fizessem com que as opiniões se mostrassem favoráveis à Grã-Bretanha e à guerra — notícias de primeira página que mostrassem que as pessoas estavam mais interessadas em derrotar Hitler do que em permanecer fora da guerra — e que garantissem que as pesquisas de opinião diriam às pessoas o que elas desejavam ouvir. O trabalho de espionagem soa mais romântico do que efetivamente era, reconheceu Ogilvy mais tarde na vida, embora tivesse o seu lado de capa e espada. Ele às vezes chegava em casa do trabalho com uma pasta algemada ao pulso.

A sua eficiência em detectar operadores favoráveis ao Eixo o levaram a ingressar na equipe da BSC, que ajudou os Estados Unidos a organizar um serviço de inteligência estrangeira — já que não havia nenhum —, que se tornou o Departamento de Serviços Estratégicos (OSS) e é hoje a Central Intelligence Agency (CIA). "Em um determinado momento, eu estava entregando ao OSS cerca de 80 relatórios por dia oriundos das minhas fontes", declarou Ogilvy.

Mas os espiões profissionais no MI6 estavam se sentindo ameaçados pelos "amadores" espertos como Ogilvy. Houve tentativas de desmascarar Stephenson, sendo questionado até mesmo se Intrépido era o seu codinome. Ogilvy permaneceu um admirador de Stephenson, embora condenasse aqueles que exageram as verdadeiras realizações do seu chefe. Noel Coward estava de acordo. "Por um lado, [Stephenson] era certamente um 'M' do tipo das histórias de James Bond, um titereiro que manipulava astutamente os cordéis dos bonecos, enquanto os seus "meninos" faziam o que ele queria. Mas a sua verdadeira contribuição foi mentir na sua esfera de informações — informações sobre as intenções seguintes dos alemães, para que pudessem ser frustradas." O general Bill Donovan, do OSS ("Big Bill", o que o distinguia de "Little Bill" Stephenson), confirmou as contribuições dele: "Bill Stephenson nos ensinou tudo o que viemos a saber a respeito das operações do serviço de inteligência estrangeiro".

Não demorou muito para que a agressividade alemã começasse a afastar a opinião pública americana do isolacionismo, empurrando-a em direção a desejar ajudar outra democracia, com o auxílio da BSC. Alguns a chamavam de "espionagem de cavalheiros", e Ogilvy reconheceu que o período que serviu na guerra foi secundário em relação aos combates principais. No entanto, a BSC havia contribuído para unir os dois países — esse foi o início do "relacionamento especial" entre os Estados Unidos e a Grã-Bretanha — e apoiado o esforço de guerra, além de ajudar os americanos a criar um serviço de inteligência próprio.

O trabalho de Ogilvy sobre assuntos econômicos prosseguiu quando ele foi nomeado segundo-secretário da embaixada britânica em 1943. Embora ele se encontrasse com figuras importantes do governo e do setor privado, grande parte do seu trabalho estava relacionado com assuntos comuns do serviço de inteligência — compilar estatísticas sobre a produção dos Estados Unidos e redigir folhetos —, e Ogilvy logo se fartou das intrigas burocráticas. Ele havia se deleitado ao lidar com documentos secretos e personalidades do cenário mundial, mas se ressentia das suas obrigações mundanas e da política da diplomacia, pedindo demissão da equipe da embaixada em 1945. Recusou a oferta de um emprego permanente na divisão comercial do departamento de assuntos estrangeiros do SIS, mas continuou a ser regularmente procurado como consultor. A essa altura, Francis tinha saído da RAF e voltado para a Mather & Crowther, de modo que os irmãos estavam prontos para retomar os empreendimentos privados.

Ao contrário do que fazia com relação a outras áreas da sua vida, Ogilvy raramente falava ou escrevia a respeito desse fascinante período, praticando o que é conhecido como "amnésia diplomática". Ele tinha orgulho do seu trabalho no tempo de guerra, mas ainda estava submetido ao Official Secrets Act e respeitava a regra segundo a qual espiões não falam. Ele criticou um artigo que iria expor um colega pela sua pesquisa de opinião secreta: "A SIS não costuma comprometer os seus amigos". Ele considerou o livro de Hyde "extremamente indiscreto". Fazer anotações, escrever em diários, manter cópias ou documentos era estritamente proibido; Ogilvy deixou em Washington todos os seus documentos da embaixada. Nomes não aparecem na história publicada pela BSC, que evita identificar individualmente os seus funcionários. Todos os arquivos foram destruídos em uma fogueira; só havia vinte cópias de uma história oficial. Stephenson guardou duas, que mais tarde também foram destruídas. Na biografia de Stephenson de sua autoria, Montgomery Hyde admite ter recebido ajuda de Ogilvy como uma das várias pessoas que tinham "informações privilegiadas" da BSC.

Talvez outro motivo para o eterno silêncio de Ogilvy tenha sido o fato de que muitas pessoas que haviam trabalhado para a BSC não queriam ser proeminentemente identificadas com uma organização de espionagem britânica, temendo que isso pudesse atrapalhar uma carreira pós-guerra nos Estados Unidos. Ele falou a respeito de pessoas que conheceu, como o escritor Roald Dahl, um jovem piloto da RAF escalado para a embaixada e depois para a BSC; eles dividiram acomodações no bairro de Georgetown, em Washington, já que a família de Ogilvy permaneceu em Princeton. Os dois homens ficaram amigos — Ogilvy foi ao casamento de Dahl com a atriz Patricia Neal — mas depois eles brigaram. Ogilvy o chamou de "garanhão" (designando as "vítimas" de Dahl) e o considerou a "arrogância personificada".

Stephenson enfatizou a sua elevada consideração pelas habilidades de Ogilvy — "competência literária, poderosa capacidade analítica, iniciativa e uma aptidão especial para lidar com problemas extremamente delicados", acrescentando que "David não era apenas um bom funcionário do serviço de inteligência; ele era brilhante". Essa opinião, aliada às propostas para que permanecesse, confirma a avaliação de Francis: "David desempenhou um papel importante nesta guerra e evidentemente o desempenhou com êxito". Já o próprio Ogilvy tinha uma opinião menos elevada a respeito do seu trabalho no tempo de guerra. "Se eu me atribuir nota dez para o trabalho que iria executar mais tarde na Madison Avenue, não posso conceder mais do que um sete ao meu desempenho em Washington."

Como muitas outras pessoas, Ogilvy não sabia o que fazer depois da guerra. No entanto, antes da guerra, enquanto trabalhava com Gallup, ele havia descoberto um lugar nos Estados Unidos que se tornaria o seu lar e local de trabalho nos vários anos seguintes, e uma das suas grandes paixões.

> Em uma tarde agradável de junho de 1940, George Gallup e eu estávamos a caminho de Chicago quando avistamos da janela do trem um grupo de homens que se pareciam com os peregrinos de Plymouth, na Nova Inglaterra. Gallup me disse que eles pertenciam à seita *amish*. Três semanas depois, minha esposa e eu fomos de bicicleta até Lancaster, na Pensilvânia, para procurá-los. Depois de pedalar durante dois dias, nós nos vimos na periferia de Intercourse, e, na varanda de uma casa de fazenda em excelente estado de conservação, avistamos uma pilha de chapéus de feltro. Era uma manhã de domingo e os *amish* estavam almoçando.

Lancaster era uma rica comunidade agrícola onde havia mais vacas do que pessoas; as suas casas de fazenda ainda hoje estão entre as mais bem conservadas do mundo. Ogilvy voltou a visitar o local em 1943 e ficou fascinado. Mencionou que visitar os *amish* é como visitar um enorme mosteiro rural. O carteiro da localidade encontrou uma família *amish* que aceitaria hóspedes. David, Melinda e o bebê do casal, David Fairfield, passavam os fins de semana lá sempre que podiam, fugindo de Washington e da embaixada.

A senhoria *amish* apresentou a família a Annie e Levi Fisher. Durante seis meses, em 1944, a família Ogilvy residiu com a família Fisher, e se tornaram amigos vida afora. Na primeira noite da sua visita, uma tempestade arrancou metade do telhado. Sem se deixar desanimar, a família Ogilvy voltou no ano seguinte e, em 1946, David usou uma pequena herança para comprar uma propriedade agrícola na Denlinger Road em Gap por 20.817 dólares. A propriedade, que tinha 33 hectares, continha uma casa de tijolos vermelhos com persianas brancas.

E, por incrível que pareça, Ogilvy tornou-se agricultor. Bem, não exatamente. Ele alugou a terra e os prédios da fazenda para um agricultor *amish*. Para Gerry Leszt, que o entrevistou para o *Lancaster New Era* pouco depois de ele chegar, Ogilvy não era um agricultor e sim um homem que morava em uma propriedade agrícola. Ele era um mistério para a localidade, afirma Leszt, "um homem que obviamente tinha alguns recursos, um cavalheiro desocupado, membro da esfera literária, muito urbano. Mas não tínhamos a menor ideia de quem ele era ou do que fazia, ou que daquele casulo voaria esta borboleta". Ogilvy divulgou que havia ido para lá em parte para recuperar a sua saúde, embora nunca tenha especificado de que estava sofrendo.

Na propriedade, Ogilvy cultivou folhas de tabaco para charuto, o principal cultivo comercial da região. Em harmonia com a sua nova vida, ele vestia um chapéu *amish* de abas largas e macacão com alças, e mascava tabaco Mail Pouch. Deixou crescer uma barba curta no estilo *amish*. "O que você está aprontando, David?", perguntou um amigo que um dia avistou o Ogilvy barbado na Madison Avenue. "Ele contava então 35 anos", escreveu a revista *Fortune*, "um diletante afável — ou assim parecia — sem uma carreira ou perspectivas muito claras."

A família Ogilvy foi bem recebida na comunidade *amish*. Melinda fez amigas e participou de reuniões para fazer colchas de retalhos. David era divertido — as pessoas imploravam para que ele cantasse a velha canção "Michael Finnegan-Finnegan-begin-again". Investido de especialista nos hábitos *amish*, Ogilvy advertia os visitantes sobre os costumes deles (não encarem as pessoas, não tirem fotos), recomendava um livro infantil, *Rosanna for the Amish,* como guia para as práticas da seita e dava informações a respeito do musical da Broadway, *Plain and Fancy,* baseado nos *amish* ("não existem hex signs,* não há casamentos arranjados"). Ele se divertiu na sua primeira festa *amish* porque a conversa se voltou para o fato de ele e a sua esposa só terem um filho. "Eles acharam isso estranho, e uma venerável bi-

---

* Uma forma de arte popular holandesa na Pensilvânia. (N. da T.)

savó sugeriu que a minha mulher 'pegasse um galo novo'." A sua prima Rebecca West foi visitá-los quando cobriu a Convenção Republicana na Filadélfia, em 1948, e impressionou as pessoas importantes da cidade com as suas opiniões impetuosas.

Os *amish* chamam todo mundo que não é *amish* de "inglês", quer a pessoa seja ou não inglesa; Ogilvy era, e era chamado de "o inglês". Ele passeava pela cidade no seu Ford Modelo A conversível, usando um chapéu de feltro. Um amigo descreve um jantar na sua casa de fazenda, iluminada apenas com velas, em que Ogilvy surgiu no alto da escada vestindo um kilt. Ele ficou parado lá para que todo mundo pudesse apreciar bem o efeito. Em outra ocasião, serviu aos seus convidados no jantar uma única lagosta no prato — nada mais —, e eles foram embora com fome. Anos depois, um vizinho se recorda de que Ogilvy percorreu a entrada de veículos da casa dele em um grande Bentley com flâmulas no para-lama; foi como se a rainha estivesse chegando.

O contraste entre o exuberante Ogilvy e os modestos *amish* não poderia ter sido maior. Havia um duplo paradoxo: a sua irrestrita admiração pela seita e as suas concepções sobre a vida moderna enquanto ele tinha um estilo que era tudo, menos modesto e simples. No entanto, apesar do seu comportamento, ele conseguiu agradar à comunidade. Ogilvy afirmava que estava desiludido com a vida na cidade e que preferia o estilo de vida dos *amish*: nada de navalhas, telefones, carros, luzes elétricas. "Adoro essas pessoas e o seu modo de vida. Gosto delas. Prefiro me locomover atrás de uma parelha de cavalos, ler à luz de vela, comer o que cultivo, comunicar-me por meio de bilhetes. Adoro a combinação deles da teocracia do século XVII com a felicidade rabelaisiana."

Mas a admiração tinha os seus limites. A ideia de viver em uma fazenda agradava ao exibicionista, mas dedicar-se à agricultura era outra coisa. Ele não estava a fim de manter o registro das safras, verificar se elas tinham sido boas e não era páreo para os compradores de tabaco, que passavam a perna nele. E a pura atividade física o seduzia muito pouco. A agricultura é muito monótona, declarou ele mais tarde. "Os anos que passamos no Condado de Lancaster foram os mais esplêndidos da minha vida, mas ficou claro que eu jamais poderia ganhar a vida como agricultor. Eu *me preocupava* demais. Não era fisicamente forte o bastante para fazer o trabalho. Não conhecia suficientemente a mecânica para fazer a conservação das máquinas. Ignorava os detalhes da pecuária, o que não pode ser aprendido em livros."

À medida que o entusiasmo de Ogilvy com a agricultura decrescia, a publicidade voltou a captar o seu interesse. Ele passou a estudar noite após noite. A biblioteca de Lancaster conseguia para ele tudo o que era publicado sobre o assunto — livros, anúncios, revistas —, que ele organizava de tal maneira que chegou a elaborar uma lista de possíveis clientes para uma agência que só existia na sua imaginação. "Lembro-me de como o meu avô havia fracassado como agricultor e tornou-se um empresário de sucesso. Por que não seguir os passos dele? Por que não abrir uma agência de publicidade?" Ele contava então 38 anos de idade.

Dez anos antes, Ogilvy começara a pensar a respeito do ingresso de uma agência britânica nos Estados Unidos. Em 1938, na sua primeira incursão pelo país para a Mather & Crowther, ele informou que era chegada a hora de prestar uma atenção preliminar à possibilidade de abrirem um escritório em Nova York. A sua carta para Francis descreveu exigências de capital, o reconhecimento da parte de associações da indústria, possíveis clientes e publicidade. Ele propôs formar a equipe de operações não com britânicos mas com jovens americanos de primeira linha, que são "mais ambiciosos do que os [seus] colegas britânicos" e estão mais dispostos a correr riscos.

Mas David ainda não estava comprometido com a escolha de uma carreira, e pediu o conselho de Francis. Deveria ele ingressar em uma companhia para promover o comércio entre a América do Norte e a América do Sul? Deveria se estabelecer em Nova York para representar os interesses comerciais britânicos? Deveria voltar ao emprego privado com a Gallup ou a Young & Rubicam, retornar ao serviço estrangeiro ou ingressar em uma organização internacional como a UNRRA, a Agência das Nações Unidas para Assistência e Reabilitação? Em 1945, ele havia fundado uma empresa comercial com John Pepper, o seu chefe direto na BSC, para comercializar produtos ingleses nos Estados Unidos. Pepper ("um homem muito capaz e muito frio") era o presidente; Ogilvy era vice-presidente e diretor, mas desistiu depois de três meses. Pepper permaneceu e ganhou dinheiro.

Agora a publicidade o chamava novamente. Ao observar que nenhuma agência de publicidade britânica tinha uma sucursal no Hemisfério Ocidental, ele propôs que a Mather & Crowther pensasse na possibilidade de abrir filiais em Nova York, Rio de Janeiro e Buenos Aires, com ele desempenhando um papel duplo: atuando em uma função de serviço de informações em Nova York (checando anúncios, materiais promocionais e técnicas que pudessem interessar aos fabricantes britânicos e uma fonte de ideias para a Mather & Crowther) e procurando novos negócios para a agência.

Durante quatro anos, a partir de 1945, David manteve uma correspondência quase semanal com Francis, por via marítima, sobre um leque de assuntos de negócios e pessoais, com anotações à margem sobre a família deles. "Estou lendo a Forsyte Saga pela primeira vez. O livro deve ter influenciado profundamente a nossa mãe; ela passou a pensar em todos os Ogilvys como Forsytes." Grande parte da correspondência entre os dois irmãos tratava de perspectivas para uma nova agência em Nova York.

Já em 1946, Ogilvy tinha concluído uma venda. A Mather & Crowther o nomeou representante remunerado nos Estados Unidos — com os olhos bem abertos para as credenciais dele. Francis admitiu para o conselho administrativo: "Nova York é uma cidade de gente esquisita; há sempre espaço para qualquer coisa".

De um minúsculo escritório com duas salas (a de David e a da sua secretária) irrompeu um dilúvio de memorandos e documentos, inclusive um manifesto para o departamento de criação da Mather & Crowther em Londres. Ogilvy propôs "Trinta e Nove Regras" para títulos, textos dos anúncios, ilustrações, layouts e o emprego do humor. O seu documento observou que na edição de verão do *Punch*, 41% dos anúncios eram "prodígios descabeçados — não tinham nenhum título". A sua primeira regra defendia a ideia de que "a essência de todo anúncio é a sua P.B.V. [proposição básica de venda]. Tudo o mais é apenas técnica". Por antever resistência às "regras", Ogilvy argumenta:

> Até mesmo o redator de publicidade e o homem do layout que encaram o seu trabalho como arte e não como ciência podem ficar reconfortados com o fato de que a obediência à forma da sonata e do soneto não tolheu visivelmente o estilo de Mozart ou de Shakespeare.

Por incrível que pareça, e com cortesia, o conselho administrativo da agência de Londres aprovou as recomendações dessa nova autoridade emergente e atribuiu a Ogilvy o mérito de ter "dedicado três anos e uma incrível inventividade" ao exame das evidências nos dois lados do Atlântico relacionadas com os fatores que determinam a eficácia dos anúncios. Com o seu documento, Ogilvy recebeu o mérito de reorientar a agência de Francis, afastando-a da "poesia, tipografia e bobagens" e "a oportunidade de estimular redatores de qualidade, escritores modernos e tipógrafos". Ele enviou uma cópia para Reeves, expressando a sua gratidão ao seu "professor do jardim de infância".

Ogilvy vendeu a propriedade agrícola em 1948 por 35 mil dólares, o que representou um lucro de 14 mil dólares em dois anos, e comprou uma casa em Old Greenwich, em Connecticut. No fim da sua estada, o ar puro — com "um toque de esterco de cavalo", acrescenta Gerry Leszt — tinha dado certo, e Ogilvy recuperara a saúde. Por que ele voltou para a cidade? *Lucro*, respondeu, suspirando.

No outono de 1947, nove anos depois da sua proposta inicial, planos para uma agência nos Estados Unidos estavam sendo ativamente discutidos, com Ogilvy apresentando a improvável ideia de que talvez preferisse *não* fazer parte dela, permanecendo independente ou ingressando em uma agência americana. Mas ele estava seguro de que a nova agência teria êxito:

> Para aqueles que têm medo da ideia de uma agência em Nova York: a Inglaterra precisa exportar ou morrer de fome. Se a Inglaterra pode exportar têxteis, carros, uísque e revisores contábeis, por que não pode também exportar agentes publicitários? É claro que é ridículo sustentar que as agências americanas de qualidade inferior que hoje movimentam a maior parte da propaganda britânica nos Estados Unidos sejam superiores à S. H. Benson Ltd. ou à Mather & Crowther Ltd.; elas não estão no mesmo nível.

No início de 1948, Ogilvy havia deixado de ser reticente a respeito de ingressar no empreendimento, conhecido no seu estágio de formação como "Benson & Mather", representando as duas agências inglesas patrocinadoras.

Ele travara conhecimento com o presidente da S. H. Benson, Bobby Bevan, quando este último estava agregado à Royal Navy e os dois homens estavam servindo na embaixada em Washington. Agora a Bensons (a maior agência britânica) estava pronta para considerar um empreendimento conjunto com a Mather & Crowther (a quinta colocada no Reino Unido) com o ex-pesquisador de opinião pública, espião e agricultor como o seu representante nas colônias.

Apesar de ter sido a força motriz na sua criação, Ogilvy não seria o líder. O que quer que ele tivesse aprendido como um eficiente autodidata era considerado amplamente teórico pelos sócios britânicos, que insistiram em que ele contratasse um americano experiente para ser o seu chefe como condição para apoiarem o plano. Ogilvy não tinha "nenhuma noção" da atividade das agências, declarou um dos seus primeiros sócios. O seu irmão expressou a situação com mais delicadeza: "Se David tivesse mais experiência em uma função de verdadeira responsabilidade em uma agência, eu não hesitaria em seguir em frente, já que confio muito na sua capacidade. Mas sinto que, com a sua idade e experiência, ele é mais adequado para ser o segundo homem".

Em 1939, durante os seus anos de pesquisa na Gallup, Ogilvy havia escrito um artigo para o *The Nielsen Researcher*, designando 11 homens para a sua "All-Time All-American Agency Team",* tendo como presidente Raymond Rubicam. O décimo segundo homem seria Rosser Reeves. "Ele está tendo sucesso, ou o meu nome não é David Ogilvy." Agora Reeves, uma estrela em ascensão na Ted Bates & Company (e cunhado de Ogilvy), foi a sua primeira escolha para a presidência da nova agência. "Questiono se é possível encontrar um executivo americano no setor da publicidade com um conceito mais coerente do seu negócio ou uma convicção mais profunda do seu inevitável sucesso", escreveu David para Francis. "Deixe que ele comande a ação." Para Reeves, ele escreveu: "Precisamos de você DESESPERADAMENTE".

Quando Reeves recusou, depois de participar de reuniões em Londres e Nova York, Ogilvy descobriu Anderson F. Hewitt, um experiente supervisor de contas na J. Walter Thompson, em Chicago. Andy Hewitt era veterano da Marinha e tinha se formado em Princeton, sendo um típico e sociável agente publicitário da época. Enérgico e imprevisível, ele era considerado

---

* Equipe Insuperável Totalmente Americana. (N. da T.)

"um maluco agradável". Alguns se lembram dele como o primeiro a usar mocassins com borlas, outros que ele ditava cartas enquanto cortava o cabelo. Mas ele "conhecia todo mundo" e conhecia o ramo, e os seus contatos sociais da alta roda combinavam com Ogilvy.

Ogilvy seria o segundo homem e o representante dos interesses ingleses, com um salário de 12 mil dólares anuais — assim que a operação pudesse arcar com essa quantia. Até então, pediram-lhe que se virasse com um salário de 6 mil dólares recebidos da Mathers por atuar como o seu representante nos Estados Unidos. Um adiantamento para "pequenos gastos", nas palavras dele.

O Dia D da invasão britânica dos Estados Unidos foi marcado para o ano seguinte. Com o tenente-coronel da aviação Francis Ogilvy (ele tinha sido promovido de comandante de esquadrão) e o capitão da Royal Navy Bobby Bevan dirigindo a ação, não é surpreendente que tenham buscado um codinome no estilo militar para a sua cabeça de ponte nos Estados Unidos. Estavam tão confiantes no sucesso que escolheram o nome que Churchill havia designado para o desembarque dos Aliados na Normandia: Operation Overlord.

CAPÍTULO 7

Grandes Ideias

No período do pós-guerra, a propaganda nacional chegava aos americanos através de um punhado de redes de rádio e quatro grandes revistas: *Life, Look, The Saturday Evening Post* e *Reader's Digest.* A televisão estava na infância; apenas um em cada dez americanos possuía um aparelho. Com vários jornais poderosos em todas as cidades importantes, tratava-se ainda, em grande medida, de um mundo impresso. A economia estava florescendo, com uma enxurrada de novos produtos entrando no mercado.

A publicidade havia se acomodado em um padrão previsível. O romancista e advogado Louis Auchincloss relembra a seguinte conversa com Ogilvy no bar do Knickerbocker Club, em Nova York.

Diga-me, existem estatutos ou leis neste país que exigem que os anúncios sejam maçantes?

Garanti a ele que não havia tal coisa, embora eu afirmasse que se tratava de uma das nossas mais antigas tradições, da qual muito nos orgulhávamos.

Mas então ela pode ser mudada, não é mesmo?

"Eu me encontrava no despontar de uma nova era", recorda Auchincloss, concluindo.

Operation Overlord lançou a sua cabeça de ponte nos Estados Unidos no dia 1º de setembro de 1948, como Hewitt, Ogilvy, Benson & Mather, Inc. Os patrocinadores britânicos, Mather & Crowther e S. H. Benson entraram, cada um, com 40 mil dólares em ações preferenciais e detiveram o controle. Anderson Hewitt, o novo presidente da agência, hipotecou a sua casa e entrou com 14 mil dólares. Ogilvy entrou com 6 mil, o que perfez um total de 100 mil dólares. Ele seria secretário, tesoureiro e diretor de pesquisas.

Como era óbvio que nenhum dos dois diretores tinha as qualificações necessárias para administrar o lado criativo das coisas — o texto e a parte artística —, esse tipo de talento teria de ser contratado. O estatuto social da agência dizia que ela iria auxiliar clientes britânicos nos Estados Unidos. Os sócios londrinos discordavam, duvidando de que a nova agência pudesse prosperar apenas com clientes britânicos. Foi decidido então que a nova empresa se dedicaria aos interesses britânicos, mas não recusaria nenhuma conta americana que lhe fosse oferecida.

O escritório da HOBM ficava na Madison Avenue, 345, em frente à Brooks Brothers, a loja de roupas masculinas da Madison Avenue. *The Man in the Gray Flannel Suit,* um romance (e filme)* da década de 1950 a respeito de um relações-públicas, refletia o estilo da época. As peças de mobiliário mais notáveis do escritório de Ogilvy não eram as duas grandes gravuras de Audubon e sim um conjunto de luzes verdes e vermelhas na porta da sua sala que indicavam se a pessoa que estava do lado de fora podia entrar ou se ele não desejava ser perturbado.

Era Davi contra Golias: um posto avançado britânico recém-criado contra dezenas de agências importantes com uma história bem alicerçada. Um punhado de minúsculas contas no exterior com nomes pouco conhecidos. Escassos recursos financeiros, um presidente que ainda não tinha sido posto à prova e um diretor de pesquisa impetuoso com muitas teorias mas nenhuma experiência prática em publicidade. Não era de modo nenhum uma aposta garantida. Ogilvy estava ciente de que seria uma árdua luta conseguir um nicho nos Estados Unidos, mas ele apresentou uma intrépida

---

* O filme foi exibido no Brasil com o título *O Homem do Terno Cinzento,* e o livro foi publicado com o título *O Homem no Terno de Flanela Cinza.* (N. da T.)

linha de frente e, no dia em que a agência foi inaugurada, delineou as suas metas em um arrojado memorando.

> Esta é uma nova agência que está lutando para sobreviver. Durante algum tempo, todos teremos um excesso de trabalho e seremos mal remunerados.
>
> O nosso principal objetivo é proporcionar uma vida agradável às pessoas que trabalham conosco. O lucro virá depois.
>
> Nas contratações, enfatizaremos a juventude. Estamos procurando jovens dinâmicos e vigorosos. Não estou interessado em bajuladores ou picaretas. Estou em busca de cavalheiros inteligentes.
>
> As agências têm o tamanho que merecem. Estamos começando com pouco dinheiro, mas esta será uma grande agência antes de 1960.

Ogilvy mencionava com frequência uma lista que ele definira desde o início, dos cinco clientes que mais desejava: Shell, Lever Brothers, Campbell Soup, General Foods e Bristol-Myers. Um quinteto incrivelmente ambicioso. A única lista encontrada nos seus arquivos cita 23 clientes em perspectiva. A General Foods, a Shell e a Bristol-Myers faziam parte dela, no terceiro, nono e décimo sétimo lugares, respectivamente. As duas outras empresas não faziam parte da relação, embora ele tenha acabado por conseguir as cinco. O primeiro nome da lista era a Cunard, que também conseguiu.

As quatro primeiras contas que os sócios ingleses enviaram através do Atlântico gastaram apenas 250 mil dólares com publicidade.* Quinze por cento desse valor, a comissão convencional das agências, é 37.500 dólares. Como a agência poderia sobreviver? Os produtos da Wedgwood China e da British South African Airways nunca seriam voltados para o mercado de massa. Guinness e Bovril eram palavras familiares no Reino Unido, mas desconhecidas nos Estados Unidos, e o seu potencial era uma incógnita. Os anúncios seriam criados por um redator de publicidade e um diretor artístico contratados pela experiência que tinham em grandes agências, mas nenhum dos dois era uma estrela ou um gênio embrionário. Ogilvy proclamaria mais tarde a primazia das ideias criativas: "A não ser que a sua propaganda se baseie em uma GRANDE IDEIA, ela passará como um navio na noite".

---

* Cerca de 3 milhões de dólares atualmente (2011).

No início, o material promocional da agência dizia que a essência da operação era a pesquisa de textos.

Certa noite, em 1950, Ogilvy, o diretor de pesquisa, estava pegando o trem para a sua casa em Connecticut quando uma ideia para a cerveja Guinness surgiu na sua cabeça. Ele desceu na parada seguinte e telefonou para o escritório: "Vocês não vão acreditar, mas eu tive uma ideia". (Ele disse que a sua família ficou igualmente perplexa com essa primeira evidência de que ele podia ser criativo.)

A ideia era conseguir atrair o interesse para a Guinness a partir dos pratos fascinantes que são acompanhados por ela. Ogilvy mergulhou no livro de um biólogo de Yale sobre moluscos e concebeu "The Guinness Guide to Oysters", um guia para nove variedades de ostras. O texto foi de autoria do redator de publicidade Peter Geer; o conceito era exclusivamente de Ogilvy.

> OYSTER BAYS. As Oyster Bays são suaves e têm a concha pesada. Dizem que as ostras bocejam à noite. Os macacos se armam com pequenas pedras. Eles ficam esperando que uma ostra boceje e então atiram a pedra entre as conchas. "A ostra fica portanto exposta à ganância dos macacos."

> BLUEPOINTS. Essas pequenas e deliciosas ostras de Great South Bay lembram os famosos "nativos" ingleses sobre os quais Disraeli escreveu o seguinte: "Jantei, ou melhor, ceei no Carlton... ostras, Guinness e ossos grelhados, e fui para a cama à meia-noite e meia. Assim terminou o mais extraordinário dia da minha vida".

Tendo sido um sucesso instantâneo, o guia de ostras foi seguido por guias de caça de pena, queijos e outros alimentos que combinam com a Guinness. Mais contas vieram do outro lado do Atlântico: tecidos Viyella, o Scottish Council, HP Sauce, a revista *Punch* e as capas de chuva Macintosh. Eram contas pequenas, mas que requeriam muito trabalho. Em 1950, a equipe aumentara para 41 pessoas.

Uma das primeiras e melhores contratações foi um tesoureiro que não sabia *nada* a respeito de contabilidade ou publicidade. Shelby Page estivera trabalhando na Metropolitan Life Insurance Company e foi apresentado a Ogilvy por Hewitt, que se casara com a prima de Page. No início, Ogilvy não queria contratar Page, mas ficou impressionado com o fato de que o avô dele, Walter Hines Page, fora Embaixador dos Estados Unidos na Inglaterra durante a Primeira Guerra Mundial. Page de bom grado concordou em aprender alguma coisa a respeito de finanças, leu um livro sobre a contabilidade das agências de publicidade e fez um curso por correspondência.

O que Page levou para a agência foi bom-senso. "Calculei que a minha função fosse tentar impedir que saísse mais dinheiro do que entrava. Às vezes isso era difícil com David. No instante em que tínhamos algum lucro, David dizia que precisava de um novo gênio criativo". Page descrevia a si mesmo como "pão-duro" e conseguiu fazer com que a agência não tivesse problemas financeiros. Uma das suas várias atribuições era fazer coisas que Ogilvy evitava, como demitir pessoas. Antes de partir para as suas longas férias de verão, Ogilvy informava a Page quem teria que ser mandado embora. Quando voltava, o corpo tinha desaparecido tão seguramente como se um assassino da máfia tivesse sido contratado para eliminá-lo, comentou uma pessoa que costumava observar o ritual.

Embora Ogilvy evitasse demitir pessoas, ele não tinha nenhum receio de impor os seus padrões. "Era preciso ter a pele de um rinoceronte para sobreviver a uma reunião com Ogilvy, ou ter feito o dever de casa minuciosamente e executado a nossa estratégia de uma maneira impecável", declarou David McCall, um redator de publicidade na década de 1950 e no início da de 1960. "Ele não desprezava o método *ad hominem* ou qualquer outro ataque que achasse que atingiria o pecador. E, como De Gaulle, ele achava que o elogio deveria ser um artigo raro para que a moeda não fosse desvalorizada." A insistência de Ogilvy em padrões elevados — e o próprio trabalho árduo dele — inspirava às pessoas o sentimento de que trabalhavam em um lugar importante. Em geral, ele era o último a deixar o escritório, e as pessoas trabalhavam nos fins de semana sem resmungar. Ele era Camelot, diz um gerente de conta dessa época.

O benefício de colocar Hewitt na presidência se revelou quando ele conseguiu duas contas: a Sun Oil (Sunoco), na ocasião uma importante companhia com milhares de postos de gasolina, e, por intermédio do seu sogro, o Chase National Bank. Para obter a Sun, a agência teve que reduzir a comissão de 15%. Como isso era proibido — os 15% eram na época compulsórios de acordo com a American Association of Advertising Agencies, conhecida como a 4As — o dinheiro era secretamente devolvido para a Sun. Ogilvy mais tarde iria tomar a iniciativa de mudar a 4As de um clube para uma organização profissional. Nesse ínterim, ele optou por contornar as regras.

Mesmo com a conta da Sun, a agência estava ficando sem dinheiro. Page e Hewitt procuraram Walter Page (outro parente) na Morgan Guaranty, que decidiu correr o risco e emprestou 50 mil dólares para ajudá-los em um momento difícil. Era uma questão de sobrevivência, afirma Page. "Não tínhamos dinheiro para honrar a folha de pagamentos. Os 100 mil dólares iniciais não existiam mais. Era a diferença entre a vida e a morte para a agência."

A primeira conquista que Ogilvy fez sozinho foi a da rainha dos cosméticos Helena Rubinstein, a quem ele tinha sido apresentado pelo "filho maluco dela", Horace Titus. Era "Madame Rubinstein" de dia, "Princesa Gourielli" à noite, por causa do seu segundo casamento com um suposto príncipe russo (que alguns achavam que era uma manobra de marketing). Madame era uma tirana que trocava de agência mais ou menos a cada ano; Ogilvy a considerava uma "bruxa fascinante". Ele a agradou e bajulou, coroando-a nos seus anúncios como "a primeira dama da ciência da beleza". Era uma mulher diminuta, com menos de um metro e meio de altura, usava o cabelo preto preso num coque apertado, e parecia velha mas bem conservada, como uma múmia. Madame tinha um nariz proeminente, um estilo imponente e um sotaque centro-europeu carregado. Ela realizava grande parte dos seus negócios reclinada em uma cama desenhada por Salvador Dalí na sua casa de três andares na Park Avenue, cujas paredes eram cobertas por retratos seus feitos por diferentes artistas.

Com uma fortuna pessoal de mais de 100 milhões de dólares, Madame podia ceder à sua paixão pelas joias. Em uma ocasião em que contemplava uma vitrine da Tiffany's, ela explicou: "Adoro olhar joias. Elas descansam os meus olhos". Diziam que a sua assistente, que não conhecia joias, as classificava pela cor: brancas, vermelhas e azuis. Ogilvy disse que ela as ordenava alfabeticamente: diamantes na letra D, esmeraldas na letra E, e assim por diante. Madame era uma dama obstinada que fugiu da Polônia carregando as suas fórmulas secretas. Madame deixou perplexos os ladrões que entraram no seu apartamento e exigiram as joias do cofre. "Tenho quase 90 anos.

As joias não estão aqui e, se estivessem, eu não as entregaria a vocês. Sou uma senhora muito velha. Se quiserem me matar, vão em frente."

"Os seus anúncios são grandes demais", disse ela a Ogilvy no almoço, dobrando pelo meio um grande guardanapo, em seguida novamente pelo meio, e depois uma vez mais pelo meio. "Este é o tamanho que eles devem ter", também insistindo em que 12 cremes faciais diferentes fossem mostrados em um único anúncio. Ogilvy neutralizou a primeira estipulação e satisfez a segunda com um título: "Agora Helena Rubinstein resolve 12 Problemas de Beleza". Ao se deparar com uma sucessão de alternativas criativas antes de ver a recomendação da agência, Madame irritou-se com Ogilvy: "Chega dessa porcaria. Vamos olhar aquela de que você gosta mais". Quando ela quis adicionar pontos a um comercial de 60 segundos e foi informada de que eles tornariam o anúncio longo demais, ela tinha a resposta: "Compre mais 10 segundos".

Madame repreendeu Ogilvy por não estar prestando atenção suficiente nela. "Você está conseguindo todas essas contas novas. Não somos mais importantes." Ogilvy voltou para a agência, reuniu todas as pessoas que trabalhavam na conta dela — redatores, diretores de arte, executivos de conta, pessoas do departamento financeiro, secretárias, funcionários da sala da correspondência, cerca de trinta no total — e as levou para o quarto dela. "Quero lhe mostrar como a senhora é importante. Todas essas pessoas trabalham na sua conta." Madame assimilou a cena. "Eles devem ser muito burros, porque fazem um trabalho ruim."

O trabalho não podia ser tão ruim. Um anúncio de "Cosmético para o Cabelo" de Rubinstein revolucionou a abordagem publicitária da companhia, substituindo as unidades pequenas por uma abordagem de "notícia" em um grande anúncio de jornal. Em três semanas, um único anúncio atraiu pedidos equivalentes às estimativas de vendas para os 12 meses seguintes. Não poderiam ser publicados outros anúncios enquanto a fábrica não aumentasse a produção. Quando Ogilvy abdicou da conta Rubinstein em 1963, a imprensa observou que a agência dele era a primeira que havia conservado essa conta por mais de um ano; na realidade, ele a manteve por 15.

Ao longo da década seguinte, Ogilvy produziria uma impressionante sucessão de campanhas publicitárias que o colocaram no mapa como uma força criativa e transformou a sua agência em uma usina de força que atraiu os maiores anunciantes dos Estados Unidos. Várias dessas campanhas iriam ter um lugar na história da publicidade. Ele as chamou de as suas Grandes Ideias.

A primeira envolvia uma pequena empresa de camisas em Waterville, no Maine. Em 1951, C. F. Hathaway não era muito conhecido e nunca anunciara nada. Ele estava propondo gastar apenas 30 mil dólares para concorrer com campanhas imensamente maiores por trás de camisas famosas como a Arrow. "Eu quase me debulhei em lágrimas", disse Ogilvy. O presidente da Hathaway, Ellerton Jette, admitiu francamente que a conta nunca seria grande e que a agência jamais ficaria rica por aceitá-la, mas prometeu que nunca dispensaria a agência e jamais alteraria uma única palavra do texto, promessas que ele honrou.

A história de "O Homem da Camisa Hathaway" — com o tapa-olho preto — foi contada muitas vezes, com pequenas variações. Não há nenhuma dúvida de que Ogilvy, supostamente ainda o diretor de pesquisa da agência, foi o único criador de uma das mais famosas campanhas da história da publicidade. Ele sabia que precisava fazer alguma coisa incomum. Em um determinado momento, refletiu: "Acho que um elegante tapa-olho sobre um dos olhos cairia bem". Mas isso estava longe de ser um momento de iluminação. Nas suas listas de ideias para fotos, essa estava em nono lugar em uma delas, em décimo oitavo em outra, e ele comprou vários tapa-olhos, quase como uma reflexão tardia, por 50 centavos cada um em uma loja de conveniência a caminho da sessão de fotos. "Bata algumas dessas para me distrair", ele se recordou de ter dito ao fotógrafo, "e depois irei embora e você poderá fazer o trabalho sério. Assim que vimos as fotografias, soubemos que tínhamos achado alguma coisa."

O modelo foi George Wrangel, um homem com bigode de meia-idade que lembrava o autor William Faulkner. Em uma das versões do cenário de fundo, Wrangel foi um barão russo branco expatriado; em outra, um nobre espanhol de Málaga. Não havia nada errado com o seu olho. O tapa-olho estava lá para impregnar o anúncio com o que Ogilvy chamava de "atração da história". O leitor se pergunta como o arrogante aristocrata terá perdido o olho. Ogilvy disse que descobrira o conceito da atratividade da história em um livro de Harold Rudolph, ex-diretor de pesquisa de uma agência que havia analisado os fatores da atenção e do índice de leitura das ilustrações.

Era a primeira vez que a propaganda de uma camisa se concentrava igualmente no *homem que estava usando a camisa* e na camisa em si.

A primeira inserção, no *The New Yorker*, custou apenas 3.176 dólares. Em uma semana, todas as camisas da Hathaway em estoque tinham sido vendidas. O anúncio causou tal furor que foi reimpresso ao lado de artigos nas revistas *Life, Time* e *Fortune*. Foi imitado no mundo inteiro. Outras empresas publicaram anúncios colocando tapa-olho em cachorros, vacas e bebês. Homens e mulheres usando tapa-olho apareceram em bailes à fantasia. O tapa-olho se tornou uma brincadeira comum na Broadway, na televisão e até mesmo nos cartuns do *The New Yorker*. Um deles mostrou três homens olhando para camisas na vitrine de uma loja; em um segundo quadro, os três saem da loja usando tapa-olhos. "Por alguma razão que desconheço", comentou Ogilvy, o tapa-olho "tornou Hathaway instantaneamente famoso. Talvez seja mais pertinente mencionar que ele também *me* tornou instantaneamente famoso".

A ideia foi inspirada por uma fotografia do embaixador Lewis Douglas, que tinha machucado o olho quando praticava a pesca com moscas na Inglaterra. O Homem da camisa Hathaway — sempre o mesmo homem — ficou tão conhecido que certa vez um anúncio foi publicado apenas com a fotografia — sem título, sem texto, sem que nenhuma menção fosse feita à marca — e foi instantaneamente identificado pelos leitores como um anúncio da Hathaway. Wrangel, até então um vendedor de artigos de pele, casou-se com uma herdeira e foi morar em um castelo na Espanha. Mais tarde, ao negociar um cachê de modelo, ele disse a Ogilvy: "Meu caro, você sabe que não se trata de dinheiro; isso não significa nada para mim. Fico feliz em ajudá-lo, meu amigo. Esta coisa é maior do que nós dois juntos".

O texto "diz a verdade e a torna interessante", afirmou Ogilvy, que se dedicou a redigi-lo e o descreveu como "uma luva de seda com um tijolo dentro". David McCall o definiu como o texto mais claro e divertido da história. "Ele o escreveu para si mesmo. Quem mais teria começado um texto sobre uma camisa com a seguinte frase: 'Os melancólicos discípulos de Thorstein Veblen teriam desprezado esta camisa'. Ogilvy não dava a mínima para o fato de a sua audiência saber ou não quem era Veblen, e muito menos o que ele pensava. A frase apenas lhe conferiu uma sensação agradável." Independentemente do seu raciocínio, o texto continha uma técnica agressiva de venda, explicitando as virtudes práticas do tecido, do talho, dos pontos de costura, até mesmo dos botões, tudo isso envolvido por uma áurea de sofisticação e sagacidade.

Ogilvy admitiu que a aura aristocrata de Hathaway refletia a Vida Secreta de David Ogilvy, uma fantasia derivada do clássico conto de James Thurber: "The Secret Life of Walter Mitty".* Ogilvy/Mitty foi mostrado em cenários evocativos — em um Rolls-Royce clássico, com a sua coleção de borboletas, tocando um oboé, regendo no Carnegie Hall, deixando 5 milhões de dólares (e todas as suas camisas Hathaway) para o filho, fazendo a cópia de um Goya no Metropolitan Museum, contemplando uma escopeta Purdy de 2 mil dólares ou tocando órgão.

A magia Hathaway alavancou intensamente os novos negócios. A agência estava criando os textos mais espetaculares dos Estados Unidos, comentou em 1951 o boletim informativo do setor. "A esta altura, não pode haver um acaso feliz. Tem acontecido com excessiva frequência."

Quando os seus sócios londrinos lhe ofereceram a Schweppes pela primeira vez, na ocasião um refrigerante e bebida destinada a ser misturada com outras consumidas pela classe privilegiada, Ogilvy tentou recusar. O seu orçamento era de apenas 15 mil dólares, o que produziria apenas 2.250 dólares em comissões, e ele estava farto de contas pequenas, disse a Francis. "O problema é não ficar atolado em trivialidades." Pressionado para aceitar a conta, a abordagem criativa inicial de Ogilvy quase fez com que ele a perdesse de imediato. Ele propôs anunciar a Schweppes como estando agora disponível nos Estados Unidos por apenas 15 centavos, mas o cliente tinha um plano diferente para essa prestigiosa linha de primeira qualidade: "Ponha o preço para cima".

A ideia de colocar a foto do presidente barbado da Schweppes nos Estados Unidos nos anúncios veio da direção executiva do Reino Unido, afirma Stephen Fox em *The Mirror Makers*. Ogilvy declara explicitamente que a ideia foi dele. A verdadeira história talvez nunca venha a ser conhecida. O que se sabe é que o Comandante Edward ("Teddy") Whitehead era um homem de uma beleza impressionante, um homem "sarado" com uma magní-

---

* Tradução literal: "A Vida Secreta de Walter Mitty." (N. da T.)

fica barba vermelho-escura, voluptuosa e cheia — um modelo fotográfico por excelência. Depois do que Ogilvy chamou de "demonstração simbólica de retraimento, que durou apenas cinco minutos", Whitehead recuou na sua opinião de que era indigno e "não inglês" que o dirigente de uma companhia aparecesse em um anúncio e concordou em se tornar a personificação da Schweppes nos Estados Unidos e o porta-voz da "Schweppervescência".

O primeiro anúncio mostrou Whitehead desembarcando de um avião de passageiros em Nova York, usando chapéu de feltro e um guarda-chuva fechado, carregando uma pasta de couro que supostamente continha os segredos do "elixir" da Schweppes, com uma aparência mais distinta do que a de qualquer diplomata. "Os meus trajes de banho", declarou Whitehead. "Era isso que estava dentro da pasta."

"O rosto barbado de Whitehead mobilizou a imaginação do público americano", comentou Ogilvy, maravilhado, informando que a campanha tinha sido um sucesso instantâneo. Whitehead parou o trânsito na Park Avenue. Motoristas de táxi se viravam e perguntavam: "Você é o cara da Schweppes?". Pessoas que passavam na rua apontavam para "Mr. Schweppes". Em Hollywood, Gary Cooper pediu o seu autógrafo. No entanto, as vendas iniciais deixaram a desejar, e a matriz começou a dar para trás. Apenas um mês depois, Ogilvy recebeu instruções para desenvolver um estilo de propaganda completamente diferente, mais poderoso, com mais ênfase no preço. Ele reagiu, afirmando que chegara à conclusão de que "o rosto barbado de Teddy é uma propriedade bem mais importante do que qualquer um de nós percebeu". Ele prevaleceu; o Schweppesman permaneceu.

Ogilvy examinou pessoalmente cada detalhe da propaganda. Os anúncios retrataram o Comandante como uma presença distinta, aparecendo em partidas de polo, nos bastidores do teatro, ao lado de jóqueis nos hipódromos. Certa vez, ele fez uma pergunta a Ogilvy a respeito de uma cena: "Você acha que isso faz com que eu pareça um rabino?". "Você talvez possa ser confundido com um rabino", concordou Ogilvy, "por alguém que olhe apenas para a fotografia. Mas há um título debaixo dela — e quem já ouviu falar em um rabino chamado Comandante Whitehead?" Em um dos anúncios, uma mulher do tipo maternal olha para o Comandante e exclama no título: "Meu Deus, Teddy, você deixou crescer a barba!".

As vendas deram um salto de 600% nos primeiros seis meses. Hotéis e bares começaram a estocar Schweppes. Em muitos deles, a Schweppes era a única escolha se o pedido fosse gim e tônica. Segundo o *Financial Times*, "aquela foi uma das campanhas mais bem-sucedidas de um produto inglês de todos os lugares e de todos os tempos — e isso na terra das promoções". A agência estava se saindo bem o bastante para publicar um anúncio no *London Times*: "Grande Sucesso de Agência Britânica nos Estados Unidos". Um pouco de magia envolvia a nova empresa; ela estava conseguindo quase todas as contas novas que buscava, embora Ogilvy admitisse que ele só competia por aquelas que tinha certeza de que poderia obter.

Mil novecentos e cinquenta e dois foi um ano de eleições presidenciais no qual Rosser Reeves ficou famoso na história da propaganda com comerciais de 20 segundos na televisão que retratavam o general Dwight Eisenhower como "um homem pacífico". Sendo um dos poucos na Madison Avenue que apoiavam Adlai Stevenson, Ogilvy disse para o cunhado: "Rosser, em seu benefício espero que tudo corra bem e em benefício do país, que tudo corra da pior maneira possível". As coisas correram bem para Rosser. O eloquente Stevenson perdeu para um herói de guerra. "Você consegue imaginar Winston Churchill aceitando aparecer em comerciais da televisão como Eisenhower?", observou azedamente Ogilvy.

Impaciente por transmitir aos redatores e diretores de arte o que desejava, Ogilvy cada vez mais estava *mostrando* a eles o que fazer, redigindo os anúncios e orientando a sua aparência — fotografias grandes e bonitas (nunca ilustrações), geralmente com um título de uma única linha debaixo da foto funcionando como identificador, e mais três blocos de texto agradável em um tipo de letra clássica simples. Ogilvy deslocava o nome dos produtos, geralmente relegado a logotipos na parte inferior dos anúncios, para o título na parte superior.

Os clientes recebiam "um bilhete de primeira classe". A propaganda exalava qualidade: os produtos anunciados, o tom da redação, os layouts sóbrios e o lugar onde eram publicados. A minúscula empresa recém-criada comprava mais páginas no *The New Yorker* do que todas as outras agências, com exceção de uma.* Embora os anúncios fossem publicados no *The New*

---

* Durante um período da década de 1950, os anúncios de Ogilvy, aliados às contribuições editoriais da sua prima Rebecca West e o filho desta, Anthony West, foram responsáveis por um número impressionante do total de páginas do *The New Yorker*.

Yorker, o seu design se inspirava na *Holiday*, uma revista de viagens, voltada para a faixa superior do mercado, que Ogilvy admirava pela maneira como ela apresentava as matérias. Ele argumentava que as pessoas, quando liam uma revista, certamente preferiam ler um anúncio no mesmo espírito, sem logotipos ou textos impressos em tipo branco reverso (o seu principal fantasma) sobre um fundo uniforme. Não merecia ser lido, argumentava. Nunca pareceu lhe ocorrer que o estilo editorial do *The New Yorker*, na época totalmente destituído de fotografias, tivesse pouca semelhança com o da *Holiday*.

Ogilvy foi abençoado ao encontrar Ingeborg Baton, uma tipógrafa dinamarquesa. Era fora do comum uma agência pequena contratar um tipógrafo em período integral, mas Ogilvy se preocupava muito com a aparência dos anúncios, e Borgie foi fundamental para esse desafio.* Ela nunca fazia comentários sobre a tipografia enquanto não tivesse lido cada palavra do texto e compreendido o que o redator estava tentando dizer, independentemente do tempo que isso levasse. Embora não fosse fã de prêmios de criatividade, Ogilvy não se incomodava com o reconhecimento da excelência no layout, no trabalho artístico e na tipografia, vangloriando-se de que em 1950 a agência só ficou atrás de duas muito maiores, a N. W. Ayer e a Young & Rubicam, tendo produzido seis anúncios incluídos pela *Advertising Agency* entre os "50 Melhores".

O empobrecido Porto Rico, na ocasião um território administrado pelos Estados Unidos, ofereceu a oportunidade seguinte para que a agência brilhasse. Luis Muñoz-Marín, governador de Porto Rico, e o seu aliado econômico Teodoro "Teddy" Moscoso lhe disseram que o desemprego e a pobreza no país deles eram estarrecedores, e que precisavam desesperadamente de indústrias. Eles estavam se esforçando para melhorar as condições do país; a incumbência de Ogilvy era retransmitir essas notícias com precisão para o público americano, especialmente para as indústrias manufatureiras. Encarando a missão como um dever superior, Ogilvy se entregou de corpo e alma à tarefa de recuperar a imagem de Porto Rico, chamando a campanha de "o renascimento de uma ilha".

Ele se queixou de nunca ter obtido reconhecimento pelo que considerava o melhor anúncio que jamais escrevera, uma página inteira só de texto

---

* Um obituário disse que chamar Baton de tipógrafa era o mesmo que chamar Chippendale de carpinteiro.

(com um cupom) assinada pelo economista Beardsley Ruml descrevendo as vantagens tributárias de estabelecer uma fábrica em Porto Rico. Quatorze mil empregadores em potencial recortaram o cupom e o enviaram pelo correio; muitos instalaram fábricas na ilha e geraram empregos.

Certo dia, Ogilvy observou que o programa para o desenvolvimento industrial estava indo bem, com centenas de novas fábricas, mas, se não tivessem cuidado, aquela encantadora ilha seria transformada em um parque industrial. O que você sugere?, perguntou Moscoso. "Bem, a Escócia onde nasci sempre foi considerada um lugar bárbaro até que Rudolph Bing foi para Edimburgo e concebeu o Festival de Edimburgo. Por que você não cria um festival?" Moscoso fez uma anotação no seu pequeno diário. Três meses depois, ele convenceu o violoncelista Pablo Casals a ir morar em Porto Rico e inaugurar o Festival de Música Casals. Em um dos anúncios, em vez de mostrar Pablo Casals simplesmente sentado, tocando o violoncelo, o que Ogilvy afirmou que seria uma "banalidade visual", a fotografia mostrou uma sala vazia, com um violoncelo apoiado em uma cadeira. A cena evocativa, descrita por um homem criativo como "iluminada por Vermeer", tornou-se um clássico.

Ogilvy compreendeu desde o início que o problema fundamental era a imagem do país. Uma pesquisa que encomendou descobriu que os americanos achavam Porto Rico sujo, sórdido e desagradável. Com o pretexto de promover o turismo, a agência pôs-se a trabalhar em uma campanha para corrigir essa imagem. As instruções de Ogilvy para a equipe de criação foram enviadas por telegrama, recebido no local:

PRECISAMOS DE CERCA DE 12 FOTOGRAFIAS IMORTAIS. OS ANÚNCIOS PRECISAM SER BONITOS, ESPIRITUAIS, INESQUECÍVEIS.

Ele também determinou o seguinte: "Em nenhuma circunstância vocês deverão fotografar o posto do corpo de bombeiros em Ponce", uma espalhafatosa atração turística retratada em cartões-postais.

Ogilvy envolveu-se emocionalmente com Porto Rico, declarando que modificar a imagem de um país foi "a coisa mais importante que já tinha feito". Considerou Muñoz-Marín o melhor cliente que já tivera e Moscoso um líder inspirador. Quando o partido deles voltou ao poder, Ogilvy escreveu: "Caro Governador: Graças a Deus. Para sempre Seu. D.O."

"A versada influência de David Ogilvy transformou a HOBM em uma agência de médio porte visivelmente bem-sucedida", informou a revista especializada *Printer's Ink*, dizendo que ele "havia se tornado de uma só vez a consciência e o agente catalisador da Madison Avenue, provando que não é preciso tratar o consumidor com superioridade. O seu lugar entre os maiores publicitários de todos os tempos está praticamente garantido". Isso foi dito a respeito de um homem que havia redigido o seu primeiro anúncio apenas cinco anos antes.

Mais caminhos estavam desembocando na porta de Ogilvy. Agências o procuravam com propostas de fusão ou o convidavam para ser o seu presidente. Clientes em perspectiva telefonavam. Ogilvy disse que recusou vinte novas contas em 1955, entre elas a do Edsel — hoje considerado uma piada,* mas que foi na época o primeiro carro novo a ser introduzido no mercado desde 1938 e cuja conta era cobiçada por todas as agências de publicidade que não tinham a conta de algum carro. Ogilvy recusou-se a competir não por ter tido alguma premonição, mas porque a conta seria tão grande que, se desse certo, poderia dominar a agência e se fracassasse, poderia derrubar a agência junto com ela.

A Revlon o procurou duas vezes. "De jeito nenhum", disse ele. "Não chegarei perto daquele filho da puta [Charles Revson]." Recusou duas vezes "outro FDP" (Louis Rosenstiel, da Schenley). "Ele era realmente desonesto." Agora que podia ser exigente, Ogilvy decidiu que nunca aceitaria uma conta se não gostasse do cliente como pessoa. Disse ao presidente da Thom McAn Shoes que estava renunciando à conta porque o vice-presidente executivo era "um merda" e tratava o seu pessoal com crueldade.

Haloid Xerox o procurou com a primeira copiadora de papel. Ogilvy não teve interesse por uma invenção que não compreendia, mesmo quando lhe ofereceram algumas ações. "É pequena demais para nós", disse ele. "Procure o meu amigo Fred Papert. Ele acaba de abrir uma agência." Pouco de-

---

* Edsel foi a marca de um automóvel fabricado pela Ford nos Estados Unidos. O carro nunca foi popular e vendeu muito mal. A Ford perdeu milhões de dólares com ele, e o nome "Edsel" passou a ser sinônimo de fracasso. (N. da T.)

pois, a Xerox estava gastando 10 milhões de dólares por intermédio da Papert, Koenig, Lois, e Papert ficou rico com as ações da Xerox. "Ele deveria dividi-las comigo", comentou Ogilvy. Devolveu um questionário de cinquenta páginas do Better Vision Institute com um bilhete onde comentava que era rude esperar que pessoas ocupadas preenchessem longos questionários, acrescentando: "P.S. O que é o Better Vision Institute?". Este se revelou um bom cliente para Doyle Dane Bernbach.

Quando a Hallmark disse que estava pensando em dispensar a Foote, Cone & Belding e perguntou se Ogilvy estaria interessado em pegar a conta, este disse para a enorme companhia de cartões comemorativos: "Vocês devem estar loucos; eles vêm fazendo um excelente trabalho para vocês há anos. Se há algo errado com o relacionamento, converse com Fax Cone. Ele corrigirá o problema". A Hallmark permaneceu com a FCB, exceto por um pequeno período de experiência com a agência de Ogilvy muitos anos depois.

A Lever Brothers chegou em 1957 com duas tarefas. Era a primeira conta de produto embalado da agência, um produto voltado realmente para o mercado de massa, vendido em supermercados. A conta da Lever, a maior conquista de Ogilvy até então tanto sob o aspecto do potencial quanto da renda imediata, colocou a agência entre os times da primeira divisão.

A Grande Ideia de Ogilvy para a margarina Good Luck — totalmente atípica para um produto embalado geralmente anunciado na televisão — foi um anúncio de página inteira em formato de editorial com um título provocante:

> Um desafio para as mulheres que jamais sonhariam em servir margarina — A Lever Brothers as desafia a estabelecer a diferença entre a margarina GOOD LUCK e você sabe o quê.

Em três longas colunas, o redator mencionava ter tentado convencer a esposa a estabelecer a diferença (a minha mulher ficou *estupefata*) e relatou como ofereceram a margarina em jantares em pequenos recipientes franceses. O anúncio detalhou os benefícios do produto para a saúde, argumentou que 97% dos ingredientes vinham de fazendas americanas e encerrou com a história de uma criança de Greenwich que comeu cem gramas puros da margarina.

Ainda mais surpreendente foi a sua iniciativa seguinte para a Good Luck: Ogilvy convenceu a ex-primeira-dama Eleanor Roosevelt, ainda muitíssimo querida depois da morte de Franklin Roosevelt, a aparecer em um programa de televisão recomendando o produto. Ela doou o cachê de 35 mil dólares para as Nações Unidas. "Tenho muita vergonha daquele anúncio", declarou Ogilvy mais tarde, "porque explorei a inocência da sra. Roosevelt." Ela vendeu muita margarina, embora os telespectadores se lembrassem dela e não do produto.

No caso do Rinso, a segunda missão que ele recebeu da Lever, Ogilvy pisou na bola — duas vezes. A primeira foi no anúncio de uma revista que mostrou 16 manchas comuns (uma delas, segundo ela, era o seu próprio sangue) e como removê-las. Talvez a remoção das manchas tenha sido a estratégia errada; talvez o anúncio devesse ter passado na televisão; talvez nada tivesse salvado a marca já muito desgastada. As vendas permaneceram as mesmas. Ogilvy recorreu então a um embaraçoso jingle para apresentar um novo detergente sintético com o famoso nome do sabão Rinso: "Rinso Branco ou Rinso Azul? Sabão ou detergente — você decide!". O confuso consumidor foi ao supermercado e comprou Tide; a agência perdeu a conta do Rinso, a sua conta mais lucrativa.

Ogilvy teve a chance de se redimir com uma terceira incumbência que recebeu da Lever. Quando ele conheceu Dove, o produto ainda não tinha sido lançado. Este produto é exclusivo, explicou o cliente. Não é sabão, é um *detergente*. É a primeira "barra de beleza" neutra — nem ácida nem alcalina; essa é uma grande notícia. É assim que eu quero que você promova o produto. Naquela noite Ogilvy entrevistou algumas mulheres e expôs para elas a promessa "neutra". Elas ficaram indiferentes, como ele havia esperado. Ogilvy informou então o resultado ao cliente e pediu para ver a fórmula do produto. Um dos químicos iniciou uma longa dissertação sobre as propriedades dos componentes, entre os quais estava o ácido esteárico, o principal componente do cold cream.

Assim nasceu a maior ideia comercial de Ogilvy:

DOVE É UM QUARTO CREME DE LIMPEZA — LIMPA A SUA PELE ENQUANTO VOCÊ TOMA BANHO.

O primeiro anúncio em uma revista estava longe de ser sofisticado — uma mulher na banheira falando ao telefone: "Querido, estou tendo uma experiência fascinante... estou completamente envolvida por Dove". Mas a ideia básica de um quarto creme de limpeza proporcionando uma pele mais macia e menos seca do que se fosse lavada com sabão foi perspicaz e eficiente, além do que qualquer pessoa poderia imaginar. Ao longo dos anos, a campanha ajudou a tornar Dove a marca líder em limpeza corporal do mundo.

Quando a Lever comprou tempo no programa de televisão mais popular da época, *Have Gun, Will Travel** e o programa foi recomendando (apropriadamente) Dove, Ogilvy rejeitou a ideia peremptoriamente. "Não é possível vender Dove montado a cavalo."

Em 1953, a agência tinha 18 contas e estava classificada em 58º lugar entre as agências de publicidade nos Estados Unidos. Entre as novas contas estavam a do chá Tetley Tea e a dos pães e biscoitos da Pepperidge Farm, ambos também servidos na hora do chá no escritório de Ogilvy. Os anúncios da Tetley giravam em torno do efetivo provador de chá da Tetley, Albert Dimes. Se o presidente da Schweppes garantia autenticidade, por que o provador do chá não o faria para a Tetley? A campanha da Pepperidge Farm foi desenvolvida com base em uma ideia que Ogilvy afirmou ter tido em um sonho — um merceeiro entregando pães, bolos e biscoitos em uma carroça puxada a cavalo, uma volta aos seus dias com os *amish*. Outros redatores transformaram "Titus Moody", um personagem ianque da Nova Inglaterra do programa de rádio de Fred Allen, no porta-voz da Pepperidge. Titus, "Howdy, Ma'am" e a qualidade dos velhos tempos continuaram durante anos.

Pegar a conta da Rolls-Royce em 1960 — "contra a vontade dos meus sócios na época, que achavam que isso definiria para sempre a nossa reputação como sendo uma agência de elite sofisticada" — foi uma decisão arguta. Ogilvy a encarou como a oportunidade de produzir uma propaganda extraordinária e polir ainda mais a reputação da agência, fazendo "algo melhor do que Detroit jamais tinha feito".

---

* Uma das poucas séries do rádio nos Estados Unidos que alcançaram sucesso na televisão. Teve uma estreia tardia no Brasil na TV Bandeirantes, em meados dos anos 60, com o título *Paladino do Oeste*. (N. da T.)

Ogilvy passou três semanas conversando com engenheiros e lendo tudo o que havia a respeito do carro. Disse que escreveu mais de cem títulos e admitiu francamente que não inventou o que acabou escolhendo, tendo extraído a ideia de um artigo publicado vinte anos antes: "A 60 Milhas por Hora o Maior Ruído Neste Novo Rolls-Royce é o do Relógio Elétrico".* O título fez com que um austero engenheiro inglês comentasse: "Temos realmente que fazer alguma coisa com esse relógio". (Mais tarde Ogilvy foi informado de que o mesmo título havia sido usado em um anúncio de 1933 para o Pierce Arrow, e comunicou essa descoberta à Rolls-Royce.)

O seu texto longo e meticuloso estava repleto de fatos: "O carro recebe três demãos de tinta base, que é lixada à mão entre uma camada e outra, antes de receber nove camadas de tinta de acabamento". O Bentley, fabricado pela Rolls-Royce, porém com uma grade diferente, é alvo de um memorável e surpreendente adjetivo: "acanhado". O texto descreve ainda a pequena, porém importante diferença: "A não ser pelos radiadores, os automóveis são idênticos, fabricados pelos mesmos engenheiros com a mesma técnica. As pessoas que se sentem *acanhadas* com relação a dirigir um Rolls-Royce podem comprar um Bentley". O anúncio foi publicado apenas em dois jornais e duas revistas, mas recebeu mais elogios do que qualquer outro que a agência já produzira. O dirigente de agência, Leo Burnett, o considerou não apenas o melhor anúncio de carro como talvez o melhor anúncio de todos os tempos. As pessoas do setor conseguiam recitar textualmente parágrafos inteiros. O mais importante para Ogilvy é que "O anúncio vendeu tantos carros que não ousamos publicá-lo novamente. A produção do nosso cliente não é grande o bastante. Imaginem o que aconteceria se a Ford, a Chrysler ou a General Motors contratassem Ogilvy, Benson & Mather".

O ex-agricultor *amish* agora queria um Rolls-Royce para seu uso pessoal. Page lhe disse: "Esqueça. Simplesmente não temos dinheiro para comprar um maldito Rolls-Royce; além disso, quem iria dirigi-lo? Teríamos que pagar um motorista!". A vontade de Page prevaleceu até o dia em que ele tirou férias. "Quando voltei, me deparei com um Rolls-Royce na frente do escritório com um motorista. Era um carro usado, 1932 ou 1933. Um belo carro." A placa era OBM-2, para dar a ideia de que havia outro na empresa. O autor Peter Mayle, na ocasião redator de publicidade da agência, lembra-se

---

* O título hoje representa Ogilvy no *Oxford Book of Quotations*.

de um dia quente e úmido em que se arrastava pela Quinta Avenida a caminho do escritório quando um Rolls-Royce parou ao seu lado e Ogilvy pôs a cabeça para fora da janela. "Se você trabalhar muito e tiver muito sucesso, um dia poderá ir para o trabalho em um carro como este. Não se atrase." Dito isso, seguiu o seu caminho.

Anos depois, Ogilvy renunciou à conta, dando como motivo a pressão de concessionárias, como a Buick, para que fizesse a propaganda delas, o "escandaloso" serviço da companhia e a tendência dela de fabricar carros defeituosos. Ele lembrou à companhia que tinha feito milagres ao trabalhar com um orçamento microscópico... e declarou ainda que continuaria a dirigir o seu "magnífico" Fantasma Prateado.

A crescente fama e o sucesso da agência encorajaram Ogilvy a fazer o que havia muito desejava: forçar uma confrontação com Hewitt. Quando começaram, Ogilvy chamava Hewitt de gênio, e este achava que Ogilvy era o máximo. Agora, os dois brigavam o tempo todo. Ogilvy reclamava que Hewitt não estava trabalhando tanto quanto ele e que se dera conta de que o estilo e o temperamento deles eram irremediavelmente incompatíveis. Hewitt passava o tempo tomando martínis com clientes. Ogilvy tinha uma visão mais profissional da natureza dos negócios. Ameaçou se demitir várias vezes, perguntando aos outros executivos quem eles apoiariam em um confronto. Finalmente, Ogilvy simplesmente foi embora, frustrado, deixando que os outros resolvessem as coisas. A situação era complicada porque todo o lucro era proveniente de clientes de Hewitt e toda a glória e esperança da agência procedia de Ogilvy.

Os sócios ingleses vieram aos Estados Unidos para tentar uma reconciliação, mas acabaram chegando à conclusão de que teriam que fazer uma escolha. Apesar da sua insinuante e agradável personalidade, Hewitt nunca teve a menor chance. No fim da semana, a maioria dos proprietários apostou em Ogilvy. Hewitt proferiu um discurso emocional de partida, indo logo depois para a Kenyon & Eckhardt. A saída de Hewitt definiu a liderança, mas ele levou várias pessoas com ele e, como era de esperar, as contas da Sunoco e do Chase Bank. O racha causou um golpe nas finanças e na folha de pagamento. "Era incerto se iríamos sobreviver", declarou Ogilvy. "Eu não sabia se tudo iria virar fumaça." Mas a empresa continuou de pé, com o nome de Ogilvy, Benson & Mather.

Diante de uma persistente incerteza com relação a si mesmo e o futuro da sua agência, Ogilvy começou a fazer dois anos de psicanálise freudiana, algo que era elegante na década de 1950. "Todos os dias, durante anos, achei que [a agência] ia fracassar. Eu estava sempre apavorado. Lembro-me de ter dito um dia: se isto é o sucesso, que Deus me livre do fracasso." Quando o psiquiatra lhe disse que ele tinha um complexo anal e sugeriu, após algumas sessões, que talvez estivesse na hora de eles terem uma conversa a respeito da atitude de Ogilvy com relação ao sexo, este último exclamou: "Você não espera que eu fale a respeito disso com você, espera?". Em seguida, levantou-se e saiu porta afora com altivez.

Ogilvy não encontrou a cura no divã do psicanalista e sim no *trabalho*. Redobrou os seus esforços, trabalhando noite adentro e praticamente tempo integral nos fins de semana. Criando campanhas. Caçando novos negócios. E era trabalho o tempo todo. Raramente entretinha os clientes, dizendo-lhes que "dava um duro danado" tentando produzir uma boa propaganda, e que não poderia fazer isso e ao mesmo tempo levá-los ao teatro.

Ogilvy caminhava pelos corredores à noite, deixando bilhetes que diziam às pessoas para apagar as luzes e manter o escritório arrumado. ("Eu me sinto um pouco como um defensor da desobstrução das favelas que constrói um novo conjunto habitacional e descobre que os seus locatários guardam carvão nas novas banheiras.") Diante de um comentário que encontrou na sua própria mesa empilhada de papéis, "Mesa organizada, mente organizada?", Ogilvy pensou na reprimenda e respondeu: "Mesa estéril, mente estéril". Ele estimulava a sua equipe em memorandos: "Mirem mais alto. Concorram com os Imortais. Desbravem novos caminhos. Mergulhem na pesquisa. E nunca parem de vender".

Ele estava em toda parte, dando entrevistas e proferindo discursos — propondo uma Faculdade Nacional de Propaganda e Marketing, fazendo lobby contra outdoors, atacando os "profissionais ardilosos e propagadores do mau gosto". O seu mais importante discurso, dirigido à 4As em Chicago, em 1955, introduziu o conceito da imagem da marca no mundo do marketing. "Eu não inventei a imagem da marca. Eu a roubei", comentou Ogilvy. Ele extraiu a ideia de um artigo de autoria de Burleigh Gardner e Sidney Levy publicado na *Harvard Business Review* e o reescreveu com palavras arrebatadoras: *Todo anúncio faz parte do investimento a longo prazo na personalidade da marca.* O conceito não era inteiramente novo nos círculos publicitários, mas depois de dirigir a atenção para ele, Ogilvy foi apelidado de "apóstolo da imagem da marca", acabando por ingressar na linguagem em esferas muito distantes do marketing.

Ogilvy estava se tornando uma espécie de chefe de torcida de uma atividade que fora encarada por alguns como não sendo totalmente respeitável. "Quando Ogilvy fala sobre publicidade, ele confere à atividade uma dignidade que ela raramente desfrutou neste país", comentou a revista especializada *Madison Avenue.* "Ele a despoja da aura de falsidade, trapaça e discursos enganosos. 'Digam a verdade', é o que ele repete sem parar." A agência estava obtendo um número tão grande de contas novas, que Ogilvy podia se dar ao luxo de ser seletivo; ele recusou cinquenta clientes em 1957.

Nesse mesmo ano, *The Hidden Persuaders,* livro de autoria de Vance Packard, examinou a fundo as maneiras como a propaganda contorna a mente racional do consumidor. Ogilvy, afirma Packard, criou "um símbolo não racional extremamente bem-sucedido para uma marca obscura de camisa — um homem de bigode com um tapa-olho". O livro ficou famoso pelo conceito de que "muitos de nós estamos sendo influenciados e manipulados, muito mais do que imaginamos".

Por incrível que pareça, Ogilvy pareceu aceitar a ideia em um artigo que escreveu para a revista *Harper's Magazine,* "A Hidden Persuader Confesses".* A sua confissão, contudo, continha poucas coisas que ele havia ocultado. No artigo, Ogilvy "confessou" que tinha aprendido que vender é um assunto *sério* nos dias em que vendia de porta em porta.

> Tocamos a campainha. A dona de casa abre a porta — apenas uma fresta. Seguramos a porta com o pé e começamos a vender. Não ficamos parados ali cantando, porque ela acharia que somos lunáticos. Não ficamos na porta fazendo palhaçadas. Por esse motivo, evito hoje os comerciais musicais na televisão. Por esse motivo, nunca escrevo hoje textos humorísticos nos anúncios. Quando conversamos com a dona de casa em pessoa, como um ser humano, dizemos a ela o que o nosso produto faria por ela. O mesmo é válido para a propaganda.

---

* Tradução literal: "Confissões Ocultas de um Persuasor". (N. da T.)

A *Harper's* recusou o artigo; os clientes acreditaram na sua abordagem de vendas.

Apesar da sua reputação de gênio criativo, alguns achavam que o melhor anúncio que Ogilvy jamais escrevera não tinha sido o do tapa-olho da Hathaway e sim um anúncio "interno" para as agências intitulado "Como administrar uma agência de publicidade", apresentando princípios de liderança que se aplicam praticamente a qualquer negócio. Dez anos depois, as pessoas ainda solicitavam cópias do material. A maior meta de Ogilvy era criar uma instituição duradoura. Embora afirmasse que estudara todos os livros existentes sobre publicidade, não foi assim que ele aprendeu a administrar. Ele procurava as pessoas mais inteligentes e explorava o conhecimento delas.

"Na década de 1950, quatro homens estavam tentando independentemente desenvolver firmas de serviços profissionais associando a teoria à praticidade — Marvin Bower, da McKinsey; David Ogilvy; Leonard Spacek, da Arthur Andersen; e Gus Levy, da Goldman Sachs", escreve Elizabeth Edersheim Haas na sua biografia de Bower. "Eles almoçavam com frequência no The University Club e comparavam anotações sobre a sua ambição comum." Bower e Ogilvy eram particularmente próximos. Compartilhavam filosofias, falavam um do outro como exemplos inspiradores, estimulavam um ao outro para abrir novos caminhos e compartilhavam o "impulso infatigável de alcançar a excelência", declara Haas. "Tanto na McKinsey quanto na Ogilvy & Mather, todos, da sala da diretoria à sala da correspondência, sabiam e compreendiam quais eram os valores das firmas, qual era a sua missão e "como as coisas são feitas aqui".

Ogilvy assimilou os princípios de administração de Bower, admirando até mesmo o cuidado que ele tinha com a escrita. "Dizem que se você enviar um convite de casamento com letras em relevo para Bower, o homem forte da McKinsey, ele o devolverá — revisto." Uma dessas oportunidades surgiu quando Ogilvy fez uma minuta da sua declaração de propósitos para a agência, começando com "tenha um lucro cada vez maior a cada ano", e a enviou para Bower para que este fizesse comentários. "Marvin me deu uma enorme bronca. Disse que qualquer empresa de serviços que atribuísse mais prioridade aos lucros do que a servir os seus clientes merecia falir." Anos mais tarde,

Ogilvy ficou emocionado ao ser convidado para discursar diante dos sócios de McKinsey, e iniciou a palestra repetindo uma cantiga da sua juventude:

Quem toma conta da filha do porteiro
Quando o porteiro está ocupado tomando conta da portaria?
Sempre me perguntei quem os consultores de gestão consultam. Hoje eu sei.
Vocês consultam *a mim*.

Ogilvy levava muito a sério a atividade de aprender diretamente de Bower os princípios de como administrar uma organização de serviços profissional. Este último, por sua vez, passou várias sessões de treinamento aos sábados falando a respeito da filosofia de Ogilvy e como ela era semelhante à dele.

No fim da década, Ogilvy estava começando a desenvolver uma cultura corporativa, embora essa expressão ainda não estivesse na moda. Deslumbrado quando jovem pelo vermelho usado na casa chique da sua tia rica, Ogilvy adotou a cor para a agência, primeiro no seu escritório e depois em todos os corredores da empresa. "Ela parecia a Casa dos Lordes depois que visitávamos as instalações sombrias das outras agências", comentou um ex-redator de publicidade. A cultura era comunicada por meio de pequenos sinais, alguns captados em um livreto de boas-vindas para novos funcionários, que continha trechos sobre arrumação (nada em cima dos arquivos), costumes (escrever a expressão "por cento" em vez de usar o símbolo %) e cortesia (atenda você mesmo o seu telefone). Além disso, "Os clipes de papel normal são perigosos. Quando são usados para prender vários papéis, frequentemente pegam documentos que não deveriam estar ali. Os grampos ou os clipes de papel Bulldog são muito mais seguros e eficientes".

Ogilvy estava construindo a cultura tanto por meio do exemplo pessoal quanto por intermédio da filosofia. Em 1959, *Play of the Week,* um símbolo cultural da televisão, estava correndo o risco de ser cancelado. Exibido no Canal 13, a estação pública de Nova York, o programa oferecia um teatro de alta qualidade semana após semana — peças de O'Neill, Steinbeck, Sartre, apresentando grandes talentos. No entanto, como era de esperar, o seu índice de audiência era baixo, e os patrocinadores estavam caindo fora.

Ogilvy estava procurando uma oportunidade na televisão para a sua cliente Standard Oil (Nova Jersey), a segunda maior indústria do mundo, duplamente atraente porque era dirigida por Monroe (Mike) Rathbone, um amigo. Eles trabalhavam um com o outro. Agora tinham a chance de fazer uma coisa boa juntos. Rathbone queria um programa que refletisse o elevado padrão de Jersey e não estava a fim de dividir o espaço publicitário com anúncios de iogurtes, sutiãs e produtos para limpar dentaduras. Ogilvy concordou com ele e disse aos produtores do Canal 13 que achava que conseguiria encontrar uma empresa para patrocinar todo o programa — mas que ela teria que ser a *única* patrocinadora do programa.

O pessoal da agência e o do Canal 13 entraram em ação para tentar persuadir os poucos patrocinadores restantes a transferir os seus anúncios para outro programa ou simplesmente cancelá-los, para que *Play of the Week* pudesse continuar. Todas as empresas e agências aceitaram a proposta, com uma única exceção. A Lennen & Newell havia comprado dois espaços publicitários para a P. Lorillard Tobacco Company e se recusou a ceder, argumentando que tinham feito um bom negócio, que a sua única responsabilidade era com o seu cliente, e que exigiriam que o Canal 13 cumprisse o contrato.

Ogilvy interveio, telefonando para um dos executivos da Lennen & Newell que conhecia. Ele descreveu a história do projeto e apresentou todos os argumentos que lhe vieram à cabeça, fazendo inclusive um apelo ao espírito público: era "do interesse nacional" que *Play of the Week* sobrevivesse. O executivo respondeu que não iria interferir e desligou. O programa parecia condenado. Ogilvy ficou sentado por um momento, pegou o telefone e ligou novamente para o executivo da Lennen & Newell.

> "Vá falar imediatamente com o seu presidente. Diga a ele que a nossa agência pagará à Lennen & Newell toda a comissão oriunda do patrocínio de *Play of the Week* nos próximos dois anos. Estou aguardando a sua resposta."

Cinco minutos depois, o executivo telefonou para Ogilvy. "Aceitamos a sua proposta."

Desapareceram as declarações de que eles estavam representando os interesses do cliente da Lennen & Newell. Desapareceram os argumentos a respeito do valor dos espaços publicitários. Desapareceram os pretextos de manter a honra da agência. Mas *Play of the Week* sobreviveu, e o seu resgate foi notícia de primeira página no *The New York Times*. A revista *Life* declarou que, se houvesse uma Medalha do Congresso para os Negócios, ela deveria ser concedida à Standard Oil. O *New York Post* atribuiu o papel decisivo a Ogilvy, dizendo que a sua heroica salvação o "consagraria no coração do público letrado que com frequência é o alvo das suas flechas comerciais". O tom foi definido no alto.

Ogilvy desenvolveu uma tal reputação de integridade pessoal que o boletim informativo da indústria, *The Gallagher Report*, que tinha o hábito de atribuir apelidos aos líderes de agências que apareciam regularmente nas suas colunas, o aclamou "David, o Honesto".

O contato de Ogilvy com Bower e McKinsey reforçou o seu conceito de tornar a publicidade uma *profissão*, com princípios e um "corpo de conhecimento". Os princípios eram transmitidos em discursos e memorandos, institucionalizados em apresentações, enfatizados nos treinamentos e dramatizados em ornamentos peculiares como nas matrioscas, as bonecas russas, que os diretores encontraram nos seus lugares em uma das reuniões do conselho. Ao abrir as bonecas pintadas, uma dentro da outra, cada uma menor do que a anterior, todos os diretores encontraram a mesma mensagem em um pedaço de papel no interior da menor boneca:

> Se contratar pessoas que são menores do que você, nós nos tornaremos uma empresa de anões.
>
> Se contratar pessoas maiores do que você, nós nos tornaremos uma empresa de gigantes.

Contratem pessoas de peso, pessoas melhores do que vocês, exigiu Ogilvy. "Paguem a elas mais do que vocês ganham se necessário." As bonecas russas se tornaram parte da cultura da empresa.

O mesmo aconteceu com a inclinação de Ogilvy pela terminologia excêntrica. Os diretores regionais eram "barões". Os diretores de criação eram "chefes de sindicato". Estrelas luminosas com potencial de gestão eram "príncipes herdeiros" cuja carreira deveria ser desenvolvida. Na outra extremidade do espectro estavam os "parasitas", que não contribuíam com nada ou tinham passado do apogeu e precisavam ser eliminados para que a empresa pudesse continuar a prosperar. Eliminados pelos outros, não por Ogilvy, que era melhor na teoria do que na prática quando se tratava de eliminar qualquer parasita individual. Quando um desses parasitas foi nomeado para o conselho diretor (por insistência de Ogilvy), um dos diretores comentou: "Na Ogilvy, quando a música para, colocamos mais cadeiras".

Ele expediu uma diretiva para a contratação de "pessoas extremamente ambiciosas". "As pessoas altamente criativas não andam por aí procurando emprego; elas precisam ser escavadas como trufas, por porcos treinados. Os nossos porcos treinados fazem alguma escavação? Acho que não." Para promover a imagem do profissionalismo, Ogilvy se referia aos seus executivos como "sócios".

Seguindo o empenho de McKinsey de treinar o seu pessoal, Ogilvy usou a metáfora de um "hospital-escola".

> Os grandes hospitais fazem duas coisas: cuidam dos pacientes e treinam jovens médicos.
>
> A Ogilvy & Mather faz duas coisas: cuidamos dos clientes e treinamos jovens publicitários.
>
> A Ogilvy & Mather é o hospital-escola do mundo da propaganda. E, nessa condição, deve ser respeitada acima de todas as outras agências.

O treinamento tornou-se importante, para doutrinar *todo* mundo sobre as convicções da agência a respeito de como criar anúncios e tratar as pessoas. Eram criados programas em todos os níveis e disciplinas — novos funcionários, funcionários de nível intermediário, chefes de escritório, departamento de criação, mídia e assim por diante. Depois do nível inicial, o treinamento era considerado um *privilégio* e não uma obrigação — a pessoa tinha que obter uma boa avaliação para ser aceita nele. O próprio Ogilvy participava do maior número possível de programas de treinamento — desde que para isso não precisasse andar de avião. Ele flertava com a ideia de fundar uma escola de publicidade no nível de pós-graduação e propôs pagar cursos de publicidade em instituições como a Harvard Business School para os funcionários que desejassem frequentá-los.

Seguindo o conselho do seu avô banqueiro, Ogilvy adotou a política da J. P. Morgan de só fazer "negócios de primeira classe em um estilo de primeira classe" e com "cavalheiros inteligentes" como os princípios norteadores da sua agência.

Ogilvy também estava aprimorando a sua filosofia de publicidade.

O conteúdo é mais importante do que a técnica: "O que dizemos é mais importante do que a maneira como o dizemos". Lembrem-se da imagem da marca. Ofereçam ao leitor alguma recompensa em troca do tempo e da atenção dele. Coloquem o nome da marca no título. Nada de títulos idiotas que requerem que a pessoa leia o corpo do texto para entendê-los. Palavras que "vendem". "O que vocês mostram [na televisão] é mais importante do que o que vocês dizem." O mais importante de tudo: "A não ser que a sua campanha seja criada em torno de uma GRANDE IDEIA, ela será de segunda classe. Quando vocês decidirem o rumo da sua campanha, sigam-no resolutamente. Não contemporizem. Sejam fortes. Não façam rodeios. EMPENHEM-SE DE CORPO E ALMA".

Ogilvy havia criado uma equipe de peso com redatores e diretores de arte talentosos, atraídos pela sua cativante personalidade e pelo excelente trabalho da agência. No fim da década de 1950, ele estava redigindo pessoalmente poucos anúncios. "Durante um breve período da minha vida, talvez dez anos no máximo, estive perto de ser um gênio, mas depois o poço secou."

Dedicava a sua energia à busca de novos negócios. Via os seus funcionários como passarinhos famintos no ninho, esperando de bico aberto que ele deixasse cair uma minhoca.

Em uma apresentação para a KLM, diante de oito pessoas de cada lado, Ogilvy disse para os funcionários da sua agência: "Pessoal, podem ir para casa", defendeu sozinho a ideia, e conseguiu a conta. No caso da Rayon Manufacturers Association, que tinha concedido a cada agência exatamente 15 minutos para apresentar o seu argumento antes de tocar um sino, ele perguntou quantas das 12 pessoas presentes estariam envolvidas na decisão da agência. "Ora, todos nós", foi a resposta. "E quantas estarão envolvidas na aprovação da propaganda?" Os 12 membros da comissão, representando 12 fabricantes. "Toquem o sino", disse Ogilvy, e foi embora. A fim de fazer apresentações para a conta da Greyhound Bus, ele e Herb Strauss, da Grey, pegaram o trem para São Francisco — por que eles não foram de ônibus é outra questão. No segundo dia, não conseguiram aguentar o suspense e concordaram em mostrar um ao outro as respectivas campanhas. Antes da apresentação, Ogilvy telefonou para o gerente de publicidade da Greyhound. "Vi o trabalho de Herb. Conheço o meu. Ele merece ficar com a conta", declarou. Dito isso, voltou para Nova York.

Nada era deixado ao acaso. "Não se inclinem para trás. Inclinem-se para a frente." Ogilvy dava conselhos às pessoas sobre como deveriam se sentar quando ele estivesse fazendo uma apresentação. "Se o seu corpo estiver inclinado para a frente, vocês estão interessados. O fato de já terem ouvido antes duas vezes esta apresentação é irrelevante." Ele fazia listas de metas, enviava malas postais, cultivava dicas, investigava possíveis clientes, adaptava apresentações, preocupava-se com detalhes, humanizava as introduções dos seus executivos e apresentava o trabalho da agência como o ator que ele era, usando cada grama do seu charme.

Para conseguir uma missão da Armstrong Cork, o escocês cavou um convite da Donegal Society para falar no púlpito de uma antiga igreja presbiteriana perto da fábrica de Armstrong, sabendo que o seu presidente, Hening Prentice, estaria na congregação. Ogilvy exaltou as maravilhas da "Escócia, o meu país natal" e reconheceu o escocês Prentice, "um industrial que contribuiu muito para a prosperidade e a cultura do Condado de Lancaster". A agência conseguiu a conta da indústria de revestimento de teto, mas a perdeu alguns anos depois. "Você está aqui para nos dispensar", disse Ogilvy quando o portador das más notícias foi procurá-lo. "Você está certo. Não fizemos um bom trabalho."

Como nos primeiros dias, nem todo cliente precisava gerar dinheiro. Ele aceitou a conta de 60 mil dólares da Steuben Glass, sabendo que ela daria prejuízo, apresentando cinco razões: a companhia era uma das líderes da sua indústria, a agência não seria prejudicada se formasse "um portfólio de empresas de alto nível", a propaganda seria lida pelos chefes das corporações que compravam os produtos da Steuben para uso pessoal, a Steuben era subsidiária da Corning Glass (uma meta) e "o escritório da Steuben fica apenas a um quarteirão de distância do nosso".

À medida que foi crescendo, a agência se mudou duas vezes para instalações maiores: primeiro para a Madison Avenue, perto da Fifty-seventh Street, e depois, em 1954, para o número 589 da Quinta Avenida (conhecido pelo endereço da rua lateral, East Forty-eighth Street, 2).* O espaçoso escritório de Ogilvy, no nono andar, tinha janelas e um terraço externo ao longo de uma das paredes, um balcão e uma placa de cortiça (para expor anúncios) no lado oposto, e um banheiro privativo na lateral. Ele se sentava

---

* Onde permaneceu até 1989.

atrás de uma mesa grande, tradicional, no fundo da sala. Os visitantes tinham de atravessar um longo tapete vermelho para chegar até ele. Na extremidade mais próxima, em cima de um sofá de couro, havia um relógio de um Ato do Parlamento. Ogilvy gostava de contar como ele tinha recebido aquele nome: quando o Parlamento votou um imposto sobre relógios de pulso, os astutos escoceses retaliaram deixando de usar esse tipo de relógio e os prestativos estalajadeiros instalaram grandes relógios, livres de impostos, nas paredes dos pubs. "O meu maior problema é arranjar tempo para fazer tudo", disse ele. "O relógio está ali para lembrar aos visitantes que o tempo está passando e que eles precisam ir embora."

∽

Certo fim de semana em 1957, Ogilvy foi a uma festinha com Melinda e, em um ato caracteristicamente impulsivo, romântico, emocionante e impensado, foi embora no domingo com a mulher de outro homem. O seu casamento de 18 anos vinha se desintegrando, e agora Ogilvy estava novamente apaixonado. Um amigo comentou que David e Rosser Reeves tinham se casado com duas grandes damas do sul, e trataram mal a ambas. Ogilvy se divorciou de Melinda e se casou com Anne Cabot naquele mesmo ano. Melinda, que sempre o adorou, não voltou a se casar.

Anne Flint Cabot era bonita e inteligente; alguns se lembram da sua deslumbrante fotografia na revista *Life*. Ogilvy descreveu-a como uma típica moça americana. Dizer às pessoas que se casara com Anne Cabot não era exatamente correto, comentou um amigo. "Ele se casou com Anne Flint, que por acaso se casara com Tom Cabot. Mas ele gostava de que todo mundo pensasse que ele se casara com uma Cabot de Boston."

Os recém-casados Ogilvys se mudaram para Nova York com os três filhos pequenos de Anne, comprando uma casa de arenito pardo remodelada na East Eighty-fourth Street, 521, perto de Gracie Square, a alguns passos da Chapin School, onde as filhas de Anne seriam matriculadas. A casa de três andares era mobiliada com antiguidades inglesas e portuguesas. Anne cozinhava muito bem, e o casal recebia em uma grande cozinha do tipo francesa (a casa não tinha sala de jantar) que dava para um pequeno quintal. Belas panelas de cobre guarneciam as despojadas paredes de tijolos. "Você deixa a sua mulher cozinhar?", perguntou abismada Helena Rubinstein, sua cliente, quando foi convidada para jantar.

Depois do jantar, os convidados iam para a sala de estar, com alguns sentados na escada, para assistir ao filme predileto de Ogilvy, *The 20th Century* — um documentário narrado pelo seu vizinho Walter Cronkite, com cenas sobre Sarah Bernhardt, o imperador Franz Joseph, Rodin e Renoir. Ogilvy passou o filme tantas vezes que este acabou se gastando.

Cronkite morava na casa ao lado e disse que frequentemente ouvia ruídos na parede contígua quando estava tentando ler. Pequenas batidas, como se causadas por um animal pequeno, mas não conseguia determinar a sua origem e nunca viu nenhum camundongo. Na primeira noite em que ele e a esposa foram convidados para jantar, Ogilvy bateu levemente o cachimbo no consolo da lareira para retirar as cinzas. "Foi uma revelação", declarou Cronkite. "Compreendi que o barulho não era de um animal — a não ser que o consideremos um."

Ogilvy disse que ia a pé para o trabalho todos os dias, percorrendo 36 quarteirões, em parte através do Central Park. Bem, talvez não todos os dias. Cronktie ficava na janela com as cortinas fechadas. Quando via Ogilvy sair, ele aparecia na esperança de que o vizinho lhe oferecesse uma carona no Rolls-Royce. "Nem sempre dava certo, e acho que depois de algum tempo ele percebeu a minha artimanha, mas consegui andar naquele carro magnífico. Fiquei muito impressionado".

Depois do seu ímpeto inicial de criatividade, Ogilvy passou a chamar a si mesmo de "vulcão extinto". Ele podia não estar em erupção, mas ainda desprendia bastante calor. Continuou a trabalhar muito, levando para casa duas pastas cheias de papéis e documentos. Frequentemente saía do teatro entre os atos e voltava para o escritório, deixando que Anne voltasse sozinha para casa. "Anne costumava ficar furiosa", relembra um colega. Outro diz o seguinte: "Ele era muito irritadiço, muito centrado e completamente obcecado por uma coisa: esta agência de publicidade."

Tudo o que fazia era para obter reconhecimento, fama ou pelo sentimento de realização? "Muitas das maiores realizações humanas têm sido inspiradas pelo desejo de ganhar dinheiro", comentou Ogilvy. "Se os alunos de graduação de Oxford fossem pagos para fazer os seus trabalhos, eu teria realizado milagres de erudição. Foi somente quando senti o gosto do lucro na Madison Avenue que comecei a trabalhar a sério." Administrava uma equipe de 120 pessoas, participava de seis reuniões por dia, ocasionalmente redigia um texto ("uma tarefa lenta e laboriosa") e ficava à disposição de 18 clientes problemáticos. "Trabalho das nove da manhã à meia-noite, sete dias por semana", escreveu. "Não tenho tempo nem energia para qualquer atividade privada. Há cinco anos não leio um livro, não vou a concertos, não frequento festas nem escrevo para um parente."

No fim da década de 1950, quando estava no final da casa dos 40 anos, Ogilvy havia tido a maioria do que mais tarde consideraria as suas Grandes Ideias, que ele definiu como campanhas que duraram vinte anos ou mais, como a da Hathaway, a da Pepperidge Farm e a da Dove. Uma das suas favoritas só foi publicada uma vez: "PERDIDO: MEU CACHORRO TEDDY. Ele se parece com Lassie". A publicidade — ela atraiu jornais distantes, como na América Latina — foi incrível. Ele a chamou de uma Grande Ideia, já que trouxe o seu cachorro de volta.

De todas as suas ideias, a maior, ou pelo menos a mais absurda, foi a ideia de que ele poderia administrar uma agência de publicidade nos Estados Unidos. Aqui, Ogilvy descreve a si mesmo na ocasião em que fundou a agência:

Ele tem 38 anos e está desempregado. Abandonou a faculdade. Foi cozinheiro, vendedor e diplomata. Não sabe nada a respeito de marketing e nunca escreveu uma matéria. Alega estar interessado na carreira de publicitário e está preparado para trabalhar por 5 mil dólares por ano. Duvido que alguma agência americana vá contratá-lo.

Moral da história: "Às vezes compensa para uma agência ser imaginativa e pouco ortodoxa na hora de fazer contratações".

CAPÍTULO 8

Os Reis Filósofos

Somente um punhado de líderes do setor publicitário tiveram uma visão do seu negócio ampla o bastante e suficientemente articulada para ser chamada de filosofia. No início da década de 60, Ogilvy já estava na periferia desse pequeno grupo, que na ocasião compreendia Rosser Reeves, Leo Burnett e Bill Bernbach, mas ele logo se tornaria um membro pleno do grupo.

Na primavera de 1962, Ogilvy disse à sua equipe que planejava passar grande parte do verão em uma cabana que alugara em Ipswich, na costa norte de Massachusetts. Afirmou que a sua rotina diária agitada em Nova York lhe deixava muito pouco tempo para refletir a respeito do desenvolvimento da agência. O que Ogilvy não revelou inicialmente era que tinha decidido escrever um livro. Ele usaria esse período de licença para colocar no papel tudo o que aprendera a respeito da publicidade: "um compêndio amenizado por relatos de casos e episódios interessantes". Não estava começando do zero. Havia algum tempo, ele vinha expondo as suas ideias em memorandos para a equipe, discursos e palestras. Esse volume seria uma exposição completa da sua filosofia a respeito da publicidade.

Embora 12 editoras a quem ele mencionou a ideia tivessem demonstrado interesse, Ogilvy achou que o livro talvez só fosse vender 4 mil exemplares. Encarando-o mais como uma maneira de atrair novos clientes do que como um negócio rendoso por si só, cedeu os direitos autorais ao filho como presente de aniversário quando ele completou 21 anos. Durante seis semanas, naquele verão, Ogilvy passou dias na praia, voltando para casa às quatro horas da tarde e escrevendo até a hora de dormir. Ele enviava o rascunho dos capítulos a colegas em Nova York para que criticassem.

A agência havia prosperado nos anos anteriores, ao mesmo tempo que a reputação de Ogilvy aumentara vertiginosamente. Ele se tornara diretor da Filarmônica de Nova York, onde Leonard Bernstein estava fazendo um grande sucesso. John D. Rockefeller III o convidou para chefiar o Public Participation Committee do Lincoln Center, na ocasião em construção. Ele acrescentou o Brook to The Century à sua lista de clubes em Nova York. Os seus anúncios do Rolls-Royce e da Hathaway foram incluídos no *The 100 Greatest Advertisements 1852-1958*, a compilação feita por Julian Watkins dos clássicos da propaganda durante o século passado. Ogilvy foi relacionado entre dez "supervendedores", ao lado de Albert Fuller, das famosas escovas Fuller, Thomas Watson, da IBM e Charles Revson, da Revlon. Ele renunciara à conta Rubinstein, mas esta foi mais do que substituída pela International Paper, pela Standard Oil de Nova Jersey, pela Sears Roebuck, pela KLM Royal Dutch Airlines e por três contas que mudariam a agência: a da General Foods, a da Shell e a do American Express.

A publicação de *Confessions of an Advertising Man* em 1963 adicionou uma nova dimensão ao sucesso de Ogilvy. As vendas fizeram com que seis edições fossem publicadas em seis meses e colocou o livro na lista de *best-sellers* da revista *Time*. O livro era uma mistura de leitura extremamente fácil de história pessoal, filosofia da publicidade e princípios de administração, e retratava uma atividade civilizada que era ao mesmo tempo exuberante e profissional.

Quando um executivo da agência de Raymond Rubicam lhe perguntou por que nunca escrevera um livro, ele replicou: "David Ogilvy pegou tudo o que existe e colocou no seu livro". Rubicam foi um dos que contribuíram com um elogio no livro ("Este livro o deixará ao mesmo tempo inspirado e exasperado, mas jamais entediado") e disse a Ogilvy: "Você é Claude Hopkins enriquecido com um intelecto e uma educação em Oxford, e provavelmente vai desbancar Claude como o autor clássico de manuais práticos na área". Ele também repreendeu Ogilvy por não ter reconhecido e mencionado o trabalho pioneiro de Y&R com Gallup, trabalho do qual "você se apropria tão liberalmente".

Depois de descrever Ogilvy como tendo atingido a Madison Avenue "como um regimento de Hussardos Reais" com *Confessions*, declarou a revista especializada *Printer's Ink*, ele ainda ficou aquém de outros autores: "Com o seu livro, David Ogilvy contribui tanto para a publicidade quanto Elizabeth Taylor contribui para Londres. Essa tentativa de se colocar em capas duras ao lado de Albert Lasker e James Webb não conseguiu o resultado pretendido". Young, que era um experiente redator de publicidade da J. Walter Thompson, divergiu de Ogilvy: "Aprovei tudo o que você disse, exceto o que falou sobre a remuneração da agência. Eu poderia citar vinte coisas que você mencionou com as quais eu concordo". Em uma análise crítica, Ogilvy aparece como "um dos mais encantadores canalhas da literatura".

Leo Burnett chamou o livro de "estimulante, gratificante, brilhante, agradável... um grande livro, à sua maneira". Reeves chamou-o de "extremamente culto, exuberante e repleto de sabedoria publicitária". De acordo com Gallup, foi "o melhor livro que jamais seria escrito sobre a publicidade e a profissão de publicitário". O relações-públicas Ben Sonnenberg o considerarou "repleto de discernimento e narrativas interessantes, com muitas histórias encantadoras dos tempos de escola". Rebecca West, prima de Ogilvy, misteriosamente comparou o livro com a alegria de "nadar prodigiosamente no Helesponto". O diretor do U.S. Travel Service (um cliente) enviou o seu exemplar para o presidente John F. Kennedy. Charlie Brower, chefe da BBDO, apresentou a sua bem característica interpretação: "Você ajuda a conferir à publicidade a ilusão de maturidade".

Apesar do título, o volume contém poucas confissões efetivas, em contraposição a outras Confissões publicadas anteriormente, entre elas a de Santo Agostinho, no século XIV, e a *Confessions of an English Opium-Eater*, de Thomas De Quincy, no século XIX. Mas como o livro continha um número suficiente de informações interessantes, poucos leitores se sentiram enganados. A Amazon tem hoje uma lista de 145 mil títulos com a palavra "Confessions", entre eles *Confessions of an Economic Hit Man, Confessions of an Ugly Stepsister* e *Confessions of a Shopaholic*. Eis o que Ogilvy disse para uma mulher que pretendia copiar a sua ideia do título: "Minha cara, no mundo da publicidade, a palavra *confissões* me pertence". Um colega comentou com Ogilvy que encontrara o título em uma livraria parisiense, na seção de livros eróticos, ao lado de *The Story of O*. "Muito podemos lucrar com um título", replicou o autor.

O livro contém capítulos sobre como administrar uma agência, conseguir clientes, criar campanhas e até mesmo como chegar ao topo. Muitas das lições são extraídas da experiência pessoal de Ogilvy; ele escreve que administrar uma agência de publicidade é "como administrar qualquer outro tipo de organização criativa — um laboratório de pesquisas, uma revista, o escritório de um arquiteto, uma grande cozinha", referindo-se ao período que passou no Hotel Majestic.

Apesar de alguns dos exemplos de propaganda serem um pouco antiquados, quase mais nada parece velho. O que faz o livro perdurar (ele ainda vende) é a capacidade de Ogilvy de destilar a experiência, transformá-la em princípios e apresentá-los em aforismos sagazes e memoráveis.

> Não podemos entediar as pessoas a ponto de fazer com que comprem o nosso produto.
>
> Os comitês podem criticar a propaganda, mas não podem criá-las.
>
> Não há lugar na publicidade para concessões. Independentemente do que você fizer, faça-o por completo.

E este é o mais citado de todos:

> O consumidor não é idiota. Ele é a sua mulher. Não insulte a inteligência dela.

O capítulo final se baseia na ideia da "minha irmã mais velha [Kythé], socialista", cuja sugestão é de que a publicidade fosse abolida. Ogilvy defende a sua profissão, mas concorda que grande parte da propaganda, particularmente na televisão, é vulgar e enfadonha, o que, aos seus olhos, é uma grande ofensa. Ele conclui dizendo: "Não, minha querida irmã, a publicidade não deve ser abolida. Mas precisa ser reformulada".

Confessions tornou Ogilvy uma figura *pública*, elevando-o além da comunidade publicitária para o leitor em geral. Na condição de o maior *best-seller* de publicidade de todos os tempos, tendo vendido mais de 1,5 milhão de exemplares, ele continua a ser o único livro sobre publicidade que muitas pessoas já leram. Tornou-se um clássico nas escolas de administração, formando a opinião de milhares de estudantes e atraindo alguns para uma carreira na área da publicidade. Além disso, deu origem a muitos novos negócios para a agência.

O triunfo de *Confessions* fez com que Ogilvy se elevasse acima de quase todos os seus colegas e passasse a fazer parte do pequeno grupo de líderes da área de publicidade, um pouco como os reis filósofos descritos por Platão: pensadores e ao mesmo tempo praticantes, que comandavam com visão e discernimento. Esses líderes contribuíam para o entendimento dos negócios, delineavam como deveriam ser conduzidos — e atraíam seguidores.

Os quatro contemporâneos seus que se encaixam nesse modelo — Rosser Reeves, Leo Burnett, Bill Bernbach e Ogilvy — eram redatores de publicidade. Cada um tinha uma filosofia própria a respeito do que constitui uma boa publicidade. Essas filosofias, que diferiam entre si de muitas maneiras, coincidiam em outras, e governavam a produção das respectivas agências, as quais prosperaram baseadas nos princípios do seu líder.

Rosser Reeves era conhecido por continuar a transmitir uma mensagem muito tempo depois de a maioria das pessoas considerá-la desgastada. Uma das histórias favoritas da Madison Avenue é sobre um cliente que comentou que a agência não tinha mudado o comercial em cinco anos, e se perguntava o que as 120 pessoas que trabalhavam na sua conta estavam fazendo. "Impedindo que você mude o seu anúncio", respondeu Reeves. A campanha mais famosa de Reeves foi descrita na introdução de um perfil de 23 páginas na revista *The New Yorker*.

> Martelos batendo horrivelmente dentro do cérebro, relâmpagos irregulares golpeando o mesencéfalo — essas eram as imagens aterrorizantes que lampejavam diante dos olhos de todos os que assistiam à televisão na década de 50 e no início da de 60. As aparições eram impressas na mente de milhões de telespectadores no interesse dos fabricantes do Anacin* no auge da era dos comerciais agressivos, uma forma de arte que já foi poderosa na televisão.

Dizia-se que os comerciais do Anacin eram tão estridentes e interminavelmente repetidos que o telespectador provavelmente ficava com dor de cabeça ao vê-los. "E qualquer comercial que tem a capacidade de provocar o

---

* Remédio para dor de cabeça cujos ingredientes ativos são a aspirina e a cafeína. (N. da T.)

sofrimento que o produto que anuncia supostamente alivia é o suprassumo do comercial agressivo", concluiu o autor do artigo, Thomas Whiteside, que mencionou ter sido regalado por Reeves com outras "evocações de ataques bem-sucedidos contra o sistema nervoso dos consumidores".

Dois anos antes de *Confessions*, Reeves havia publicado *Reality in Advertising*. O livro tornou-se famoso nos círculos publicitários por defender a U.S.P.* — a proposição única de venda: "Cada anúncio tem que fazer uma proposição ao consumidor. Precisa ser uma proposição que a concorrência não possa oferecer ou não ofereça. Precisa ser forte para poder encaminhar os milhões da massa para o seu produto". A propaganda produzida pela Bates podia ser muito agressiva; assisti-la repetidamente intensificava essa característica. Reeves era conhecido por explicar a sua filosofia aos clientes na forma de uma pergunta: "Você quer ser rico, ou quer que gostem de você?". Ele descrevia descaradamente os comerciais do Anacin como os mais detestados da história da propaganda.

Reeves era "o teórico mais influente no que tange à maneira como a propaganda funcionava nos anos 1950", escreve Stephen Fox em *The Mirror Makers*. Reeves entrou para a Bates como redator de publicidade e chegou a presidente do conselho, transformando a agência na quarta maior do mundo. Ele atingiu o auge em 1948, no mesmo ano em que Ogilvy fundou a sua agência. Ao reconhecer que a televisão, prestes a se tornar o veículo dominante da propaganda, podia fazer o que o rádio não podia, Reeves *mostrava* o ácido estomacal abrindo buracos em lenços para a Rolaids, jogava bolas de beisebol contra um escudo límpido para o Colgate Dental Cream com Gardol, mostrava bestas lançando canetas esferográficas para as canetas Bic e aprisionava alcatrão e nicotina no filtro de cigarro Viceroy. Ele usou o novo veículo de uma maneira nova. Nos primeiros anos dos comerciais da televisão, os anunciantes patrocinavam programas inteiros como *The Jack Benny Show*, como costumavam fazer no rádio. Bates foi o pioneiro dos comerciais de 30 e 60 segundos ("espaços" no jargão da indústria) nos intervalos *entre* os programas, tornando-se conhecida como a "a agência dos espaços".

O relacionamento de Ogilvy e Reeves era complexo. Eles foram, em ocasiões distintas, discípulo e mentor, concorrentes, amigos e, embora não tenham se tornado inimigos, se afastaram quando Ogilvy se divorciou da

---

* Unique selling proposition. (N. da T.)

cunhada de Reeves. Alguns especularam que Ogilvy teria escrito *Confessions* para competir com *Reality in Advertising*. A rivalidade entre eles foi a público em um jantar de entrega de prêmios. Dizendo às pessoas que iria eclipsar Ogilvy, Reeves passou uma semana no resort Half Moon, na Jamaica, e voltou com um belo bronzeado, que ele realçou vestindo um smoking branco. Quando lhe perguntaram na manhã seguinte como tinha sido o jantar, "Você sabe o que aquele escocês filho da puta fez?", exclamou Reeves. "Ele foi vestido com um kilt."

Ogilvy sempre reconheceu a sua dívida para com Reeves, colocando-o em uma recomendação "em uma linha direta de sucessão apostólica" de Claude Hopkins: "Em 1938 você me presenteou com um exemplar datilografado do livro de Hopkins, o que mudou a minha vida. Sei o livro de cor. Todos os anos dou vinte exemplares dele para escritores profissionais. Eles nunca entendem". Ogilvy comentou que ele e Reeves tinham o mesmo santo padroeiro (Hopkins), a mesma bíblia (*Scientific Advertising*, de Hopkins) e pertenciam à "mesma igreja verdadeira, ainda que o seu estilo de propaganda deixe um pouco a desejar". Ogilvy recusou um convite para debater com Reeves em "Hard Sell vs. Product Image",* alegando que eles não discordavam com relação aos princípios básicos da publicidade. "Nem sempre empregamos as mesmas técnicas visuais, mas as diferenças nessa área marginal não são importantes quando se trata de avaliar as vendas."

As respectivas listas de clientes exerceram uma profunda influência na propaganda que criavam. Na década de 1950, a Bates trabalhava principalmente para produtos de consumo embalados, como Anacin e Colgate; Ogilvy criou inicialmente uma lista de clientes baseada na imagem, que incluía a Hathaway, a Schweppes, a British Travel e Porto Rico. Reeves "me ensinou mais a respeito de publicidade do que qualquer pessoa que conheço", declarou Ogilvy. "Pena que eu não pude ensinar nada a ele." Reeves replicou: "Se algum dia decidirmos abandonar os produtos embalados e passar a fazer a propaganda de artigos de luxo, ficarei feliz em me sentar aos pés de Ogilvy e ouvir". Quando um jornal do ramo mencionou que Ogilvy tinha dito que o humor poderia vender, Reeves enviou um telegrama para ele: "VOCÊ ESTÁ GAGÁ?".

---

* A Venda Agressiva vs. a Imagem do Produto. (N. da T.)

"Se o modelo de Rosser Reeves a respeito de como a propaganda funciona fosse verdadeiro", acredita Jeremy Bullmore, que dirigiu a J. Walter Thompson no Reino Unido, "a Hathaway não teria vendido uma única camisa. Porque não há argumentações, nada é repetido." Um redator de publicidade que trabalhou com os dois homens diz que a diferença fundamental entre eles era filosófica. "Ogilvy acreditava que o consumidor não é um idiota, ele é a sua mulher. Reeves acreditava que ela não é a sua mulher, ela é idiota."

Ogilvy em si não fazia essas distinções artificiais. Em um depoimento gravado feito quando Reeves foi eleito para o Advertising Hall of Fame em 1993, ele conferiu o devido mérito ao seu primeiro mentor:

> Rosser me ensinou que a finalidade da propaganda é vender o produto. E ele me ensinou a vender. Algumas pessoas dirão que Rosser e eu éramos rivais, até mesmo inimigos. Fui discípulo dele. Deus o abençoe, querido Rosser. Você me ensinou o meu ofício.

~

Na década de 50, quando fumar cigarro e a propaganda de cigarros eram aceitáveis, Leo Burnett criou o que algumas pessoas criativas consideram a maior campanha publicitária do século XX. Quando Burnett recebeu da Philip Morris a incumbência de ampliar o interesse pelos cigarros Marlboro, eles tinham sido até então comercializados apenas para mulheres, tendo até mesmo o filtro vermelho (para que a marca do batom não aparecesse). Burnett realizou uma pesquisa e chegou à surpreendente conclusão: vamos transformar esse cigarro feminino em uma marca masculina. A primeira expressão da sua estratégia foi uma série de "homens de verdade" com o antebraço tatuado. Essa imagem masculina foi logo substituída pelo supremo símbolo da masculinidade: o caubói das planícies do Oeste.

Quando a propaganda do "Marlboro Man" ocorreu em nível nacional em 1955, as vendas tinham aumentado em 3.000%, atingindo 5 bilhões de dólares. Em 1957, as vendas foram de 20 bilhões, embora o primeiro artigo a respeito do vínculo com o câncer de pulmão tivesse sido publicado no *Reader's Digest*. Em 1964, o caubói se mudou para um mítico "Marlboro Country". Depois que os anúncios de cigarro foram banidos da televisão em

1971, a campanha impressa mostrando caubóis fumando montados a cavalo ajudou a tornar Marlboro a marca número um do mundo.

Burnett, o chefe da maior agência a oeste do rio Hudson, tinha orgulho de dizer que era um "homem rústico" e se vangloriava de não ter sido criado na cidade grande. Ele trabalhara como repórter em Peoria e como gerente de publicidade para a Cadillac em Detroit antes de abrir a sua agência em Chicago em plena depressão da década de trinta. As suas opiniões a respeito do setor foram reunidas em vários livros impressos privadamente, e um deles tinha o título de *Communications of an Advertising Man*.

Burnett e a sua agência pertenciam ao coração dos Estados Unidos. Chicago *é* o Meio-Oeste, escreveu Burnett. "As suas fileiras criadoras de anúncios estão repletas de pessoas cuja cabeça está tomada por opiniões e valores das pradarias e cidades pequenas... a nossa distribuição rural, a nossa postura ágil e a nossa perspectiva realista [torna] fácil para nós criar anúncios que falam diretamente à maioria dos americanos... Gosto de imaginar que os redatores de publicidade de Chicago cospem nas mãos antes de pegar os grandes lápis pretos." Um ex-funcionário chamou isso de "redação publicitária de rebocador", que toca os mais profundos sentimentos e emoções dos consumidores.

Burnett se envolvia totalmente com a propaganda da sua agência, examinando todos os textos. Frequentemente acordava às cinco horas da manhã e trabalhava durante duas horas antes de tomar café. Diziam que ele trabalhava vinte horas por dia, sete dias por semana, 365 dias por ano: "Ele descansa na manhã de Natal". Burnett era um absoluto defensor da qualidade. Ao analisar uma nova campanha para o Joy Light Duty Detergent que mostrava um homem corpulento com as mãos na britadeira, Burnett rejeitou "aquela maldita britadeira" como supérflua e irrelevante. "Nada deste anúncio sairá desta agência." Quando o gerente da conta ressaltou que os anúncios estavam atrasados e que a agência talvez perdesse o negócio, Burnett declarou: "Tudo bem. Prefiro perder a conta a publicar este anúncio".

Ele era um homem muito pouco atraente — baixo, andava desarrumado, geralmente com um cigarro pendurado na boca e as cinzas caindo na camisa. Alguns achavam que parecia um hidrante. Um lábio inferior protuberante no rosto borrachento expressava os seus sentimentos a respeito de um assunto; o seu pessoal se referia a ele como IPL, ou índice de protuberância labial.

Um ex-aluno diz que trabalhar com Burnett era como entrar para a Associação de Ex-Alunos da Northwestern University: todos os caras eram de Chicago. Leo costumava falar em um tom jocoso a respeito dos nova-iorquinos ou "a busca pela proposição única de venda ou o que quer que você queira chamá-la". A personalidade prática da agência era captada em cestas de maçãs colocadas em todas as mesas de recepção de Burnett como um sinal de hospitalidade e cordialidade.

Burnett gostava de conferir aos produtos uma personalidade e um caráter — em muitos casos, o caráter de animais ("criaturas", como vieram a ser conhecidos no setor). Tony, o Tigre, bramia que os cereais da Kellogg's eram magníficos. Charlie, o Atum, esperava ser pescado mas "não era bom o bastante" para Star-Kist. O Pillsbury Dough-Boy era macio, fofinho e fresco. O Jolly Green Giant vendia tão bem ervilha e milho-verde em lata que a empresa mudou o nome de Minnesota Canning Company para Green Giant Company. As pessoas que viajavam voavam no "Céu Amigo" da United Airlines.

Burnett deixou clara a maneira como se sentia com relação à sua atividade em uma lendária palestra que proferiu em uma reunião com a equipe. "Quando Tirar o Meu Nome da Porta" começava assim:

Num futuro próximo, quando eu finalmente deixar a empresa, vocês — ou os seus sucessores — talvez queiram tirar também o meu *nome* da empresa... Certamente nada terei a opor quanto isso, se for bom para vocês. Mas quero lhes dizer quando eu talvez *exija* que vocês tirem o meu nome da porta. Isso acontecerá no dia em que vocês passarem mais tempo tentando ganhar dinheiro e *menos* tempo criando anúncios — o nosso tipo de anúncios.

Essa palestra celebrou o prazer de criar anúncios, a paixão de se sair bem, as virtudes do "trabalho bom, árduo e maravilhoso", e em seguida advertiu contra crescer "apenas para ser grande". Se isso vier a acontecer, afirmou, ele *insistiria* em que tirassem o nome dele da porta, e "jogaria essas malditas maçãs no poço dos elevadores".

O contraste físico entre o desalinhado Burnett e o elegante Ogilvy não poderia ser maior — ou menos importante. A afinidade profissional deles era enorme. Os dois homens formavam uma sociedade de admiração mútua, na qual trocavam elogios e enviavam um para o outro declarações dos seus princípios. Em 1954, apenas seis anos depois de Ogilvy iniciar as suas atividades, Burnett propôs uma fusão com a jovem agência de Ogilvy em Nova York. Este último considerou a ideia excelente, dizendo aos seus sócios em Londres que o trabalho criativo de Burnett pertencia a uma classe única. Devido a conflitos relacionados com clientes e problemas com a estrutura acionária inglesa, a união não se realizou, mas os homens permaneceram em contato.

Eles falavam a mesma língua, com diferentes sotaques. Ambos se concentravam nas vendas em vez de nos prêmios de criação da indústria. Burnett tinha o seu próprio Prêmio do Lápis Preto para vendas, cujo nome derivava dos seus lápis grossos com grafite preta. No fim da década de 1960, Ogilvy instituiu um prêmio em dinheiro para a campanha que mais se esforçasse para aumentar as vendas do cliente. Os dois homens eram intensamente leais aos produtos dos seus clientes. Em uma reunião fora da agência, Burnett, que era hipoglicêmico, entrou em choque e precisou desesperadamente de uma infusão de açúcar. Alguém mencionou que havia uma máquina automática no corredor. Burnett disse: "Pegue alguma coisa da Nestlé".

Na data em que Burnett completaria cem anos, em 1991, Ogilvy fez um enorme reconhecimento de mérito para um livro comemorativo: "As duas agências que eu mais admirava são a Young & Rubicam e Leo Burnett. Leo faleceu há vinte anos, mas ainda não se aposentou. A sua influência na agência que ele fundou ainda é predominante". Em seguida, Ogilvy acrescentou: "É por esse motivo que ela é hoje a melhor agência", desconsiderando o potencial da última frase para ser usada competitivamente contra a sua própria empresa. A administração da Burnett, em um gesto elegante, eliminou essa linha, mas ficou feliz em manter a explicação de Ogilvy do motivo pelo qual recusara o convite da fusão feito anteriormente: ele achava que nunca poderia estar à altura dos padrões de trabalho árduo do seu fundador. Também foi mantida a lembrança de Ogilvy do prazer que sentiu quando soube que Burnett tinha dito ao *Chicago Tribune* que "éramos a única agência que pertencia à 'escola de Chicago' — o que era o maior elogio que ele poderia fazer".

Em 1957, Bill Bernbach lançou um audacioso anúncio novo para a loja de departamentos Ohrbach's em Nova York. O anúncio foi publicado uma única vez, mas a sua novidade foi tão impressionante que as pessoas do setor o prenderam nas paredes. Em um anúncio de página inteira nos jornais, a ilustração mostrava uma gata vestindo um chapéu de mulher com um laço em cima, piteira na boca, olhando convencida para o leitor e ronronando no título: "Descobri tudo sobre Joan". O texto expunha o segredo de Joan: "Pelo jeito como ela fala, você diria que ela está em *Who's Who*.* Bem! Descobri a verdade sobre *ela*". O que o leitor vem a saber é que Joan se veste com visom e vestidos parisienses que comprou por um preço incrivelmente baixo na Ohrbach's.

Assim como Ogilvy focalizou mais a atenção no homem que vestia a camisa Hathaway do que na camisa em si, Bernbach se concentrou na cliente da Ohrbach's em vez de na loja. A imagem de uma consumidora sofisticada, e não apenas os preços baixos da loja, diferenciara a propaganda do slogan da Macy's: "Ser econômico é ser inteligente". Outro anúncio mostrou um homem carregando uma mulher debaixo do braço, com o título: "TRANSAÇÃO LIBERAL. Traga a sua mulher e apenas alguns dólares... e lhe entregaremos uma nova mulher". Com um orçamento equivalente a um trigésimo do da Macy's, a Ohrbach's parecia igual a ela na visibilidade e no impacto causado. "Quando adequadamente praticada", pregava Bernbach, "a criatividade pode fazer o trabalho de dez."

Bernbach estava trabalhando na Grey, uma agência de médio porte de Nova York, quando a Ohrbach's retirou a conta. Tendo a Ohrbach's como o seu primeiro cliente, ele abriu a sua própria agência em 1949 com Ned Doyle (responsável pelos clientes) e Maxwell Dane (administração). A Doyle Dane Bernbach, fundada mais ou menos na mesma época que a firma de Ogilvy, tornou-se uma marca de criatividade na publicidade da época, produzindo um trabalho cativante frequentemente descrito como propaganda suave. "Esqueçam palavras como 'venda agressiva' e 'venda suave', declarou Bernbach, presidente e diretor de arte da agência. "Isso só irá confundi-los. A venda agressiva não envolve a aparência do anúncio ou quanto ele grita, e sim quantas vendas ele consegue. É preciso ter certeza de que a propaganda está dizendo algo que tem substância, algo que permeará o consumidor e será útil para ele; além disso, é preciso ter certeza de que se está dizendo algo que nunca foi dito antes."

---

* Equivale à nossa revista *Quem*. (N. da T.)

A propaganda da Doyle Dane Bernbach parecia mais agradável, mais alegre, sempre inesperada e mais divertida do que as já vistas. Os anúncios feitos para a Ohrbach's atraíram a Volkswagen, uma indústria automobilística alemã que estava tentando entrar no mercado americano menos de 15 anos depois da Segunda Guerra Mundial. Depois de visitar a fábrica na Alemanha, a equipe da agência decidiu mostrar como o barato e, para alguns, feio fusquinha era honesto, simples, confiável e sensivelmente diferente. A propaganda da VW era igual ao carro na simplicidade dos *layouts* descomplicados. O carro era o herói, sempre em contextos inesperados. O título "Limão" com uma singela fotografia do carro tornou o controle de qualidade memorável, falando de um inspetor da VW que rejeitou um carro porque uma tira cromada no porta-luvas estava manchada. O título "Pense pequeno" tornou o carro pequeno chique — em uma época em que Detroit só conseguia pensar em carros grandes.

Bernbach pensava de uma maneira visual e abordava o trabalho criativo com uma tendência gráfica. Os seus diretores de arte favoreciam os *layouts* despojados, minimalistas, e os tipos de letra sem serifa. A abordagem gráfica simples funcionava na televisão — um Volkswagen atravessando a neve acumulada depois de uma nevasca, com o locutor perguntando: "Você alguma vez já se perguntou que veículo o motorista da máquina de retirar neve das ruas dirige para chegar até a máquina?".

Nascido no Brooklyn, Bernbach transformou morar lá em uma virtude, em contraste com os endereços de Connecticut ou do East Side de Manhattan da maioria dos executivos das agências. O oposto dos tipos exuberantes das agências, ele era quieto e de fala mansa, a ponto de as pessoas às vezes precisarem esticar o pescoço para ouvi-lo. Fisicamente, era simples e pouco atraente; baixo, mãos e pés pequenos, cabelo branco e fino, e pele rosada. Vestia-se de uma maneira impecável, usando sempre terno com camisas abotoadas convencionais e gravatas conservadoras.

A aparência despretenciosa de Bernbach era enganadora, afirma Mary Wells Lawrence, redatora de publicidade da DDB antes de fundar a sua própria agência. "Ele transmitia uma presença interior tão poderosa que soprepujava discretamente todos os que estavam à sua volta. Havia algo vulcânico, perturbador acontecendo... Nos seus anos de produção máxima, muitas pessoas tinham medo dele."

Bernbach tornou-se o ídolo de quase todas as pessoas criativas, o herói que desencadeou a revolução criativa dos anos 1960. Ele foi "o Picasso do setor", afirma Alan Rosenshine, um redator de publicidade que se tornou chefe da BBDO. "Ele mudou para sempre a tendência de toda a publicidade destruindo antigas convenções e restrições, e repensando o funcionamento da propaganda." Um judeu no que fora em grande medida um refúgio dos anglo-saxões brancos e protestantes, Bernbach contratava pessoas que não tinham sido bem-vindas em outras agências — judeus, italianos e outras minorias, muitos dos bairros da periferia do Brooklyn, Queens e Bronx — e refletia a sociedade urbana na propaganda da sua agência.

Ele tornava a sua filosofia da publicidade conhecida por meio de memorandos e discursos, e também falando sobre anúncios que apreciava; não mencionava aqueles de que não gostava. Bernbach estava procurando trabalhos originais. O seu constante apelo era: "Por favor, tragam-me algo *novo*". Achava que a persuasão era uma arte, não uma ciência. Afirmando estar no setor da persuasão e não no da comunicação, justificava a opinião segundo a qual as pessoas são persuadidas por apelos às emoções e desejos e não ao intelecto citando Aristóteles.

Bernbach estava altamente consciente da necessidade do *impacto* — fazer com que as pessoas prestem atenção. Na opinião dele, as abordagens formalistas iam contra isso. "As regras são o que os artistas quebram; os memoráveis nunca emergiram de uma fórmula." Se continuamos a fazer sempre a mesma coisa, os consumidores ficam entediados e a propaganda perde o impacto. "Se o seu anúncio passa despercebido, tudo o mais é acadêmico." (Ogilvy concordava com essa ideia: "Não podemos salvar almas em uma igreja vazia".)

O sucesso da Volkswagen atraiu para a agência outras marcas "que representavam um desafio" — pequenas empresas com orçamentos relativamente pequenos. A VW gastou apenas 28 milhões de dólares nos Estados Unidos nos primeiros anos, enquanto a GM, a Ford e a Chrysler despenderam centenas de milhões. No caso da locadora de veículos Avis, Doyle Dane Bernbach transformou uma situação difícil em uma virtude: "Somos apenas a Número 2. Nós nos esforçamos mais". Bernbach provou o pão embalado de uma pequena padaria no Brooklyn e disse: "Nenhum judeu jamais comerá isso". Em seguida apareceram retratos de orientais, negros e indianos com o título: "Você não precisa ser judeu para adorar a Levy's". O título debaixo de uma foto impressionante de um matzo da Goodman's: "Kosher para o Pesach" — em hebraico. No caso da El Al Israel Airlines, o título praticamente redigiu a si mesmo: "Não decolamos enquanto tudo não está kosher".

Os prêmios de criatividade choviam na agência e eram bem recebidos como um sinal de que tudo estava indo bem — e um chamariz para novos clientes. Na década de 1960, a agência não tinha uma nova apresentação das suas atividades. Em vez disso, os clientes em perspectiva assistiam ao filme com os comerciais da agência e ouviam Bernbach falar a respeito da filosofia da agência.

O publicitário londrino David Abbott, que trabalhou nas duas agências, comparou Ogilvy e Bernbach. "O meu primeiro herói foi David Ogilvy, quando comecei a trabalhar na Mather & Crowther. Todos recebiam uma lista de regras sobre como redigir anúncios, as quais, passados quarenta anos, ainda acho difícil desconsiderar." Abbott descreve que ao examinar um anúncio de Bernbach percebeu que havia outra maneira de fazer as coisas:

> Eu acreditava quase que completamente na filosofia da DDB. De certa maneira, ela não era tão diferente da disciplina de Ogilvy, mas acrescentava alguma coisa a ela: a necessidade de chamar atenção. Ela também tinha um encanto mais informal, mais espirituoso. David me deu a gramática. O que Bill acrescentou foi a necessidade adicional de chamar atenção, mas ainda assim com a disciplina.

Os dois homens eram líderes inspiradores e evangelistas, continua Abbott, assim como magníficos vendedores. "A certeza emanava deles, e nesta indústria, na qual existem poucas certezas, frequentemente o que faz uma campanha decolar é um salto de fé. Mas no caso de Bill ou David, ninguém achava que se tratava de um salto de fé. As pessoas achavam que, se colocassem nas mãos deles o que desejavam, não apenas receberiam um excelente trabalho como também o produto seria um sucesso comercial.

Embora Ogilvy e Bernbach se empenhassem igualmente para obter resultados para os clientes, os dois homens e as suas agências representavam duas filosofias bem diferentes. Bernbach começava com uma predileção para usar a emoção: "Podemos dizer a coisa certa a respeito de um produto sem que ninguém preste atenção. Temos que dizê-la de uma maneira que mexa com as pessoas, porque se elas não sentirem nada, nada acontecerá".

Ele colocava menos ênfase na pesquisa: "Os fatos não são suficientes. Descobrir *o que* dizer é o início do processo da propaganda. *A maneira como* dizemos as coisas faz com que as pessoas olhem e prestem atenção, e se não tivermos êxito nisso, teremos desperdiçado todo o trabalho, inteligência e habilidade investidos em descobrir *o que* dizer". Bernbach também visava mais o coração do que a cabeça: "Insisto em enfatizar que a propaganda não é uma ciência". A imaginação e as ideias eram a sua pedra de toque: "as regras são uma prisão".

Os clientes empresariais da lista de Bernbach aceitavam o fato de ele não lhes dar muita liberdade para comentar o trabalho. Certo redator de publicidade que trabalhou na agência descreve a maneira como isso funcionava. "A ideia dele era basicamente a seguinte: 'Vocês fazem o pão e eu criarei os anúncios.' Bernbach podia gritar com o cara que fazia o pão da Levy's, e o cara gritava de volta para Bernbach. Em seguida eles se sentavam e resolviam o problema." Essa abordagem não funcionava tão bem com os grandes clientes dos produtos embalados, quando os assistentes dos executivos das contas eram enviados para discutir com os gerentes da marca. O grupo alvo da propaganda da agência eram eles mesmos, diz Jeremy Bullmore, da J. Walter Thompson.

> Homem de classe média, com uma renda confortável, provavelmente da Costa Leste. Eles estavam escrevendo com sagacidade e estilo de uma maneira que eles próprios apreciariam. Mas ao serem procurados pela Lever Brothers, quando estavam no auge da fama, para fazer a propaganda de um sabão em pó, eles não tinham a menor ideia do que deveriam fazer, porque não sabiam como era estar em casa com três crianças, com pouco dinheiro, tentando lavar a roupa.

Ogilvy procurou grandes empresas desde o início, usando como isca o seu sucesso com produtos de prestígio. Os seus princípios para criar propaganda ofereciam um senso de disciplina e certeza em um negócio no qual os riscos eram grandes demais para que se usasse apenas o discernimento. Embora Ogilvy não fosse cego ao papel da emoção e a usasse nos anúncios que ele mesmo criava, ele era no fundo um pesquisador e um discípulo da mala direta e dos seus recursos racionais.

A obtenção de contas de empresas de produtos embalados causou um impacto na propaganda produzida pela agência de Ogilvy. Na época, muitos desses clientes tinham a tendência de recorrer a um método de pesquisa chamado "memória do dia seguinte". Uma firma de pesquisa telefona para pessoas um dia depois de um comercial ser exibido na televisão, determina se a pessoa que está no telefone estava assistindo à televisão no momento em que o anúncio foi ao ar e em seguida faz perguntas a respeito do comercial e do que ele dizia. A técnica oferece um prêmio para a capacidade do telespectador de memorizar e verbalizar um argumento racional e privilegia interpretações da vida real, demonstrações de produtos e depoimentos. O que podia emergir do processo era um comercial como o da Imperial Margarine, com palhaços pipocando na cabeça dos membros da família ao som de trombetas enquanto estes provam o produto. A campanha dos "palhaços" da Imperial vendeu muita margarina, mas comprometeu a reputação criativa da agência. Embora a agência de Ogilvy fosse capaz de produzir outros tipos de comerciais e efetivamente o fez — para o American Express, por exemplo —, grande parte da chamada propaganda de estilo de vida para outros clientes não conseguiu passar pela triagem do teste de memória.

Ogilvy admirava a propaganda da Volkswagen, dizendo a Bernbach: "Nunca em toda a história documentada uma agência manteve um nível tão elevado de publicidade para um cliente. O pessoal da VW deveria lhe dar de presente um castelo no Reno, repleto de mantimentos e criados, para toda a vida". Mas os dois homens não tinham um relacionamento pessoal. Bernbach considerava Ogilvy um "exibicionista" e de certa maneira um artífice que tinha opiniões a respeito de *técnicas* de publicidade. Ogilvy achava que os seguidores de Bernbach compreendiam erroneamente o que ele estava dizendo. Ironicamente, a agência de Bernbach, mais voltada para o público em geral, teve mais sucesso com campanhas sofisticadas para a Volkswagem, Avis, Levy's, os matzos da Goodman's e para a companhia aérea El Al Israel Airlines, enquanto a agência supostamente elitista de Ogilvy cresceu com produtos voltados para o mercado de massa.

Ogilvy rapidamente percebeu as implicações de trabalhar para clientes de produtos embalados. Em 1961, ele escreveu o seguinte para um colega executivo: "Parece que teremos que escolher entre os gênios irracionais e os racionalistas estéreis". Em 1964, escreveu para Leo Burnett: "Em 1938 me apaixonei por duas escolas de publicidade que eram diametralmente opostas". Ogilvy descreveu uma delas como sendo a escola elegante e divertida, liderada pela Young & Rubicam. A outra era representada pela Lord & Thomas (Claude Hopkins) e Ruthrauff & Ryan (vendas pelo correio), e contava com o envio de cupons para validar o seu trabalho. "A minha admiração por essas duas escolas antagônicas realmente me perturbou, mas passei 16 anos tentando provar que é possível combinar o que há de melhor em cada uma. No momento, estou me inclinando na direção da extremidade do entretenimento do espectro — pelo menos na televisão." Em 1964, prosseguiu ele, Bernbach havia substituído a Young & Rubicam como líder da escola de entretenimento e Bates tinha "herdado o manto de Hopkins".

Algumas agências, disse Ogilvy certa vez a um repórter que o estava entrevistando, são "como igrejas nas quais não existe um dogma e elas criam as suas próprias orações. A nossa é como a Igreja Católica". Eis o comentário da revista *Time*: "Para um homem considerado um dos mais ousados transgressores dos preceitos da Madison Avenue, a sua teologia é surpreendentemente ortodoxa. Famoso pela sua audácia e charme inglês, ele prefere enfatizar disciplinas básicas e antiquadas". No início, Ogilvy era visto como um revolucionário", escreveu a *Printer's Ink*. Leo Burnett concordou: "Considero o texto de David Ogilvy o mais importante da nossa época, já que prova que a venda agressiva também pode ser muito agradável". Na opinião de muitas pessoas, Ogilvy reuniu as técnicas de venda e o bom gosto pela primeira vez na publicidade americana.

As raízes da publicidade atual estão mais associadas a Bernbach do que a Ogilvy. Tendo sido o homem mais criativo da sua época, Bernbach inspirou os líderes de muitas agências de sucesso, entre eles Jack Tinker, Mary Wells Lawrence, George Lois, Jay Chiat, Jerry Della Femina e Carl Ally. O estilo de propaganda comedido e agradável desenvolvido por Bernbach e seus discípulos, e posteriormente pelos discípulos *deles*, tornou-se a prática dominante na publicidade americana.

Ogilvy entrou em contato com as principais figuras da sua época. Ele achava que a publicidade moderna começava com Rubicam e procurou-o até mesmo antes de ele abrir a própria agência, declarando mais tarde que se considerava tão pouco qualificado que não se candidatou a um emprego na Young & Rubicam, a agência que ele mais admirava. Ogilvy procurou descobrir as ideias de Rubicam e se informar sobre o seu progresso. "Nunca trabalhei na sua agência, de modo que tenho poucos elementos que possam me orientar hoje, mas almejo criar outra agência de primeira classe."

Ele adulou o homem mais velho, escrevendo em 1954: "É um fato extraordinário que o melhor redator de publicidade dos Estados Unidos tenha se tornado o melhor administrador e líder da história das agências". Rubicam retribuiu o elogio dizendo que Ogilvy era "uma estrela americana de qualquer geração de publicidade". Vários anos depois de se aposentar em 1944, Rubicam se ofereceu para ser presidente do conselho administrativo da agência de Ogilvy, mas o fato não se concretizou.

Ogilvy também nutria um grande respeito por Stanley Resor, que dirigiu a J. Walter Thompson durante cinquenta anos e transformou-a na maior agência do mundo. Ele admirava o propósito da Thompson de ser uma "universidade de publicidade". O *Thompson Blue Book on Advertising*, publicado em 1906, trata integralmente da eficácia da propaganda, observa Jeremy Bullmore, que dirigiu a J. Walter Thompson no Reino Unido, e afirma que grande parte do livro poderia ter sido escrito por Ogilvy cinquenta anos depois.

Ogilvy teve duas interações com o brilhante Marion Harper, nascido em Oklahoma, que também tinha sido vendedor de porta em porta e estudara a pesquisa publicitária. Harper começou a carreira na sala da correspondência da McCann-Erickson, vindo a se tornar diretor de pesquisa e finalmente presidente da agência em 1948. Harper considerava a publicidade como apenas uma parte do processo de marketing e concebeu o conceito de unir várias agências com serviços afins, como relações públicas e promoção de vendas, para formar um conglomerado, criando assim a primeira holding das comunicações de marketing, The Interpublic Group.

Em um determinado momento da década de 1950, Harper procurou Ogilvy e tentou comprar a agência deste por 500 mil dólares. Uma das histórias diz que ele tirou proveito da formação de ambos em pesquisas, convidando Ogilvy para assistir a comerciais enquanto uma câmera focalizava os olhos dele, verificando se as pupilas se expandiam ou se contraíam. "Isso é maravilhoso", Ogilvy supostamente teria dito, "mas o que você faz quando os olhos estão fechados?" Anos mais tarde, Harper voltou a procurar Ogilvy com uma proposta diferente. Pediu um empréstimo de 400 mil dólares para salvar a Interpublic da falência, perigo causado pela desastrosa gestão financeira de Harper, que incluía uma frota corporativa com um DC-7 que ele usava como táxi. Ogilvy recusou as duas propostas.

Depois do sucesso de *Confessions*, Ogilvy foi convidado mais de uma vez para jantar na Casa Branca, recebeu um grau honorífico do Adelphi College de Nova York, foi eleito para o conselho diretor do Colby College no Maine e passou a participar de várias Galerias da Fama. Uma pesquisa de opinião realizada pelo *The Galagher Report* em 1964, um boletim informativo do setor, pediu a executivos de agências, anunciantes e profissionais de marketing que designassem os executivos de agências de publicidade que mais haviam se destacado naquele ano.

Os resultados foram os seguintes:

1. David Ogilvy
2. Willliam Bernbach
3. Norman Strouse (J. Walter Thompson)
4. Robert E. Lusk (Benton & Bowles)
5. Marion Harper

O autor Roald Dahl, antigo amigo de Ogilvy e ex-colega na embaixada, escreveu para Ogilvy dizendo que *Confessions* o entreteveu e instruiu, acrescentando:

Foi o texto mais longo que você já escreveu para um cliente.
E o mais eficaz.
O cliente ficará encantado com os resultados.
Mais pessoas do que nunca exigirão o produto dele.
Mas quem é o cliente?
Você sabe a resposta tão bem quanto eu.
O seu cliente é você.

CAPÍTULO 9

A Verdadeira Igreja

*O*s Estados Unidos da década de 60 são lembrados nostalgicamente como a época e o lugar perfeitos para trabalhar em publicidade. A economia estava extremamente próspera. John F. Kennedy irradiava otimismo da Casa Branca. A televisão, o primeiro verdadeiro veículo do mercado de massa, estava sendo reconhecida, ajudando os consumidores a escolher entre 10 mil produtos em supermercados novos e bem iluminados. A propaganda do período retratava valores de família em um cenário idealizado, frequentemente absurdo. A mãe, que era sempre uma dona de casa, cuidava dos seus afazeres e cozinhava trajando um vestido e sapato alto.

Para a jovem agência de Ogilvy, a década de 1950 fora uma idade de ouro. "Durante sete anos conseguimos todas as contas pelas quais competimos", afirmou Ogilvy. "Não perdemos nenhuma. Éramos muito badalados." Em 1960, a Ogilvy, Benson & Mather era a vigésima oitava maior agência, com um faturamento de 30 milhões de dólares, quando em 1950 ele era de apenas 3 milhões. A estrela pessoal de Ogilvy continuava em ascensão. Em 1962, ele apareceu na capa da revista *Time*, ao lado de uma dúzia de chefes de agência, como um dos "Persuasores Visíveis" da publicidade — "visíveis" em contraposição aos *The Hidden Persuaders*,* de Vance Packard.** O artigo

---

* *Persuasores Ocultos*. (N. da T.)

** Packard, jornalista e crítico social, expôs a ostensiva manipulação dos consumidores por Ernest Dichter, Burleigh Gardner e outros praticantes da "pesquisa motivacional".

149

da revista *Time* chamou atenção para a "habilidade de Ogilvy de criar anúncios cultos e divertidos que ao mesmo tempo faziam as pessoas consumir os produtos anunciados, habilidade essa que o tornou o profissional mais procurado hoje da indústria da propaganda".

Apesar da publicidade e da maré de sorte da nova empresa, quase todas as contas da agência eram pequenas. A Ogilvy, Benson & Mather — o nome que prevaleceu depois da saída de Hewitt — era o que mais tarde seria chamado de "butique". A lista das principais agências em 1960 era encabeçada por J. Walter Thompson; Batten, Barton, Durstine & Osborn;* McCann-Erickson; Young & Rubicam; e Ted Bates. "Somos a favorita dos intelectuais", lamentou Ogilvy. "Não acho que esse papel seja lucrativo. Ele tende a fazer com que produtores com uma mentalidade comercial desconfiem de nós." Repetindo com frequência que nenhuma agência é pequena por escolha, Ogilvy se pôs em campo para fazer a sua crescer.

Três circunstâncias, duas com consequências não premeditadas, mudaram a agência e contribuíram para o seu crescimento na década de 1960. Uma fusão internacional, uma oferta pública de ações e, acima de tudo, a chegada de grandes clientes.

Quatro das companhias que faziam parte da muito discutida lista de Ogilvy dos cinco clientes que ele mais desejava eram empresas de produtos de consumo embalados, que ele considerava como profissionais, civilizadas — e grandes gastadoras. Vira como o trabalho criativo brilhante atraía determinados clientes, mas tinha consciência de que para capturar caça grossa, ele precisava de pessoas de peso. "Antes de marcar qualquer compromisso importante, eu costumava pensar: será que isto vai impressionar a General Foods? Eu usava a General Foods como base de comparação para tudo."

Isso conduziu Ogilvy a Esty Stowell, que gerenciara a conta da General Foods na Benton & Bowles. "Coloquei Esty diante da General Foods. Eu sabia qual era a opinião da empresa a respeito dele. Éramos uma espécie de butique antes de ele vir trabalhar conosco, um pouco peculiares e esnobes. Esty nos tornou respeitáveis." Ogilvy levou um ano para convencer Stowell, um graduado de St. Paul's e de Harvard que fumava cachimbo, a entrar para

---

* O comediante Jack Benny gracejou dizendo que o nome da agência soava como um baú aos trambolhões escada abaixo.

a agência como vice-presidente executivo. Com o seu porte aristocrata, Stowell parecia o presidente — e logo receberia esse título.

Temos um bom departamento de criação, disse Ogilvy ao seu novo associado. "Eu o administrarei. Você cuidará do resto. Não sei nada de mídia ou de marketing, e sou um péssimo gerente." Stowell elevou os padrões de contratação, trouxe profissionais competentes da Benton & Bowles, Mc-Cann-Erickson, Colgate e Procter & Gamble, e substituiu "encarregados de contas" por homens de marketing bem preparados. "O mais incorruptível de todos os homens que Deus colocou na terra", declarou Ogilvy, descrevendo como Stowell rejeitou o filho do presidente do conselho administrativo da General Foods que o procurou para pedir um emprego. Embora Ogilvy considerasse Stowell um grande associado, algumas pessoas o achavam reservado, impressão que se dissipou quando lhe mostraram um comercial para que ele o aprovasse. O ex-fuzileiro naval analisou a tela, tirou o cachimbo da boca, e proferiu o seu veredicto: "Esta pode parecer uma decisão tomada nas coxas, mas me parece que...".

Stowell tornou possível que os grandes clientes recebessem ao mesmo tempo os encantos de Ogilvy e um marketing sofisticado. A General Foods logo entregou a publicidade do café moído Maxwell House, a sua marca mais importante, para a sua agência mais nova, um voto de confiança justificado, já que a agência produziu um comercial que foi repetido durante seis anos e tornou-se um clássico.

A parte superior de vidro de uma cafeteira ocupa a tela durante quase os 60 segundos inteiros do comercial. A câmera focaliza essa parte de vidro, o café começa a filtrar ritmicamente por ela, o ritmo era pontuado pela música: *bpppa-bpppa-BPPPA, bpppa-bpppa-BPPPA.**

O "Perking Pot" demonstrou que a agência butique era capaz de criar anúncios para produtos embalados eficazes *na televisão*. A primeira visita de Ogilvy à torrefação em Hoboken, Nova Jersey, serviu de inspiração para o tema do comercial. Impressionado com o esplêndido aroma do café, ele se perguntou se o sabor do café seria tão bom quanto o cheiro. "O sabor é tão

---

* O café era lançado de debaixo da mesa apertando-se um bulbo de borracha.

bom quanto o aroma" se uniu a "Bom até a última gota", um slogan que teve origem na exclamação entusiástica do presidente Theodore Roosevelt quando ele provou o primeiro *blended coffee** durante a sua permanência no Maxwell House Hotel, em Nashville, Tennessee.

O sucesso foi recompensado com mais tarefas recebidas da General Foods, entre elas a propaganda do seu maior produto novo, o café liofilizado. Insatisfeito com as tentativas criativas iniciais do redator de publicidade, Ogilvy o mandou refazer o trabalho com uma incumbência fora do comum: redigir o anúncio como se Smith Kline estivesse introduzindo uma nova droga ética. O redator percebeu de imediato o que Ogilvy desejava e concebeu uma representação simbólica do processo de liofilização, dramatizando como o Maxim diferia dos cafés solúveis granulados. Outra vitória. Em meados da década de 1960, a General Foods estava a caminho de se tornar o maior cliente da agência.

O cliente novo que fez a maior e mais expressiva diferença foi a Shell, em 1960. Ela quase dobrou o tamanho da agência. Ogilvy havia aproveitado a oportunidade de um almoço do Conselho Escocês para travar conhecimento com Max Burns, o presidente da Shell, e cultivou esse contato ao longo de vários anos. A chance chegou quando J. Walter Thompson, cujo relacionamento com a Shell estivera se deteriorando, descartou a ideia de receber honorários em vez da comissão padrão de 15% por considerá-la "antiética". Burns riu, ressaltando que não era antiético pagar honorários aos médicos, advogados ou contadores, enquanto as comissões pagas como um percentual do que foi gasto na propaganda tornavam os motivos da agência suspeitos quando ela recomendava um aumento no orçamento.

"Na realidade, nós preferiríamos trabalhar recebendo honorários", disse Ogilvy à Shell. A sua posição pública era digna, pois achava que o relacionamento entre a agência e o cliente é mais satisfatória quando os vencimentos da agência não estão vinculados à quantia que ela é capaz de fazer o cliente gastar. Nos bastidores, o entusiasmo foi menor. O presidente da Thompson implorou a Ogilvy que não fizesse aquilo, avisando que a atividade das agências seria destruída. Nenhum dos sócios gostou da ideia. Os clientes nos pressionavam, declarou Shelby Page, o diretor financeiro de longa data da agência. "A primeira vez foi com a Sun Oil. Mais tarde, o departamento de

---

* Mistura de diferentes tipos de café. (N. da T.)

turismo do governo insistiu em que aceitássemos um pagamento fixo em vez da comissão. Fizemos o mesmo com a Shell para conseguir a conta — para cobrar um preço menor por meio de honorários."

Ogilvy seguiu em frente decidido, incentivado pelo apoio de líderes do setor de marketing que estavam aplaudindo a sua "coragem" e "audácia". O ex-diretor de marketing da Campbell Soup chamou o que estava acontecendo de um grande progresso, observando que "o fato de se tratar de uma agência com a envergadura e reputação da sua, e uma conta grande como a da Shell, confere à ocorrência uma importância adicional". Os concorrentes de Ogilvy ficaram menos felizes quando o sistema de honorários se espalhou e um lucro considerável deixou o setor, enquanto a remuneração tornou-se mais "profissional".

Ogilvy hesitara quando a Shell pediu para ver as campanhas especulativas como prova de que deveria entregar a sua conta para uma pequena agência. "Só fazemos amor depois do casamento", explicou. Não era nada mal que a Shell apreciasse o trabalho de Ogilvy com o Rolls-Royce e não gostasse dos anúncios da Thompson com desenho animado na televisão mostrando carros andando lentamente de lado em direção aos seus postos como prova de que "Os Carros Amam a Shell". Depois que conseguiu a conta, Ogilvy caminhou na direção oposta, recomendando uma propaganda séria que retratasse a Shell como "uma companhia que extrai a sua distinção dos seus cientistas". Ele convenceu a Shell a abandonar a posição privilegiada que ela tanto prezava em todos os principais noticiários da televisão e aplicar todo o seu orçamento nos jornais — anúncios de página inteira, com longos textos, repletos de fatos sobre gasolina.

BOLETIM: A Shell divulga os novos componentes no Super Shell de hoje e mostra o que ela faz para que o seu carro tenha o *máximo desempenho*.

"Não *leio* os anúncios", declarou o diretor de agência Jack Tinker, "mas eu, de certa forma, acho que qualquer gasolina sobre a qual um redator de publicidade tenha tanta coisa a dizer deve ser de muito boa qualidade." Nenhum comerciante de petróleo jamais anunciara os componentes da gasolina e o que cada um deles oferece ao motorista. Os anúncios de jornal abriram caminho para impressionantes demonstrações na televisão, culminando com carros usando "Super Shell com Platformate" rompendo barreiras de papel como evidência de uma melhor quilometragem. A campanha reverteu um declínio da participação da Shell nas vendas de gasolina nos Estados Unidos, estabelecendo-a como líder da indústria. O diretor de publicidade da Shell elogiu a agência para o diretor de publicidade de outra grande empresa, citando o trabalho criativo, a abordagem analítica aos problemas da propaganda, as pesquisas e a contínua busca de fatos — "e os resultados que eles obtêm".

A responsabilidade de gerenciar a conta da Shell foi a isca que atraiu John "Jock" Elliott, da BBDO, agência onde ele administrava a grande conta da DuPont e era uma estrela em ascensão. Conseguir contratá-lo foi uma vitória. Como Stowell, Elliott fumava cachimbo, era ex-fuzileiro naval e graduado de St. Paul's e Harvard. Embora ele adorasse a BBDO, ficou empolgado com a energia e o ímpeto da nova agência, comentando que as pessoas respondiam aos memorandos no dia em que os recebiam.

Elliott alardeava a sua linhagem escocesa ainda mais do que Ogilvy, chamando a casa em que passava os fins de semana de "Highland Fling" e dizendo a todos que tinha nascido no dia do aniversário de Robbie Burns. Comprou o chalé de um arrendatário no norte da Escócia, era presidente do Scottish National Trust nos Estados Unidos e iniciou a tradição de caminhar pelos corredores na época das festas de Natal atrás de um tocador de gaita de foles e de celebrar importantes eventos da agência com gaitas de foles. Sendo um orador magistral, Elliott era paternal nas reuniões da equipe e um admirado porta-voz da empresa.

Depois de abocanhar as contas da General Foods e da Shell, Ogilvy deu seguimento à sua caçada. Jean Clark, esposa de Howard Clark, CEO do American Express, fez com que o seu novo marido se interessasse por Ogilvy, em 1962. Ela trabalhara para Ogilvy como voluntária durante o período em que ele foi chefe de uma campanha destinada a envolver o público no Lincoln Center, e eram vizinhos em Greenwich. Por insistência da esposa, Clark telefonou para Ogilvy, que disse não estar interessado; naqueles dias, a conta era pequena demais. Entretanto, o casal Clark persistiu, e Ogilvy foi até a casa deles para uma conversa informal.

"Em primeiro lugar, ele é muito charmoso", relembra Jean Clark. "Estávamos sentados na biblioteca. Ele coloca todas as suas coisas no chão, e começa descrever as coisas que faria. Era impossível não ficar animado com as ideias dele" — ideias preparadas para um cliente no qual ele disse não estar interessado.

Stowell foi contra aceitar a conta de uma pequena empresa de viagens que tinha pouco potencial. Ogilvy esperou Stowell sair de férias e então aceitou a conta de 1,8 milhão de dólares da firma Travelers Cheque, que fora da Benton & Bowles. Inicialmente, ele a encarou como uma conta de viagens, colocando-a no grupo da KLM Royal Dutch Airlines, da companhia de cruzeiros P. & O. Orient, do U.S. Travel Service, de Porto Rico e da British Travel Association. A agência se saiu bem, produzindo duas das mais famosas campanhas da história da publicidade: "Não saia de casa sem ele"* e pessoas com nomes reconhecíveis, mas rostos não identificáveis perguntando "Você me conhece?". O ator Karl Malden se tornou tão consagrado nos comerciais do Travelers Cheque que alguns telespectadores se perguntavam se ele era o presidente do American Express. Não demorou muito para que Clark passasse a atribuir o aumento das vendas quase que totalmente à propaganda. Nos anos 80, o American Express havia substituído a General Foods como o maior cliente da agência, e se tornara uma vitrine criativa que atraía novos clientes.

O American Express criou a sua empresa em parte com uma eficaz mala direta da O&M que começava assim: "Com toda franqueza, o American Express Card não é para todo mundo". A mala direta, o "primeiro amor" de Ogilvy, foi um legado dos dias em que ele vendeu de porta em porta e dos textos de John Caples que ele estudou. Ogilvy criou na agência um Departamento de Mala Direta no início da década de 1960, e os clientes logo descobriram como incorporar a mala direta aos seus planos de publicidade. Depois de algum tempo, a agência adquiriu companhias de relações públicas e promoção para fornecer esses serviços aos clientes e expandir a sua base além da publicidade.

Como Ogilvy francamente admitira, o marketing não era o seu ponto forte. Depois que conseguiu esses novos clientes, ele passou a se envolver apenas ocasionalmente no trabalho criativo, e certamente não participava dos comerciais da televisão. Ele morria de medo de ir à General Foods, comenta Bill Phillips, um profissional de marketing intensamente competitivo, treinado na Procter & Gamble, que administrava a conta da General Foods e se tornou um dos sucessores de Ogilvy na presidência do conselho

---

* "Não saia de casa sem ele" (no caso do cartão de crédito) era flexível e compatível com as viagens ("sem nós") e os travelers cheques ("sem eles").

administrativo. "David estava sempre apavorado. De repente ele estava trabalhando para essas grandes empresas. Era como trabalhar para Deus." Ele chamava as pessoas da Maxwell House de "brâmanes" da General Foods, e ficou visivelmente aliviado em um domingo em que foi ao escritório e encontrou pessoas redigindo uma apresentação para um novo produto da Maxwell House. "Graças a Deus alguém está trabalhando por aqui."

A Sears Roebuck tentara fazer propaganda em nível nacional, com resultados desalentadores. O seu presidente não tinha certeza de que havia uma maneira de contar corretamente a história da Sears. A revista *Life* achava que existia uma oportunidade além da propaganda local voltada para os preços que a companhia vinha fazendo e, com a ajuda do presidente do conselho administrativo da Time, Inc., organizou uma apresentação para Ogilvy. Este sugeriu que contratassem a agência por noventa dias, tempo suficiente para que ele fizesse o dever de casa. Depois que o editor-chefe David McCall descobriu que a Sears vendia mais diamantes e visom do que qualquer outra rede varejista, produziu trinta anúncios com o seguinte espírito: "Como comprar visom na SEARS... e por que não esta estola para o Natal?". O primeiro programa nacional da Sears começou em 1961 e, quando as pesquisas revelaram que ele estava melhorando a imagem da Sears junto aos consumidores, o programa cresceu, com o tempo, para 70 milhões de dólares. Muitos dos primeiros sucessos criativos de Ogilvy tinham dependido do público mais sofisticado gerado pela *The New Yorker*, mas não dessa vez, já que a revista se recusou a publicar a campanha porque a Sears não era uma loja da Quinta Avenida. Dez anos mais tarde, em tempos mais magros, ela implorou à Sears que publicasse nela os seus anúncios.

Essas enormes empresas convidavam Ogilvy para falar nas suas reuniões e o recebiam com prazer quando ele as visitava pessoalmente. "Todo presidente de agência com quem conversei prometeu que permaneceria em cena depois que lhe entregássemos a nossa conta", comentou Bill Williams, o CEO da Campbell Soup, "e o único que manteve a palavra foi David Ogilvy." Mas as suas contribuições criativas não foram tão firmes quanto haviam sido para a Hathaway e a Schweppes. "Eu entendo que você está procurando uma nova promessa para o Prime", me disse ele, referindo-se a uma nova ração para cachorros da General Foods. "Tentarei produzir alguma coisa no fim de semana." O mais famoso redator de publicidade do setor estaria trabalhando no produto do meu cliente! Segunda-feira de manhã, ele veio ao meu escritório e colocou uma folha de papel sobre a minha mesa. "Trabalhei no seu problema o fim de semana inteiro e tive dezenas de ideias, mas com exceção de uma, nenhuma delas presta", disse ele, enquanto virava a folha. Lá estava "O primeiro-ministro das rações de cachorro". Tudo o que consegui fazer foi estremecer e dizer que examinaríamos seriamente a sugestão.

Para a Shell, Ogilvy sugeriu "O que é tão espetacular a respeito da Super Shell?".* Jock Elliott disse a ele que não achava a ideia muito espetacular. Para o Mountain Dew, o refrigerante da Pepsi-Cola com uma imagem da região rural, ele propôs uma casinha com uma abertura na parede para mostrar as pessoas distribuindo garrafas da bebida amarelada. O redator de publicidade admitiu que a ideia era inteligente, mas lembrou a Ogilvy que o Mountain Dew se parece com uma coisa que a enfermeira tira de dentro da gente em uma garrafa. Ogilvy detestou um comercial que mostrava um bombeiro hidráulico soluçando porque Liquid Drano** o deixara sem trabalho — ele se retirou a passos largos da sala de projeção e chutou uma parede próxima. Quando o teste de mercado apresentou um resultado altíssimo, sem precedentes, Ogilvy enviou um bilhete para o redator: "Você estava certo. Eu estava errado. Parabéns. David".

Ogilvy se saía melhor com as imagens. Em geral, ele escrevia o anúncio inicial das campanhas, e deve ter saboreado escrever "Envie-me um homem que leia" para uma série corporativa do International Paper. Ao descobrir por intermédio de uma pesquisa que os holandeses tinham a reputação de ser confiáveis, ele propôs a KLM como "A companhia aérea confiável dos holandeses criteriosos e pontuais", tema que ainda é usado quarenta anos depois. Embora a conta despendesse apenas alguns milhões de dólares, ele recusou a conta muito maior da American Airlines, explicando que "O que eu perco em comissão, ganho em vaidade".

Grande parte da reputação criativa que a agência tinha no início era proveniente da sua propaganda de viagens, especialmente da campanha "Venha para a Grã-Bretanha". Embora Ogilvy não seja o autor do título mais lembrado, "Siga suavemente pelo longo, longo sono dos reis", a respeito da Abadia de Westminster, a aparência e o tom da propaganda sem dúvida carregavam a sua marca.

---

* Em inglês, *What's so super-duper about Super Shell*? (N. da T.)

** Produto para desentupir canos e ralos. (N. da T.)

Ogilvy continuou a se esforçar para conseguir novos negócios, lembrando ao seu pessoal que "mais cedo ou mais tarde, todas as contas vão embora". Uma das contas que veio e foi embora foi a da Cunard Line, a número um da sua lista-alvo original. Muitos anos depois, ela deixou a agência de Ogilvy e foi para a Ted Bates. Rosser Reeves enviou provas dos novos anúncios da Bates para o cunhado. A campanha introduziu uma nova mensagem — Voe para o Reino Unido com uma passagem só de ida e volte pela Cunard —, mas de resto, o tipo e o estilo dos anúncios, era idêntico aos de Ogilvy. Este último telefonou para o escritório de Reeves e falou com a secretária dele. "Sou muito grato por você ter me enviado a nova campanha da Cunard. Por favor, diga a Rosser que ela chegou bem na hora. Estou editando o meu novo livro, e adicionando um capítulo sobre plágio."

Até uma época mais ou menos recente, o fim da década de 1950, havia pouca publicidade internacional e poucas agências a conheciam ou se importavam com ela. Havia muito que fazer no mercado interno em expansão, e o mercado global era pequeno e não muito bem compreendido. Nos Estados Unidos, a propaganda internacional era pequena e conhecida como proganda de "exportação". Nos anos 60, isso começou a mudar. Agências britânicas e americanas passaram a procurar sócios no exterior para atender aos seus clientes multinacionais. A Mather & Crowther em Londres obviamente pensou na Ogilvy, Benson & Mather em Nova York, e a OBM naturalmente considerou a Mather & Crowther. O rebento americano se tornara maior no que dizia respeito ao faturamento do que a empresa controladora, mas, sob o aspecto da concorrência, a Mathers era uma agência muito maior na Inglaterra do que a OBM era nos Estados Unidos. O mais importante é que Francis e David mantinham uma correspondência fraternal que criou um entendimento mesmo enquanto a crescente independência da empresa americana estava separando as duas agências.

A OBM havia dado o seu primeiro passo fora dos Estados Unidos em 1960, abrindo um escritório em Toronto para atender à Shell. Ogilvy, ansioso para deixar a sua marca no Canadá, planejava passar bastante tempo em Toronto, até mesmo a ponto de ser visto como um residente. Com o propósito de que esse esquema tivesse um custo acessível, pediu a seu emissário criativo Joel Raphaelson que residisse em um apartamento grande o bastante para hospedá-lo nas suas visitas, e convidou a família Raphaelson à sua casa em Nova York para ela ter uma ideia das suas preferências: quartos com ângulos retos (nada de cantos arredondados ou outras esquisitices), nada de cores escuras e de aposentos inteiramente atapetados. Além disso, o mais importante de tudo, os corredores não deveriam ter cheiro de comida.

Para chefiar o seu novo posto avançado canadense, Ogilvy contratou um antigo cliente, Andrew Kershaw, que contratara a OBM quando trabalhava na British Travel Association em Londres. Baixo e dinâmico, nascido na Hungria, comando britânico durante a Segunda Guerra Mundial, dedicado amante de ópera e mais um fumante de cachimbo, Kershaw havia adquirido maneirismos britânicos antes de emigrar para o Canadá e tornar-se um cidadão naturalizado. Ele tinha um modo de pensar resoluto e pouco convencional, era extremamente perspicaz com relação a questões criativas e de marketing, sendo-lhe atribuído o mérito de ter reconhecido o potencial da frase "Não saia de casa sem nós" para o American Express. Mais do que qualquer outra pessoa, exceto Ogilvy, ele apoiava a disciplina emergente do marketing direto. Embora Kershaw tenha sido no início um discípulo leal, ele e Ogilvy com o tempo viriam a divergir com relação à maneira como o negócio deveria ser desenvolvido.

Conversas sobre uma medida muito mais importante — uma fusão total entre as empresas de Nova York e Londres — vinham tendo lugar de tempos em tempos ao longo dos anos. Em 1963, elas recomeçaram. Em um dia de outono, todos os membros da equipe da Mather & Crowther, cerca de 550 pessoas, se reuniram no Festival Hall de Londres para ouvir David defender uma maior associação. Francis havia dado à fusão potencial o codinome de "Colossus", explicando pomposamente que "ele transporia os mares que os separavam". À medida que os grupos se aproximavam, David enviou um cabograma com as palavras de Hotspur em *Henrique IV, Parte I*: "Desta urtiga, o perigo, arrancamos esta flor, a segurança". Colossus tornou-se HOTSPUR.

Os britânicos não queriam se unir a ninguém, mas estavam preocupados com a possibilidade de alguma agência americana tentar comprá-los e imaginaram que seria melhor juntar forças com o irmão de Francis. Alguns achavam que uma fusão modificaria as características da sua agência. A sede seria em Londres ou Nova York? Quem seria o líder? David afirmara que ficaria satisfeito em ver o irmão na posição de CEO, mas essa afirmação não acabou com a preocupação da equipe londrina com relação a onde residiria a verdadeira liderança.

Um grande drama teve lugar quando David entrou no palco do Festival Hall, despiu ostensivamente o paletó e exibiu o seu primeiro slide: "O que aprendemos a respeito da propaganda que vende". Os seus sócios em perspectiva foram bombardeados com ideias avançadíssimas no seu setor e os resultados que elas podem produzir. "Era a primeira vez que via uma apresentação como aquela", declarou um membro da Mather & Crowther que estava presente.

> Achei tudo absolumente incrível — fiquei realmente impressionado. David havia tirado muitas conclusões sobre o que dava certo e o que não dava certo em publicidade, com histórias e muitos exemplos de boa propaganda. No fim, ele fez uma pergunta: "Funciona?". E em seguida ele apresentou uma série de gráficos que mostravam as vendas de clientes subindo vertiginosamente. Considerei a apresentação absolutamente instigante.

Aparentemente, outras pessoas foram da mesma opinião. Foi uma grande proeza que dissolveu a oposição à fusão; a discussão continuou nos bastidores do Savoy Hotel.

No meio das negociações, Francis, então com 60 anos, faleceu. Embora ele tivesse sido um fumante inveterado (dois maços por dia durante trinta anos) e tenha morrido de câncer no pulmão, os seus colegas acreditam que ele morreu devido à bebida. Enquanto David se tornava cada vez mais bem-sucedido, Francis foi ficando cansado e entediado. David fez uma viagem a Londres para ver o irmão pouco antes da morte deste. Um mês depois, em um programa da *CBS Reports* sobre o fumo e a propaganda, Ogilvy declarou: "Assisto a esses comerciais, vejo o jovem bonito e atlético inalando a fumaça do cigarro e em seguida fazendo-a descer pelo pulmão, e fico estarrecido ao pensar que pertenço à profissão que pode perpetrar esse tipo de perversidade". Ele admitiu que a sua agência americana administrara a conta de uma marca de cigarro (cigarros mentolados Spud) até que as "irrefutáveis" conclusões do Relatório do Royal College of Physicians de 1962 motivou a decisão de não aceitar nenhuma propaganda de cigarro, embora Londres tenha mantido as suas lucrativas contas de cigarro durante vários anos.*

A morte de Francis privou Mather & Crowther do seu líder e da possibilidade de uma fusão especial. Os diretores britânicos esperavam que Francis, o irmão mais velho, fosse a luz norteadora da agência conjunta, e que a de Londres, por ser a empresa maior e mais antiga, dominasse a fusão. David tinha um grande estilo e charme, além de alguma experiência em vendas, mas não possuía as credenciais de peso necessárias para administrar um grande empreendimento internacional. Muitos acreditam que, se David não fosse irmão de Francis, o seu nome talvez nem mesmo tivesse sido cogitado para o cargo. No entanto, na realidade, o oposto era verdade. Mesmo antes da morte de Francis, alguns dos diretores ingleses mais jovens consideravam revigorante a ambição de crescimento em Nova York, personificada por David.

Os britânicos veneravam Francis, mas pensavam de uma maneira menos elogiosa a respeito do seu excêntrico irmão. Apesar do grande sucesso deste último nos Estados Unidos, nunca o aceitaram plenamente. O homem que conseguiu convencê-los foi Jock Elliott, que entrou em cena mais tarde e se reuniu no escritório com a equipe de alto escalão em uma sala de reuniões. Elliott falou aparentemente de improviso, já que todos os seus discursos pareciam improvisados. A sua fala meticulosamente analisada, expressa com dignidade e humor, impressionou todos os que estavam presentes. No fim, as pessoas estavam pensando o seguinte: se este americano é o chefe em Nova York, nada temos contra trabalhar para ele.

O nome de Francis só aparece brevemente na autobiografia do irmão. Quando ele morreu, David finalmente reconheceu a sua dívida: "Uma peculiaridade no caráter de todos os membros da família Ogilvy nos impede de dizer coisas agradáveis a respeito uns dos outros; disputamos um jogo de denegração sarcástica, para ocultar a nossa devoção mútua. Mas na morte, vou me permitir admitir que Francis foi o grande herói da minha vida e, nos últimos trinta anos, o meu melhor amigo". Ele reconheceu que o seu irmão fora imensamente admirado e apreciado pela equipe, e que fora "uma

---

* Anos mais tarde, a empresa americana suspendeu a política e aceitou uma conta de cigarro, argumentando que todos compreendiam o perigo de fumar e que a política havia sido transigida por clientes fabricantes de cigarro em outros países.

pessoa de uma envergadura muito maior do que eu jamais percebi, que Deus me perdoe".

Francis adorava o irmão mais novo. Quando David ia a Londres, sempre encontrava o seu quarto repleto de flores dispendiosas. Eternamente confiante de que David seria bem-sucedido, certa ocasião Francis escreveu que desejava que o pai deles estivesse vivo, para poder contar a ele o sucesso de David nos Estados Unidos e ouvi-lo regozijar-se com o "O" americano.

As negociações entre as agências prosseguiram, e o contrato foi finalmente assinado em outubro de 1964. A Ogilvy & Mather International Inc. foi incorporada em Nova York tendo David Ogilvy como presidente do conselho administrativo e CEO, e Donald Atkins da Mather & Crowther como vice-presidente do conselho administrativo. Em 1938, Francis prognosticara que, um dia, uma agência inglesa invadiria o setor americano. O seu irmão liderara a invasão; a fusão garantiu o futuro da agência. O boletim interno da equipe londrina comentou: "David Ogilvy não é americano e tampouco inglês; afortunadamente, a bem da diversidade, ele é escocês".

"Se Deus está do lado dos grandes batalhões, o que parece ser o caso", alardeou Ogilvy, "o caminho da sabedoria reside em tornar-nos um dos grandes batalhões." A combinação criou a nona maior empresa de publicidade do mundo, a maior da Europa, empregando 1.600 pessoas. A fusão em partes iguais foi aprovada pelo escritório de Londres como uma brilhante realização, uma "verdadeira aliança de iguais".

Nada mudaria mais a agência do que a abertura do capital. Não que houvesse muita escolha ou que muitos diretores fizessem objeção. O controle de câmbio britânico tornara a oferta pública de ações uma condição para que uma companhia britânica fosse vendida para uma nova empresa, controladora *americana*. A Papert, Koenig, Lois, uma pequena nova empresa mas que estava crescendo rapidamente, tornara-se a primeira agência de publicidade a abrir o capital em 1962. A PKL não dispunha de recursos para pagar os salários em ascensão dos profissionais de criação e achou que talvez pudesse usar as suas ações como incentivo. Quatro agências seguiram os seus passos, sem visíveis efeitos adversos. As aquisições de controle hostis ainda não tinham sido inventadas, nem mesmo para empresas com ativos duráveis.

No caso das empresas de serviços, cujos ativos descem pelo elevador todas as noites, elas eram inconcebíveis.

Ogilvy queria abrir o capital. Começou a escrever memorandos a respeito do assunto em 1964, recomendando com insistência que a agência acelerasse o processo para não perder o mercado. Ressaltou que investira todo o seu capital (6 mil dólares) na agência, comprara ações nos anos subsequentes e desejava vender algumas para diversificar os seus bens e ter mais liquidez. "Todos os meus ovos estão em uma única cesta." Ele calculava que as suas ações montassem a 1,8 milhão de dólares em um valor "público" (12 milhões de dólares em valores atuais). O único aspecto negativo que ele enxergava era a exigência de divulgar os lucros e a remuneração da diretoria. Não obstante, enfatizou: "NÃO DEVEMOS PERDER O ÔNIBUS".

A oferta pública de ações da Ogilvy & Mather International, Inc. teve lugar em 1966, com as ações relacionadas nas bolsas de Londres e Nova York, o primeiro caso de uma agência de publicidade. O faturamento dos clientes era de 150 milhões de dólares, o dobro da quantia de quatro anos antes (e quatro vezes maior do que a da PKL) com um lucro de 1,4 milhão sobre uma receita de 24 milhões de dólares. Os banqueiros eram o First Boston, em Nova York, e o N. M. Rothschild e o Kleinwort Benson, em Londres. Ogilvy era o presidente do conselho administrativo e CEO bem como o principal acionista; ele se demitira do cargo de presidente do conselho administrativo da empresa americana no ano anterior, passando a atuar apenas como o seu diretor de criação.

Já em 1970, a agência pôde publicar um anúncio de página inteira no *The Wall Street Journal*, informando o seu ano mais lucrativo. Ogilvy declarou aos analistas de crédito e valores que metade dos clientes da empresa pagavam honorários, não comissões, o que tornava mais fácil gerir os negócios. "Gosto de ser capaz de procurar um cliente e aconselhá-lo a aumentar os seus gastos com a propaganda sem que ele desconfie dos meus motivos. Também gosto de poder procurar um cliente e sugerir que ele reduza os seus gastos com a propaganda, sem precisar pedir desculpas aos nossos acionistas."

A recompensa financeira instantânea da abertura de capital não agradou a todos. Stowell acreditava que uma firma de serviços profissionais não poderia atuar simultaneamente no interesse dos acionistas e dos clientes de modo ético, e renunciou ao seu cargo em sinal de protesto. Por insistência de

Ogilvy, ele permaneceu no conselho administrativo e aceitou as suas ações, mas continuou a ser uma presença incômoda sem responsabilidades, fumando o seu cachimbo e fazendo pronunciamentos solenes. O seu conservadorismo começou a ofender Ogilvy, que acabou enviando outras pessoas para pedir a Stowell que renunciasse de vez ao cargo.

A abertura do capital pouco afetou a maneira como a agência era administrada, mas atraiu Warren Buffett como um dos primeiros investidores. "Gosto de negócios baseados em royalties (referindo-se às comissões como royalties), apesar de Ogilvy apregoar as virtudes dos honorários. Buffett ia a Nova York uma vez por ano para se reunir com a equipe administrativa e fazia muitas perguntas. Apesar de gostar do que via, ele debatia a sabedoria da aquisição de outras agências. "Por que vocês não compram a *melhor agência*? Comprem as próprias ações." Depois de vender grande parte das suas ações, Ogilvy costumava apresentar Buffett como "o homem que ganhou mais dinheiro com a Ogilvy & Mather do que eu".

Com a saída de Stowell, os outros diretores se tornaram audaciosamente expansionistas. A medida seguinte foi a aquisição da outra empresa controladora inglesa, a S. H. Benson, em 1971, que estava perdendo dinheiro, mas era proprietária de um valioso prédio em Londres. Como a propriedade arrendada valia mais do que a agência e poderia ser vendida, a agência em si não custaria praticamente nada. A Bensons também era dona de várias agências negligenciadas nos países do Sudeste Asiático que pareciam tão irrelevantes que o pessoal da Ogilvy os chamavam de "países Mickey Mouse".

Ogilvy opunha-se fortemente à compra. Achava que a Bensons era mal-administrada, e não gostava especialmente da parte da propriedade imobiliária. Era a primeira vez que o conselho diretor se opunha a ele, e Ogilvy ficou furioso. Retirou-se da reunião e não voltou para a festa de aniversário planejada para ele naquela noite, indo ver a irmã em Devon. A aquisição teve seguimento, mas, por estranho que pareça, sem o valioso prédio londrino; o conselho administrativo concordou em que isso seria ousado demais. (O Rothschild's o comprou e ganhou uma fortuna.) Durante algum tempo, a ideia foi a agência se livrar das agências da Benson no Sudeste Asiático. Em vez disso, Michael Ball, um carismático australiano que inaugurara postos avançados bem-sucedidos da Ogilvy & Mather na Austrália e na Nova Zelândia, transformou-as em agências lucrativas de primeira classe, formando o que se tornaria a maior rede de agências na região do Pacífico asiático. Ao longo da década de 1970, outros magnatas regionais construíram a rede na Europa e na América Latina.

O fato de a empresa ter sido criada por uma fusão de iguais gerou uma mentalidade internacional que lhe seria muito útil com relação aos clientes multinacionais. As pessoas da empresa de Ogilvy sentiam que não podiam mandar uns nos outros, que tinham que trabalhar em conjunto. Os supervisores de gestão internacional zelavam pelos interesses de uma crescente lista de clientes multinacionais; nenhuma outra agência atendia a tantos comerciantes internacionais. Apesar de ter começado tarde, a Ogilvy & Mather viria a se tornar uma das três maiores agências internacionais.

Depois de acionar negócios em grande escala, Ogilvy não ficou completamente satisfeito com as consequências. Os princípios viajavam bem, mas o mesmo não se pode dizer do seu fundador. Ele morria de medo de voar e fazia coisas quase absurdas para não entrar em um avião. Em vez de voar algumas horas para o escritório em Houston, Ogilvy fazia uma viagem de trem de dois dias que passava por Chicago e Dallas, permanecendo em Houston durante cinco ou seis dias, em vez de fazer viagens mais curtas e frequentes. Na Índia, onde as estações de trem viviam repletas de um enorme número de pessoas que dormiam na plataforma, Ogilvy fazia uma viagem de trem de 72 horas do escritório em Nova Delhi para o de Chennai (Madras), a mais longa viagem de trem possível naquele país. Quase todos os diretores da agência indiana o escoltavam, o rei com a sua comitiva.

Ogilvy admitia que o seu medo de voar era irracional, mas não conseguia vencê-lo e só voava quando era absolutamente necessário. Sendo de um modo geral abstêmio, bebendo apenas de vez em quando uma ou duas taças de vinho, ele às vezes precisava tomar vários martínis quando estava em um avião. Quando o mau tempo impediu que ele embarcasse em um navio para a Escandinávia, Ogilvy enviou um Telex: "Tempestade Mar do Norte. Seguindo avião Estocolmo. Rezem por mim".

Além do medo traumatizante de voar, Ogilvy era no fundo um colonialista, sentindo-se mais à vontade nos lugares onde o Império Britânico havia governado, especialmente no Canadá, na Índia e na África do Sul. Ele visitou com menos boa vontade os escritórios da agência na América do Sul, e ridicularizou o ingresso dela no Japão. Zombou da ideia de entrarem na Rússia: "O que vamos vender? Chapéus de pele?".

Em Nova York, Ogilvy entregou a agência em 1965 para uma equipe que tinha Jock Elliott como presidente do conselho administrativo, Alan Sidnam (um executivo sênior da Benton & Bowles) como vice-presidente do conselho administrativo, e Jim Heekin como presidente. Heekin, um gerente de conta audacioso e extremamente competente, fora promovido quando a sua cliente Lever Brothers tornou-se durante um período a maior da agência. Um talentoso especialista em contas com um poderoso instinto estratégico e criativo, Heekin tomou várias medidas imprudentes, criando inclusive uma disputa pelo poder com a intenção de se tornar o único chefe do escritório. Ogilvy o demitiu e trouxe Andrew Kershaw, de Toronto, para a presidência.

Depois de se estabelecer em Nova York, Kershaw se uniu a Jimmy Benson (que não tinha nenhuma relação com a S. H. Benson), que estava formando a rede na Europa. Juntos, começaram a promover o crescimento, argumentando que a única maneira de ganhar mais dinheiro, ano após ano, era comprar outras agências. Page considerou a ideia um esquema Ponzi,* uma maneira de criar a ilusão de um crescimento dinâmico. Kershaw apresentou então a ideia de várias agências concorrentes sob a direção da mesma empresa controladora, como o Marion Harper's Interpublic Group. Essa estratégia conduziu à compra da Scali, McCabe, Sloves, uma incrível agência criativa a quem prometeram uma separação total exceto nos assuntos financeiros. Quando os diretores de Ogilvy se reuniram no Hotel Dorset para brindar ao "casamento", Ed McCabe, o iconoclástico diretor de criação da SMS, ergueu a sua taça e respondeu, dedo em riste: "OK. Mas lembrem-se: quartos separados!".

Ogilvy antipatizou tanto com o conceito quanto com a execução. Desde o início, ele insistira em que a sua empresa deveria ser "Uma Única Agência Indivisa". ("Sob as Ordens de Deus?", matutou um cliente.) Não é nem um pouco surpreendente que ele rejeitasse a apostasia de outras agências com diferentes filosofias serem convidadas para o seu sagrado domínio. Ele

---

* Um esquema Ponzi é uma sofisticada operação fraudulenta de investimento, do tipo conhecido como pirâmide, que envolve o pagamento de rendimentos extremamente altos aos investidores, acima daqueles praticados no mercado, à custa dos recursos aplicados pelos novos investidores que chegarem posteriormente. (N. da T.)

ridicularizava a Scali, McCabe, Sloves como "crianças que brincam na caixa de areia", ficou furioso com a quantia que os diretores dela tinham recebido pela venda da agência* e combateu a aquisição em reuniões do conselho e por meio de memorandos: "Só pode haver uma única igreja verdadeira".

O ponto de vista de Ogilvy era que os seus princípios tinham se revelado eficazes. Haviam proporcionado uma sólida base para o crescimento. Por que deveríamos acolher positivamente desvios em nome do crescimento, o que era em si uma filosofia discutível, em uma empresa dedicada a colocar os interesses dos clientes em primeiro lugar? Ele queria saber.

Ele perdeu não apenas a batalha como também a guerra, já que Kershaw e seus aliados continuaram a comprar agências com diferentes nomes e filosofias, e a discórdia de Ogilvy ante os seus antigos discípulos se ampliou. Agora, na década de 1970, a própria Ogilvy & Mather estava a uma grande distância da butique com cujo possível fracasso ele se preocupara. A empresa se tornara uma das maiores agências de publicidade do mundo, com escritórios revestidos de carpete vermelho espalhados pelo planeta. Nos Estados Unidos, a aquisição de uma agência de Los Angeles trouxe a conta da Mattel (com a boneca Barbie). Hal Riney abriu um escritório O&M em São Francisco, e logo iria mudar a imagem do Gallo com a sua propaganda contestatória para Bartles e James e outras marcas Gallo. Ogilvy admirava as campanhas de Riney, que talvez fizessem com que ele se lembrasse das suas primeiras imagens de sucesso. A Ogilvy Direct, a sua "arma secreta", cresceu e veio a se tornar a maior — e mais premiada — rede de resposta do mundo.

Mas tudo era muito grande. Ogilvy passou a presidência do conselho administrativo da Ogilvy & Mather International, a empresa controladora, para Jock Elliott e assumiu o novo papel de chefe de criação internacional, com a missão de elevar os padrões criativos nas dezenas de escritórios da agência ao redor do mundo. A opinião de Ogilvy tinha muito peso, mas a função não era suficiente para satisfazê-lo. E ele via a sua empresa como progressivamente divisível.

---

* Cada um dos fundadores recebeu 3 milhões de dólares (que equivalem a quase 11 milhões de dólares em 2008).

A partir do fim da década de 1950 e em grande parte da de 1960, Ogilvy começara a se afastar das responsabilidades administrativas e se tornara cada vez mais visível externamente, apresentando palestras, dando entrevistas e criando projetos de serviço público. Ele presidiu o United Negro College Fund em 1965, presidiu também um Comitê de Cidadãos para Manter Limpa a Cidade de Nova York, dividindo o mérito com o Departamento de Saneamento por melhorar o grau de limpeza da cidade. (Ogilvy mudou apenas uma palavra no discurso de Elliott a respeito do programa de publicidade de "Não Suje as Ruas" — de "pessoas que sujam as nossas ruas" para "bárbaros que sujam as nossas ruas". Esta foi a manchete do *The New York Times*: "Bárbaros sujam as nossas ruas".

O comitê do Lincoln Center de Ogilvy pode informar que a consciência do público a respeito do novo centro de artes aumentara para 67%, com um típico toque de Ogilvy: "ouvimos dizer que o mesmo percentual se aplica às Pirâmides". Ele convenceu a Filarmônica de Nova York a anunciar toda a programação da temporada. A sua carta para os diretores de outras agências pedindo que os clientes deles apoiassem a orquestra prometia: "Bernstein é Sucesso de Bilheteria. Bernstein é Magnífico". Usando uma análise de pesquisa especial, ele disse à National Automobile Dealers Association que as concessionárias eram consideradas menos honestas ou confiáveis do que os papa-defuntos, gerentes de postos de gasolina e bombeiros hidráulicos, e aconselhou-as a oferecer um serviço melhor ("Imitem os grandes cirurgiões que sabem que compensa prestar cuidados pós-operatórios aos seus pacientes") e aprimorar a propaganda que faziam ("Parem com a propaganda barata, vulgar e desonesta e comecem a oferecer uma publicidade respeitável").

Disse à Magazine Publishers Association que os comerciais da televisão tinham tornado a Madison Avenue "o símbolo-mor do materialismo de mau gosto" e sugeriu a implementação de uma regulamentação mais rígida da parte do governo. Ele falou a respeito de oportunidades de uma rápida promoção com o Harvard Business School Club. "A idade típica dos nossos vice-presidentes na Ogilvy, Benson & Mather é de apenas 41 anos. Quase todos eles se tornaram vice-presidentes quando ainda estavam na casa dos 30 anos. O nosso vice-presidente mais jovem tem 31."

Eleito para a Galeria da Fama dos Redatores de Publicidade em 1965, Ogilvy aceitou a homenagem com as palavras: "Detesto prêmios, exceto quando ganho um". Logo depois que Ellerton Jette, da Hathaway, conseguiu elegê-lo um dos gestores do Colby College, ele confrontou o presidente do Colby com 12 ideias a respeito de como administrar melhor a faculdade.

O chefe da CIA, Allen Dulles, se ofereceu para conseguir a cidadania americana para Ogilvy devido à ajuda que ele prestou ao OSS durante a guerra. Ogilvy recusou a oferta, explicando mais tarde que não pretendia se candidatar a um cargo público, de modo que não precisava ser um cidadão, mas também se queixou da falta de reconhecimento do governo britânico.

O Governo de Sua Majestade deseja exportar, o que requer o marketing. No entanto, esse mesmo governo desdenha o rei dos negociantes britânicos. Estão me instigando a desertar? Aqui nos Estados Unidos, sou contratado como consultor sênior pela Sears Roebuck, IBM, General Dynamics, J. P. Morgan, Campbell Soup, General Foods. Nenhum outro cidadão inglês jamais ocupou uma posição tão influente no mercado americano.

Em 1967, Ogilvy finalmente foi homenageado no Buckingham Palace com um CBE, Commander of the British Empire, em reconhecimento ao seu esforço de promover as exportações britânicas. Quando recebeu o CBE, a rainha lhe fez perguntas a respeito do seu trabalho; Ogilvy disse que a expressão da soberana quando ele respondeu que a sua área era a publicidade revelou que ela achava a ideia ao mesmo tempo "inacreditável, horrível e divertida".

Quando lhe pediram que pensasse na possibilidade de desempenhar o papel principal em uma comédia da Broadway chamada *Roar like a Dove*, cujo cenário se situava nas Highlands da Escócia, Ogilvy explicou, em um *non sequitur* característico: "Recusei a proposta. A peça foi um fracasso".* Ele foi convidado duas vezes para ir à Casa Branca. Em uma das ocasiões, dançou durante três horas e depois foi embora, juntando-se a uma reunião após a festa com Ted Sorensen, Arthur Schlesinger e outros membros desolados da equipe do presidente Kennedy assassinado. "Foi a noite mais magnífica da minha vida." O secretário de comércio lhe pediu que preparasse uma apresentação sobre as negociações da Rodada Kennedy do GATT (General

---

* A peça estreou no dia 21 de maio de 1964 e saiu de cartaz no dia 6 de junho do mesmo ano.

Agreement of Tariffs and Trade) em Genebra, que recebera o nome em homenagem ao presidente. A rodada foi considerada um sucesso.

A *Reader's Digest* pagou 10 mil dólares a Ogilvy por uma carta de amor de página inteira, "Confissões de um leitor de revista". Ele disse que ela era a revista que ele mais admirava.

> Eles sabem como apresentar assuntos complicados de uma maneira que cativa o leitor.
>
> Estão do lado dos anjos. Fazem uma vigorosa campanha contra o cigarro, que mata pessoas. Fazem campanha contra os outdoors, que enfeiam o mundo. Fazem campanha contra o pugilismo, que transforma os homens em vegetais. Fazem campanha contra a pornografia.
>
> Fazem campanha a favor da integração, da tolerância religiosa, do sistema de defensoria pública, da liberdade humana em todas as suas formas.

Ogilvy afirmou que admirava a coragem dos editores da *Reader's Digest* de abrir a mente dos leitores para os assuntos delicados, apreciava o seu senso de humor e a considerava uma revista de fácil leitura, desde o sumário na capa até a linguagem clara do interior da revista. "Foi a melhor publicidade jamais escrita para a *Digest*", declararam os editores.

Ogilvy tirava férias em Barbados com o casal social e político internacional Ronald e Marietta Tree ("em estreito contato com a aristocracia visitante da Inglaterra, e negros de alto nível") e em Montana (observando pássaros no seu hábitat, acampando a 2.600 metros de altitude, caminhando de seis a sete horas por dia — "em excelente forma").

Mas Ogilvy não conseguia esquecer o Condado de Lancaster, e escreveu um anúncio elogiando a região: "Fuja para o Século XIX na Pensilvânia". Em 1963, comprou uma segunda fazenda entre os "fecundos *amish*" com a sua segunda esposa. Anne adorou a propriedade e mobiliou as duas casas com mobília antiga com os pés em garra e pendurou potes e panelas nas paredes. Passavam lá quase todos os fins de semana com os filhos pequenos de Anne e levavam uma vida simples sem contatos sociais: praticavam jardinagem, caminhavam, cavalgavam e dormiam. O trabalho de casa era mais árduo para Anne, mas ela podia montar um esplêndido cavalo.

Quem cuidara da sua primeira propriedade agrícola fora um filho do seu amigo Ira Stoltfus, um bispo *amish* e um dos "heróis da sua vida". Quem cuidou dessa segunda fazenda, que tinha 40 hectares, foi o neto de Ira, que também se chamava Ira, e que se apegou de tal maneira ao publicitário nova-iorquino que ele e a esposa, Fannie, chegaram a pensar em chamar o segundo filho do casal de David Ogilvy Stoltfus. No fim, não conseguiram adotar os dois nomes; o nome do meio do filho deles é David.

Ogilvy comprou seis cavalos para puxar arado e um pônei, que chamou de Pompey, explicando para Ira que era o nome de um general romano. Pompey puxava as duas filhas de Anne em uma pequena carroça preta. Ele também tinha uma vaca Guernsey que Ira ordenhava com a mão, sentado em um banco. "Oh, é formidável beber leite fresco de vaca todas as manhãs", comentava Ogilvy, maravilhado. Ira frequentemente via o casal Ogilvy deitado de costas olhando para o céu e desfrutando o ar do campo.

A nova condição de Ogilvy, que da primeira vez fora um pseudofazendeiro principiante, de fazendeiro de fim de semana tornou-se clara em uma festa dos habitantes da localidade à qual Ogilvy compareceu. Um deles perguntou:

"Sr. Ogilvy, soube que o senhor tem alguns carneiros. Quantos exatamente o senhor tem?"
"Não muitos. Não sou um grande pecuarista como você."
"Quantos carneiros o senhor tem, Sr. Ogilvy?"
"Muito poucos. Sou na verdade um publicitário de Nova York."
"Quantos carneiros o Sr. tem, Sr. Ogilvy?"
"Cerca de 22, acho eu."
"Oh! Como eles se chamam?"

Quando Ogilvy vendeu a fazenda em 1968, o publicitário colocou o nome da marca no título: "A fazenda de David Ogilvy em Intercourse".

Embora Ogilvy tivesse se pintado irresistivelmente como um mau administrador e trazido Stowell para ajudá-lo a administrar a agência, ele era um líder extraordinariamente instintivo. "Há vinte anos eu administro a Ogilvy & Mather", escreveu ele em 1968. "Aprendi com os meus erros, com os conselhos dos meus sócios, com a literatura, com George Gallup, Raymond Rubicam e Marvin Bower."

O que se seguiu no livreto de capa vermelha (o vermelho se tornara a marca registrada para quase tudo) conferiu uma "unidade de propósito" aos escritórios da O&M ao redor do mundo. O texto de "Princípios de Administração" trata de agências de publicidade, mas os princípios se aplicam igualmente a quase todas as empresas de serviços profissionais.

Sobre a minimização da política no escritório: "Demitam os políticos incuráveis. Façam propaganda contra a rotina burocrática".

Sobre a motivação profissional: "Quando as pessoas não estão se divertindo, elas raramente produzem uma boa propaganda. Livrem-se das pessoas baixo-astral que disseminam a melancolia".

Sobre os padrões profissionais: "Os homens superiores não devem tolerar planos desleixados ou um trabalho criativo medíocre".

Sobre a parceria: "A Alta Administração em cada país deve funcionar como uma mesa redonda, com um *chairman* cuja envergadura seja grande o suficiente para que ele seja eficiente no papel de *primus inter pares*".*

E assim por diante, delineando funções para líderes, pessoas da criação, supervisores de gestão, tesoureiros e pesquisadores.

Ogilvy só veio a usar a frase "cultura corporativa" anos depois, mas essa era a ideia que estava alimentando. Certo funcionário que trabalhara em várias agências notou a diferença. "As pessoas que eu conhecia que trabalhavam em outras agências tinham um emprego. Nós tínhamos uma missão, o que era diferente. Nunca trabalhei em um lugar que tivesse algo remotamente semelhante." Outro era da mesma opinião: "Esta não é uma agência de publicidade e sim um *clube*", referindo-se não à exclusão (muitas mulheres trabalhavam lá), mas a uma atitude a respeito do fundador e dos seus princípios.

Além da crescente reputação de produzir um trabalho criativo brilhante, a agência estava desenvolvendo uma personalidade. O prefácio de Ogilvy em um prospecto de recrutamento explicitava os elevados padrões e a atitude humanitária esperada para com aqueles que trabalhavam lá.

---

* Primeiro entre iguais. (N. da T.)

Estamos procurando cavalheiros com ideias na cabeça e fogo no ventre. Se você ingressar na Ogilvy & Mather, nós lhe ensinaremos tudo o que sabemos a respeito de publicidade. Nós lhe pagaremos um bom salário e faremos o máximo para que você seja bem-sucedido. Se você demonstrar que tem potencial, nós o encheremos de responsabilidade — rapidamente. O dia a dia na nossa agência pode ser muito estimulante. Você nunca ficará entediado. É uma vida dura, porém divertida.

As "Lanternas Mágicas", nome que Ogilvy deu às apresentações com slides e filmes projetados para formar um "corpo de conhecimento", representavam uma grande parte dessa personalidade. Os slides-lanterna expunham um princípio, citavam a pesquisa, mostravam um resultado de vendas e ilustravam o ponto com um anúncio impresso ou um comercial. Todos os novos funcionários eram obrigados a assistir à primeira Lanterna Mágica de Ogilvy, "Como criar uma propaganda que vende", aquela que impressionou a equipe no Festival Hall; haveria mais dezenas dessas apresentações sobre temas úteis para os clientes — e para os clientes em perspectiva. Embora o propósito aparente das Lanternas fosse o conhecimento e o treinamento, elas se revelaram novas e sedutoras ferramentas comerciais.

A maneira pela qual Ogilvy declarava os seus princípios fazia com que alguns católicos que trabalhavam na agência se lembrassem do catecismo. O fato de Ogilvy, um ateu confesso, ser fascinado pela estrutura da Igreja Católica e frequentemente recorrer à sua linguagem era uma anomalia. Reeves estava na "sucessão apostólica" de Claude Hopkins. Ogilvy usava um manto azul-real nos atos governamentais solenes que lembrava as vestes eclesiásticas. Ele adorou o fato de uma revista chamá-lo de "O papa da publicidade moderna".

Certa noite, em 1963, quando jantava com amigos, pouco depois de ter ingressado na agência como gerente de conta júnior, fui chamado ao telefone. "Estou no gravador examinando as provas do anúncio do cupom", disse o supervisor de composição. "Sabe o lugar onde as duas páginas coloridas se encontram? Elas estão muito afastadas. Podemos raspar 30 milímetros de cada chapa e juntá-las mais. Isso custará 300 dólares." Concordei em que a correção era pertinente, mas ressaltei que essa não era a campanha principal, apenas um anúncio de cupom, e que se tratava apenas de um teste de mercado. Poderíamos fazer a mudança mais tarde. "Além disso, o cliente já aprovou como está", acrescentei.

A resposta repreensiva foi rápida. "David diz (pausa) que nunca é tarde demais para *melhorar* um anúncio — mesmo depois de o cliente tê-lo aprovado." "Gaste os 300 dólares", repliquei, concordando. Assim como a igreja, a agência tinha padrões.

Parte da personalidade da agência estava abrigada em um barbeiro belga trazido do Park Lane Hotel, em Nova York, por Ogilvy, que acusou o dono da barbearia de ser um explorador. Emil Vaessen recebeu uma sala com uma cadeira de barbeiro, espelhos e uma pia, e foi trabalhar por conta própria. "O Nosso Elegante Barbeiro" anunciou o *Flagbearer*, o boletim informativo da equipe. Ninguém, em nenhum setor da comunicação, se comunica como um barbeiro; Ogilvy sempre cortava o cabelo com Emil e sempre perguntava qual era "o último babado". Emil continua no mesmo lugar, 42 anos depois, e os seus serviços estão disponíveis para a equipe, os clientes, os amigos e os advogados dos andares superiores.

Para algumas pessoas da O&M, o Rattazzi's, um restaurante pouco iluminado situado do outro lado da rua, em frente à entrada da agência na East Forty-eighth Street, conhecido pelos seus martínis de tamanho exagerado, fazia parte do cenário. Ao contrário de Leo Burnett, que passava a hora do coquetel com os colegas, Ogilvy olhava com maus olhos o coleguismo regado a álcool. Quando decidiu que a agência deveria ter um refeitório, ele pediu sugestões para um nome. Entre os favoritos estavam: "Charlemagne East" (a linhagem à qual ele afirmava pertencer), "The Hungry Eyepatch" e "Toady Hall",* que remetia ao seu elevado princípio: "Desprezamos bajuladores que puxam o saco dos chefes". Ogilvy anunciou que pretendia comer ali com frequência e recomendou com insistência que os outros seguissem o seu exemplo. Um funcionário que era assíduo frequentador do Rattazzi's resolveu o dilema apresentado pelo novo refeitório que não servia bebidas alcoólicas atravessando a rua, bebendo um martíni, e depois voltando para a agência para comer um sanduíche de atum. Ogilvy, que comia com frequência no refeitório, pegava a bandeja, corria os olhos pela sala e invariavelmente se sentava ao lado da moça mais bonita. Ele raramente entrava no

---

* "Salão dos Bajuladores". (N. da T.)

Rattazzi's, e só o fazia quando estava procurando um dos seus executivos para tratar de algum assunto da empresa.

Mais tarde, quando a agência criou um refeitório executivo, Ogilvy passou a ir menos vezes ao outro. Certo dia, na hora do almoço, Ogilvy estava no refeitório exclusivo e notou que um colega executivo estava sentado sozinho em uma mesa lendo a sua correspondência. "Sandy, você e eu fazemos parte de dois clubes, deste e do Brook", falou ele, em voz alta, para o executivo que estava do outro lado da sala. "Nós não levamos os nossos documentos para a mesa de refeições quando estamos lá, e tampouco acho que você deva fazer isso aqui."

O segundo casamento de Ogilvy estava desmoronando. Anne fora casada com um Cabot de Boston, era presunçosa e teimosa, e queria fazer as coisas do jeito dela. Agora, estava casada com alguém que queria fazer as coisas do jeito *dele*. Ela estava tentando fazer tudo; ele era egocêntrico e desatencioso. No início do casamento, Anne fazia cursos no Barnard College para concluir as exigências necessárias para a obtenção do seu diploma de Radcliffe. Ogilvy avisava que tinha convidado alguém para jantar, e ela dizia: "Ele não pode jantar aqui nessa noite. Tenho um teste na manhã seguinte na Barnard e preciso fazer a lição de casa, e só posso fazer isso à noite porque meus filhos moram aqui". Certa vez, quando chegaram ao teatro lírico, estava chovendo; ele saltou do Rolls-Royce e subiu a escada aos pulos, deixando-a para trás. Ogilvy criara a expectativa de um casamento com muito tempo livre e viagens, e depois passou a levar para casa duas pastas cheias de papéis, todas as noites.

Todo mundo sabia que não era fácil ser esposa de Ogilvy. Eis como Anne resumiu a situação: "Quando ele é agradável, ele é extremamente agradável. Quando ele é desagradável, é simplesmente detestável. As coisas com ele são sempre intensas. Nada é como poderíamos esperar". O casal fez várias viagens à França, quando passeavam de bicicleta pelo país; uma delas foi o começo do fim. Ogilvy se encantou por um castelo na França em 1966 e o comprou, com o dinheiro apurado na oferta pública de ações, sem nada dizer a Anne. "Foi aí que eu soube que o casamento estava abalado", afirmou o seu amigo Louis Auchincloss, que representou David no divórcio.

Anne foi contra o castelo desde o início. Contrariou-se ao perceber que ele era uma espécie de monumento para o marido, o que não estava muito longe da verdade. Ela preferia a fazenda na comunidade *amish*, onde montava o seu cavalo, ou a casa de verão que alugaram no litoral norte de Massachusetts. Ela tampouco aspirava à vida aristocrática que ele desejava. Eles romperam em 1973, depois de permanecer casados durante 16 anos. Ogilvy, então com 62 anos, foi morar no seu castelo, de onde bombardeava os diretores com memorandos. Ele chamava a si mesmo de "The Holy Spook".*

---

* O Santo Espectro. (N. da T.)

CAPÍTULO 10

O Rei no seu Castelo

Quando havia hóspedes no castelo, os dias no Château de Touffou poderiam começar com três elegantes melodias tocadas em um *cor de chasse*, a corneta circular de caça preferida em Poitou, o "ventre" da França, 160 quilômetros a sudoeste de Paris, perto de Poitiers. O intérprete que toca a corneta, parcialmente oculto na névoa matutina, posta-se na ponte sobre o fosso seco, de costas para a casa de maneira que a extremidade da corneta fique voltada para os hóspedes. O seu repertório inclui uma canção báquica da "Cantata do Camponês" de Bach que ele aprendera com Ogilvy.

Depois do jantar, às vezes um concerto tem lugar no pátio debaixo do céu noturno. Vários intérpretes de corneta dos castelos próximos colocam-se em um círculo de frente uns para os outros, com a extremidade das cornetas de frente umas para as outras. No chão, aos pés deles, candelabros acesos. De manhã à noite, show business.

As coisas eram assim depois que Ogilvy se aposentou e foi morar no seu castelo, em 1973. Se a Ogilvy & Mather era o seu filho, o Château de Touffou* era o seu amor. "*Il n'ya que deux châteaux em France*", apregoava ele. Existem apenas dois castelos na França, Versailles e Touffou. Partes dele

---

* *Tous fou* (pronuncia-se Tu-Fu) significa "todo mundo está maluco", que não tem nada a ver com o nome do castelo, sendo uma corruptela dos seus nomes anteriores.

recuam ao século XII. Ele o chamava de *"folie de grandeur"* e afirmava desdenhar os castelos do Loire como arrivistas por terem apenas trezentos anos.

Por que a França? Em primeiro lugar, Ogilvy na verdade não se dava bem com alguns dos seus sócios ingleses, que veneravam o seu irmão, mas consideravam Ogilvy um arrivista, sem nunca convidá-lo para discursar para a equipe. Mas também amava a França: a paisagem, a comida, o vinho, a arquitetura. Sabia que o clima era bom para a jardinagem e, talvez pela primeira vez, decidiu sujar as mãos. Ele entendia francês, por causa dos seus dias de *chef* em Paris (mas falava raramente, com relutância, o idioma). E a França não tinha um imposto sobre ganhos de capital. O seu entusiasmo a respeito da política do país era menor. Quando Mitterrand e a esquerda ganharam as eleições em 1981, Ogilvy praticamente esperou a presença de tanques russos em Paris e enviou um Telex sucinto para o tesoureiro da agência em Nova York com os seguintes dizeres: "Mitterrand vai explorar os ricos. Eu sou rico".

Embora não esteja no nível dos grandes castelos franceses, Touffou, com os seus trinta aposentos, tampouco é simplesmente uma grande casa de campo. Assomando na colina que dá para o rio Vienne, um tributário do Loire, Touffou oferece uma vista arrebatadora da ondulante paisagem rural francesa. Sem ter à vista fios elétricos ou casas modernas, podemos imaginar estar de volta a um século mais antigo. O quarto de dormir François I celebra uma suposta visita do rei francês. Chegando ao castelo vindo da pequena cidade de Bonnes, situada mais ou menos a um quilômetro e meio colina abaixo, o visitante avista inicialmente as torres com telhas de ardósia cinza-azuladas e, em seguida, as desgastadas muralhas de pedra cor de ocre. Alguns dos muros, destinados a repelir ataques na Idade Média, chegam a ter 3 metros de espessura. O castelo é cercado por largo fosso seco no qual proprietários anteriores mantinham javalis.

Ogilvy disse que pediu emprestados 500 mil dólares para comprar o castelo, mobiliado, com 60 hectares; ele gastou muito mais para restaurá-lo e consertá-lo. Ele nunca foi uma ruína; soldados alemães se aquartelaram lá durante a Segunda Guerra Mundial, e o castelo sobreviveu a um bombardeio da RAF. No entanto, os alicerces e o telhado precisaram de grandes reparos. O governo francês pagou a metade dos custos, com o acordo de, por ser o castelo um *"monument historique"*, partes dele serem abertas ao público. Ogilvy se postava na elevada janela renascentista contando os turistas que passeavam pelo pátio. "Um franco e cinquenta, três francos, quatro francos e cinquenta. Hoje está sendo um bom dia", comentava ele, como se esses visitantes fossem uma fonte significativa da sua renda.

Uma das razões importantes que o levou a abrir o capital da sua empresa foi conseguir algum dinheiro para comprar Touffou. Poucos associados de Ogilvy acreditam que ele tenha dado um passo tão importante apenas para comprar uma casa colossal, mas ele com certeza desejava ter uma vida mais abundante do que os seus recursos permitiam. Um grande castelo tornou possível o que Ogilvy considerava um estilo de vida apropriado. Ele tinha um enorme superego, explica um dos seus sócios. "Ele era uma pessoa extremamente capaz. Não era atlético. Não estava envolvido com a arte ou a música. Isso lhe conferiu uma espécie de campo para explorar."

O vendedor foi Enguerrand de Vergie, o dirigente da empresa que fabrica Suze, um licor amarelo amargo que os franceses acreditam possuir grandes poderes medicinais para acalmar o estômago. Quando um funcionário deu um desfalque e quase levou a companhia à falência, a maior parte da fortuna pessoal de Vergie foi absorvida e ele foi forçado a vender o castelo. Como parte do contrato de venda, Ogilvy permitiu que Vergie continuasse a residir em Touffou.

Ogilvy adorava dizer aos visitantes: "Este lugar já existia havia trezentos anos quando Colombo nasceu. Vocês gostariam de visitar a masmorra?". Quando lhe perguntavam de forma zombeteira se havia alguém lá, ele admitia que a masmorra estava vazia naquele momento, mas como KoKo, o Verdugo-Mor na ópera *The Mikado*, Ogilvy tinha "uma pequena lista daqueles que não conseguiriam escapar" — como diretores de arte que montavam o tipo em negativo. "Vou colocá-los na masmorra durante alguns anos." Há uma piscina anacrônica. Um dos seus colegas irreverentes não conseguiu resistir e perguntou: "É aqui que você treina andar sobre a água, David?". Após um breve intervalo, Ogilvy respondeu: "Eu não treino".

Monsieur de Vergie, um magnífico caçador, havia adornado o castelo com os chifres de um sem-número de veados que matara. Anne se mudou para lá por um breve período, retirou os chifres e começou a fazer mudanças no sombrio interior, mas chegou à conclusão de que o local era úmido e frio demais, e voltou para casa. Ogilvy pôs-se então a tornar mais claros os aposentos de teto alto, adicionou antiguidades inglesas e francesas, pendurou uma grande coleção de panelas de cobre na parede da cozinha e instalou um Aga Cooker a carvão. O castelo é surpreendentemente acolhedor e habitável.

Além das uvas, a vinha que acompanhava o castelo produziu uma história clássica. Certa vez, no terraço, Ogilvy comentou com um convidado: "Você sabia que o vinho que tomamos no almoço foi feito com uvas cultivadas naquela vinha do outro lado do rio?". Convidado: "Elas não se saem muito bem, não é mesmo?". Pouco depois, as videiras foram removidas.

Com a ajuda de um paisagista, Ogilvy criou um jardim informal de estilo inglês que por alguma razão combina com o cenário histórico francês. Uma série de "salas" de jardim, delimitadas por sebes de tuia de crescimento rápido, está repleta de rosas antigas, peônias douradas, tremoceiros, esporas dos jardins e, em memória da sua mãe, cravos (*dianthus*). Duas "salas" são usadas como vestiários, para que as pessoas troquem de roupa quando caem na piscina. Por meio de uma ilusão de óptica, esta última não é visível do castelo; o terreno se inclina para cima, de modo que se tem a impressão de que as pessoas que estão nadando são cabeças decapitadas rolando na grama.

O jardim, citado como um dos 25 melhores da França, é mostrado em livros de jardinagem. No fim de uma alameda de limoeiros, ergue-se uma escultura de Diana a Caçadora, a deusa grega, com o seu arco e flechas. Ogilvy exibia o seu jardim com orgulho, oferecendo aos visitantes um *tour* completo, fornecendo o nome latino de dezenas de flores e arbustos. Embora o fato de uma pessoa ser membro vitalício da Royal Horticultural Society não indique necessariamente que ela seja perita em jardinagem, Ogilvy conhecia de fato a horticultura. Em visita aos jardins de Wisley, ele contemplou as duas fileiras de perenes plantas herbáceas voltadas uma para a outra e comentou: "É a melhor orla dupla que já vi". A sua mãe lhe disse um dia: "Você herdou a minha paixão pela jardinagem, mas o seu gosto é totalmente vulgar. Você não se interessa pelas plantas em si, tudo o que você quer é se exibir".

Castelos precisam ser administrados por castelãs. Ogilvy se separou de Anne em 1971, mudando-se da casa de arenito pardo no East Side de Nova York, onde moravam, para um apartamento mobiliado, antes de ir morar em definitivo na França, dois anos depois. Ele conheceu Herta Lans de la Touche, uma morena magra e elegante que morava nas redondezas, quando comprou Touffou em 1967. Eles foram apresentados por M. de Vergie, o proprietário anterior. Agora, sozinho e solitário em um grande castelo, Ogilvy estava suscetível e ela recentemente divorciada. Ele disse que conseguia perceber só de olhar para Herta que ela não era muito feliz. Dessa feita, a perseguição romântica dele culminou com o que ela chama de carta comercial: "Você deve se casar comigo porque...," relacionando em seguida fato após fato para demonstrar que estava certo. Ele fechou a venda, e eles se casaram em 1973.

Herta se mudou para o castelo com os três filhos adolescentes: o filho Guy e duas filhas, Isabelle e Laurence (conhecida como Minouche). Ogilvy era um padrasto coruja, em especial para Minouche, a mais nova; ele a provocava, e ela devolvia na mesma moeda. Era um relacionamento maravilhoso. Herta era 25 anos mais jovem do que Ogilvy, porém seu par perfeito em quase todos os aspectos. Inclusive na inteligência, disse ele. Ambos fizeram um teste de QI que ele encontrou no fim de um livro. Ele obteve 96 ("o nível de um cavador de valas"), e ela 136. Isso mudou o relacionamento deles. "De repente ela é bonita e inteligente, e eu sou feio e burro." De ascendência teuto-holandesa e alglo-suíça, Herta nasceu no México e se considera mexicana. Ela descreve Ogilvy como o inglês mais americano que ela já conhecera.

Todo mundo concorda em que ele teve muita sorte ao conhecê-la. Herta sabia como lidar com Ogilvy, uma habilidade desconhecida das suas outras mulheres. "Ela não aturava as imbecilidades de David", disse um amigo. Quando ele começava a se levantar no meio de uma refeição porque estava entediado, Herta lhe dizia que ele não poderia deixar a sala enquanto estivessem jantando e não poderia permitir que os seus filhos entendessem que esse era um comportamento adequado. Quando ele começava a se portar mal, ela brincava com ele. "Vamos lá, David. Você não pode fazer isso. Isto é o que você deve fazer."

Herta disse que morar com ele era como viver de tempestade em tempestade. Ela não ficava irritada, mas deixava claro o seu ponto de vista, lidando com as diferentes disposições de ânimo e exigências de Ogilvy com um sorriso de entendimento e sem se queixar, mesmo quando ele dizia que queria comer flocos de cereais depois de ela ter passado quase o dia inteiro na cozinha preparando uma requintada refeição. Ela resolveu o problema do comportamento dele nos restaurantes, onde Ogilvy era impaciente a ponto de ser rude, fazendo o pedido com antecedência para que ele não tivesse que esperar. Sabia muito bem como lidar com ele, e ele ia aonde gostava de ir. Antes de conhecer Herta, ele costumava sair abruptamente das reuniões; ela foi uma influência calmante.

Touffou caminhava de acordo com o plano de Herta, com a ajuda de uma equipe excessivamente pequena, e ela administrava com bom humor o fluxo constante de visitantes — em quatro idiomas. Estava determinada a transformar o monumento medieval deles em um confortável lar, suavizando a presença imponente do castelo e conferindo-lhe charme e estilo. Herta é perita em bordados, é criativa ao transformar cobertas de cama desgastadas em cortinas para as janelas, inventiva ao arranjar uma finalidade útil para aposentos ociosos, e o epítome da anfitriã agradável.

Ogilvy também sabia ser um anfitrião atencioso. Citando a atenção aos detalhes do Duque de Wellington como uma das razões para o seu sucesso, Ogilvy colocava livros no quarto dos hóspedes de acordo com os interesses individuais deles. Ele ia buscar os hóspedes na estação de trem, vestindo botas velhas e amplas calças de veludo cotelê. Quando outra pessoa ia buscar os hóspedes na estação, Ogilvy aparecia na sacada do segundo andar do castelo, levantava os braços e gritava em um tom teatral: "Sejam bem-vindos!".

E havia hóspedes; só no primeiro ano, 348 pernoitaram lá pelo menos duas noites. As suas sobrinhas escocesas foram passar duas semanas e acabaram ficando um ano, para aprender francês. Os seus amigos *amish* foram visitá-lo. Diante da escolha de jarras de água e de vinho na mesa, os homens *amish* optaram pelo vinho, para "seguir o costume". Ogilvy fez um convite aberto, impulsivo porém típico, às centenas de pessoas que trabalhavam na Ogilvy & Mather para que fossem visitá-lo quando estivessem na França. Dezenas aceitaram o convite. As pessoas se convidavam para tomar chá e ser persuadidas a pernoitar no castelo. Um jovem casal perguntou se poderiam passar uma noite e ficaram seis dias. Ele punha alguns hóspedes para trabalhar na melhora do fosso seco — um trabalho porco — confidenciando que os hóspedes raramente ficavam mais tempo do que o combinado quando tinham que trabalhar. A casa estava sempre cheia; Ogilvy adorava ter pessoas à sua volta.

Sob a orientação de Herta, os visitantes eram tratados com a cortesia do Velho Mundo. As cobertas de cama eram dobradas para baixo; com frequência, o café da manhã composto de croissants, geleia caseira e mel era entregue em bandejas na porta dos quartos. Nos dias agradáveis de verão, almoços idílicos eram servidos em longas mesas de madeira em um terraço com vista para o rio. O jantar era servido em uma sala orlada de prateleiras iluminadas ocupadas pela enorme coleção de porcelana azul e branca da

Companhia das Índias Orientais de Ogilvy, seguido pelo café que era tomado na grande sala de estar mobiliada com confortáveis sofás estofados e cadeiras revestidas com um tecido branco resistente. Sempre havia flores no quarto dos hóspedes.

O dia de um visitante do castelo poderia incluir um passeio pelos jardins, remar no rio em um barquinho, andar de bicicleta pelo campo, jogar croqué (longos bastões, calças brancas), caminhar pelos morros e pelos bosques, fazer compras em Poitiers ou em outro mercado das redondezas, mas, acima de tudo, conversar. A conversa era o esporte preferido em Touffou. Um diretor artístico da agência londrina, convidado para passar uma semana no castelo, se reunia com Ogilvy no escritório deste todas as manhãs. Eles conversavam até a hora do almoço, em seguida iam dar um passeio turístico no seu Mercedes preto, voltavam e conversavam mais — a respeito de publicidade, empresas e, especialmente, pessoas — até a hora do jantar, e depois continuavam a conversar até as primeiras horas da manhã. Ogilvy tinha muita energia, e o homem mais jovem teve dificuldade em acompanhá-lo.

Ogilvy tornou-se uma presença na região, uma espécie de senhor feudal da localidade. Quando atravessava a cidade de carro, ele acenava às pessoas pela janela do carro como se pertencesse à realeza. "Aquele é o prefeito. Ele me odeia." O gerente dos correios o adorava. Com a ajuda de uma secretária estabelecida no escritório de Paris, Ogilvy administrava uma correspondência tão ativa em Touffou que o volume da agência local dos correios aumentou consideravelmente, e o gerente dos correios recebeu uma promoção e um aumento. Nos primeiros anos, Ogilvy ia a Paris, para o seu apartamento da rue de Varenne, na Margem Esquerda, adjacente ao Museu Rodin (literalmente de costas para as *Portas do Inferno*, de Rodin). Ele evitava o escritório central da agência porque não se dava bem com o diretor administrativo. Em vez disso, ele trabalhava no seu "lar espiritual", a unidade de resposta direta, situada em outro endereço.

No inverno, Ogilvy acompanhava a mulher e amigos que tiravam férias para esquiar em Rougement, nos Alpes Suíços, "para escapar dos cobradores de impostos, que simplesmente enlouqueceram".* Como esse não atleta se sentia em um resort de esqui? Ele lia livros. Escrevia. Caminhava. Conhecia todo mundo à sua volta. "Ele poderia estar na lua", comenta Herta, uma

---

* Escapar significava passar seis meses, mais um dia, fora da França.

esquiadora encantadora (no traje mais bonito das encostas). "Ele adorava um amigo, o melhor amigo da sua velhice, Leonard Woods, da família [J.P.] Morgan. Ele caminhava com Lenny. Conversavam. Era uma vida completamente intelectual. Ambos vestiam roupas da L. L. Bean e liam os mesmos livros. Estavam encantados."

Mas Ogilvy preferia cada vez mais a vida em Touffou, onde passava grande parte do dia no seu gabinete, uma sala espaçosa e bem iluminada com algumas cadeiras e uma grande escrivaninha antiga, decorada apenas com um grande ramalhete de flores. Não era um conjunto formal com mesa e cadeiras, apenas uma superfície de trabalho. Um aparelho de fax em uma sala adjacente substituía o Telex barulhento dos anos anteriores. Ogilvy trabalhava todos os dias, batalhando contra o mundo por meio de cartas e memorandos — que somavam, com frequência, de trinta a cinquenta por dia — e um discurso ocasional. Depois de tomar café na cama, que o jardineiro levava para ele, Ogilvy saía para caminhar. Em seguida, ia para o seu escritório de teto alto, onde uma brisa constante agitava as cortinas brancas através das janelas abertas, para examinar os faxes que tinham chegado. Ele se sentava, acendia o cachimbo, tirava um lápis apontado do porta-lápis de prata da Tiffany que ficava sobre a escrivaninha e começava a escrever. "Eu não conseguia escrever sem fumar o meu cachimbo." No meio da manhã, deixava o gabinete para tomar uma xícara de café. Em seguida voltava para ver se algum fax tinha sido respondido. Depois almoçava, ouvia música, cochilava, lia e trabalhava — até dez horas da noite. De vez em quando ia para a cama vestindo um gorro para dormir do tipo que os ingleses usavam na época de Dickens.

À noite, quando não estava trabalhando, Ogilvy e Herta assistiam juntos à televisão. Muitos comerciais o deixavam furioso. "O que eles estão anunciando? Chá, café, um encantador quarto no Ritz ou a ideia de uma moça seminua?", perguntava retoricamente. "A maioria das pessoas que redigem propaganda hoje em dia nunca precisou vender nada para ninguém", declarou ele em uma entrevista para a revista *Newsweek*. "Elas pensam: 'Isto é espirituoso? Fascinante? Civilizado?'"

David escrevia o tempo todo, afirma Herta. Lia a respeito de tudo o que acontecia na empresa e bombardeava todo mundo com bilhetes e memorandos. Respondia a todas as cartas dos fãs que considerava inteligentes. Pessoas escreviam para dizer que estavam na área de publicidade porque haviam escrito para ele, e ele respondera, ou que tinham assistido a um discurso dele, enviaram um bilhete e ele tinha respondido. "Nos seus últimos 25 anos de vida, ele se dedicou à jardinagem, escreveu e leu", diz Herta. "E pessoas vinham ao castelo, e isso era tudo. Ele trabalhava muito. Punha tudo no papel. Tudo, tudo, tudo. Menos os resultados financeiros. Era um homem de palavras, não de dinheiro."

Mas ele sempre se *preocupava* com dinheiro, e se queixou quando o dólar caiu diante do franco (quando ele era pago em dólares). "Acreditam que sou incrivelmente rico, mas isso não é verdade, porque estraguei os meus assuntos financeiros a vida inteira." Louis Auchincloss, em uma visita a Touffou, disse a Ogilvy que parasse de reclamar de dinheiro. "Você tem uma saúde excelente, é dono deste glorioso castelo, é casado com uma mulher dedicada, e todos o admiram. Pare de se lamentar." Ele parou... durante 15 minutos.

Agora, com mais tempo livre, ele podia viajar. Ogilvy sempre quisera visitar o lugar onde o seu pai nascera, na Argentina, e finalmente concordou em embarcar no *Augustus*, um transatlântico italiano que partiria de Cannes. Alguns dias depois, enviou um Telex: "O Augustus é repugnante. Desembarquei". Persuadido a tentar novamente, dessa vez de avião, Ogilvy foi recebido no aeroporto do Rio de Janeiro com um tapete vermelho que foi desenrolado para ele passar. Ele se ajoelhou, colocou as mãos no chão e beijou o solo. Na fazenda de carneiros nos Pampas onde o pai nascera, Ogilvy *chorou*.

Na única viagem que fez ao Sudeste Asiático, Ogilvy pegou o *Queen Elizabeth 2* para Nova York, atravessou os Estados Unidos de trem, visitou a cidade natal da esposa no México e zarpou novamente no *Queen Elizabeth 2* para Sydney. "Quase todos os nossos companheiros de viagem eram ricos octogenários com vozes retumbantes", relatou Ogilvy. "Uma mulher tinha na bagagem 69 vestidos a rigor." Ele conheceu o primeiro-ministro da Nova Zelândia, fez um discurso para a maior audiência que a American Chamber of Commerce jamais conseguira atrair na Austrália, encontrou-se com 27 clientes, passou "longas e alegres horas" analisando a produção criativa de cada escritório e suportou coquetéis de três horas de duração. "A minha ideia da vida no inferno sempre foi um coquetel perpétuo." Ogilvy visitou 16 cidades, proferiu 46 discursos e apareceu na televisão e nas primeiras páginas dos jornais.

Não teve alternativa senão voltar para casa de avião. No dia da sua volta, o gerente da agência de Bangcoc fez o check-in de Ogilvy em um voo da Singapore Airlines e foi embora para casa. Na manhã seguinte, Ogilvy telefonou. Surgira uma tempestade, de modo que ele foi até a cabine de pilotagem e perguntou ao piloto se ele ia decolar assim mesmo. O capitão garantiu a Ogilvy que ele não tinha com o que se preocupar, que iria decolar a qualquer minuto. "Não comigo a bordo", declarou Ogilvy, que desembarcou em seguida e voltou para o hotel.

Ele tinha começado a pensar em deixar o cargo de presidente do conselho administrativo em 1972, dizendo ao conselho que não estava com pressa de se aposentar mas relacionando 17 critérios que ajudariam a identificar o seu sucessor, entre eles saber julgar bem os homens e ser capaz de viajar: "O pobre coitado não deve ter medo de andar de avião". Ogilvy concluiu: "Avaliei o nosso atual presidente do conselho [ele próprio] com base nessa lista de critérios. Ele parece alcançar uma pontuação razoavelmente elevada em cerca de doze dos dezessete. Nenhum de nós tem uma pontuação alta nos dezessete critérios".

Três anos depois, quando contava 63 anos, Ogilvy deixou o cargo, confessando "fui um capitão não participante nos últimos dois anos". Sem causar surpresa a ninguém, ele nomeou Jock Elliott — "um cavalheiro inteligente" — seu sucessor. "Ele é muito mais *estável* do que eu. É mais sábio do que eu. Os seus relacionamentos interpessoais são melhores do que os meus jamais foram. Sou um cara mal-humorado, e ele não; ele é um pacificador. Ele é bastante equilibrado. Eu sempre fui emocional demais."

Bem, ele não era exatamente um não participante, mesmo quando deixou de ser o capitão. Embora tenha perdido alguma presença em Nova York, já que passava mais tempo na França, sem responsabilidades formais além das reuniões do conselho ou do comitê executivo, a energia de Ogilvy ao longo dos 15 anos seguintes pareceu aumentar enquanto ele tentava conduzir a agência que inaugurara, dava entrevistas, escrevia um anúncio ocasional (inclusive para o Departamento de Turismo do Governo Francês) e aceitava mais homenagens e prêmios.

Em um discurso de aceitação do Prêmio Parlin da American Marketing Association, Ogilvy examinou a fundo o tema da liderança. Na convenção dos National Distillers, ele declarou: "Vocês não estão vendendo uísque, estão vendendo imagens". Na convenção da Proprietary Association, ele disse: "Vocês podem reconhecer um bom redator médico atirando para ele um frasco com os seus comprimidos. Se ele ler automaticamente a fórmula no rótulo, ele é um profissional. Se não o fizer, evitem-no". Nas suas palestras, como sempre, ele tirava o paletó para exibir os suspensórios vermelhos, "para que as pessoas não pensem que eu sou uma pessoa chata".

The New York Times noticiou a sua palestra na reunião das agências da 4As como "A Despedida de Ogilvy". Ele considerou isso um pouco exagerado, mas assinalou a importância que as despedidas tinham para as notícias ("como Frank Sinatra descobriu") e disse que estava pensando em SE DESPEDIR em todos os discursos que viesse a fazer. Na palestra, que foi uma "carta de agradecimento" pela bondade da Madison Avenue, Ogilvy saudou os seus estimulantes colegas no setor — "quase todos podem ser loucos e excêntricos, mas nunca chatos".

Ogilvy deixou claro que não havia se aposentado, que tinha apenas desistido do cargo de presidente do conselho administrativo. "Agora estou trabalhando exclusivamente na área criativa, que é onde eu me saio melhor." Ele nomeou a si mesmo o chefe de criação mundial e agrupou um punhado dos melhores diretores de criação da agência em um Conselho de Criatividade que iria se reunir com ele duas vezes por ano para analisar a produção mundial. Ogilvy escreveu dezenas de circulares a respeito de como contratar pessoas mais competentes, tipografia, clichês visuais, prêmios, layouts "com cara de anúncio" versus layouts editoriais, fotos desinteressantes, treinamento em marketing direto, rejeição de estereótipos e uma extraordinária variedade de outros assuntos.

Continuou a fazer campanha contra a aquisição de agências fora da "Verdadeira Igreja" e atacou o crescimento pelo bem do crescimento, em vez de para servir os clientes, mas deixou de obstruir o processo. "Pareço estar sempre jogando água fria hoje em dia. Na velhice, percebo que estou inclinado a preservar e refinar a instituição que construímos; resisto à inovação, a qual, na minha opinião, estragaria tudo." Ele justificou a sua posição para Jock Elliott:

> Para que possamos evitar a futura desintegração da nossa igreja mundial em uma Torre de Babel, temos que continuar o nosso evangelismo, garantir que todos os escritórios sejam chefiados por um membro da Verdadeira Igreja e *não por um desconhecido* (*ditto* Diretores de Criação) e nunca mais confiar a

supervisão dos escritórios a pessoas de fora ou irmãos leigos (não ordenados pelo treinamento da Verdadeira Igreja). Esse erro conduz à dissidência, ao desmembramento, à apostasia, à falência e à suprema desintegração.

Ogilvy discordou do plano de negócios a longo prazo da agência, concluindo que a empresa estava sendo administrada para impressionar os analistas de garantias e citando São Paulo na sua Primeira Epístola a Timóteo: "O amor ao dinheiro é a origem de todos os males". (Isso dito pelo buscador de "lucro".) Ele se opunha à diversificação, ridicularizando como algo insignificante a compra de uma consultoria de discurso de uma única mulher: "Leiam tudo a respeito dessa Incrível e Irrelevante Diversificação no nosso próximo Relatório Anual. Os analistas vão dar gargalhadas".

Ogilvy continuou a resistir à criação de uma segunda rede de agências não O&M como a Scali, McCabe, Sloves, argumentando que aquilo não beneficiava os clientes — na verdade, deixava-os irritados. Em vez disso, Ogilvy recomendou com insistência que a empresa vendesse essas agências e usasse o dinheiro apurado para comprar de volta as ações da agência. "A minha ambição para a O&M é que ela deve ser a melhor agência, não necessariamente a maior." Ele refletiu em um memorando (não enviado) sobre o motivo pelo qual continuava no conselho administrativo: "Porque me identifico com a Empresa. Porque preciso do dinheiro. E porque sou útil. Como a Empresa me usa? Como um símbolo de Criatividade e como uma celebridade para fins cerimoniais. Mas a minha opinião é rejeitada pela Comissão Executiva com uma monótona regularidade".

Depois de não conseguir fazer um grande progresso na estratégia, Ogilvy voltou a atenção para as pessoas. Em um festivo congresso internacional em São Francisco, ele disse o seguinte às aproximadamente cem pessoas mais importantes da agência: "Se vocês me perguntassem qual é o nosso objetivo primordial, eu diria que não é conseguir o máximo de lucro para os nossos acionistas e sim administrar a nossa agência de uma maneira que deixe os nossos funcionários felizes". Ele foi claro com relação ao que tornava uma organização atraente para os funcionários: a ausência de politicagem no alto escalão. O orgulho de fazer parte da melhor agência. O sentimento de que o objetivo primordial é realizar um grande trabalho para os clientes. Sucesso em novos negócios. A demissão dos "parasitas", porque a permanência deles na folha de pagamento ofende as pessoas que efetivamente trabalham.

A demissão dos políticos, porque eles são um "câncer". Justiça no topo. Integridade no topo. Divertimento. "Matem a austeridade com o riso."

Ogilvy adorava descobrir novos talentos, e escreveu um anúncio de recrutamento fora do comum:

Ogilvy & Mather International procura:
CISNES-TROMBETEIROS

Os cisnes-trombeteiros são aqueles raros espécimes "que combinam o talento pessoal com uma liderança inspiradora", dizia o anúncio, que em seguida encorajou "um desses pássaros raros" a escrever para o próprio Ogilvy. O anúncio chamou atenção e atraiu pessoas à procura de emprego, mas parece que poucos cisnes-trombeteiros respondem a anúncios de oferta de emprego. Ogilvy tentou convencer os diretores a recrutar mais pessoas ultra-ambiciosas, observando que enviara aquele mesmo memorando um ano antes mas que nada acontecera. "Eu nunca desisto."

A Campbell Soup convidou-o a dar consultoria sobre todas as suas marcas. Ele disse à empresa que ela estava gastando pouco em propaganda, que os produtos precisavam melhorar e que o famoso rótulo vermelho e branco da sopa (que Andy Warhol tornou um símbolo) não estimulava o apetite — "ela parece uma lata de óleo". A companhia mudou o rótulo de vários produtos depois que testes provaram que Ogilvy estava certo. Ela também criou o seu prêmio David Ogilvy de marketing, confiante de que, como juiz, ele seria tão objetivo que o prêmio talvez fosse para outras agências Campbell. (Foi o que aconteceu.)

O apresentador do principal programa de entrevistas da época, David Susskind, entrevistou Ogilvy durante quatro horas em um programa que foi exibido em duas noites de domingo. Ogilvy falou a respeito da vantagem de ser escocês (isso o distinguia), da sua experiência com Gallup, de como ele tinha ideias, das suas operações financeiras desastrosas e do seu persistente medo do fracasso. "Nunca achei que o que eu estava fazendo fosse ser tão bom quanto o meu trabalho anterior."

Guy Mountfort, um dos diretores britânicos da empresa controladora, seguiu o conselho de Ogilvy de que deveria perseguir o seu verdadeiro interesse fora da publicidade. "Nós, publicitários, temos pouco valor. Vocês, ornitologistas, são aves raras", escreveu Ogilvy. Mountfort veio a se tornar um dos fundadores do World Wildlife Fund* e convidou Ogilvy para o seu prestigioso conselho diretor e comitê executivo. Era raro Ogilvy perder uma reunião do WWF, que eram muitas. Ele organizou uma sessão de brainstorming de dois dias no castelo, ofereceu os serviços da agência e pediu ajuda financeira em um dos mais persuasivos dos seus anúncios de texto longo ("Back from the dead").** "Escrevi centenas de anúncios para dezenas de clientes", disse ele. "Este é o meu favorito. Quanto mais ele ficar em evidência, maior o número de animais a serem salvos da extinção." Em seguida, citando um trecho do anúncio, acrescentou: "Lembrem-se de que a extinção é para sempre".

Ogilvy adorava a causa e a inebriante companhia e reuniões no Buckingham Palace, presididas pelo príncipe Philip, o duque de Edimburgo, que reconheceu publicamente as boas ideias de Ogilvy: "Embora ele não fosse pessoalmente um conservacionista, entendeu o argumento e deu uma enorme contribuição".

Na vida privada, os dois homens nunca pareceram se dar bem. Quando soube que Philip tinha dito coisas agradáveis a seu respeito, Ogilvy declarou que tinha a impressão de que Philip o considerava "um completo idiota". Ogilvy tinha fortes opiniões a respeito do que o WWF deveria fazer, conceitos com os quais Philip nem sempre concordava. Era inevitável que o duque de Edimburgo fosse o centro das atenções quando estava presente, posição que Ogilvy preferia ocupar. Achava que Philip era um pouco intimidante e começou a falar mal dele pelas costas, o que não caiu bem diante dos outros membros do conselho do WWF e da equipe. Por algum motivo, Ogilvy deixou o conselho, o que foi uma lástima, pois ele estava fazendo um excelente trabalho e se tornara bastante dedicado aos objetivos do Fundo. Deixar o duque descontente provavelmente não promoveu a candidatura de Ogilvy a um título de nobreza.

Não é incomum que os grandes publicitários aposentados escrevam sobre as suas experiências no setor, o que Ogilvy fez pouco depois de deixar o cargo

---

* Fundo Mundial da Vida Selvagem. (N. da T.)

** "De volta dos mortos." (N. da T.)

de presidente do conselho administrativo. Ao contrário de *Confessions of an Advertising Man,* ele reconheceu que a sua autobiografia, *Blood, Brains and Beer,* foi um fiasco — tanto na primeira publicação quanto quando foi reeditada 17 anos depois com um novo título, *David Ogilvy: An Autobiography,* repleta de listas de amigos prediletos, flores e, por incrível que pareça, receitas culinárias.

Os seus sócios sugeriram com insistência que ele pensasse na possibilidade de atualizar *Confessions.* Ogilvy chegou à conclusão de que a agência não precisava de outro *best-seller* e sim de um livro inteiramente novo que pudesse ser usado para fins comerciais. *Ogilvy on Advertising,* publicado pela Crown em 1983, foi prodigamente ilustrado com anúncios (sete com mulheres nuas para provar o seu ponto de vista a respeito da propaganda europeia) e, ao contrário de *Confessions,* incluía campanhas de outras agências. Ele tem características de um manual ainda maiores do que o seu predecessor: como produzir uma propaganda que vende... conseguir um emprego em publicidade... administrar uma firma de publicidade... conseguir clientes... escolher uma agência... competir com a Procter & Gamble... e produzir uma publicidade, marketing direto, pesquisa e promoção melhores.

Um capítulo sobre seis gigantes que inventaram a publicidade moderna descreve Albert Lasker, Raymond Rubicam, Bill Bernbach, Leo Burnett, Claude Hopkins e Stantley Resor. "Os seis eram americanos. Os seis tinham outros empregos antes de ingressar no setor de publicidade. Pelo menos cinco deles tinham um apetite insaciável pelo trabalho e eram perfeccionistas intransigentes. Quatro fizeram a sua reputação como redatores de publicidade. Somente três tinham diploma universitário." Em outras palavras, exceto pelo lugar de origem, todos eram exatamente como ele. O livro ataca os outdoors ("Quem é *a favor* deles? Somente as pessoas que ganham dinheiro com eles"), a propaganda política ("Você consegue imaginar Abraham Lincoln contratando uma agência para produzir anúncios de 30 segundos a respeito da escravidão?"), e testar comerciais por meio do método da memória (citando um diretor de criação que afirmara poder obter uma grande recordação mostrando um gorila vestindo uma sunga).

"O livro de David", como a *Madison Avenue* o chamou, foi considerado "o melhor compêndio sobre publicidade jamais escrito". John Caples disse que ele era "o volume mais estimulante e instrutivo a respeito de publicidade que eu já vi" e "leitura obrigatória para todo publicitário ambicioso".

Em uma comparação peculiar, o jornal *The London Standard* chamou Ogilvy de "o Einstein da Publicidade". Ele admitiu o óbvio: "Todos os meus livros são uma propaganda debilmente disfarçada da Ogilvy & Mather".

"Quando fui para a IBM, eu achava que cultura era apenas uma dessas coisas como finanças e marketing que administrávamos em uma instituição", disse Lou Gerstner, que ficou amigo de Ogilvy quando Gerstner estava construindo os grandes negócios do American Express — com a propaganda muito admirada da O&M, e mais tarde engendrou uma reviravolta histórica na IBM quando ocupava o cargo de CEO. "No fim do período que passei lá", prosseguiu ele, "compreendi que a cultura não era parte do jogo — ela *é* o jogo quando se trata de construir e manter um empreendimento bem-sucedido." Na opinião de Gerstner, Ogilvy construiu uma instituição criando uma poderosa cultura e um conjunto de princípios que são adaptáveis ao ambiente atual. "Eles são completamente eternos."

O próprio Ogilvy assumiu formalmente a cultura durante um jantar, em 1985, em um discurso que fez para os diretores e altos executivos da agência no Fishmongers Hall, em Londres, dizendo que lera um livro sobre cultura corporativa e se perguntara se a agência teria uma. "Aparentemente nós temos. Parecemos ter uma cultura excepcionalmente *forte. Na realidade, talvez seja isso, mais do que qualquer outra coisa, que nos distingue dos nossos concorrentes.*" Ela começa com a atmosfera de trabalho: "Alguns dos nossos funcionários passam a sua vida inteira de trabalho na nossa empresa. Nós fazemos o máximo para tornar esse tempo uma experiência *feliz* para eles".

> Tratamos os nossos funcionários como seres humanos. Nós os ajudamos quando estão com problemas — com o emprego, com uma doença, com o alcoolismo e assim por diante.
>
> Ajudamos os nossos funcionários a extrair o máximo dos seus talentos. Investimos uma enorme quantidade de tempo e dinheiro no treinamento — talvez mais do que qualquer um dos nossos concorrentes.
>
> O nosso sistema de gestão é singularmente democrático. Não apreciamos a burocracia hierárquica, nem a lei do mais forte.
>
> Abominamos a brutalidade.

O prédio principal gótico em Fettes, a escola onde Ogilvy estudou em Edimburgo, que dizem ser o modelo da Escola de Magia e Bruxaria de Hogwarts das aventuras de Harry Potter.

A Fleet Street em Londres por volta da época da fundação da Mather & Crowther, em 1852.

(Direita) O irmão mais velho Francis, com a esposa, a atriz Aileen, o filho Ian (que mais tarde se tornou ator) e a filha Kerry Jane, em um casamento na década de 1950.

(Embaixo) David Ogilvy com 27 anos chega aos Estados Unidos, na terceira classe, em 1938.

(Em cima) Exuberante, vestindo um kilt, em uma festa com Melinda, a sua primeira mulher (extrema esquerda), em Lancaster, na Pensilvânia, em 1948.

Retrato característico do início da década de 1950 — terno de tweed, cachimbo e uma mostra de anúncios já famosos, como a chegada aos Estados Unidos do "Homem da Schweppes".

A fama do "Homem da Camisa Hathaway" na The New Yorker *foi comprovada por cartuns publicados na mesma revista. 1952.*

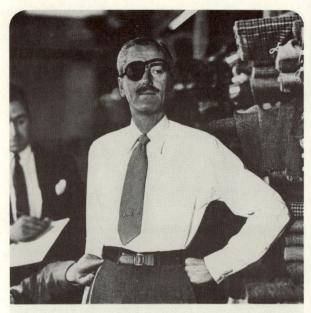

Você consegue distinguir o presidente da agência nessa foto da equipe de 1956? (Fileira superior)

O título mais memorável de um anúncio do setor automobilístico, para o Rolls-Royce. 1960.

Homenageados na Galeria da Fama da Publicidade em 1976 — chefes de agência Ogilvy e Bill Bernbach, e o chefe de marketing da aveia Quaker, Victor Elting.

Château de Touffou, o lar de Ogilvy na França, onde ele passou a morar a partir de 1973. Partes do castelo foram construídas no século XII.

Herta e David Ogilvy ficaram casados nos últimos 26 anos na vida dele.

Falando em um programa de treinamento da agência, com os suspensórios vermelhos e o prendedor de gravata improvisado que eram a sua marca registrada (um clipe de papel Bulldog). 1980.

Quinquagésimo aniversário da Ogilvy & Mather (1998). David Fairfield, o filho de Ogilvy, e a esposa deste último, Herta, são o terceiro e a quinta a partir da esquerda. A partir da direita: ex-presidente do conselho administrativo Bill Phillips, Ken Roman, Jock Elliott (atrás) e a atual presidente do conselho, Shelly Lazarus.

Já bem idoso, no seu jardim em Touffou.

Cavalariços dos castelos vizinhos ocasionalmente tocavam concertos no cor de chasse, *a corneta de caça francesa.*

Gostamos de pessoas amáveis. O nosso escritório de Nova York chega ao ponto de dar um prêmio anual para o que eles chamam de "profissionalismo combinado com civilidade".

Gostamos de pessoas honestas. Honestas nos argumentos, honestas com os clientes, honestas com os fornecedores e honestas com a empresa.

Admiramos as pessoas que trabalham arduamente. Também admiramos a objetividade e a meticulosidade.

Não admiramos a superficialidade.

Desprezamos e detestamos os politiqueiros de escritório, os bajuladores, os intimidadores e as pessoas arrogantes.

O caminho ascendente está aberto para todos. Somos livres de qualquer tipo de preconceito, seja ele religioso, racial, seja sexual.

Detestamos o nepotismo e todas as outras formas de favoritismo.

Um dos aspectos que mais nos influenciam quando promovemos pessoas para funções importantes é o caráter.

A parte final do livro, "EX CATHEDRA", relacionou algumas *obiter dicta* de Ogilvy — em particular, e longe de ser pela primeira vez: "Contratamos cavalheiros inteligentes" e "Nunca publique um anúncio que você não gostaria que a sua família visse". Ele achava que a propaganda era uma convidada da casa e tinha que se comportar bem.

A diversão é parte da cultura. Ogilvy gostava de piadas, os seus bilhetes e memorandos estavam salpicados de pilhérias, e ele via humor na maioria das situações. Sentia que as organizações criativas funcionavam melhor em uma atmosfera divertida, como nos grandes laboratórios de pesquisa onde os cientistas pregam peças uns nos outros.

Bill Phillips, um dos seus sucessores na presidência do conselho administrativo, captou o espírito no seu mantra: "Trabalhar muito. Brincar muito. Dormir profundamente". O grupo que cuidava da conta da General Foods trabalhava arduamente até tarde, de modo que Ogilvy substituiu uma mesa de reuniões por uma mesa de pingue-pongue, que era coberta para as reuniões com os clientes. Vários escritórios produziam peças teatrais no Natal; o autor Salman Rushdie era redator do "Red Braces 1977" de Londres. A equipe de corrida Red Braces de Nova York usava camisetas brancas com a estampa de suspensórios vermelhos. Quando a equipe de jogging na África do Sul pediu a Ogilvy que escrevesse alguma coisa para as suas camisetas, ele respondeu dizendo que detestava camisetas. A equipe encomendou camisas estampadas com a carta dele.

Ogilvy estava convencido de que manter as melhores pessoas é mais uma questão de liderança do que de dinheiro.

~

"Não deixamos de notar que todos os que ocupam cargos elevados na empresa de Ogilvy sabiam escrever — e escrever muito bem", declarou o chefe de uma agência comprada pela O&M. Quando lhe perguntaram de que maneira a O&M diferia da BBDO, onde ele trabalhara durante vinte anos, Jock Elliott respondeu: "Aqui nós escrevemos o que sabemos e no que acreditamos".

Ogilvy era, acima de tudo, um escritor, e a sua agência tinha uma cultura de redação. Ele escrevia como um anjo, declarou, com entusiasmo, David McCall. "Até mesmo os seus memorandos mereciam ser guardados. Ele era capaz de organizar as suas ideias em uma prosa brilhante mesmo quando estava ditando alguma coisa. O texto da sua propaganda saía escrupuloso." Ogilvy sempre se considerou um redator de publicidade, nada mais. "Se eu fosse um escritor realmente criativo, como a minha prima e grande amiga Rebecca West, é provável que preferisse buscar a fama como autor, em vez de colocar a minha caneta a serviço de Rinso." Mas ele não era e não seguiu por esse caminho.

Ogilvy nunca escreveu um anúncio no escritório: "Eu era interrompido a toda hora". Ele começava examinando todos os anúncios dos produtos concorrentes nos vinte anos anteriores: "Analise os precedentes". Em seguida, punha-se a trabalhar no título. Finalmente, quando não podia mais adiar o texto efetivo, começava a escrever, em geral descartando as primeiras vinte tentativas. "Quando tudo o mais falha, bebo a metade de uma garrafa de rum e toco um oratório de Handel no gramofone. Isso em geral produz uma torrente de textos." Na manhã seguinte, ele acordaria cedo e editaria a montanha de textos. "Sou um péssimo redator de publicidade", costumava dizer, "mas um bom editor."

Ser editado por Ogilvy era como ser operado por um grande cirurgião capaz de pôr a mão no único órgão fraco do nosso corpo. Podíamos *senti-lo* colocar o dedo na palavra errada, na frase fraca, na ideia incompleta. Mas não havia nenhum orgulho de autoria literária, e ele era capaz de ser bastante autocrítico. Alguém encontrou um exemplar com anotações pessoais de um dos *seus* livros no qual ele escrevera comentários irritados a respeito da sua redação: "Porcaria", "Podre!", "Absurdo". Ele distribuía os seus documentos mais importantes para que fossem comentados, com um bilhete: "Por favor, melhore".

Como o irmão, David redigia os rascunhos a *lápis*. Nada de máquina de escrever, nem mesmo uma caneta esferográfica. Usava lápis recém-apontados. Sempre a lápis, afirma uma ex-secretária, porque ele achava que ninguém era competente o bastante para escrever a caneta e não modificar nada. Depois que uma secretária transcrevia a sua caligrafia difícil de decifrar em uma máquina de escrever, Ogilvy era meticuloso e procurava tornar o texto atraente e de fácil leitura. Espaço duplo, parágrafos breves, as frases principais sublinhadas, partes recuadas para uma ênfase maior, seções separadas por uma fileira de asteriscos com espaços entre eles. Depois de uma carta ter sido datilografada, ele assinava o seu nome em vermelho, com um floreado ocasional. Quando o assunto era urgente, anexava um pequeno cartão vermelho com os dizeres IMEDIATO, uma prática que adquirira em Washington.

Tudo era rabiscado, reescrito e rabiscado novamente. Ogilvy examinava um documento e retirava adjetivos e advérbios, deixando substantivos e verbos, para torná-lo claro — e legível. Frases curtas, parágrafos breves, nada de circunlóquios. Todos aqueles pequenos textos que as pessoas guardavam eram fruto de um trabalho árduo. "Quando os líamos, tínhamos a impressão de que o processo devia ser como a música de Mozart, que saía diretamente do cérebro dele", diz um escritor que trabalhou com Ogilvy. "Mas não. Eu não conseguia acreditar na dificuldade que ele tinha para encontrar a frase que queria." Ou a palavra perfeita, *le mot juste*. A viúva de um amigo comentou que o melhor bilhete de pêsames que recebeu quando o seu marido faleceu foi o de Ogilvy: "Ele era de ouro".

Assim como esperava que a propaganda da agência fosse clara e sincera, Ogilvy esperava a mesma postura nos memorandos, nos relatórios de acompanhamento e nos planos. "Quanto melhor você escreve, mais você sabe na Ogilvy & Mather. As pessoas que pensam de uma maneira satisfatória escrevem bem. As pessoas que têm a mente confusa redigem memorandos confusos, cartas confusas e discursos confusos."

O setor de publicidade historicamente tem propiciado uma renda para escritores enquanto eles não publicam os seus livros ou porque eles escolheram usar a sua facilidade com as palavras para vender, e a agência de Ogilvy sustentava uma quantidade considerável de autores destinados à fama literária. O próprio Ogilvy figura com proeminência em várias memórias.

Antes que Salman Rushdie se tornasse um membro famoso da comunidade literária e fosse ameaçado com um *fatwa* devido ao seu livro *The Satanic Verses*,* ele foi um redator de publicidade na Ogilvy & Mather em Londres. A sua frase "traquinas porém saborosos" para a promoção de bolos com creme para a Milk Marketing Board foi extraída de uma velha piada inglesa. Para as barras de chocolate Aero, a celebridade literária criou "Irresti-bubble" e "delecti-bubble".

Outro escritor indiano, Indra Sinha, também trabalhou no escritório londrino. Conhecido pela sua tradução de *The Love Teachings of Kama Sutra* e pelos seus romances *The Death of Mr. Love* e *Cybergypsies*, Sinha redigiu anúncios de três páginas para a empresa de embalagens Metal Box, corrigindo concepções errôneas e reduzindo a culpa que muitas pessoas sentiam quando usavam comida enlatada, com a frase "Sempre que você abre uma lata você economiza um pouco da sua vida".

Don DeLillo teve o que ele chama de uma carreira "breve e desinteressante" como redator de publicidade na OBM em Nova York no fim da década de 1950. Cenas do seu primeiro romance, *Americana*, se valeram da sua formação publicitária. Ele redigiu anúncios que combatiam a sujeira das ruas para a cidade de Nova York, anúncios com imagem para a Sears, anúncios de revestimento de teto e isolamento para a Armstrong Cork e uma série para a International Paper dando destaque a autores famosos, com o título: "Envie-me um homem que leia".

Antes de Peter Mayle ir para a França e escrever *A Year in Provence*, ele trabalhou no escritório da agência em Londres. Depois de se corresponder durante seis meses com Ogilvy, foi para Nova York e trabalhou "nas minas de sal dos anúncios voltados para empresas de serviços e profissionais especializados, e folhetos de produtos" antes de ser promovido a redator de publicidade júnior nas contas das camisas Hathaway, "Come to Britain" e da Stauben Glass. Nenhuma das contas era grande, mas todas eram "queridinhas" de Ogilvy. Mayle descreve como apresentou para Ogilvy os seus primeiros anúncios da Hathaway, que ele havia reescrito uma dezena de vezes.

---

* Publicado no Brasil com o título *Os Versos Satânicos*. (N. da T.)

A sua secretária me disse que fosse diretamente para o escritório dele. Não havia ninguém lá. Intrigado, eu estava me perguntando o que fazer quando uma voz vinda do canto da sala disse: "Estou na privada. Passe o texto por baixo da porta". David estava se aliviando no seu banheiro privativo. Deslizei o texto por baixo da porta e aguardei. Algum tempo depois, o texto deslizou de volta, bastante marcado com lápis vermelho. "Agora você pode ir", disse a voz, e lá fui eu analisar os comentários feitos a lápis no meu texto cuidadosamente datilografado.

David havia sublinhado uma frase que me agradava particularmente e escrevera: Belas-letras. Omita. Havia outras instruções, igualmente mordazes, espalhadas pelo breve texto.

Edmund Morris, ganhador do Prêmio Pulitzer e do National Book Award pela sua obra *The Rise of Theodore Roosevelt*, foi contratado como redator de publicidade para a conta "menos glamourosa" da agência, o recrutamento da IBM, anunciando empregos em filiais da IBM ao redor do mundo. Morris pediu a Ogilvy que lhe desse a chance de fazer algum trabalho na televisão e acabou conseguindo trabalhar na conta do molho de salada Good Seasons, mas sempre foi considerado o homem do "texto longo".

O escritor, ilustrador e caricaturista Bruce McCall aparece com regularidade na revista *The New Yorker* com artigos humorísticos, capas temáticas e arte independente. Alguns consideram a sua campanha, que introduziu a Mercedes-Benz nos Estados Unidos — demonstrando o projeto de engenharia superior em pistas de provas e na estrada —, a propaganda de carro individual mais influente da sua época. McCall reconhece que copiou o exemplo de Ogilvy ao redigir anúncios que "tiravam o argumento do fim do texto e o faziam vibrar desde a primeira palavra". Um anúncio, produzido para o Mercedes mais caro, o Grand 600, foi devolvido com um bilhete de Ogilvy: "Coisa de analfabeto!!!". McCall foi instruído a evitar o tom meloso quando se dirigisse aos milionários: "Eu sou milionário — como você falaria comigo?". Isso destravou o seu sistema nervoso central paralisado, diz McCall.

Ian Keown, redator de publicidade das contas do British Travel Authority, de Porto Rico e da KLM Royal Dutch Airlines, e autor de quatro guias de viagem da KLM, hoje escreve livros de viagens. Em Londres, para um anúncio de página dupla de "carregar a bandeira" para o British Travel, com membros da Guarda Real aproximando-se pelo Mall, Keown pegou um título de Gilbert & Sullivan: "Tan-tan-tara, zing boom". Ogilvy disse: "Não é tan-tan-tara e sim *tin*-tan-tara". Ele estava certo.

A ideia de publicar os memorandos mais notáveis de Ogilvy fora discutida em várias ocasiões. Alguns duvidavam de que isso pudesse ser feito, argumentando que as coisas realmente boas eram impublicáveis, e o que era publicável não era tão bom. Mas foi decidido que assim mesmo iriam tentar, para o seu septuagésimo quinto aniversário, em 1986. O que emergiu foi uma obra elegante, editada por Joel Raphaelson, que transcendeu os memorandos e incluiu discursos, partes do manual do Aga Cooker e documentos sobre gestão e cultura corporativa. Raphaelson criou o título — *The Unpublished David Ogilvy*, querendo dizer que o livro não tinha sido publicado na imprensa comercial.

Os memorandos variavam de duas palavras a várias páginas — sobre liderança, as suas próprias deficiências, coisas a fazer nas visitas que fazia aos escritórios, como escrever, o que procurar em um chefe de criação, livros proveitosos sobre publicidade e 37 perguntas aos seus diretores de criação, encerrando com "Você parou de bater na sua mulher?". O livro foi publicado internamente e oferecido a Ogilvy em uma festa de aniversário de gala em um barco no Tâmisa, em Londres. Depois de uma ansiosa espera de duas semanas pela reação a um livro publicado com o nome dele (sem permissão), o veredicto foi apresentado: "O melhor presente de aniversário que recebi na vida". O livro foi depois publicado comercialmente, pela Crown.

O escritório londrino, com o qual Ogilvy tinha um difícil relacionamento, celebrou o seu aniversário com um anúncio. O título dizia: "Teimoso, irreverente, intransigente, imprevisível, brilhante, abusado, do contra, provocador e exasperador". Três longas colunas de citações e elogios envolviam a segunda linha do anúncio: "Por sorte, os seus funcionários puxaram a ele".

Agora, no fim da casa dos 60 anos, Ogilvy ainda se sentia culpado por não ter um cargo formal, "exacerbado pelo conhecimento de que pelo menos um dos meus sócios acha que estou gagá". O então chefe da agência na Alemanha renunciou de repente, e um jovem diretor de conta foi nomeado seu sucessor. O conselho administrativo perguntou a Ogilvy se ele poderia ajudar na transição. "Eu me senti como um velho arcebispo que de repente tem a chance de ter uma paróquia." Durante quase um ano, Ogilvy fez viagens constantes entre Touffou e Frankfurt. Todas as segundas-feiras, ele pegava o trem para Paris, atravessava a cidade de metrô (com uma mala de viagem) da estação de Luxembourg para a Estação du Nord, e embarcava no trem para a Alemanha, fazendo o percurso inverso na sexta-feira. Ele passava os dias em Frankfurt aconselhando o novo diretor administrativo, reunindo-se com clientes, conversando com pessoas criativas e analisando o trabalho delas. Ele estava feliz, e os seus memorandos o demonstravam.

Uma oportunidade igualmente interessante teve lugar alguns anos depois quando um diretor regional deixou a empresa. Ogilvy aceitou de imediato o convite para substituí-lo como presidente do conselho administrativo para a Índia e a África do Sul. Tratava-se mais de uma liderança espiritual do que de uma supervisão, mas ele se dedicou à tarefa de corpo e alma. Passava períodos em ambos os países, trabalhando muitas horas por dia e jantando quase todas as noites com jovens funcionários da agência. O diretor da África do Sul declarou que a agência melhorava a cada visita dele. Durante as suas duas visitas prolongadas à Índia, Ogilvy foi tratado como um deus ou, mais precisamente, como um guru. Não apenas como qualquer guru, afirmou um colega indiano, e sim um "Guru Maja", o grande guru, que "exsuda conhecimento e, acima de tudo, compartilha-o com todo mundo". Para chegar à Índia, Ogilvy pegou um avião na França, já que não havia nenhuma alternativa prática, e viajou pelo país principalmente de trem. As viagens de carro na Índia o deixavam assustado.

Ogilvy continuava a receber homenagens em profusão, entre elas a eleição para a Galeria da Fama da Publicidade, para a Galeria da Fama da Resposta Direta e para a Galeria da Fama de Junior Achievement's U.S. Business. Ele se tornou um dos gestores do American College em Paris e foi empossado na Ordem de Artes e Letras da França. Ogilvy reconheceu que foi o primeiro homenageado na Galeria da Fama do National Business da revista *Fortune* que não foi empossado pessoalmente. "Também sou o primeiro que reside na Europa e tem um medo terrível de andar de avião. Este beneficiário vivo do prêmio talvez não estivesse vivo depois de quatro voos. Ele poderia ter morrido de medo."

Mas ele percebia que as suas opiniões estavam sendo cada vez mais desprezadas na agência, em especial nas questões que envolviam o crescimento. Ele se desentendeu com antigos discípulos que estavam frustrados com o seu conservadorismo e foi contrariado por uma nova onda de pessoas criativas que preteriram os seus princípios de publicidade. Mas Ogilvy achava emocionalmente difícil se afastar da menina dos seus olhos. "Durante trinta anos senti intimamente: *L'etat c'est moi, et je suis l'etat'.*" Agora, com mais de 70 anos, era importante para ele sentir-se necessário e útil, mas era difícil envolvê-lo, a não ser como uma figura cerimonial. "Por favor, encontrem alguma coisa para David fazer", implorava Herta. Ele ainda viajava para Londres e Nova York, reunindo-se e impressionando clientes, porém com menos frequência.

Houvera duas tentativas de retratá-lo em um quadro formal, e também em um busto esculturado. Nenhum deles foi satisfatório. Então, na década de 1980, a agência alcançou um grande sucesso com uma campanha do American Express que apresentou fotos de celebridades reconhecíveis no esporte, na política e no entretenimento, tiradas em poses criativas pela fotógrafa editorial Annie Liebovitz. Por que não pedir a Liebovitz que tirasse uma foto de Ogilvy no castelo? Ogilvy se sentia próximo do cliente. Uma fotografia poderia ser menos subjetiva do que uma pintura.

Ele concordou, e Liebovitz foi a Touffou, levando várias camisas Ralph Lauren para que ele vestisse. "Não vou usar a marca de alguém", resmungou Ogilvy. Em seguida, ela perguntou onde ele gostaria de ser fotografado. "Em uma carruagem com quatro cavalos." Na falta de uma carruagem adequada, ela o colocou na entrada do depósito de ferramentas, vestiu-o com roupas que ela tinha levado e insistiu em que ele deixasse desabotoado o botão superior da calça. A artificialidade da ideia de Liebovitz o irritou, e os problemas começaram. Eles brigaram durante dois dias. Ele se recusou a ser fotografado vestindo um kilt. Ela se recusou a aceitar um não como resposta e foi embora em prantos. "Karsh tirou uma excelente fotografia de Winston Churchill", escreveu Ogilvy depois que ela partiu. "Aposto como a sessão não durou dois dias, e que Karsh não apareceu com um 'estilista' para vestir o velho." Quando as provas foram enviadas para a França, Ogilvy informou que a sua família tinha achado que elas o fizeram parecer velho. Todos em Nova York comentaram que ele parecia jovem, vigoroso e bonito. Ele contava então 75 anos.

O filme de 38 minutos começa com um homem caminhando a passos largos por um campo, e depois parando para se dirigir à câmera. Ele veste um cardigã sobre camisa e gravata. Fala da sua paixão pelas paisagens tranquilas, como a do sul da Inglarerra, onde cresceu, e, mais tarde, a do condado de Lancaster, na região dos *amish*, e agora a da França. "Sou David Ogilvy, e este é Touffou." O filme fora produzido cinco anos antes, quando ele tinha 70 anos.

Depois desse segmento inicial, Ogilvy entra no castelo e se acomoda em um sofá na sala de estar. Ele diz ao espectador que começará com a história da sua vida ("70 anos em sete minutos"). A parte seguinte tem lugar no seu gabinete, onde ele reafirma as suas convicções a respeito da publicidade, ilustradas por exemplos favoritos da televisão e impressos. Em seguida, ele sai e vai para o jardim, onde se senta e apresenta o segmento mais comovente e contínuo do filme.

Bem, aqui estamos. Espero que você não cometa tantos erros quantos cometi. Cometi erros aterradores, como recusar a conta de uma obscura empresa de máquinas de escritório na qual eu nunca ouvira falar. O nome dela era Xerox.

Sempre fui um terrível covarde na hora de demitir pessoas com um mau desempenho. Eu desperdiçava um tempo exagerado em coisas que não eram de fato importantes. Deixei de reconhecer algumas ideias formidáveis que me foram apresentadas — que Deus me perdoe.

Cometi um erro quando abandonei o trabalho de criação para me concentrar na administração. Eu me arrependo disso.

Sempre tive pavor de perder contas... Agora, espere um instante... No meu apogeu, renunciei cinco vezes mais do que fui demitido.

Aqui em Touffou consegui me esquecer de todos os aspectos desagradáveis dos negócios da agência, como perder contas e perder pessoas competentes, o que é pior.

Esqueci as pressões infernais. Dezesseis horas por dia, seis dias por semana, e três pastas com papéis.

Extraí muita alegria da publicidade, como ver Porto Rico, que era extremamente pobre, tornar-se um pouco menos pobre em resultado da nossa propaganda.

O meu trabalho nunca me deixou entediado. Acima de tudo, fiz amigos maravilhosos entre os meus sócios, clientes e alguns dos nossos concorrentes.

Eu gostaria de ser lembrado — como o quê? — como um redator de publicidade que teve algumas grandes ideias. É nisso que consiste o setor da publicidade. Grandes ideias.

Ogilvy descreveu *The View from Touffou* como a sua última vontade e testamento. Não foi o último de coisa nenhuma, mas o testamento nunca mudou nos 18 anos restantes da sua vida.

Ao lhe perguntarem em uma entrevista, quando ele estava com 75 anos, a que ele devia o seu sucesso, Ogilvy respondeu:

Em primeiro lugar, sou o homem mais objetivo que já viveu, sendo inclusive objetivo a respeito de mim mesmo. Segundo, sou um trabalhador incansável. Realmente me esforço muito quando estou trabalhando em alguma atividade. Em seguida, sou um bom vendedor. Eu costumava ser competente na obtenção de novas contas.

Tenho uma mente razoavelmente original, porém não demais. E não ser original em excesso era bom. Eu pensava como os clientes. Também pensava como as mulheres. Tive uma vantagem extraordinária quando comecei as minhas atividades em Nova York. Eu tinha um truque — o meu sotaque inglês. Sempre tive um bom olho para as grandes oportunidades. Quando eu ia a uma reunião, um jantar, uma recepção ou um coquetel, sempre conseguia sentir o cheiro do faturamento, caso houvesse algum na festa.

Antes de ingressar no setor publicitário eu trabalhava com pesquisa, o que me proporcionou uma grande vantagem. E houve um breve período na minha vida, dez anos no máximo, no qual estive bem perto de ser um gênio. Mas depois disso a minha inspiração se esgotou.

Assim como o seu jardim, a vida de Ogilvy pode ser vista como dividida em aposentos. A infância e adolescência na Inglaterra. A experiência da vida como *chef*, profissional de vendas, pesquisador, agricultor e agente do serviço de inteligência. A criação de uma agência de publicidade e o posterior reconhecimento. No último aposento da sua vida, Touffou lhe proporcionou um estilo de vida que ele considerava "próximo do paraíso".

CAPÍTULO 11

Megafusões e Megalomaníacos

Em fevereiro, na época do início do Ano-Novo chinês, era costume no escritório da agência de Hong Kong desenhar em um pequeno pergaminho vegetal um animal do calendário chinês, com a interpretação do tipo de ano que estava se iniciando. Mil novecentos e noventa e nove era o ano chinês da Cobra. Em Nova York, era o ano em que a agência planejava mudar a sede para o Worldwide Plaza, um novo arranha-céu no West Side, em uma área anteriormente conhecida como Hell's Kitchen. O artista chinês reuniu os dois eventos no desenho de uma ameaçadora cobra preta e dourada envolta em um Worldwide Plaza vermelho. O resultado era quase excessivamente presciente.

O fenômeno da fusão das agências teve início nos Estados Unidos na década de 1960. A Ogilvy & Mather estava entre as primeiras. Mas o que aconteceu em Londres na década de 1970 situava-se em uma escala muito maior. Lá, os irmãos Charles e Maurice Saatchi começaram a comprar agências nos Estados Unidos de modo agressivo, auxiliados por uma grande valorização do mercado de ações no Reino Unido, por uma libra inglesa forte e instrumentos financeiros inventivos. A Saatchi & Saatchi já estava estabelecida como a agência criativa do momento em Londres, com campanhas para a British Airways e para o partido conservador de Margaret Thatcher ("O Partido Trabalhista não está dando certo"). Em uma onda de aquisições, a empresa começou a absorver grandes agências americanas, entre elas a

Compton, a Dancer Fitzgerald Sample e a Backer & Spielvogel. Alguns dos donos dessas agências queriam vender a sua parte, e os irmãos Saatchi tinham o dinheiro, escreveu Randall Rothenberg no *The New York Times*. O apelido da agência era "Snatchit and Snatchit".* E havia também Martin Sorrell, o diretor financeiro da agência, que participava de tudo e era chamado com frequência de "terceiro Saatchi".

Uma das fusões foi motivada simplesmente pelo desejo de não ser comprada por desconhecidos. Preocupadas com a possibilidade de se tornarem alvos, três agências estabelecidas nos Estados Unidos — a BBDO, a Doyle Dane Bernbach e a Needham Harper Worldwide — se uniram em 1986 e formaram The Omnicom Group. Conhecida como "Big Bang", a fusão criou a maior empresa de publicidade do mundo... durante duas semanas, porque Maurice Saatchi convenceu Bob Jacoby, CEO e principal acionista da Ted Bates, a vender a sua agência por 507 milhões de doláres, o que lançou a Saatchi & Saatchi de volta ao topo. Jacoby colocou no bolso 110 milhões de dólares — um ganho inesperado, que levou clientes a desconfiar de que estavam pagando demais às suas agências e, em muitos casos, a agir em função dessa suspeita reduzindo a remuneração delas. Uma piada que circulava pelo setor era que todas as agências iriam se unificar até que houvesse apenas uma. Depois, todos os clientes formariam uma fusão e haveria no fim um só cliente, que iria dispensar os serviços da única agência e faria a sua publicidade "dentro da própria empresa".

Esses fatos levaram Ogilvy a fazer um comentário mordaz: "As megafusões são para megalomaníacos. Essas grandes incorporações nada fazem para os funcionários da agência. Na realidade, o oposto é verdadeiro. Elas não fazem nada pelos clientes. E ainda não está claro se elas fazem alguma coisa pelos acionistas. Assim sendo, sou contra elas".

Sorrell então atacou por conta própria. Ele investira em um minúsculo fabricante inglês de cestas de supermercado chamado Wire & Plastic Products. Mas Sorrell, um homem baixo e trabalhador compulsivo, com uma memória fotográfica, uma energia inexaurível e um diploma de MBA de Harvard, tinha pouco interesse em cestas de supermercado. O WPP Group, como foi renomeado, iria fornecer o mecanismo financeiro para a aquisição

---

* Um trocadilho, já que "snatch" em inglês quer dizer agarrar, tomar, e a pronúncia é parecida com o sobrenome dos irmãos Saatchi. (N. da T.)

de empresas que ofereciam serviços de marketing pouco atraentes porém lucrativos como a promoção de vendas. O grupo fez então rapidamente 15 pequenas aquisições.

Esse foi apenas o começo. Em 1987, o WPP surpreendeu o setor publicitário nos dois lados do Atlântico apresentando uma oferta de 566 milhões de dólares pelo JWT Group, que incluía a J. Walter Thompson, uma enorme agência de âmbito mundial com bases sólidas em Londres, Nova York e Chicago. Um peixinho estava indo atrás de uma baleia. Mas a JWT era mal administrada, estava perdendo clientes, encontrava-se financeiramente vulnerável e desmoronou. Foi a primeira aquisição de controle hostil no setor publicitário. "As agências de publicidade como investimento... finalmente haviam chegado", escreveu Richard Morgan no livro *J. Walter Takeover*.

Uma pequena agência criativa, a Lord, Geller, Federico, Einstein, que lançara o computador pessoal da IBM, também fazia parte do JWT Group (sendo a sua unidade mais lucrativa). Na primeira reunião que teve com Sorrell, Dick Lord pediu para recomprar a sua agência. "Sou um comprador, não um vendedor", replicou Sorrell. Ele disse a Lord que reduzisse a participação nos lucros dos funcionários da agência de 15% para 4% — e que lhe fornecesse uma lista das pessoas que recebiam bonificações. Diante de mais confrontações e sentindo-se como um aprendiz de servidor, Lord renunciou e formou uma nova agência — com 43 pessoas que o seguiram porta afora, mas sem a IBM. Sorrell sustentou que eles haviam conspirado para arruinar o seu negócio; depois de uma ação judicial bastante noticiada, houve um acordo. Mas o fato apresentou uma boa ideia do estilo de gestão do WPP.

Rumores de uma possível aquisição do controle da Ogilvy & Mather fizeram com que as suas ações se valorizassem muito em 1987. Um grupo de ex-executivos da Ted Bates, entre eles Jacoby, que fora obrigado a sair depois da polêmica venda para os Saatchi, tentou arrecadar dinheiro em Londres para comprar a O&M. Uma equipe de consultores jurídicos e financeiros foi reunida com o codinome Yorktown ("Os ingleses estão chegando") para administrar situações de defesa. A tentativa da Bates foi um plano amadorístico que nunca se materializou, sendo um exercício de treinamento para o fato genuíno.

Depois, no fim de 1988, os rumores inquietantes recomeçaram, mas agora apontando para o WPP, que havia comprado dez empresas depois do golpe contra a Thompson. Sorrell estava dizendo aos analistas que pretendia tornar o grupo WPP a maior empresa de serviços de marketing do mundo, a JWT estava se recuperando antes do tempo e ele estava se preparando para outra aquisição, relacionando critérios que se encaixavam excepcionalmente bem no The Ogilvy Group.

A comunidade financeira não estava convencida da vulnerabilidade da empresa, nem da capacidade de Sorrell de organizar um ataque bem-sucedido. "Ogilvy não é um fácil alvo fragilizado", comentou Alan Gottesman, da Paine Webber. "Não existe nenhuma semelhança com a JWT no que diz respeito à péssima situação em que esta se encontrava. Não existem camadas adicionais na Ogilvy." *The Wall Street Journal* mencionou a obsessão da comunidade financeira por Sorrell: "tão forte que às vezes parece quase cega". Na Bolsa de Valores de Londres, as ações do WPP haviam sido negociadas com uma rentabilidade 60 vezes maior do que a de 1986. Gottesman declarou: "Se Deus abrisse o capital com ganhos 60 vezes maiores, isso seria um problema para mim".

No entanto, depois de apresentar um bom desempenho durante anos, as ações do Ogilvy Group estavam sofrendo uma desvalorização. As margens de lucro tinham caído temporariamente devido a recentes aquisições nas áreas de promoção de vendas e de pesquisa de marketing. Além disso, assim como outras agências, a de Ogilvy estava enfrentando uma crise nos lucros devido a um difundido arrefecimento nos gastos dos clientes. Ainda assim, o balanço anual apresentou uma receita bruta de 838 milhões de dólares e um lucro recorde. A empresa estava crescendo com os seus 3.500 clientes espalhados pelo mundo, amparada pela sua posição de comando no marketing direto e pela sua presença crescente em outros serviços lucrativos.

A equipe "Yorktown" se reagrupou. Em janeiro de 1989, o conselho administrativo adotou um plano de direitos do acionista, mais conhecido pelo agourento nome de "pílula de veneno".* Durante todo o inverno, as especulações continuaram enquanto o preço das ações flutuava. Não era um

---

* Ao longo da história, espiões sempre receberam pílulas de veneno para eliminar a possibilidade de ser interrogados caso fossem capturados. Na Wall Street, elas são projetadas para tornar as atitutes hostis mais caras para o comprador proporcionando aos acionistas direitos de comprar mais ações na eventualidade de uma aquisição.

exercício de treinamento. Alguém estava comprando. Eu havia substituído recentemente Bill Phillips no cargo de presidente do conselho administrativo da empresa controladora, agora conhecida como The Ogilvy Group, e estaria liderando a defesa.

Em março, por insistência dos consultores, aceitei o convite de Sorrell para almoçar no Sky Club em Nova York. Depois de admitir que tinha acumulado algumas ações da companhia, Sorrell trouxe à baila a fusão — quatro maneiras diferentes — e falou a respeito da "lógica inexorável" de uma combinação. Pode ser que haja uma lógica, repliquei, mas ela não era inexorável.

O dia 29 de abril de 1989 foi uma sexta-feira sombria. Eu acabara de voltar de Londres, onde me reunira com analistas financeiros para corrigir duas suposições que estavam se propagando: a de que a Ogilvy era uma empresa com um desempenho insatisfatório e que ela poderia ser suscetível de uma abordagem do WPP. A minha apresentação pareceu ser bem-sucedida. Intitulada "Maçãs e Laranjas", ela defendeu a tese de que as nossas margens de publicidade eram iguais às das agências que tinham o melhor desempenho (maçãs comparadas com maçãs), mas uma grande empresa de pesquisas que recentemente compráramos da Unilever (uma laranja, não uma maçã) ainda estava aprendendo a operar por conta própria. Deixei claro que a agência não via nenhum benefício na fusão, nem para os acionistas nem para os clientes.

Quando Sorrell soube que eu estava em Londres, sugeriu que nos encontrássemos de novo, mas eu protelei a resposta e telefonei para Nova York para me aconselhar com o Debevoise & Plimpton, o escritório de advocacia especializado em fusões e incorporações com quem trabalhávamos de longa data. "Você precisa ligar para ele e deixar clara a sua posição. Diga-lhe que a empresa tem a intenção de permanecer independente, que essa é uma decisão do conselho administrativo, e que a sua função é colocá-la em prática. A sua política é não ser vendido, e você não deseja que ocorra nenhuma falha de comunicação. Diga a ele que não quer ser rude, mas que não tem nenhum sentido vocês se encontrarem." Telefonei para a casa de Sorrell e fiz o meu discurso. "Isso está sendo dito no vácuo", replicou ele. "Vocês são uma empresa de capital aberto; vocês devem isso aos acionistas e a si mesmos. Temos uma oferta justa e completa."

Em seguida, ele soltou uma bomba. "Pessoas dos altos escalões da empresa insinuaram que acolheriam bem uma abordagem." Uma das táticas de Sorrell é tentar desestabilizar o seu alvo, para torná-lo mais vulnerável.

Ele captara algum atrito no nosso grupo de gestão em Nova York; além disso, vários executivos tinham estado se perguntando por que uma incorporação seria ruim. Sorrell pediu para se sentar ao meu lado no Concorde quando eu voltasse para Nova York para discutirmos a sua proposta. Eu lhe disse com firmeza que isso não iria acontecer, mas ele não desistiria com facilidade.

Sem se deixar demover, Sorrell prosseguiu. "O meu plano tem critérios muito simples, não é uma compra altamente alavancada. As nossas empresas têm direções estratégicas semelhantes." Em seguida, deixou cair outra bomba. "Estamos preparados para oferecer 45 dólares por ação." As ações da Ogilvy estiveram sendo vendidas a 20 e poucos dólares e tinham subido para 27 nos meses mais recentes devido aos rumores. Pela primeira vez, um preço estava sendo oferecido com clareza. "Recebi e entendi a mensagem", repliquei, desligando em seguida o telefone.

Na manhã seguinte, Sorrell me ligou de novo, retornando ostensivamente um telefonema imaginário que eu teria dado para ele. "Obrigado por ter ligado para pedir esclarecimentos", disse ele. "Quero deixar claro que qualquer proposta manteria a estrutura como está agora, a não ser que Ogilvy deseje de outra forma. As pessoas ficariam onde estão, a não ser que a vontade de Ogilvy seja outra. Terei prazer em conversar com a diretoria junto com você. Somos flexíveis a respeito dos 45 dólares, da natureza da proposta, dos planos de incentivo." Mais uma vez, disse que não estava interessado, porém fui cauteloso, devido às minhas responsabilidades fiduciárias para com os acionistas, dizendo a Sorrell que a proposta precisaria ser analisada pela diretoria com cuidado.

Quando voltei a Nova York depois das reuniões com os analistas em Londres, fui até Troutbeck, um centro de reuniões corporativas situado a algumas horas de carro da cidade, para me encontrar com a minha equipe administrativa para uma revisão há muito programada das principais pessoas da agência. A reunião fora adiada várias vezes devido à pressão dos negócios, e quase foi cancelada de novo por causa das nuvens de tempestade. Mas tínhamos uma empresa para administrar, e a reunião aconteceu.

O "abraço de urso" chegou por fax na primeira tarde da nossa reunião. Abraço de urso é uma expressão da Wall Street e não é uma carta de amor, como Andrew Ross Sorkin explicou no *Times*: "Uma parte Emily Post e duas partes Maquiavel, essas mensagens tão cordiais são enviadas por pretendentes indesejados na tentativa de intermediar uma transação pacífica. Mas elas sempre contêm uma ameaça implícita: se vocês rejeitarem esta proposta, podem se preparar para uma briga".

A carta foi enviada para o meu fax particular em Nova York. Cinco minutos depois, telefonaram de Londres para saber se ela tinha sido recebida. Sorrell estava intensificando a pressão. Dei instruções à minha secretária para que enviasse cópias para a Skadden, Arps, Slate, Meagher & Flom, um escritório de advocacia de alto nível, especializado em fusões e aquisições, que havia se juntado à nossa equipe jurídica, e para os nossos dois bancos de investimento: o Shearson Lehman, recentemente comprado pelo nosso cliente American Express, e para o Smith Barney, outro cliente ("Eles ganham dinheiro à moda antiga. Eles *fazem por merecê-lo*."). Acreditávamos em usar os produtos dos nossos clientes, e circunstâncias aberrativas como essa não eram uma exceção. O S. G. Warburg, em Londres, completou a equipe dos bancos.

A luta pela independência começara. A carta de Sorrell repetia a oferta de 45 dólares por ação e observava que o WPP e a Ogilvy & Mather eram "parceiros naturais". A carta prosseguia propondo cargos para os executivos da agência — e para o fundador.

> Quando a fusão fosse consumada, gostaríamos muito de convidar David Ogilvy para assumir a posição de Presidente do Conselho Administrativo do The WPP Group e nos sentiríamos honrados se ele aceitasse para que os clientes, funcionários e acionistas do The Ogilvy Group e do WPP Group se beneficiassem da sua experiência e visão incomparáveis. Isso também garantiria um meio proeminente de manter a herança criativa do The Ogilvy Group e um contato mais estreito com uma das personalidades mais importantes do setor.

Se havia um ponto com o qual todo mundo concordaria, era o fato de que não havia *a menor* chance de David Ogilvy aceitar esse convite. Tratava-se da trama esperta de um predador que dificilmente poderia ser levada a sério. O WPP representava tudo a que Ogilvy se opusera em público: empresas holding, agências com diferentes filosofias sob a direção da mesma empresa controladora e o impulso em direção ao crescimento e ao tamanho.

As suas opiniões negativas sobre as fusões e os administradores de dinheiro eram trovejadas em discursos e entrevistas. Ele disse à *Advertising Age* que perder a agência seria como ver um dos seus filhos ser vendido como escravo, acrescentando depois que os clientes não aprovariam:

> Os clientes não apreciam as fusões. Eles as odeiam. Não gostam de que as suas contas sejam vendidas. Não os culpo. Se o meu médico dissesse que tinha vendido os seus pacientes para outro médico, que eu não conheço e com quem eu teria que me consultar de agora em diante, eu não daria pulos de alegria.

Ogilvy quase se encontrara com Sorrell no ano anterior, em uma reunião da World Federation of Advertisers em Londres. Quando ele viu a sua foto ao lado da de Sorrell em uma publicação especializada como sendo os únicos representantes do setor das agências, ele desistiu. "Não vou aparecer na mesma plataforma que esse gnomo." Essa foi a primeira de uma série de alusões públicas não muito admiráveis que Ogilvy fez sobre a altura de Sorrell.

Ogilvy admitiu que havia plantado as sementes que tornaram a sua agência vulnerável. "A pior coisa que eu fiz quando era Presidente do Conselho", escreveu ele para os diretores quando os rumores começaram a fermentar, "foi abrir o capital da empresa. A minha única desculpa é que as aquisições hostis ainda não tinham sido inventadas naquela época. ISSO JUSTIFICA O MEU PECADO!" Os seus protestos foram insinceros. Além de ter sido o principal defensor da abertura do capital, Ogilvy tinha total consciência de que a oferta pública de ações fora uma *condição* da fusão original com a Mather & Crowther. Mais tarde, em 1976, quando o conselho administrativo considerou a possibilidade de fechar o capital, ele havia declarado explicitamente que *não* era a favor. Era tarde demais — e excessivamente caro — para desfazer o que tinha sido feito.

Agora que a briga começara, estava na hora de desatrelar Ogilvy para que ele pudesse atacar. Escolhemos o *Financial Times*, para que pudéssemos alcançar investidores dos dois lados do Atlântico. Quando o repórter telefonou, Ogilvy estava pronto. A sua posição tinha sido apresentada previamente na diatribe "megafusões são para megalomaníacos", que apareceu no *The Times* em Londres e no nosso relatório anual de 1986. Agora, ele repetiu esses sentimentos, dirigindo o ataque a Sorrell.

Eu conquistei os meus clientes; ele compra os dele. Essa merda minúscula e detestável é movida a dinheiro. Ele não tem nenhum interesse em fazer uma boa propaganda, o que é a minha obsessão. Passei quarenta anos construindo a Ogilvy. A ideia de esse sujeito insignificante assumir o controle me dá calafrios. Lembrem-se de quando Jesus expulsou os cambistas do templo.

Essas palavras pesadas se espalharam pela imprensa em toda parte, suavizadas apenas pela mudança de "merda minúscula e detestável" para "idiota minúsculo e detestável". Ogilvy corrigiu mais tarde a citação errada, insistindo no termo mais chocante.

Ao rebater o ataque de Sorrell, demos o passo incomum de liberar para a imprensa a proposta do WPP, acompanhando a informação com uma declaração que caracterizava a proposta como um "argumento de venda que sofre de graves falhas de lógica comercial". Enviei uma carta para Sorrell dizendo que as declarações dele eram "incorretas e insinceras" e deixei uma impressão totalmente falsa a respeito da nossa comunicação. Anúncios foram preparados, com títulos como "Hostil para os nossos clientes, hostil para os nossos funcionários, hostil para tudo o que defendemos". Ogilvy sugeriu fotos de Sorrel e dele, lado a lado. Debaixo da de Sorrell, estava escrito o seguinte: " ... o homem mais desprezado da Madison Avenue". Debaixo da dele: "O especialista mais procurado da publicidade americana". A propaganda não seria a resposta para fatos financeiros concretos. Nenhum dos anúncios propostos foi publicado.

Ao longo dos 18 dias seguintes, a história foi bastante noticiada, enquanto a tensão aumentava e nós explorávamos as possíveis defesas: a recompra de ações, "cavaleiros brancos" e "proprietários rurais brancos",* recapitalizações, compras alavancadas. Tentamos de tudo; perto do fim, telefonei para Mike Milken, o rei dos títulos de alto risco e guru financeiro. Depois de analisar os nossos balanços financeiros, ele perguntou: "Você tem alguma ação preferencial?", referindo-se a uma possível defesa. Nenhuma,

---

* O cavaleiro branco é uma empresa ou pessoa pronta para ajudar outra firma com um investimento. O proprietário rural branco é parecido, só que ele só adquire uma pequena participação e não tem interesse em assumir o controle de uma empresa (por exemplo, Warren Buffett). (N. do autor.)

No original, "white knights" e "white squires", respectivamente. A expressão "cavaleiro branco" é usada no Brasil no meio financeiro. (N. da T.)

respondi. "É uma pena." O WPP havia oferecido tanto dinheiro vivo, que a nossa escolha se reduziu a aceitar a proposta ou ser processados por acionistas furiosos. "Uma enxurrada de processos judiciais", prognosticou um advogado. Sorrell havia aumentado a sua oferta para 54 dólares por ação, o que equivalia a 862 milhões de dólares para obter um lucro de 32 milhões. O WPP pagaria um preço elevado por uma marca superior.

 O passo seguinte era negociar um acordo. Para a reunião com Sorrell, preparei um texto com 65 possíveis questões para discutir com ele um tema: "Como seria a vida sob a direção do WPP?". Conhecido pelas suas relações antagônicas com as pessoas que trabalham para ele, Sorrell se comportou muito bem quando nos encontramos, mostrando-se efusivo e tranquilizador. A única coisa que mudaria seria o controle acionário, prometeu. O WPP traria para a fusão a sua perícia financeira; sob outros aspectos, a empresa continuaria a funcionar como antes. Ele não interferiria, nem telefonaria para clientes a não ser que os diretores lhe pedissem isso. Passei essas informações para a comissão executiva e marquei uma reunião da diretoria para o dia 15 de maio a fim de analisar e tomar medidas com relação à proposta, pouco antes da nossa reunião anual com os acionistas.

Os diretores compareceram à reunião esgotados pela pressão e pelas emoções da batalha de 18 dias. Agora, havia uma oferta concorrente de última hora. Phil Geier, presidente do conselho administrativo do Interpublic Group (McCann-Erickson e outras agências), havia telefonado para discutir como ele poderia ajudar a derrotar o WPP. Eu lhe disse que ele estava entrando tarde no jogo, mas concordei em examinar o que tinha a oferecer. A Interpublic não era a nossa escolha ideal para um sócio na fusão, mas pelo menos Geier entendia do setor e seria melhor do que o WPP. O conselho iria analisar a proposta dele na nossa reunião do dia seguinte.

 A reunião teve lugar na sala de reuniões da agência, no décimo andar da East Forty-eighth Street, 2, um prédio desinteressante com design de Emory Roth, da década de 50, que ocupávamos havia 35 anos. Tínhamos ficado sem espaço, com as operações espalhadas por dez outros prédios em Nova York, e estávamos no meio do processo de mudar todo mundo para os nossos novos escritórios no Worldwide Plaza. Nesse ínterim, os escritórios da Forty-eighth Street estavam caindo aos pedaços, e o ar-condicionado não estava funcionando bem.

Quarenta pessoas estavam presentes: cinco equipes de banqueiros de investimento e advogados, além de diretores do The Ogilvy Group e também da Ogilvy & Mather Worldwide, que representavam a maior parte da receita e dos lucros do grupo. Diretores regionais vieram às pressas de Londres, Frankfurt, Paris, Toronto e Hong Kong. O diretor da agência na América Latina estava se recuperando de um acidente de esqui e acompanharia os trabalhos da sua casa em São Paulo.

Iniciei a reunião às duas horas da tarde fazendo uma análise da situação, incluindo a proposta de última hora da Interpublic, e relatei que os clientes com quem tínhamos conversado estavam extremamente preocupados — tudo aquilo estava desviando a atenção das pessoas de coisas importantes, e eles não enxergavam nenhum benefício na fusão —, mas ninguém estava preparado para tomar nenhuma medida além de dizer que estava "avaliando a posição deles".

Entreguei então a direção dos trabalhos para J. Tomilson Hill, da Shearson. O pessoal de Ogilvy nunca conhecera ninguém como Tom Hill, que, com o cabelo alisado e suspensórios estampados, parecia Gordon Gecko no filme *Wall Street*. Hill, um astuto profissional da área financeira, falou a respeito da oferta da Interpublic, que era mais elevada do que a do WPP, porém baseada em ações e sem levar em consideração a possibilidade da perda de contas devido a conflitos entre clientes das duas empresas. Ele segurou a carta de Geier com dois dedos, demonstrando repugnância, como se ela estivesse suja, e descartou a proposta como "um completo tiro no escuro!".

A oferta de ações da Interpublic, que não pressupunha a perda de clientes, não era tão forte quanto a proposta em dinheiro vivo do WPP, mas não poderia ser rejeitada já que parecia ser mais elevada. Geier teve de ser persuadido a retirar a proposta para possibilitar uma paz relutante com o WPP, de modo que a agência pudesse retomar as suas atividades. A reunião foi interrompida várias vezes para que pudéssemos falar com Geier por telefone. O tempo se arrastou, pedimos pizzas, e todo mundo estava esperando que a Interpublic tomasse a medida que parecia óbvia.

Em um determinado momento, alguém se voltou para Ogilvy e perguntou como ele se sentia com relação a se tornar presidente do conselho administrativo do WPP. Poucas pessoas presentes se esqueceram da cena.

Devo aceitar?, perguntou Ogilvy aos diretores. Ele andara deixando transparecer que talvez estivesse aberto à ideia.

Hans Lange, que dirigia a companhia alemã, começou. "Você sempre foi contra as megafusões. Se você aceitar, o que eu vou dizer aos meus jovens e esforçados funcionários? Esta é uma desavergonhada utilização do seu nome. Você fala sobre gigantes; isso o deprecia."

Peter Warren, um veterano da agência londrina que vinha da época da Mather & Crowther e havia sido recentemente nomeado presidente do conselho administrativo da O&M Europe, concordou totalmente com Lange. A aceitação iria contra todos os princípios que Ogilvy professara ao longo dos anos, disse ele.

Jules Fine, uma das primeiras pessoas a ingressar na agência de Nova York, conhecido pela sua integridade, acompanhou os precedentes com uma franqueza característica: "Como você pode vender o seu direito nato?".

Ogilvy, parecendo desgastado e cansado, dirigiu-se ao grupo sentando na cadeira. Ele começou lentamente.

Ele [Sorrell] conhece as finanças. Eu posso ajudar a imagem do WPP e favorecer a preservação do nosso *ethos* e cultura.

Depois dessa introdução, ele nos pediu compreensão.

Eu tenho um subemprego e ainda sou ambicioso. Não quero me aposentar e preciso de um emprego.

Parenteticamente, referindo-se a outra parte do WPP:

Sempre gostei da JWT. Estou em dificuldades financeiras. Administrei mal o meu dinheiro. Tenho um castelo e uma esposa jovem, e preciso do dinheiro. Ganância [pausa]. Há também um pouco de vaidade envolvida.

Em seguida, o fim surpreendente:

Vocês não têm o direito de me dizer, a esta altura da minha vida, o que é certo e errado para mim. Quanto a Sorrell, talvez eu consiga transformá-lo.

Nós nos sentimos culpados, recorda Fine. "Foi patético, mas tínhamos que apoiá-lo. A companhia era dele, e ele a construíra."

Um pouco depois das dez horas da noite, Geier retirou a proposta da Interpublic. O conselho voltou a se reunir na sala de reuniões, agora repleta de caixas vazias de pizza e desagradavelmente quente. Relatei a retirada da oferta da Interpublic, reafirmei a proposta do WPP, e o conselho votou a aceitação desta última por unanimidade. Por volta das 11h30, quase dez horas depois do início da reunião, telefonei para Sorrell, que estava aguardando nas proximidades. Vinte minutos depois, ele fez a sua entrada triunfante acompanhado de Bruce Wasserstein, o seu agressivo banqueiro de investimento do First Boston.

No dia seguinte, 16 de maio, compareci à última reunião dos acionistas do The Ogilvy Group e informei que a empresa perdera, mas que eles, enquanto acionistas, tinham se saído extraordinariamente bem. O preço final foi 54 dólares por ação, o dobro do que ela valia antes de tudo começar. Um pote de ouro para os acionistas de Ogilvy, inclusive para muitos funcionários. Já no caso dos acionistas do WPP, o preço elevado tornaria a transação uma vitória de Pirro durante vários anos. Ao contrário da J. Walter Thompson, que tinha um desempenho ruim e que era dona de uma propriedade subvalorizada no centro de Tóquio (que foi vendida com um grande lucro), a Ogilvy & Mather era rigidamente administrada e não possuía ativos subvalorizados. Dessa vez, Sorrell não tinha paliativos para ressarcir os grandes empréstimos que tomara.

No dia seguinte, convoquei uma reunião com os 125 executivos da agência no auditório do prédio da McGraw-Hill, que ficava próximo, para explicar o que acontecera e apresentar o novo dono da empresa. Ogilvy compareceu à reunião. A sua aparência era horrível, e ele estava se sentindo péssimo. Algumas pessoas tentaram se aproximar dele para ouvir comentários, mas ele as mandou embora com um aceno de mão. Era como tentar se aproximar da família no local de um acidente, comentou um observador. Iniciei a reunião explicando que os advogados não tinham permitido que eu dissesse muitas coisas publicamente enquanto a batalha estava tendo lugar. Delineei os fatos financeiros da vida, descrevi a maneira como o WPP assegurou que teríamos "autonomia" e apresentei Sorrell, que confirmou tudo isso. Em seguida, abrimos espaço para perguntas.

Uma pessoa perguntou a Sorrell o que ele pretendia comprar em seguida. Ele havia completado os seus objetivos, respondeu, e não pretendia fazer outras aquisições. Do meio da audiência, em um sussurro de palco, ouviu-se um comentário do fundador: *exatamente o que Hitler fez depois da Checoslováquia*.

Três dias depois, Ogilvy aceitou o convite para ser presidente do conselho administrativo do WPP.

Foi a maior incorporação da história da publicidade. Mais do que o fim da independência do The Ogilvy Group, ela pressagiou uma era em que empresas holding iriam adquirir freneticamente agências de publicidade e companhias afins. Dali a alguns anos, muitas agências independentes seriam engolidas ou combinadas entre si mesmas, para se unir ao WPP, à Omnicom, à Interpublic ou outras grandes empresas holding. Era um mundo que Ogilvy nunca iria reconhecer ou compreender, exceto pela resposta de Sorrell quando lhe perguntaram por que ele pagara os 800 milhões de dólares: "Para qualquer pessoa que tenha um conhecimento rudimentar do valor das marcas, essa pergunta deveria parecer despropositada".

Ironicamente, na década de 1970, Jock Elliott havia discutido a possibilidade de uma fusão com a J. Walter Thompson, que teria o codinome de TOTO (*"in toto"*). As agências tinham vários clientes em comum, e fora elaborado um plano de gestão: Elliott assumiria a presidência do conselho administrativo durante cinco anos e seria substituído depois por Don Johnston, da JWT, que era mais jovem. A diretoria da Thompson votou "sim" por unanimidade. A diretoria de Ogilvy votou "não" por unanimidade. "Éramos muito arrogantes", explica Elliott. "Nós nos considerávamos a melhor agência." Por desconhecer em grande medida a excelente agência Thompson londrina, os nova-iorquinos chamavam a JWT de J. Walter Tombstone.* Se essa fusão tivesse se concretizado, ela teria criado a maior agência, que seria grande e cara demais para que o WPP pudesse pensar em comprá-la.

---

* *Tombstone* em inglês quer dizer *lápide*. (N. da T.)

Como era de prever, o período que se seguiu à aquisição foi doloroso. Uma coisa intangível, porém poderosa, havia sido perdida: o orgulho e a identidade da agência. Muitas pessoas se sentiram diminuídas; algumas foram vistas chorando na reunião dos acionistas. Até mesmo a imprensa tomou partido; a *Advertising Age* intitulou a sua reportagem de "Um gigante se curva diante de imbecis". Inevitavelmente, vários altos executivos deixaram a empresa. Alguns, como Jody Powell, ex-secretário de imprensa do presidente Jimmy Carter, que havia criado o nosso escritório de relações públicas em Washington, partiu de imediato. Outros, como o diretor regional europeu Peter Warren, o nosso chefe de relações públicas internacional Jonathan Rinehart, e Brendan Ryan, que administrava as grandes contas do American Express e da General Foods, foram embora ao longo dos meses seguintes.

O que Ogilvy via como um lugar alegre que as pessoas amavam e pelo qual se sacrificavam, Sorrell via como um tolerante clube esportivo. Ele não tem a publicidade nas veias, comentou Geier a respeito de Sorrell. "Mas mesmo assim ele usa uma viseira verde." Essa descrição não incomodou Sorrell: "Gosto de calcular os custos com cuidado". Dias depois, pressionado por um forte endividamento e por uma recessão, Sorrell começou a voltar atrás no que prometera e violou a cláusula de "autonomia", procurando diretamente clientes ou executivos da agência e recusando-se a refrear o seu autoritário pessoal do setor financeiro. Os executivos de Ogilvy ao redor do mundo começaram a deixar a empresa. Sentindo que a minha capacidade de dirigir a companhia fora debilitada, aceitei uma proposta para ir trabalhar com o nosso cliente American Express em um cargo sênior na área de comunicação. Sorrell aceitou a minha indicação para um sucessor e nomeou Graham Phillips, um britânico vigoroso e capacitado que administrara as nossas agências na Holanda, no Canadá e nos Estados Unidos.

Apesar da sua nova função como presidente "não executivo" do conselho administrativo do WPP (Sorrell ainda era o CEO), o efeito da incorporação em Ogilvy foi traumático. A menina dos seus olhos fora raptada; o centro da sua vida desaparecera. Com o seu exagero habitual, ele disse que chorou todas as noites antes de dormir durante várias semanas. Então, um dia, acabou. Ele foi dar um longo passeio e, quando voltou, estava se sentindo muito bem. Eternamente pragmático, Ogilvy aceitou a realidade do que acontecera e foi trabalhar para o WPP.

Algumas semanas depois da fusão, Ogilvy seria homenageado com um novo prêmio criado pela Seagram como um memorial para Bill Bernbach, por Excelência em Publicidade. Edgar Bronfman Jr., presidente da Seagram, cliente tanto da Ogilvy & Mather quanto da Doyle Dane Bernbach, tinha convidado Ogilvy para ser o primeiro homenageado. No jantar de apresentação, o ex-editor-chefe David McCall, que agora dirigia a sua própria agência, apresentou o seu ex-chefe. "Ele passou a vida elevando padrões. Padrões profissionais. Padrões pessoais. Até mesmo padrões de divertimento. O antigo provérbio escocês 'Seja feliz enquanto está vivo, porque você fica morto um longo tempo' era uma parte importante da nossa vida na Ogilvy." McCall concluiu: "David Ogilvy tem caráter. A sua agência tem caráter. E ele aprimorou o caráter de todo um setor comercial".

Ficou óbvio no discurso de aceitação de Ogilvy que Sorrell, que é capaz de ser charmoso quando necessário, de alguma maneira o fascinara. Ogilvy derramou elogios sobre o seu novo chefe, proclamando Sorrell o homem mais competente com quem trabalhara em publicidade, ferindo ainda mais os seus ex-parceiros, já machucados, presentes na audiência. Mais tarde, ele disse a um entrevistador que a publicidade estava repleta de pessoas idiotas e maçantes, sem importância, e as únicas exceções eram Sorrell, Hal Riney (o contestador chefe de criação do escritório da Ogilvy em São Francisco) e ele próprio — denegrindo, por dedução, todos os seus parceiros de longa data.

O dinheiro apagou a admiração que Ogilvy sentia por Esty Stowell, que ele expressara anos antes: "Com um suspiro de alívio entreguei a ele a administração de todos os departamentos da agência, exceto o de criação. A partir daquele ponto, a nossa agência começou a crescer em blocos maiores. Um homem muito capaz". Agora o modelo de excelência "que mais contribuiu para o nosso sucesso inicial", que tornou a agência aceitável para grandes clientes e que trouxe pessoalmente a General Foods, era descrito como alguém que não fizera *nada* e não conseguira *nenhum* cliente novo.

Qual foi o pecado de Stowell? Como uma questão de princípio, ele renunciara ao cargo de presidente por causa da questão da abertura do capital, mas conservou todas as suas ações. Ogilvy, que havia vendido a maioria das suas ao longo dos anos, ficou furioso. "Você tem ideia de quanto dinheiro ele ganhou?", lastimava-se ele para quase todo mundo que quisesse ouvir. "Ele ficou com as ações e ganhou milhões!" (Foram 28 milhões de dólares.) Por que Ogilvy não manteve as suas? "Eu tinha um medo terrível de que a empresa fosse à falência."

No meio da batalha da aquisição do controle, eu telefonara para o castelo a fim de falar com Ogilvy. Herta atendeu e disse que o marido estava extremamente aborrecido com o que estava acontecendo na empresa. Comentei que entendia perfeitamente, mas acrescentei que, pelo menos, ele ganhara dinheiro dessa vez por causa do preço das ações que subira. "Ele vendeu tudo há duas semanas", replicou ela.

A incorporação destruiu uma parte de Ogilvy. Ele já começara a se sentir solitário na França e separado da empresa. Mas isso era outra coisa. A sua secretária na França, Lorna Wilson, diz que esse período marca o início do seu declínio. "A agência era a coisa mais importante da vida dele. Era a coisa mais próxima de dar à luz um filho que ele poderia ter. Ele sentia que criara a Ogilvy & Mather e a nutrira, e ela fora brutalmente arrancada dele."

Apesar dos excessivos elogios no jantar de apresentação, a atitude de Ogilvy diante de Sorrell era ambivalente. Ele admirava o intelecto e o sucesso financeiro do homem, mas odiava o que ele representava. Sorrell tirou de Ogilvy a única coisa que o animava: a sua agência. Ele sentiu que o *ethos* mudaria. A Ogilvy & Mather fora uma companhia na qual as pessoas tinham orgulho de trabalhar, tinham orgulho do que ela representava, e agora a menina dos seus olhos fora comprada em um bazar por alguém que era basicamente um contador. Sorrell respondeu com indulgência ao lidar com o velho Ogilvy, conquistando o seu apoio com muitas delicadezas, entre elas um bom salário.

Jeremy Bullmore, o chefe da J. Walter Thompson em Londres, adorava estar no conselho administrativo do WPP com Ogilvy, e eles se tornaram grandes amigos. Ogilvy apreciava o fato de ambos terem sido redatores de publicidade. No entanto, Bullmore percebeu que esse seu novo companheiro já não estava no seu apogeu quando o ajudou a elaborar um discurso que se tornara "uma regurgitação repetitiva" de outros que Ogilvy vinha redigindo havia algum tempo. Um veterano da agência que viu Ogilvy, na função de presidente do conselho administrativo, tentar explicar e justificar os resultados sofríveis do WPP em uma reunião em Londres pensou em como era triste que Sorrell o estivesse usando dessa maneira. Por que Ogilvy aceitou ser presidente do conselho de uma empresa cujos objetivos ele detestava? *Não sei por que Martin Sorrell me quer*, queixou-se ele. Pela respeitabilidade, foi o que lhe disseram. *Por que estou fazendo isso?* "Para receber 200 mil dólares anuais." *Como você soube disso?* "Todo mundo sabe."

Ogilvy acreditava que não tinha outra escolha. Ele não administrara bem o seu dinheiro, como quase sempre admitia, e havia despesas. Ele queria que Herta pudesse permanecer em Touffou, durante a sua vida e depois que ele morresse, o que não era barato. Ele engolia o necessário para manter o lobo afastado dos portões do palácio. Muitas pessoas eram rudes e diretas, e diziam que Ogilvy tinha vendido a alma e questionavam se ele genuinamente acreditava que tudo tinha sido para o bem da empresa, dos funcionários, dos acionistas, dos clientes — ou para o bem *dele*. Ele sofreu pela empresa e pelos seus sócios, mas foi iludido naquele momento por um homem mais esperto que sabia como cativar e adular... e ganhar dinheiro.

Logo ficou óbvio que as questões financeiras estavam além da capacidade de Ogilvy, e a comunidade financeira começou a exigir uma pessoa mais forte para a presidência do conselho administrativo. Ogilvy se sentiu aliviado quando deixou o conselho vários anos depois. "Martin nunca pediu os meus conselhos e nunca me disse nada. Eu não tinha permissão para me aproximar da JWT. Isso me deixava apenas a OMW [Ogilvy & Mather Worldwide] e as pequenas subsidiárias — eu nunca nem mesmo me reuni com eles. O meu relacionamento com a OMW era ambíguo. Eu tenho a minha própria cultura e ela não é igual à de Martin."

Ogilvy havia sido convidado para falar na reunião mundial de gestão, programada havia muito tempo, em novembro de 1989 em Nova York, apenas seis meses depois da incorporação. Quando ele se levantou para falar, o clima não estava propriamente alto-astral, pois a ferida ainda estava aberta em muitos dos que estavam presentes na audiência. Ele começou com A Piada, a *única* piada que ele contava e que incluía em todas as ocasiões, fosse ou não apropriado.

Não sei se vocês já estiveram em Tonga. Eu estive.

A audiência, 125 executivos da agência, riu quando ele começou a falar por reconhecer a piada.

É uma ilha no Pacífico. Minha mulher e eu já passeamos em Tonga. E na ilha há uma família real. Eles são enormes. São gigantes, tanto as rainhas quantos os reis, e o rei atual, que é um homem enorme, fez uma visita oficial a Londres.

É um dos grandes espetáculos londrinos. Um magnífico cerimonial. A tradição é que a rainha vai até a Victoria Station. Ela chega em uma carruagem real. Tapete vermelho na plataforma. O rei é apresentado ao primeiro-ministro e ao representante da rainha. Ele é colocado na parte de trás de um landau oficial puxado por cavalos. A rainha se senta ao seu lado. Eles saem da estação e vão até o Buckingham Palace para almoçar.

Aos 78 anos, o seu físico de ossos largos tinha diminuído um pouco, e a cintura tinha aumentado. Ogilvy usava óculos para perto com uma pesada armação de chifre, e a sua audição já não era tão aguçada quanto antes, mas a sensação que ele transmitia era de poder e não de um velho. Esse era um dia informal, e ele vestia um paletó esporte sem gravata. Despiu o paletó amarrotado, como invariavelmente fazia nas palestras, e o deixou cair com um gesto calculado em uma cadeira próxima.

É um espetáculo magnífico. A escolta do soberano veste peitoral e elmo emplumado. Bandeiras. A bandeira de Tonga está hasteada. A multidão acena... cantando e aclamando. A rainha, a soberana, está sentada na parte traseira dessa encantadora carruagem, com o rei de Tonga ao seu lado. Seis cavalos, carruagem aberta. Seis cavalos puxando-a, suponho que sejam Windsor Greys. Montados por postilhões.

Quando percorriam a alameda, antes de chegar ao Buckingham Palace, um dos cavalos peidou como nenhum cavalo jamais peidara. [Gargalhadas]

A rainha e o rei ficaram completamente asfixiados. [Mais risadas.] Finalmente, quando o vento piedosamente levou o cheiro embora, a rainha disse para o rei de Tonga: "Sinto muito". [Pausa]

"Não precisa se desculpar", retrucou o rei. "Eu achei que tinha sido um dos cavalos."

Seguiu-se uma explosão de risos, embora quase todos os presentes já tivessem ouvido a piada antes muitas vezes. O homem que trouxera o bom gosto civilizado para a publicidade se dera bem com ela mais uma vez.

Provavelmente não estarei presente na próxima reunião deste tipo, de modo que não é apropriado que eu fique aqui contando piadas. Não vou fazer um discurso formal. Vou dar alguns conselhos zelosos sobre alguns temas específicos. Vocês podem fazer com eles o que quiserem. E vou fazê-lo em cerca de dez minutos. Eles dizem respeito a pessoas.

Ogilvy passou os dedos pelas bonecas aninhadas que haviam sido colocadas no leitoril, usando-as como ponto de partida.

Quem vocês acham que são tradicionalmente as pessoas mais importantes na hierarquia da nossa empresa? Detesto hierarquias, mas todas as instituições as possuem.

Esse era um tema novo, e todo mundo prestou bastante atenção.

Acho que a tradição geral não explícita tem sido que os figurões, as pessoas de primeira linha, eram os chefes de escritório. E isso está errado. Quero dizer, existem chefes de escritório e chefes de escritório. Muitos chefes de escritório que conheci nos meus dias eram meros administradores. Se vocês têm uma hierarquia, sugiro o seguinte: eu colocaria no topo novos produtores de negócios, se vocês tiverem a sorte de ter uma dessas aves raras.

Em seguida, na hierarquia de Ogilvy, vinham aqueles que zelavam pelos grandes clientes internacionais. Depois deles, o "gênio criativo". A seguir, os chefes de escritório.

É claro que, de vez em quando, temos um chefe de escritório que também é um produtor de novos negócios.

Em tom travesso:

Eu era um deles.

De vez em quando, temos um chefe de escritório que também é um gênio criativo.

Com um sorriso:

Eu também era um deles.

A conhecida exibição do ego, consciente de si mesma, foi saudada com risos.

Ogilvy passou então a tratar de questões de outras pessoas, recomendando com insistência que a sua audiência contratasse menos pessoas com diplomas de MBA e mais pessoas com uma formação incomum.

como os agricultores que cultivam tabaco na Pensilvânia. Contratem pessoas de outros países, particularmente da Índia e da África do Sul. Eu as estou citando porque tenho um interesse especial — sou presidente do conselho administrativo dessas duas companhias, e elas estão repletas de pessoas extraordinárias. Se vocês começarem a aparecer no escritório dos clientes com alguns indianos em uma das mãos e alguns sul-africanos na outra, eles ficarão interessados. O mesmo não acontecerá se vocês aparecerem com um grupo de malditos diplomados em MBA.

Procurem dentro da agência. Ninguém é jovem demais para isso e, apressome a acrescentar, ninguém tampouco é velho demais. Por que temos o odioso hábito de aposentar todas as pessoas maduras quando ainda estão jovens e substituí-las por bebês incompetentes?

Cuidem de qualquer pessoa extraordinária que tenha sido contratada. Façam com que ela leia os meus livros. Para que chorem bem alto! [Gargalhadas.]

[Levantando-os um de cada vez] *Confessions of an Advertising Man* — de David Ogilvy! *Ogilvy on Advertising* — de David Ogilvy! *The Unpublished David Ogilvy!*

Continuo a escrever esses livros, e eles são muito lidos no mundo inteiro — exceto pelos funcionários da Ogilvy & Mather! Eles estão completamente recheados de informações inestimáveis. E se vocês os lerem, não deixarão de ser tão inexperientes e ignorantes.

Depois a cultura: "nos distingue mais do que qualquer outra coisa". Tratar as pessoas de modo humano. Uma confissão a respeito dos benefícios de uma agência feliz.

Quando a nossa agência é tranquila, benigna e humana, não temos que pagar salários muito altos. E essas qualidades atraem os melhores funcionários e os clientes mais interessantes. Elas também lhes proporcionarão um tempo de vida mais feliz.

Em seguida, um "novo sermão" a favor da redução de salários em vez da demissão de pessoas.

Acho que a coisa mais cruel que vocês podem fazer às pessoas, em especial, fico triste em dizer, aos homens, é demiti-los, colocá-los em uma situação em que não trabalham. Façam sempre o máximo para evitar condenar pessoas ao inferno do desemprego. [Pausa.]
Terminei. Não consigo pensar em mais nada para dizer.

Os 125 funcionários mais importantes da empresa, oriundos de dezenas de países, se levantaram, aplaudindo. Foi uma performance magnífica, recorda um dos veteranos da agência. Todo mundo estava deprimido, e Ogilvy levantou o ânimo de todos.
Não foi o seu último discurso. Nem a última vez em que ele contou a história de Tonga.

Logo ficou claro que o WPP tinha fracassado por tentar abarcar o mundo com as pernas. As suas ações despencaram ao longo dos quatro anos seguintes, e o grupo precisou renegociar os contratos com os bancos. No entanto, a empresa conseguiu se recuperar e voltar ao mercado de aquisições, comprando mais duas importantes agências, a Young & Rubicam e a Grey Advertising, bem como dezenas de firmas de serviços de marketing e de "nova mídia". Isso acabou com o plano que estava "completo" com a incorporação da Ogilvy & Mather.

No outono de 1991, Ogilvy compareceu à festa de comemoração do quinquagésimo aniversário da agência de Chicago. Aquele escritório tinha a tradição de entregar prêmios anuais em reconhecimento das "gafes" memoráveis. Os prêmios eram chamados de "Hankies", em homenagem a Hank Bernhard, o fundador do escritório. Nessa ocasião, Ogilvy recebeu o primeiro Grand Hanky. A sua grande gafe? Ter aberto o capital. Eis o seu discurso de aceitação de três palavras: "Ninguém é perfeito".

CAPÍTULO 12

Uma Doença Chamada Entretenimento

A "revolução criativa", como era conhecida, tomou conta do setor pela primeira vez nos anos 60. Os redatores de publicidade e os diretores de arte passaram a ser conhecidos como *criação*. Em muitos casos, *criação* tornou-se sinônimo de *divertido*. Ogilvy não ficou impressionado. Ele ficou contrariado com as técnicas espalhafatosas de *show business* sem nenhuma compensação evidente nas vendas. "Uma doença chamada entretenimento está contaminando o nosso setor" era a sua queixa cada vez mais frequente nas entrevistas e discursos.

A doença estava se espalhando, na opinião de Ogilvy, por meio de vários prêmios anuais que as pessoas do setor publicitário davam umas às outras. O fato de as técnicas de televisão humorísticas e estonteantes serem quase sempre premiadas já era incômodo o bastante. Ogilvy desconfiou desde o início dos "criativos" moderninhos de cabelo comprido. Os jantares autocongratulatórios para a entrega de prêmios apenas confirmavam a sua desconfiança de que os lunáticos estavam assumindo o controle do hospício.

A sua primeira medida, proibir que os funcionários da Ogilvy & Mather participassem dessas competições, causou um pequeno motim. Ganhar um prêmio conferia prestígio e aumentava o valor do vencedor no mercado de trabalho; assim como acontece nas indicações para o Oscar, a mera menção do trabalho da pessoa contava para alguma coisa. Em 1970, Ogilvy contra-atacou criando o seu próprio prêmio — para *resultados*. O David Ogilvy

Award reconhecia a campanha da Ogilvy & Mather que mais tivesse conseguido melhorar as vendas ou a reputação de um cliente. O vencedor recebia uma pequena placa vermelha e 10 mil dólares em dinheiro.* "Se vocês, meu caros redatores de publicidade ou diretores de arte, quiserem ganhar o prêmio", ele avisou ao pessoal, "dediquem o seu talento à tentativa de fazer retinir a caixa registradora." *Fazer retinir a caixa registradora* passou a fazer parte do léxico da agência.

O primeiro prêmio concedido reconheceu a campanha para o Tijuana Smalls, um novo charuto pequeno da General Cigar. Ela foi bem-sucedida desde o início, e provas concretas deram crédito à propaganda. No entanto, o produto não estava à altura da publicidade. Os fumantes o experimentavam e não compravam mais; um ano depois, ele foi discretamente retirado do mercado. Embora o charuto não tenha tido sucesso, a campanha teve. O prêmio focalizava os esforços da agência, conferia um reconhecimento tangível para as suas campanhas mais eficazes e impressionava os clientes. Alguns se queixavam quando a campanha "deles" não ganhava ou, o que era pior, nem mesmo era indicada como possível candidata ao prêmio. A ideia não aplacou inteiramente as pessoas criativas, que ainda queriam conquistar a estima dos seus colegas que acompanhavam os amplamente noticiados jantares de distribuição de prêmios a todo o setor. Assim sendo, Ogilvy cedeu, dizendo que os seus funcionários poderiam participar dos concursos "desde que ganhassem" — ao mesmo tempo que os aconselhava a manipular os jurados.

A agência — e a reputação de Ogilvy — tinha crescido baseada em um brilhante trabalho criativo. A partir da década de 1970, ele foi ficando cada vez mais preocupado por achar que o pêndulo estava oscilando na direção errada e a propaganda da agência estava se tornando enfadonha, apesar de eficaz. "Não estamos produzindo uma quantidade suficiente de campanhas extraordinárias para conquistar as novas contas de que precisamos ou para satisfazer alguns dos nossos atuais clientes", escreveu Ogilvy para os diretores em 1974. Ele chamou isso de o problema mais importante que a agência estava enfrentando, e lançou uma série de memorandos intitulados "VAMOS FUGIR DE TEDIÓPOLIS", e recomendando com insistência que a empresa imitasse organizações criativas como *The New Yorker* e a Bell Labs.

---

* Equivalem a 50 mil dólares em 2008.

Ao chegar à conclusão de que a agência estava produzindo um excesso de campanhas estrategicamente corretas mas que não eram brilhantes, Ogilvy criou um prêmio da agência para "propaganda de vitrine". O primeiro prêmio a ser concedido foi para o escritório de Bangcoc pela campanha de uma cerveja local; o comercial orgulhosamente promoveu a cerveja Singha como sendo tão nativa quanto a comida e os costumes tailandeses. Ninguém sabia ao certo o que "vitrine" significava, e o prêmio nunca foi tão atrativo quanto o de vendas, mas o trabalho de criação adquiriu um novo brilho com a chegada de novas pessoas estimuladas por essa nova investida.

Os acontecimentos ampararam o ceticismo de Ogilvy a respeito dos prêmios. Em 1969, a paródia de um musical de Busby Berkeley apresentando fileiras de animadas coristas, para as cápsulas contra gripe Contac, arrebatou os prêmios. Um consultor de criatividade considerou a campanha "Cold Diggers of 1969"* não apenas a melhor do ano como também uma das melhores de todos os tempos. Apesar de toda essa ovação, as vendas diminuíram e a agência perdeu a conta. Um redator de anúncios de remédio inteligente havia previsto esse resultado: "O consumidor está doente e sentindo dor. Não devemos rir ou cantar, e sim prometer *alívio*".

Vários anos depois, os autores do livro *Advertising in America* mostrou como o Alka-Seltzer caiu na mesma armadilha com o comercial memorável e muito premiado "Mal posso acreditar que consegui comer tudo". "Quanto mais esses anúncios eram apresentados, mais o concorrente Pepto-Bismol vendia. Todos rimos da pobre vítima, mas quando ficamos doentes pensamos: 'Alka-Seltzer acha tudo uma grande piada e não leva a sério os meus sintomas. Quero uma coisa séria que resolva o meu problema'."

Ogilvy continuou a tocar na mesma tecla com a sua análise dos prestigiosos prêmios conhecidos como Clios, em homenagem à musa grega da história. "As agências que ganharam quatro Clios perderam as contas", informou Ogilvy com júbilo. "Há ganhador de Clio que fechou as portas. Outro ganhador do prêmio Clio dera a metade da sua conta para outra agência. Outro ainda se recusou a colocar no ar a sua indicação vencedora. No caso

---

* Tradução literal: "Cavadores de Gripe de 1969". (N. da T.)

dos 81 clássicos da televisão escolhidos pelo festival Clio em anos anteriores, 36 das agências envolvidas tinham perdido a conta ou ido à falência."

Apesar desses resultados (e dos ataques de Ogilvy), os Clios continuaram a florescer. Em 2007, 19 mil inscrições de 62 países concorreram pelos votos de 110 juízes. O entretenimento tornou-se um componente cada vez mais importante da publicidade, em especial com comerciais caros de produção de grande porte de cerveja e refrigerantes exibidos no Super Bowl da National Football League. Colunistas e espectadores avaliam os "melhores" comerciais no que alguns chamam de "O Principal Dia Santo da Publicidade".

Em 1990, tendo aparentemente conseguido fugir de Tediópolis, Ogilvy produziu um texto de 19 páginas a respeito do perigo de as pessoas "chafurdarem em uma epidemia de 'criatividade'". Ele disse a todos que voltassem às pesquisas, prestassem atenção às suas Lanternas Mágicas e parassem de correr atrás de prêmios. Também citou o irmão Francis: "Aqueles que fecharem os ouvidos continuarão a derrapar na superfície escorregadia da genialidade irrelevante". Uma redatora de publicidade indiana do escritório de Nova Delhi escreveu dizendo: "A OBJETIVIDADE é mais importante do que a CRIATIVIDADE". Ogilvy ronronou: "Eu dei dois beijos na bochecha dela".

Em 1991, quando Dewitt Helm, presidente da Association of National Advertisers, pediu a Ogilvy que discursasse na convenção da ANA em Phoenix, havia uns poucos que não sabiam o que ele defendia. Helm enviou o convite por fax. "Foi uma das minhas melhores iniciativas", relembra ele. "Eu lhe disse que a ideia era que Charles Kuralt ou Barbara Walters o entrevistassem junto com Mary Wells Lawrence [presidente da Wells Rich Greene]. Ambos líderes respeitados."

"Tenho quatro condições", respondeu Ogilvy. "Estou certo de que você não conseguirá satisfazê-las."

"Diga quais são", replicou Helm.

Não quero ser entrevistado por alguém que não saiba nada a respeito de publicidade.

Por que eu deveria dividir as atenções com essa mulher, Lawrence? Quero me apresentar sozinho.

O meu título é "Nós Vendemos. Senão...". E não venha me dizer que "Senão" não é uma frase.

"Condições aceitas", concordou Helm. "Qual é a quarta?"

"Droga, esqueci." Ogilvy então perguntou a Helm: "Os clientes enlouqueceram? Quem está aprovando essa porcaria que chamam de publicidade?".

Ogilvy foi de trem de Nova York a Chicago, queixando-se de que estava ficando velho demais para viajar com uma mala pesada. Uma tosse brônquica contribuiu para a sua fadiga. Por ter sido presidente do conselho administrativo da agência, eu fora convidado para o encontro. Encontrei Ogilvy deitado no quarto do hotel resmungando coisas desconexas.

"Fui um péssimo investidor. A J. P. Morgan perdeu 23% por minha causa em um único ano. Estou terminando o meu testamento. Não sei quanto dinheiro o meu filho tem. Não sei quanto devo deixar para ele. Preciso ter o suficiente para que Herta continue a morar no castelo. Ela não gostava dele no início, mas agora o adora."

Ele se recompôs para se encontrar com outros dois antigos presidentes do conselho, Jock Elliott e Bill Phillips, fez uma refeição enorme no almoço, e à noite já tinha recuperado a energia. A tosse melhorou, e Ogilvy foi o primeiro a chegar ao coquetel de recepção. Na manhã seguinte, ainda de bom humor, deu uma entrevista exclusiva para Joanne Lipman, a jovem colunista de publicidade do *The Wall Street Journal*. A conversa, que teve lugar ao ar livre, debaixo do sol do Arizona, foi uma prévia da palestra que ele daria naquela tarde. Aos 80 anos, ele se tornara ainda mais franco e indiferente à sensibilidade dos seus alvos. Ogilvy disse para Lipman:

Nunca houve tanta propaganda de má qualidade. Ela é intelectual, obscura e não vende. Os clientes são parcialmente culpados, porque alguns jovens idiotas nas empresas dos clientes cortaram de tal maneira a remuneração das agências que elas não podem se dar ao luxo de contratar bons executivos. É muita burrice da parte deles.

Lipman ficou encantada com o homem que ela descreveu como "o lendário publicitário e pai da publicidade moderna". A entrevista deixou deslumbrada a jornalista habitualmente cética: "O sonho de todo jornalista. A minha vida está completa".

Chegara a hora do discurso de Ogilvy. Depois da introdução de Ross Love, da Procter & Gamble, presidente do conselho administrativo da ANA, ele se levantou, despiu o blazer, deixou-o cair em uma cadeira próxima e sentou-se diante da mesa de centro baixa que fora preparada para ele. Antes de se lançar na sua "cruzada" em favor da publicidade que vende, Ogilvy fez um gesto tipicamente extravagante: "Se vocês ouviram ontem o discurso de Jim Jordan, não precisam ouvir o meu hoje porque Jim disse exatamente o que vou dizer, com a diferença que o disse melhor".

A agência de Jordan, a Jordan, Case, McGrath, era conhecida pelos textos de venda agressiva e, na opinião de alguns, por um estilo ultrapassado. Jordan defendera a sua filosofia no discurso com energia. "As agências de publicidade em 1991 têm uma noção de prioridades mais confusa do que a da maioria dos empreendimentos que conheço. Os chefes das agências acham que conseguirão mais contas se o seu trabalho for considerado de bom gosto, de vanguarda, engraçado ou divertido do que se os anúncios apenas *venderem* muita coisa." Ele recomendou com insistência que as pessoas voltassem aos princípios fundamentais e *construíssem marcas* — cantando a música composta por Ogilvy.

"Cheguei à conclusão de que o discurso de Jim foi o mais valioso que ouvi em toda a minha vida no setor publicitário", declarou Ogilvy, fazendo com que Jordan se tornasse seu amigo pelo resto da vida e deixando todo mundo impressionado. Agora a sua cruzada estava pronta para começar. Ele disse à audiência que ela tinha um brado de guerra — "Nós vendemos. Senão...". — e ele não pretendia saltar em nenhum trio elétrico badalado que estivesse indo para outro lugar.

Fora com os anúncios que se esquecem de prometer benefícios ao consumidor. Fora com o exibicionismo criativo. Essas pessoas se acham muito inteligentes mas estão fadadas ao fracasso.

Se vocês usarem o seu orçamento publicitário para divertir o consumidor, são completos idiotas. As donas de casa não compram um detergente porque o fabricante contou uma piada à noite na televisão. Elas compram se ele prometer um benefício. Se eu pudesse persuadir os lunáticos a não correr mais atrás de prêmios, eu morreria feliz.

Os redatores de publicidade e os diretores de arte não eram o seu único alvo. Ele disse aos gerentes de publicidade o que aconteceria se eles exigissem uma propaganda "elegante que estivesse na moda".

Se essa epidemia não for refreada, ela poderá matar a publicidade porque os relatórios do BehaviourScan* convencerão a cúpula das indústrias de que a propaganda não exerce nenhum efeito nas vendas.

Quando acabou de discursar, Ogilvy instigou uma vez mais aplausos entusiásticos com um leve gesto ascendente de mãos espalmadas.

Algumas pessoas criativas concordaram com Ogilvy, em especial aquelas que, na posição de juízes dos concursos, haviam sofrido sentadas, horas a fio, as coisas que ele estava condenando. Outras ficaram indignadas. "Que atrevimento!", exclamou alguém. "Somos obrigados a ouvir críticas de um cara que mora em um castelo chamado Tofu [*sic*]?" A principal reclamação foi que o luminar octogenário da publicidade estava fora da comunidade havia tempo demais para fazer críticas tão duras, e que o setor havia mudado depois que ele o deixara. A maioria, na verdade, sentiu mais respeito pelo homem do que propriamente concordou com a mensagem.

Estava na hora de parar de fazer tantas críticas, disse um amigo de Ogilvy que trabalhava no setor. "Nenhuma pessoa lúcida pode negar a veracidade das suas palavras a respeito da atual publicidade, mas o ímpeto das suas últimas mensagens é implacavelmente *negativo*. Se você continuar nesse caminho, estará correndo o risco de ser descartado como excêntrico, rabugento e irrelevante." O que o setor precisava era de "um profeta/evangelista para revitalizar os mandamentos das vendas. Não um Davi que atira pedras, e sim um Moisés que carrega a tábua da lei". Ogilvy admitiu que andava censurando em excesso e prometeu ser menos negativo. Mas não conseguiu. "Receio que eu esteja velho demais para deixar de falar de uma maneira tão negativa. Isso se tornou função da frustração."

---

* Um serviço de testagem que avalia o comportamento do comprador das lojas.

Antes do Festival anual de Cannes, o maior encontro da comunidade publicitária e que distribuía os prêmios mais prestigiosos, a revista francesa *Figaro* citou um comentário de Ogilvy a respeito de como os prêmios distorciam o setor. Quando o escritório da agência de Paris ganhou o Grand Prix de 1991 com um comercial que mostrava uma mulher e um leão lutando por uma garrafa de Perrier, a sua reação surpreendeu a todos: ele ficou mais entusiasmado do que todo mundo. Admitindo que o ganhador do prêmio contrariara todas as suas diretrizes, com exceção de uma, mesmo assim ele considerou o anúncio "um dos melhores que já fizemos; uma ideia simples e forte". O princípio supremo.

Ogilvy sustentava que os seus críticos estavam errados em um ponto — que a sua obsessão pela venda poderia *apenas* conduzir a uma propaganda muito enfadonha. "Todos os anúncios que criei para todos os clientes eram anúncios que vendiam — e nenhum deles era enfadonho. Na realidade, eles não eram nada enfadonhos, já que me tornei uma celebridade criativa. (Gargalhadas das minhas irmãs na Inglaterra.)"

Mais tarde, ainda em 1991, no jantar do Bill Bernbach Award for Excellence in Advertising, Ogilvy afirmou que Bernbach era um homem incompreendido. "Bill era o guru dos falsos criativos. Os embusteiros o adoravam, mas a recíproca não era verdadeira."

Em junho do ano seguinte, Ogilvy reuniu no castelo mais de uma dúzia dos principais diretores de criação da agência e executivos de serviço de clientes. Lá, ele disse a eles que abandonassem a emoção dos prêmios e retomassem os pontos mais básicos. Durante cinco horas inteiras, ele fez um sermão a respeito da sua filosofia de publicidade. Foi uma boa conferência, declarou um dos diretores de criação, apesar de ter sido na realidade mais uma homenagem "ao único homem remanescente de envergadura criativa" na publicidade do que propriamente uma conferência. Ogilvy resumiu em uma frase o fracasso da sua contrarrevolução: "O Chefe de Criação de Nova York deixou a reunião em Touffou depois do almoço — para ir ao Festival de Cannes".

Na realidade, Ogilvy fazia mais do que apenas repreender. Quando a publicidade se inclinou para uma direção que ele deplorava, ele começou a reconstruir sobre duas rochas seguras: a pesquisa e o marketing direto. Ele não pôs a mão na massa, como nos seus dias na Gallup, e tampouco escreveu uma carta de mala direta. Ele era um profeta/evangelista.

Ogilvy havia montado um departamento de mala direta no início da década de 1960 e apoiara essa disciplina décadas antes de a maioria das outras pessoas reconhecer o seu potencial. A O&M Direct cresceu e se tornou a maior agência de marketing direto do mundo — e a mais premiada pelos resultados que obteve para os clientes. Na condição de seu padrinho, Ogilvy conferiu credibilidade a ela. Quando ele começou a aparecer nas reuniões da O&M Direct, outros membros do alto escalão de repente também começaram a fazer o mesmo. As suas críticas eram eloquentes, mas o seu estímulo também era: "Quem escreveu essa apresentação? Estou quase pegando no sono". Ogilvy descrevia o seu escritório em Paris na filial do marketing direto, em vez de a agência principal, como "o meu lar espiritual".

Ele comentou o seguinte, de passagem, em um dos seus memorandos: "No marketing direto, nós vendemos, senão... O que significa que é possível controlar o trabalho de vocês". A O&M Direct sabia distinguir uma coisa positiva e adotou a frase como o seu lema: "Nós vendemos. Senão...". Isso logo se tornou o brado de guerra final de Ogilvy. Ele não pôde comparecer à sua posse na Galeria da Fama do Marketing Direto em 1986 (estava na Índia), mas enviou um videotape atacando a "publicidade genérica" e dizendo aos profissionais do marketing direto que eles herdariam a terra.

> Vocês, que trabalham com a resposta direta, conhecem o tipo de propaganda que funciona e a que não funciona. Vocês a conhecem como ninguém. O pessoal da propaganda genérica não conhece.
>
> Vocês sabem que o horário marginal na televisão vende mais do que o horário nobre.
>
> Na propaganda impressa, vocês sabem que os anúncios de texto longo vendem mais do que os de texto curto.
>
> Vocês sabem que os títulos e o texto a respeito do produto e dos seus benefícios vendem mais do que títulos engraçadinhos e textos poéticos.
>
> Vocês estão bastante cientes disso.
>
> Os anunciantes das marcas e as suas agências não estão seguros a respeito de quase nada, porque não podem medir os resultados da sua propaganda. Eles fazem cerimônias de culto no altar da criatividade, que na realidade significa originalidade — a palavra mais perigosa no léxico da publicidade.

Eles são de opinião que comerciais de 30 segundos são mais compensadores quanto ao custo do que comerciais de dois minutos. Vocês sabem que eles estão errados.

E assim ele continua, comparando o mérito de *saber* versus *opinar*.

Por que vocês não os salvam da insensatez deles?

A fórmula de Ogilvy para a salvação era incorporar à agência principal a unidade de resposta direta separada e insistir em que *todos* participassem de um aprendizado em resposta direta antes de ter permissão para trabalhar com a propaganda genérica. (Vários anos depois, as unidades de publicidade e de marketing direto em Nova York foram reunidas em uma única liderança, mas os redatores de publicidade não se apressaram em se inscrever nos cursos de aprendizado.)

Ogilvy disse à audiência que fizera um curso por correspondência da Dartnell sobre mala direta, e isso se tornou o seu "primeiro amor". Ele achava que a correspondência personalizada que enviou a clientes em perspectiva ajudara a sua agência a decolar nos primeiros dias: "A minha arma secreta".

Durante quarenta anos, tenho sido uma voz que chora no deserto, tentando fazer com que os meus colegas publicitários levem a sério a resposta direta. Hoje o meu primeiro amor está recebendo o reconhecimento merecido. Vocês têm diante de si um futuro de ouro.

Como poderia uma pessoa que trabalhasse no que havia sido denominado um negócio "abaixo da linha"* não ser afetada por esse auspicioso prognóstico? Ogilvy fora profético. Ao longo das décadas, a mala direta se expandira e se tornara o marketing direto na televisão e nos jornais, avançara suavemente para o marketing digital e para a Internet, tornando-se o veículo de publicidade de crescimento mais rápido.

Havia muito tempo Ogilvy preconizara que todos os redatores de publicidade deveriam estudar a bíblia da atividade do marketing direto, *Tested Advertising Methods,* de autoria de John Caples, e escreveu uma introdução

---

* Funções não publicitárias como a promoção de vendas e as relações públicas.

para a quarta edição do livro, citando o seu fato predileto de Caples: "Vi um anúncio vender uma quantidade 19 ½ vezes maior de mercadorias do que outro". Ele declarou que uma edição anterior do livro lhe ensinara quase tudo que ele sabia a respeito da redação de anúncios. Disse isso *literalmente*. "A experiência me convenceu de que os fatores que funcionam na propaganda das vendas por catálogo funcionam igualmente bem em *todo tipo* de publicidade."

Quando Caples faleceu em 1990, pediram a Ogilvy que proferisse a eulogia. No táxi, a caminho do funeral, ele disse que não pensara muito no que iria dizer. Décadas de admiração vieram em seu socorro. Depois de exaltar Caples como o homem mais agradável que já conhecera, Ogilvy declarou que ele era simplesmente o melhor e que, por essa razão, havia plagiado descaradamente a sua obra. "Por que roubar de alguém que não seja o melhor?"

"Como você sabe disso?", essa era a pergunta fundamental de Ogilvy. A discussão sobre um anúncio seria mais ou menos assim.

> *Ogilvy*: Por que você não coloca o nome do produto no título?
> *Redator de publicidade*: Porque se deixarmos o nome de fora, mais pessoas lerão o texto todo.
> *Ogilvy*: Como você sabe disso?

O redator nunca sabia. Assim sendo, Ogilvy se voltava para a sua outra rocha de segurança, a pesquisa, para descobrir. A experiência com Gallup causou uma impressão duradoura no homem que começou com uma mente curiosa. Ele nunca se esqueceu de que antes de ser o mais famoso publicitário do mundo, ele fora um pesquisador.

A tentativa de Ogilvy de tornar a prática da publicidade mais profissional começou com a pesquisa e o conhecimento que ela revelava. As suas constatações eram registradas com um floreado dogmático: "Nós buscamos o conhecimento como um porco procura trufas". A pesquisa estava incrustada na sua filosofia criativa. "Olhe antes de saltar", uma frase que personifica dois pensamentos: examine profundamente a pesquisa e depois dê um ousado salto criativo. Ogilvy considerava a pesquisa outro segredo que ajudara a expandir a sua agência.

À semelhança do que acontecia na mala direta, a comunidade de pesquisas de marketing tinha falta de autoestima. Os pesquisadores sentiam que o seu trabalho, com frequência vital, raramente era reconhecido. Todo o mundo estava se cobrindo de louros, exceto eles. Em 1994, para corrigir essa situação e reconhecer o papel doutrinador de Ogilvy, a Advertising Research Foundation criou o David Ogilvy Research Awards "pelo uso eficaz da pesquisa no desenvolvimento da publicidade bem-sucedida". Ogilvy acrescentou uma condição: "Só vou entregar o prêmio se houver uma boa história de venda".

Por não desejar pegar um avião para comparecer à primeira apresentação dos prêmios, mas enxergando uma nova oportunidade de atacar os prêmios à criação, Ogilvy enviou um videotape.

> Hoje em dia, as agências e os departamentos de criação estão dominados por especialistas em televisão. A sua ambição é ganhar prêmios em festivais. Eles não dão a mínima para o fato de os seus comerciais venderem ou não, desde que entretenham as pessoas e ganhem prêmios. Eles não terão nada a ver com pesquisas se puderem evitá-las. Esses apresentadores criativos causaram um dano terrível ao setor da publicidade.

Ogilvy tecia a respeito de um dos seus projetos favoritos dizendo que, enquanto muitos clientes gastavam uma parte do dinheiro que tinham em pesquisas e desenvolvimento a longo prazo, nenhuma agência fazia nada semelhante. Ogilvy não estava falando da testagem de campanhas individuais; estava se referindo à pesquisa básica da natureza das coisas, como o trabalho realizado no famoso Bell Labs para a AT&T.

> Como vamos restabelecer a utilização da pesquisa do processo criativo? Espero que o meu prêmio ajude, mas ele não será suficiente. Eis outra ideia. Há seis anos, convenci os meus sócios a montar o The Ogilvy Center for Research and Development. Esse centro realizou um bom trabalho básico, não associado a marcas específicas. Ele foi bem-sucedido no início, mas a última recessão nos obrigou a desistir dele. Por que vocês não se reúnem e retomam a ideia? Restrinjam desta feita as pesquisas a questões criativas. Para fazer isso, vocês precisarão de uma equipe de psiquiatras para lidar com os lunáticos criativos e terão que se armar com porretes para obrigá-los a fazer o que vocês determinarem.

Inaugurado em 1984, The Ogilvy Center se resumia essencialmente a um homem em São Francisco, Alex Biel, respeitado pesquisador que havia trabalhado em várias agências, inclusive na O&M, antes de se estabelecer por conta própria. Sob a orientação de Biel, o centro contratou várias pesquisas sobre o que faz uma propaganda funcionar: reações fisiológicas ao anúncio (por exemplo, ondas cerebrais), a correlação entre as pessoas gostarem de um anúncio e a capacidade de persuasão dele, determinar se a propaganda fazia uma contribuição mensurável ao retorno sobre o investimento. O impacto desses relatórios no setor foi tal que, em um determinando momento, a Young & Rubicam estava citando as pesquisas do Ogilvy Center. No início da década de 1990, o centro, cuja empresa controladora era o WPP, que estava bastante endividado e que não estava visivelmente associado a nenhum tipo de receita, foi fechado.

No entanto, o Ogilvy Research Awards da ARF sobreviveu e prosperou. Dez anos depois, a Microsoft aderiu para ajudar a publicar um livro sobre os benefícios dos prêmios lançados em nome de Ogilvy: *Learning from Winners: How the ARF David Ogilvy Award Winners Use Market Research to Create Advertising Success.*

Nas décadas de 1950 e 1960, acadêmicos — notadamente Lloyd Warner, antropólogo e sociólogo, e Ernest Dichter, psicólogo freudiano e pai da "pesquisa motivacional", haviam identificado um outro lado, mais brando, da publicidade. Na opinião de Biel, campanhas como as de Burnett, Bernbach e Ogilvy realmente abordam o que Warner e Dichter estavam aprendendo sobre o aspecto da pesquisa com entrevistas em profundidade: "Eles estavam se dirigindo ao homem interior, compreendendo que as pessoas não compravam marcas apenas por motivos racionais".

Biel admirava o empenho pessoal de Ogilvy em relação à pesquisa e o seu centro epônimo, mas estava intrigado com a disparidade entre o tipo de pesquisa que ele defendia, como a testagem de "promessa", e os anúncios que criava. A "testagem de promessa" pede aos consumidores que classifiquem declarações simples a respeito dos benefícios de um produto. A propaganda é supostamente criada com base na promessa vencedora. No entanto, as campanhas que ele criava não faziam isso. "A propaganda que Ogilvy produzia era um monumento à *personalidade* da marca", afirma Biel. "Mas se você ouvisse David falar, pensaria que era a funcionalidade que impulsionava a publicidade."

Quando lhe perguntaram por que as mães pagariam mais caro para vestir os filhos com Viyella, uma luxuosa mistura de lã com algodão e um dos primeiros clientes da agência, quando podiam comprar roupas feitas de Orlon da DuPont, que custavam menos e também eram macias e quentes, Ogilvy respondeu: "Por dois motivos. Primeiro, a lã de carneiro. As mulheres são muito emocionais em relação à lã. E segundo, por ESNOBISMO". Foi-se o rígido defensor da razão sobre a emoção.

Mas Ogilvy começou na pesquisa. Compreendia a importância do inconsciente no processo criativo, acreditando que a maioria dos empresários se apoiava excessivamente na racionalidade para descobrir novas ideias, e estava convencido de que "nada é mais perigoso do que um inconsciente ignorante". Fatos eram necessários. Quando criava os seus próprios anúncios, Ogilvy se envolvia primeiro profundamente com a pesquisa e depois ia dar um longo passeio a pé no campo ou abria uma garrafa de vinho, para abrir as "ligações telefônicas" com o seu inconsciente.

Acima de tudo, ele queria *saber*. Ogilvy disse que certa vez perguntou a Sir Hugh Rigby, cirurgião do rei Jorge V, o que definia um grande cirurgião. Sir Hugh respondeu o seguinte: "A habilidade manual dos cirurgiões é mais ou menos a mesma. O que distingue o grande cirurgião é o fato de ele *saber* mais do que os outros cirurgiões". Ogilvy extrapolou dessa resposta uma lição para o setor publicitário, relatando uma discussão que teve com um redator de publicidade que declarou não ter lido nenhum livro sobre publicidade, preferindo confiar na sua intuição. "Suponha", perguntou Ogilvy, "que a sua vesícula biliar tivesse que ser removida esta noite. Você escolheria um cirurgião que tivesse lido alguns livros sobre anatomia e soubesse onde encontrar a sua vesícula, ou um cirurgião que confiasse na intuição dele?"

Quando a companhia comprou a unidade Internacional de Pesquisas da Unilever em 1986, Ogilvy compareceu ao seu encontro anual e ficou encantado. Depois de ouvir um especialista falar da pesquisa publicitária, ele se inclinou na direção de Biel e disse em um sussurro de palco bem alto: "Descubra tudo o que esse homem sabe a respeito de publicidade".

～

Depois da fusão, Ogilvy se voltou para a sua nova função como presidente do conselho administrativo "não executivo" do WPP. Era uma posição em grande medida cerimonial — administrar a empresa era função de Sorrell como CEO. Ogilvy presidia reuniões do conselho e representava o WPP na comunidade financeira. Uma distribuição equivocada. Esses não eram os seus pontos fortes. Mas lhe conferia um papel ativo.

Sorrell era a face da companhia. Apesar da sua grande perícia financeira, ele tinha cavado um buraco profundo para si mesmo. "O WPP Group Armou as Suas Defesas" foi a manchete de uma matéria do *The New York Times* em 1991, noticiando que a empresa estava à beira de uma crise financeira e prognosticando que Sorrell talvez fosse obrigado a sair. *The Economist* assinalou "um ano humilhante" para Sorrell e o WPP. Os acionistas estavam preocupados com a saída constante de altos executivos, especialmente da O&M, e com o preço das ações, que tinham atingido o valor mais baixo dos últimos cinco anos. A JWT precisava da redução de despesas que o WPP pôde proporcionar, escreveu a *Advertising Age*, "mas a reputação do sr. Sorrell de gênio das finanças começou a escorregar quando ele comprou o Ogilvy Group". Em uma visão retrospectiva, Sorrell admitiu que pagara um preço alto demais. Jock Elliott discordou: "Eles simplesmente tomaram emprestada uma quantia excessiva; na realidade, tomaram emprestada a quantia total. Essa era a prática fiscal dos anos 80".

Na condição de presidente do conselho administrativo, Ogilvy assinou o relatório anual do WPP, assinalando o declínio na receita e escrevendo que teria sido muito pior se a equipe não tivesse tido um comportamento tão nobre. "Devemos ser gratos a eles. *Admiro a coragem deles.*" Leal a Sorrell em público, Ogilvy declarou à *Adweek*: "Nessas horas procuramos alguém para culpar, e essa pessoa é Martin. Creio que é bom ter o tipo de disciplina financeira de Martin neste momento". Ele reconheceu os erros de Sorrell, mas não participou das conversas a respeito de obrigá-lo a sair:

Não quero que ele saia. Eu me dou bem com ele. No início foi horrível. Ele achava que teria que lidar com um velho imprestável que não causaria problemas. Eu lhe disse que um velho imprestável pode se tornar um estorvo. Eu me reuni com ele e dois outros diretores em um quarto de hotel, e passamos o dia expondo as nossas ideias. Ele é um homem curioso. Parecia não estar prestando atenção. Seis meses depois, tinha feito tudo o que pedimos. Dissemos a ele que precisávamos ter reuniões adequadas do conselho administrativo; hoje temos um excesso delas — uma por mês. Fizemos com que ele criasse um Comitê de Remuneração. Estou perplexo com os salários.

Assumir o controle dos salários foi uma das maneiras que o WPP escolheu para se recuperar do endividamento excessivo da década de 1980. Outra foi o corte de pessoal. Sorrell reconheceu o impacto nos clientes: "Uma agência endividada fica vulnerável à crítica de que o seu dinheiro não será usado para pagar uma propaganda de qualidade e sim para amortizar empréstimos bancários". O WPP não era o único a enfrentar esse tipo de problema. A *Adweek* ressaltou:

> No início dos anos 80, as agências de publicidade se encontravam relativamente niveladas. As suas operações eram mais ou menos as mesmas, e elas compartilhavam duas importantes características: quase não tinham dívidas e tinham um bom fluxo de caixa. O que aconteceu foi que alguns brilhantes talentos financeiros (Martin Sorrell talvez tenha sido o epítome disso) descobriam maneiras pelas quais o fluxo de caixa poderia ser usado para expandir os negócios.

A função de Ogilvy como presidente do conselho administrativo do WPP não tinha se revelado o que ele esperava. Era pouco mais do que um cargo ornamental, disse ele — "para não dizer ridículo". Ele se queixava do modesto salário e da sua mínima influência, no WPP e na Ogilvy & Mather, e se sentia mal por ser o presidente do conselho administrativo de uma empresa em terríveis dificuldades.

Em 1992, o WPP voltou a negociar com os bancos para evitar a liquidação, um segundo refinanciamento em um ano. "O pires de esmola do WPP está de novo à vista", noticiou a imprensa britânica, assinalando o "atrevimento" de Sorrell. Finalmente, em agosto, os acionistas aprovaram um plano de resgate, dando aos banqueiros quase a metade da empresa fortemente endividada. Ogilvy estivera presente na reunião na qual os banqueiros insistiram em que ele fosse substituído na presidência do conselho administrativo. Quase surdo de um ouvido, ele colocou a mão em concha no outro e fingiu uma total surdez: "Presidente do conselho? Eu ouvi presidente do conselho?". Mas ele concordou em renunciar e se tornar presidente emérito e consultor. Depois da reunião, ele foi até onde estavam os banqueiros e apertou a mão de todos eles; os outros diretores simplesmente ficaram parados. "Classe", comentou um dos participantes.

Embora Ogilvy ficasse ofendido com a desconsideração dos financistas, admitiu privadamente que a mudança era necessária. Ele andara dizendo ao conselho que o WPP era uma holding financeira, de modo que precisava haver um financista na presidência do conselho. "Eu não sei absolutamente nada de finanças." Ele fez lobby para permanecer no conselho, apesar de amigos lhe dizerem que estava sendo vaidoso e ganancioso. Ou isso ou voltar para a Ogilvy & Mather como chefe de criação. "Eu morreria de tristeza se fosse completamente cortado do negócio. Tenho poucos interesses além disso." Ele se perguntou se um homem de 81 anos ainda poderia ser competente em alguma coisa na publicidade, "ou é *ipso facto* que somos inúteis aos 81? Todos estão dizendo, pelo amor de Deus, livrem-se desse coroa. Tive que me tornar uma pessoa muito franca. Ainda há muitas coisas que eu gostaria de fazer e não me restam muitos anos para fazê-las".

A sua função no WPP, errada desde o início, foi embora. Quanto à publicidade, o fato de ele não gostar de viajar — e a sua idade — o afastaram cada vez mais do setor, embora o seu interesse não diminuísse nem um pouco. Dirigiu novamente a atenção à Ogilvy & Mather. "É maravilhoso para mim ser uma vez mais fiel a uma única empresa: a OMW." Ele voltou animado, queixando-se de que "um idiota do escritório de Nova York" acrescentou sete palavras ao prêmio em meu nome: para uma campanha que produziu resultados e *"o fez de uma maneira notável"*. Ogilvy afirmou que analisou as inscrições para 1992 e achou impossível encontrar o componente "de uma maneira notável".

Achar que poderia permanecer em contato com a publicidade nos Estados Unidos e morar na França a maior parte do tempo era bem pouco realista. Ele nunca estivera em contato com a cultura popular americana; a distância e a idade o afastaram ainda mais dos últimos acontecimentos do setor publicitário.

Ogilvy começara a formalizar a sua filosofia criativa em 1968 com um livreto de 19 páginas. "Poucos dos meus Princípios são meras expressões de opiniões", declarou enfaticamente na introdução. "Quase todos estão baseados em fatos." Afirmou que os fatos eram extraídos da mente de outras pessoas, da experiência e da exposição à pesquisa — e confirmados pela Gallup & Robinson.

A parte referente à televisão é notável ao expor técnicas racionais, como as demonstrações de produtos e minidramas para a solução de problemas, ao mesmo tempo que subestima as emoções. Sendo produto de uma geração de textos impressos, Ogilvy levou mais tempo para valorizar a televisão e o poder da música de evocar a emoção. Ele estava convencido de que a música não vendia nada. "Você consegue imaginar entrar na Sears e ser abordado por um vendedor que de repente começa a cantar?" Quando alguém que ele respeitava defendia a utilização da música, Ogilvy simplesmente se levantava e saía da sala.

Durante as décadas de 1960 e 1970, muitas das agências "criativas" desprezavam a propaganda oriunda da Ogilvy & Mather por considerá-la prosaica e desprovida de inspiração. Eles admitiram que as declarações de Ogilvy poderiam atrair clientes mas assinalaram que as suas "regras" haviam empanado a reputação da criatividade. Mary Wells Lawrence, uma das fundadoras da Wells Rich Greene, o via como um gigante e alguém com quem conseguia se identificar, mas sentia que ele nunca entendera as mudanças na cultura americana dos anos 1960 e 70.

O mesmo tipo de mudança estava tendo lugar na publicidade britânica. A partir de meados da década de 1950, tudo em Londres havia se transformado. A arte pop e as bandas de rock como a dos Rolling Stones irromperam em cena. Mary Quant e Vidal Sassoon ajudaram a tornar a moda acessível aos jovens. Nessa revolução visualmente impulsionada, os fotógrafos e os diretores de arte assumiram a liderança. Ogilvy era brilhante com as palavras, ressalta o diretor de criação londrino Don Artlett, mas o seu "vocabulário visual" era limitado. "Ele se estendia apenas a como poderíamos tornar as palavras legíveis, ou mais legíveis." Embora Ogilvy tivesse criado vários símbolos visuais, nunca compreendeu a importância da direção artística enquanto comunicação.

A orientação criativa começaria a mudar nos anos 1980 e 90, exatamente quando Ogilvy passou a se envolver menos na liderança da agência. Parte dos melhores trabalhos desta última estava vindo de escritórios mais fora do seu alcance, como os da região do Pacífico asiático, de Londres e da agência de Hal Riney em São Francisco — trabalhos que, paradoxalmente, ele admirava.

Quando a Scali, McCabe, Sloves concordou em vender a agência para Ogilvy & Mather em 1978, ela se esforçou ao máximo para garantir que as duas partes entendiam perfeitamente que ninguém da O&M jamais deveria pôr os pés nas dependências da agência. "Na realidade, o que não queríamos era ter contato com David", declarou Ed McCabe, um dos sócios fundadores e diretor de criação. "Se ele alguma vez fosse visto dentro ou perto dos nossos escritórios, achávamos sinceramente que isso prejudicaria a nossa reputação criativa." Quando McCabe finalmente conheceu Ogilvy, ele esperava encontrar um homem como Bill Bernbach, um tanto frio e distante. Em vez disso, considerou-o "encantador, arguto, divertido, inteligente e realista".

McCabe, um representante relativamente típico da comunidade criativa, não vê Ogilvy como o maior redator de publicidade do mundo. "Mas em quase todas as outras categorias, ele era um gênio absoluto."

Ogilvy ainda era um orador muito solicitado, embora estivesse agora reciclando palestras, como a de 1992 para a INSEAD, a proeminente escola de administração europeia, sobre como ter sucesso na publicidade. Ele aproveitou a parte "Bees in My Bonnet"* do seu discurso para a ANA para um que proferiu em Londres em 1993. *The Executive's Book of Quotations* (1993) concedeu a ele a parte do leão das ocorrências dos anúncios, incluindo um jingle que ele atribuiu a um pecuarista leiteiro anônimo:

"O leite Carnation é o melhor que existe.
Aqui estou com uma lata na mão.
Sem tetas para puxar, sem feno para plantar.
É só fazer um furo na safada."

Nesse meio tempo, as trajetórias da fortuna de duas grandes holdings de agências estavam se cruzando. A Saatchi & Saatchi, que iniciara as incorporações (com Martin Sorrell no cargo de CFO) e que viera a se tornar o maior conglomerado de publicidade do mundo, estava implodindo. Depois de adquirir 37 empresas, muitas delas por uma quantia excessiva, e indo

---

* Tradução literal, "Abelhas no Meu Boné". (N. da T.)

ainda mais longe ao fazer uma oferta para comprar o prestigioso Midland Bank, as ações da Saatchi tinham perdido 98% do seu valor. Em 1994, acionistas zangados obrigaram Maurice Saatchi a deixar o cargo de presidente do conselho administrativo. Ele então abriu com o irmão Charles, que também renunciara, a New Saatchi Agency.

O WPP, contudo, continuava a se recuperar. Em 1996, as suas ações tiveram o melhor desempenho entre os grupos de agências, embora estivessem bem abaixo do recorde máximo que haviam atingido. O *Daily Telegraph* de Londres descreveu Sorrell como "o arquiteto da casa que desmoronou e o da sua reconstrução". Foi a compra do Ogilvy Group que "o tornou rico e empobreceu os acionistas". Entretanto, a recuperação era sólida, e os analistas do setor começaram a especular quando Sorrell iria fazer outra aquisição.

Apesar dos seus discursos e do seu papel na Índia, os anos 1990 foram quase todos de declínio para Ogilvy. Enquanto o WPP começava a se recuperar, ele começava a declinar. Embora estivesse de bom humor, Ogilvy não tinha boa aparência. Parecia frágil, apesar de ter engordado. Às vezes, um tremor fazia com que a sua cabeça estremecesse incontrolavelmente, dando a impressão de que ele estava dizendo "não". "Não posso fazer nada. É como se eu ficasse bloqueado." O enfraquecimento da sua incrível memória se manifestou na incapacidade de se lembrar dos nomes, e ele adquiriu o hábito de perguntar a respeito do "húngaro" ou do "homem soturno de barba" ou do "barbeiro" (referindo-se a um diretor de criação que usava camisas com colarinho como as de um barbeiro). Um colega que o encontrou no Stanhope Hotel em Nova York reparou que ele e Herta estavam bebendo daiquiris. Ogilvy bebeu o dele e depois tomou a metade do de Herta. Em seguida, pediu outro. Ele realmente não costumava fazer isso.

Ogilvy tinha a sensação de que as suas faculdades estavam entrando em colapso. "A única coisa de que entendo agora é senilidade", escreveu para um colega, "e entendo muito desse assunto." Quando o conselho administrativo da O&M se reuniu em Touffou para a reunião em 1994, Ogilvy parecia em boa forma, falando sobre coisas que todos já tinham ouvido muitas vezes, porém de uma maneira renovada. Embora a sua mente parecesse bem, ele sabia que o seu intelecto não estava realmente afiado. "Estou sentindo o peso dos anos, não apenas no corpo mas também na cabeça", escreveu para um ex-colega. "Parei de dirigir e não consigo me lembrar do nome das mulheres que se sentam ao meu lado quando vêm jantar aqui."

Ogilvy trabalhava no jardim, mesmo no tempo quente ("quente como as caldeiras do Inferno"), e não dava atenção às restrições sobre não regar o jardim por causa da seca, esperando que o jardineiro fosse embora para regar 200 rosas recém-plantadas. Ele ainda adorava a companhia dos seus enteados, netos e filhos de amigos, às vezes rolando no chão com eles nas brincadeiras e, em outras, tratando-os como se fossem adultos. Agora, ele era louco pelo seu neto postiço, o primeiro: "a alegria da minha vida, mesmo não tendo o meu sangue. Ele acha que o meu nome é 'Olá'. Ele me controla completamente. Recebo dele as minhas ordens de marcha".

Ogilvy continuava a se atormentar por causa de dinheiro. "O meu problema é a pobreza." Escreveu para um ex-funcionário da O&M com um exagero que nunca declinou: "a OMW me paga 300 mil dólares por ano. Preciso reunir coragem para pedir mais. Não custaria muito à agência, porque a minha expectativa de vida é pequena, mas tenho medo de que Martin se oponha". Finalmente, tomou coragem e pediu a Sorrell que aumentasse a sua pensão, dizendo que Sorrell deveria ter em mente que ele fundara a agência a partir do nada, tornara-a a terceira maior dos Estados Unidos e conseguira sozinho 29 dos clientes dela ("provavelmente o recorde mundial para um único homem").

Em 1995, Ogilvy começara a lidar com a realidade. "Agora estou FORA, realmente aposentado. Isso não é fácil para mim, depois de 46 anos." Ele continuou a fazer perguntas aos visitantes sobre as pessoas e sobre o que estava acontecendo em Nova York. "Fuxicando, fuxicando, fuxicando", como alguém o descreveu. Em Touffou, em junho do seu octogésimo quarto aniversário, rodeado pela família, filhos, netos e um punhado de ex-colegas, Ogilvy contemplou apreensivo a chegada do bolo de aniversário. "Se alguém cantar aquela música horrível, eu vou embora."

Para o seu aniversário seguinte, a agência produziu um videotape de 20 minutos no qual as pessoas mais importantes de muitas agências, do passado e do presente — algumas que ele nem mesmo conhecia —, externaram o que ele significava para o setor. *Advertising on Ogilvy* também foi exibido em um evento a rigor no Smithsonian, onde ele iria receber um prêmio *in absentia* do seu Center of Advertising History. Ogilvy enviou um telegrama dizendo que o que mais apreciara no filme fora a parte na qual o narrador dizia que ele era o publicitário mais famoso. "Se isso é verdade, e não duvido de que seja nem por um minuto, vou dizer por que sou o mais famoso. Simplesmente porque vivi mais do que aqueles que eram mais velhos e melhores do que eu."

~

Ogilvy observou que a agência fora administrada ao longo dos anos por "uma série de cinco amigos", designando os cinco primeiros presidentes do conselho administrativo. Em seguida, a cadeia foi rompida. Depois de três anos de uma crescente interferência e violentas pressões financeiras, Graham Phillips renunciou ao cargo de CEO quando lhe disseram que ele não poderia dar um aumento previsto pelo orçamento a um diretor. Isso acabava com a prometida "autonomia" dentro de orçamentos aceitos.

Phillips foi substituído, pela primeira vez, por uma *pessoa de fora*. Em 1992, Sorrell recrutou Charlotte Beers, da Tatham-Laird, uma agência de Chicago de médio porte. Beers, uma mulher desembaraçada e carismática, que também comandara a associação de agências 4As, tinha a fama de conquistar novos negócios. Ogilvy conversou com ela durante sete horas, não discordou de nada e ficou logo impressionado. "Ela é a melhor chefe que já tivemos desde que deixei o cargo", escreveu, descartando facilmente os quatro amigos que o sucederam. No entanto, ela nunca administrara uma agência internacional como a Ogilvy & Mather. O mais importante era que Sorrell havia violado o princípio de Ogilvy: "garantir que todos os escritórios sejam chefiados por um membro da Verdadeira Igreja e não por um desconhecido".

A lua de mel não durou muito tempo. Beers não respondia aos memorandos de Ogilvy. Sem dar atenção ao pedido específico que ele fez, ela fechou o *Viewpoint*, a respeitada publicação de opinião da agência. Acabou com o slogan "Nós Vendemos. Senão..." sem maiores explicações. Ele pediu a ela que impedisse as pessoas de falar da "nova" Ogilvy & Mather e referir-se à "velha" Ogilvy & Mather em um tom depreciativo. No entanto, escreveu Ogilvy para um ex-colega, "Se uma agência contrata um CEO de fora é inevitável que uma importante mudança tenha lugar na cultura corporativa e em quase tudo o mais. Essas mudanças são difíceis de engolir. Ainda acredito nas Lanternas Mágicas, mas a nova administração não está interessada nessas coisas. A nossa antiga agência mudou mais rápido do que eu esperava". Essa queixa se transformou em um ataque direto a Beers: "A versão dela de Liderança da Marca não trouxe uma única conta nova em dois anos... ela eliminou tudo o que considero valioso na Ogilvy & Mather". Beers deixou o grupo quatro anos depois.

Sorrell tomou uma decisão mais acertada quando promoveu Shelly Lazarus à presidência do conselho administrativo. Uma veterana da agência com 25 anos de casa (outra "amiga"), Lazarus comprovara a sua competência tanto na conta do American Express quanto na chefia da unidade de resposta direta de Nova York, e foi o principal elemento na conquista da conta de 500 milhões de dólares da IBM em 1996, o maior negócio novo individual jamais conquistado por uma agência. Ela crescera na cultura de Ogilvy e compreendia o lugar de Ogilvy nela.

Antes de Lazarus assumir o cargo de presidente do conselho, ela sabiamente foi à França para passar três dias com Ogilvy no castelo. Ele não mencionou o trabalho de criação. Não falou de clientes. O seu enfático conselho foi que ela deveria prestar mais atenção às *pessoas*, batendo na tecla de que qualquer intervalo de tempo que ela passasse se preocupando com elas, concedendo-lhes mais oportunidades ou recompensando-as nunca era suficiente.

Vários anos antes, quando a agência perdeu parte da estimada conta do American Express logo depois que Lazarus assumira a chefia do escritório de Nova York, Ogilvy lhe telefonou para saber como ela estava se sentindo. Ela fez uma análise financeira completa, assinalando quantas pessoas poderiam ser demitidas, como poderiam ser transferidas. Ogilvy ficou apenas escutando. Quando Lazarus concluiu o monólogo, ele disse: "Tudo bem. Na realidade, não estou preocupado. Telefonei para saber como você está. Os clientes vêm, vão embora, voltam, conseguimos outro. Isso de fato não tem importância. A única coisa que pode realmente afetar quem somos enquanto empresa é o fato de você se sentir menos estimulada ou empenhada. Se o único impacto de tudo isso for o American Express retirar a conta, nós sobreviveremos". De fato, o American Express voltou vários anos depois.

Em 1997, *Blood, Brains and Beer* foi reeditado, com um novo prefácio, com o título *David Ogilvy: An Autobiography*. O livro não vendeu muito mais do que o original, mas incluiu uma mensagem sobre vendas: "Continuo a aplaudir a propaganda que *vende*, e condenar aqueles que acham que publicidade é sinônimo de entretenimento. Irei para o túmulo acreditando que os anunciantes querem resultados, e o setor publicitário poderá ir para o túmulo dele acreditando o contrário".

Nos seus primeiros dias, a agência inteira fazia as reuniões anuais de equipe no auditório do Museum of Modern Art de Nova York. Em 1998, ela voltou ao MoMA para celebrar o seu quinquagésimo aniversário com uma festa de gala para 1.500 funcionários, ex-funcionários e amigos, no jardim de esculturas. Lazarus, trajando um radiante vestido vermelho, apresentou Herta Ogilvy; o fundador estava sentindo o peso dos anos e não se sentia bem para viajar. Houve comemorações em várias centenas de escritórios do Ogilvy Group ao redor do mundo. A *Advertising Age* publicou um caderno de 28 páginas de história, nostalgia, anúncios clássicos da O&M e depoimentos.

Lazarus tentou envolver Ogilvy, mas este permaneceu obcecado pelo passado, sem reconhecer que o mundo tinha progredido. Ele estava demonstrando a idade que tinha, esquecendo nomes e repetindo-se o tempo todo. Admitiu que andava confuso, que a sua memória "não tinha jeito" e que se cansava com facilidade. Ogilvy estava deprimido e nos primeiros estágios do mal de Alzheimer. Os aposentos úmidos de Touffou não ajudavam a sua bronquite crônica, e ele não conseguia parar de fumar. Herta fechou o apartamento de Paris, porque não podia mais deixá-lo em Touffou por longos períodos.

A longevidade fascinava Ogilvy, que criticava "a conspiração contra os homens velhos" e colecionava histórias de pessoas que tinham sido produtivas na casa dos 80 e 90 anos. Um exemplo era Konrad Adenauer: "Ele tinha 87 anos quando deixou o cargo de chefe da Alemanha. Assimilem isso". E John D. Rockefeller, que fundou a Standard Oil, tornou-se um dos homens mais ricos do mundo e viveu até os 96 anos: "Se ele tivesse se aposentado aos 60, ninguém jamais teria ouvido falar nele". E a sua cliente Helena Rubinstein, que trabalhou até os 90 anos: "Quando morreu, ela ainda era a força motriz da sua empresa, no mundo inteiro".

Ogilvy encarava a longevidade apenas como uma oportunidade de *trabalhar* mais. "Se você trabalha até a idade de 85 anos ou mais, você tem, na realidade, duas carreiras, uma depois da outra. A carreira normal, que dura quarenta anos e que acaba aos 65, e depois a segunda carreira, que dura, digamos, vinte anos. Você vive mais do que os seus concorrentes e realiza mais coisas. E quando você finalmente desiste, aos 85, você está famoso." Ele falava de como tinha se candidatado a um emprego de publicidade em Londres quando tinha 17 anos: "Graças a Deus eles não me quiseram. Eu nunca teria recebido a educação que me ensinou duas coisas: a ter padrões exorbitantes, tentar e fazer tudo o que eu fazia melhor do que qualquer outra pessoa jamais fizera ou jamais fará; e, em segundo lugar, a trabalhar até a morte. Bem, não até a morte, até a vida!".

Quando a sua mente começou a abandoná-lo, ele passou a assistir repetidamente a dois filmes. Um deles era *A Testemunha*, a história de um menino *amish* do condado de Lancaster que presenciou um assassinato, com cenas míticas de mutirões para a construção de celeiros que lhe permitia mergulhar em recordações de Lancaster. Já o que ele via em *A Noviça Rebelde*, o saudável musical de Rodgers e Hammerstein no qual Julie Andrews interpreta o papel de uma freira, que trabalhava como governanta para a família Von Trapp em Salzburg no fim da década de 1930, não está bem claro. Era o mesmo espetáculo que o seu irmão deixara abruptamente, resmungando a respeito de crianças e freiras. A música maravilhosa? A região rural da Áustria? Com certeza o enredo antinazista. Talvez ele apenas gostasse de Julie Andrews. E Ogilvy sempre fora fascinado pela Igreja Católica.

O seu filho voava quase toda semana dos Estados Unidos para vê-lo. O relacionamento deles ao longo dos anos evoluíra, deixando de ser problemático, como fora quando Ogilvy se divorciara da mãe de Fairfield e o deixara aos 16 anos, e passando a ser próximo quando eles se reconciliaram anos mais tarde.

Em 1997, o mal de Alzheimer havia assumido o controle, e a sua mente o abandonou em definitivo. Ogilvy só reconhecia algumas pessoas. A asma, agravada pelo fato de ele ter fumado a vida inteira, se transformara em enfisema, e ele estava respirando através de balão de oxigênio, passando grande parte do dia na cama ou em uma espreguiçadeira, como uma magnífica criatura que tivesse naufragado e sido puxada para a praia, sem saber ao certo quem era ou onde estava. Ogilvy estava satisfeito, e a família estava sempre ao seu lado, mas ele perdera o centro da sua vida. "Nós, esposas, entramos na vida dele, mas a sua vida era a agência", afirma Herta, com compreensão. Estava com 86 anos de idade.

CAPÍTULO 13

A Rebarba de Singularidade

*D*avid Ogilvy faleceu no dia 21 de julho de 1999. Uma bênção, afirmou Herta. No fim, ele mal conseguia respirar. Por causa do enfisema, ele não tinha mais permissão para fumar, mas surrupiava cigarros assim que ela saía do quarto. O mal de Alzheimer havia tomado conta da sua mente. Ele contava 88 anos de idade.

A notícia foi manchete no mundo inteiro. Nos Estados Unidos, onde a sua fama teve início, ele foi chamado de AQUELE QUE DEFINIU A TENDÊNCIA DA PUBLICIDADE e PAI DA VENDA SUAVE. No seu país natal, onde era menos conhecido, os jornais britânicos mesmo assim o denominaram SR. PUBLICIDADE. Para os escoceses, ele foi o "PADRINHO" DA PUBLICIDADE. Até mesmo no Brasil, país que nunca visitou, Ogilvy foi O ÚLTIMO DOS PIONEIROS. Na Índia, onde era venerado, ele foi, como era de prever, O GURU DA PUBLICIDADE. A Austrália chamou-o de O ÚLTIMO DOS GRANDES. A França, o país que ele adotou, deu L'ADIEU a UM DOS PAIS DA PUBLICIDADE MODERNA.

"Ele será o último publicitário cuja morte será noticiada na primeira página do *The New York Times*", gracejou o chefe de agência Jerry Della Femina. "É isso aí, meus amigos, todos os outros irão para última página."

A agência de Burnett publicou um anúncio de página inteira em publicações do setor.

David Ogilvy 1911 —
As grandes marcas vivem para sempre.
Leo Burnett

A cena do funeral em Touffou foi comovente. O caixão, coberto com o tecido de lã xadrez Mackenzie de Ogilvy, foi carregado para o jardim nos ombros de membros jovens e robustos da família, seguidos por dois tocadores de gaita de foles que tocavam uma elegia, "Dark Isle", debaixo da árvore onde Ogilvy gostava de se sentar.

O tempo estava magnífico. Campos de girassóis em flor realçavam a beleza de Touffou. Ele redigira instruções anos antes a respeito de como a sua morte deveria ser administrada: nada de lamentações, de preto, de tristeza, de pompa, nem de circunstância — e nada de paramentos religiosos. Assim, quando dois dos seus amigos, a caminho do serviço, se depararam com uma cruz rústica de um metro de altura feita com dois galhos de árvore, um deles matutou: "De que maneira isso se encaixa nas instruções dele?". "Bem, a pessoa pode mudar de ideia", respondeu o outro. "Quando ele mudou de ideia?" "Esta manhã." Herta, tendo feito tudo do jeito dele durante 26 anos, aparentemente decidira fazer o funeral do jeito dela.

Um cura da localidade, ajudado por um ministro, dirigiu o serviço ecumênico, ao qual compareceram cerca de quarenta familiares, amigos e pessoas da localidade — os prefeitos de Bonnes e Sauvigny, o gerente dos correios, trabalhadores e jardineiros vestidos em trajes escuros e folgados. A pessoa que chorou mais abertamente foi Lami, o primeiro jardineiro de Ogilvy no castelo. Depois do serviço, os jovens colocaram novamente o caixão nos ombros e o levaram para o jardim, com os tocadores de gaita tocando melodias alegres. Ogilvy foi cremado, a seu pedido, e as suas cinzas foram enterradas em Touffou. Ele dissera à sua secretária que a melhor coisa a ser feita seria simplesmente colocá-lo em uma caixa de papelão e enterrá-lo. Ela diz que ele queria algo simples e ecológico, para que pudesse se misturar com a terra.

~

Quanto da filosofia criativa de Ogilvy é relevante hoje em dia? Até mesmo ele teria dificuldade em conciliá-la com uma audiência mais jovem ou produtos que ele não entenderia, em especial a tecnologia. Ele aplaudiria alguns anúncios atuais por serem inventivos na transmissão das mensagens. No entanto, condenaria grande parte deles por serem consumistas e obscuros, por desperdiçarem o dinheiro do cliente e por deixarem de atender ao propósito da publicidade: vender um produto, um serviço ou uma ideia.

A tecnologia, em particular, o deixaria desconcertado. Ogilvy não usava máquina de escrever nem mesmo canetas esferográficas; só escrevia com lápis recém-apontados. Nos primeiros dias da agência, quando a televisão ainda era uma novidade, um membro da equipe circulava avisando quando o comercial de um cliente iria ao ar. No dia em que o primeiro comercial da Dove foi anunciado, Ogilvy entrou tempestuoso no departamento de mídia dizendo que o seu aparelho de televisão não estava funcionando. Um funcionário foi à sala dele, mudou o seletor de canais do Canal 1 (onde não havia nenhuma estação) para o Canal 2 (CBS), e uma imagem apareceu na tela. "É ótimo ter na agência um especialista em televisão", declarou Ogilvy, agradecido.

Ele era um homem do texto impresso e, ao contrário de Bill Bernbach, nunca abraçou realmente a televisão. Embora tenha recebido o crédito de idealizar a carroça da Pepperidge Farm, Ogilvy admitiu que nunca escreveu um bom comercial para a televisão. Em uma determinada época, ele teve uma máquina de montagem de filmes na sua sala, mas ela era apenas para impressionar. Ele raramente assistia à televisão. "Fui informado de que algumas pessoas do nosso departamento de criação que criam anúncios para a televisão não possuem um aparelho de televisão", escreveu Ogilvy em um memorando. "A desculpa pode ser que eles não tenham um lugar apropriado na casa deles para a televisão. Nunca considerei isso um problema. Eu guardo o meu aparelho na adega." A tendência em direção aos anúncios visuais, do tipo pôster, nos anúncios das revistas e dos jornais também lhe passou despercebida. No universo de Ogilvy, os diretores de arte não estavam no mesmo nível que os redadores de publicidade.

Muitas pessoas criativas se apressam em descartar Ogilvy, considerando que ele não é relevante hoje em dia — na realidade, afirmam que ele já não era relevante havia décadas — devido à sua inclinação pelo que elas chamam de as "regras" dele (uma palavra que ele logo parou de usar). Curiosamente, elas quase sempre citam apenas uma: não publiquem o texto em negativo (letras brancas em um fundo preto ou sobre uma cor escura). Um diretor de criação que visitou o castelo disse que teve um pesadelo no qual uma figura vestida com um kilt apareceu e apontou um dedo ossudo para ele. "VOCÊ!", ela falou. "Você usou o corpo do texto em negativo." O que também é curioso, já que evitar o texto impresso em negativo é provavelmente a regra que tem sentido na maioria das vezes se você quiser que as pessoas leiam o que você escreveu. As melhores pessoas de criação interpretam os princípios de Ogilvy como orientações quanto ao que funciona melhor com mais frequência, e não como mandamentos inflexíveis de fazer ou não fazer que nunca podem ser violados.

Embora ele, junto com Bernbach, fosse uma pessoa de espírito independente e um pioneiro, Ogilvy não esteve na linha de frente da revolução criativa dos anos 1960 e 1970. No mínimo, ele estava tentando refrear a enxurrada de propagandas mais visuais, emocionais e humorísticas que conferiam uma prioridade maior ao entretenimento. Ogilvy era lento na aceitação de coisas novas e não compreendia as mudanças na cultura americana ou as maneiras pelas quais a comunicação precisou se adaptar.

Qual é então o legado de Ogilvy?

Ele criou meia dúzia de campanhas, na época revolucionárias, que adicionaram um elemento de qualidade e bom gosto à publicidade americana. *Sempre dê ao seu produto um bilhete de primeira classe a vida inteira.* Mas há muito tempo ficou evidente que Bill Bernbach exerceu uma influência maior nos padrões atuais da boa propaganda. Bernbach atraiu mais discípulos, em particular entre os redatores de publicidade e os diretores de arte, do que Ogilvy.

O legado de Ogilvy vai além dos anúncios impressos e dos comerciais da televisão. "Como as grandes cabeças de granito do Monte Rushmore", escreveu Jeremy Bullmore, "é a escala de Ogilvy que nos assombra — não o detalhe."

Talvez a sua contribuição mais duradoura tenha sido o conceito da imagem da marca, hoje obrigatório nas discussões de marketing e que se estende além da publicidade, alcançando até mesmo a política.

Ele não inventou a ideia, mas defendeu-a já em 1955 em discursos e artigos. *Toda publicidade precisa contribuir para o complexo símbolo que é a imagem da marca.*

Ogilvy tornou a prática da publicidade mais profissional. O prêmio anual da Advertising Research Foundation que leva o seu nome atesta a importância que Ogilvy teve ao atribuir um valor elevado à utilização da pesquisa do consumidor para orientar o desenvolvimento da propaganda.

Ele determinou que a sua agência construísse "um corpo de conhecimento". *Nós buscamos o conhecimento da maneira como um porco procura trufas.* Ele conduziu o setor na direção do pagamento por meio de honorários, como médicos e advogados, pelo trabalho executado em vez de por meio de comissões calculadas sobre os gastos do cliente.

Ao abraçar o marketing direto, com a capacidade deste de avaliar resultados, Ogilvy se colocou à frente da sua época. *Nós Vendemos. Senão...* Ele levou a disciplina para a comunidade publicitária e foi eleito — como um publicitário "geral" — para a Galeria da Fama do Marketing Direto.

Ao longo de toda a sua vida profissional, Ogilvy se empenhou em reforçar o propósito da publicidade — vender o produto, o serviço ou a ideia do cliente — e não ir atrás de prêmios e reconhecimento para a inventividade criativa. *Fazer retinir a caixa registradora.*

A Associated Press aventou que o maior legado de Ogilvy talvez tenha sido a abordagem que pressupõe que o consumidor é inteligente. *O consumidor não é idiota, ele é a sua mulher. Nunca escreva um anúncio que você não gostaria que a sua família lesse. Você não conta mentiras para a sua mulher. Não as conte para a minha.* A ação de lobby que Ogilvy fazia contra os outdoors por achar que eles estragavam a paisagem era outro apelo à consciência dos seus colegas de profissão. Ele advogava a defesa do consumidor antes que isso tivesse um nome.

Ele demonstrava respeito pelas boas maneiras na publicidade, ao lidar com os clientes e na forma como tratava os funcionários, com frequência referindo-se a eles como sócios. *Admiro as pessoas amáveis que tratam as outras como seres humanos.* Declarações de espírito elevado como essa influenciaram muitos homens e mulheres, levando-os a escolher a carreira publicitária.

Ele estabeleceu a base para uma marca global. A sua proposta original para Dove — *um quarto creme de limpeza para dar uma aparência mais jovem à pele* — foi forte o bastante para se estender a outras categorias de higiene pessoal além do sabonete, fazendo com que Dove se tornasse a principal marca de higiene pessoal, perfumaria e cosméticos do mundo.

A Ogilvy & Mather é o seu legado mais visível. Apesar da reputação de gênio criativo, a característica que realmente o definia era a de líder. Ele enunciava e repisava princípios de administração que se aplicam também a outras atividades, e dedicou a sua carreira à construção de uma importante agência internacional, institucionalizando tão profundamente os seus valores que, ao contrário de muitas empresas criadas por um fundador carismático, ela prosperou depois que ele se aposentou, sobreviveu a uma aquisição de controle hostil e continua sendo bastante respeitada hoje em dia — com o nome dele ainda na porta.

Quando o milênio se aproximava, a imprensa especializada começou a fazer listas. A *Advertising Age* escolheu as cem campanhas publicitárias "mais importantes" do século XX. A Ogilvy & Mather tinha três na lista: "Bom até a Última Gota" para a Maxwell House, "Você me conhece?" para o American Express Card e "O Homem da Camisa Hathaway". Doyle Dane Bernbach tinha oito, entre elas a que a revista tinha escolhido como a primeira colocada: a da Volkswagen. (Entre as cem principais havia vários fracassos de entretenimento, particularmente o vendedor mentiroso de Isuzu, e Bert e Harry Piel para a cerveja de Piel.) Bill Bernbach foi escolhido como a força criativa individual mais influente na história da publicidade. Ogilvy ficou em quarto lugar, atrás (curiosamente) de Marion Harper e Leo Burnett.

O *20 Ads that Shook the World* de James Twitchell considerou "The Hathaway Man: David Ogilvy and the Branding of Branding" um daqueles que mudaram a maneira como assimilávamos as informações do mundo à nossa volta. A *Adweek* perguntou a profissionais e estudantes que pessoas, mortas ou vivas, faziam com que eles pensassem em seguir a carreira publicitária. Ogilvy foi o primeiro em ambos os grupos. O editor da revista *Forbes* escreveu que Ogilvy "recebe o meu voto como a maior mente publicitária do século XX".

Confessions foi reeditado no Reino Unido em 2004 e, nos Estados Unidos, um ano depois, 42 anos após a edição original. Até mesmo Jerry Della Femina, o chefe de agência iconoclasta, chamou a obra de "o 'manual' definitivo de publicidade". Quase tão citável quanto Ogilvy, Della Femina lembrou-se de ter ouvido Ogilvy atacar jovens arrivistas no setor e os reclusos assumindo o controle do hospício. "Ele falou de uma forma tão brilhante e tão bem, que eu me levantei e encabecei os aplausos. Em seguida, eu me dei conta de que ele estava falando a meu respeito."

O economista Milton Friedman ponderou certa vez se as suas próprias ideias estariam no lado vencedor ou perdedor. Avaliado segundo esse critério, Ogilvy perde na propaganda da televisão. E ele tampouco compreendeu as novas tendências da ilustração impressa. Ele ganha na resposta direta, a mãe espiritual da Internet. Ganha em ideias duradouras: a imagem da marca, a pesquisa do consumidor, o respeito ao consumidor, a remuneração da agência, as marcas globais, a construção de uma cultura corporativa — e a propaganda que vende.

~

A publicidade que Ogilvy conheceu sobreviverá por muito tempo no novo mundo digital? As audiências de massa foram diluídas por outras opções de entretenimento e informação. A televisão a cabo e por satélite, os gravadores de vídeo digitais que podem ser assistidos quando queremos. Notícias 24 horas por dia na CNN. E blogs, iPods, mensagens instantâneas e video-games online.

Não é difícil imaginar que a propaganda na Internet irá dominar o cenário no mundo inteiro. Pensemos na China, cujo número de usuários da Internet ultrapassou o dos Estados Unidos em 2008: 253 milhões. E isso equivale apenas a 19% da população do país. Além da expansão do uso da Internet em toda parte e do potencial de crescimento nos países em desenvolvimento, a publicidade na rede também está avançando a passos largos. A propaganda online na China está crescendo de 60% a 70% ao ano.

Mas seria imprudente tirar conclusões grandiosas alimentadas por esses números. Todas as vezes que aparece um novo veículo de mídia, é previsto o fim do veículo que ele parece substituir. O rádio não desapareceu; ele mudou. Existe agora um número maior de estações com uma variedade de programação mais ampla, e quem teria pensado que um dia poderíamos pagar pelo rádio via satélite? Os anúncios classificados, uma grande receita para os jornais, migrou em grande parte para a Internet, e os jornais das grandes cidades estão se fundindo ou fechando. No entanto, os jornais comunitários e os de interesses especiais estão crescendo.

Muito dinheiro deixou o setor das agências quando os clientes passaram a pagar honorários em vez de comissões, graças em parte a Ogilvy. Nós nos perguntamos se ele teria sido tão entusiástico se tivesse previsto as consequências da sua audaciosa atitude nessa questão. Hoje, clientes conscientes do custo determinam aos seus departamentos de compras que analisem os preços pagos aos fornecedores e prestadores de serviços, e com frequência as agências de publicidade estão no topo da lista dos possíveis cortes. Ao mesmo tempo, as agências de capital aberto ou as holdings tentam agradar aos acionistas contendo os custos, o que nas agências equivale a salários e aluguel.

Hoje em dia, uma quantidade menor de pessoas precisa trabalhar mais e ser mais produtiva. A caixa de entrada dos seus e-mails fica congestionada, e os seus BlackBerries nunca saem do lado delas. Mas se alguém conversar com qualquer advogado ou banqueiro jovem, ou até mesmo com um médico, constatará a mesma coisa. Essa situação não é exclusiva do setor publicitário. O ritmo e a velocidade de todos os negócios se aceleraram, exatamente como o futurista Alvin Toffler prognosticou em *Future Shock* de 1970. À semelhança de todas as atividades, a publicidade está mudando. Esta poderá ser a época mais emocionante da publicidade. A tecnologia está criando novas oportunidades para atingir os consumidores — e avaliar os benefícios dos gastos.

A propaganda transmite *ideias*. E as ideias se desenvolvem melhor nas agências, já que as pessoas criativas podem trabalhar juntas e estar perto umas das outras, e onde elas podem se dedicar a uma gama diversificada de produtos em vez de a uma única fatia. As agências estão aqui para ficar.

Ogilvy não reconheceria grande parte da nova paisagem, mas o mundo aplaudiria o crescimento de disciplinas que podem ser medidas, como o marketing direto. Ele criticaria os profissionais de marketing por olhar através da extremidade errada do telescópio, procurando determinar o mínimo que podem pagar às suas agências em vez de quanto podem ganhar investindo em Grandes Ideias.

Em meados da década de 1990, o WPP começou a se afastar da beira da falência. Uma experiência de "quase-morte", declarou Martin Sorrell, que não apenas sobreviveu às investidas daqueles que queriam a sua cabeça, noticiou *The Economist*, como também "negociou um gordo pacote de compensação para socorrer uma empresa que ele quase destruíra". E ele estava de volta ao jogo da aquisição, capturando a Young & Rubicam por 4,7 bilhões de dólares, a maior incorporação da história da publicidade. Ao comprar grandes agências americanas — a J. Walter Thompson, a Ogilvy & Mather, a Young & Rubicam, e, não demorou muito, a Grey Global — Sorrell estava ganhando um relutante respeito por construir um dos maiores serviços de marketing do mundo.

Refletindo sobre a necessidade de equilibrar a criatividade e a disciplina nos empreendimentos criativos, *The Financial Times* citou Harold Ross, editor da revista *The New Yorker* na década de 1930: "O que eu preciso é de um homem capaz de se sentar em uma mesa central e fazer este lugar funcionar como um escritório comercial, acompanhar as coisas e descobrir onde estão as pessoas". O que Ogilvy precisava, concluiu o *FT*, era de "um idiota minúsculo e detestável". Na lista dos 2000 Millenium Year Honors, Martin Sorrell, que tinha aquela alcunha, foi nomeado cavaleiro pela rainha Elizabeth II, a homenagem suprema que escapara a Ogilvy, homenagem que ele almejara a vida inteira. Não ser nomeado cavaleiro foi um dos seus dois maiores desgostos. O outro foi a sua decisão, da qual se arrependeu amargamente, de ter aberto o capital da sua empresa.

Nunca se saberá ao certo por que ele foi preterido e não recebeu o título de nobreza. Talvez devido ao seu relacionamento com o príncipe Philip no World Wildlife Fund. Talvez fosse a suscetibilidade do seu trabalho para a segurança britânica, embora o seu antigo chefe na BSC tenha se tornado "Sir William" Stephenson. Talvez ele não satisfizesse alguns critérios, como ajudar uma instituição beneficente britânica (embora tenha ajudado muitas nos Estados Unidos). Evidentemente, a sua promoção de produtos ingleses nos Estados Unidos — a Guinness, a Schweppes e o Rolls-Royce — não contou o suficiente. Nem a sua campanha "Venha para a Grã-Bretanha", que fez com que milhões de turistas americanos atravessassem o Atlântico. Ele teve de se contentar com a segunda homenagem mais elevada, Commander of the British Empire. Por não ser um cavaleiro, Ogilvy nunca poderia ser chamado de "Sir David". Esse fato o deixou desiludido o resto da vida, embora ele tenha tido a alegria de se impor na Embaixada Britânica em Viena quando lhe disseram que a emissão de um novo passaporte levaria quatro dias. "Sou um Commander of the British Empire." O passaporte foi emitido em duas horas.

Jock Elliott, amigo de Ogilvy e que o substituiu no cargo de *chairman* do conselho administrativo, "meu grande irmão", morreu em 2005. Respeitado pelos antigos clientes, Jock era admirado pela qualidade excepcional das suas palestras, pela sua dedicação a servir ao público e pela sua coleção de três mil livros a respeito do Natal, que continha a primeira edição de muitos deles, inclusive *A Christmas Carol*, de Dickens. Ed Ney, ex-chefe da

Y&R, chamava Elliott de "o poeta laureado do setor da publicidade". Ele seguiu Ogilvy na Galeria da Fama da Publicidade.

Um dos favoritos de Ogilvy, Hal Riney, o rude publicitário que abriu o escritório da agência em San Francisco, faleceu em 2008. Riney criou campanhas brilhantes para a E. & J. Gallo e os seus resfriadores de vinho Bartles & James, ajudou a reeleger Ronald Reagan com a sua campanha alto-astral de 1984, "É manhã de novo nos Estados Unidos", e lançou o carro Saturn. Riney estava dispensado do seu dogma, disse Ogilvy, explicando que, se a publicidade tivesse apenas gênios criativos como Hal Riney, esse dogma seria desnecessário. Quando perguntaram a Riney por que um cara independente como ele ingressara em uma grande empresa como a Ogilvy & Mather, ele respondeu: "Acho que foi por causa daqueles papéis brilhantes", referindo-se às esmeradas publicações sobre todos os aspectos do setor que revelavam uma organização refinada, à qual ele se sentiria orgulhoso de pertencer.

Em 2007, *Mad Men*, uma série da televisão americana passada na Madison Avenue na década de 60 — quando Ogilvy estava nos seus dias de glória — em uma agência fictícia chamada Sterling Cooper, fez um grande sucesso com a sua representação um tanto exagerada da prática daquela época de fumar, beber e perseguir as mulheres. A série inspirou figurinos de moda, vitrines nas lojas de departamento, uma edição gozadora da *Advertising Age* e foi exportada para o Reino Unido, onde a BBC Four transmitiu um especial para conferir à série uma perspectiva histórica: "David Ogilvy: um dos Mad Men Originais".* Ele teria odiado o título e adorado as atenções.

No ano em que ele morreu, a sua agência decidiu adotar a assinatura do fundador

como o seu logotipo, mantendo Ogilvy & Mather Worlwide como o seu nome. *Ogilvy a marca.*

---

* A série é exibida no Brasil pelo canal fechado HBO. *Mad Men*, que significa *homens malucos*, em inglês contém uma conotação adicional, é um trocadilho, porque "mad" (maluco) também são as primeiras letras do nome da Madison Avenue. (N. da T.)

A grande publicidade, Ogilvy gostava de dizer, "tem uma rebarba de singularidade", uma coisa suficientemente invulgar que se fixa na mente do leitor ou telespectador, da mesma maneira como uma rebarba não metafórica se agarra à nossa calça. Uma rebarba poderia ser um dispositivo visual em um anúncio impresso, como o tapa-olho que transmitiu a aura aristocrática e o interesse pela história do homem da Hathaway. Ou uma palavra como "modesto", que caracterizava os compradores do Bentley, um carro menos ostentoso do que o Rolls-Royce, a sua marca associada. Ou uma imagem evocativa em um comercial da televisão, como o merceeiro em uma carroça puxada a cavalo entregando pães Pepperidge Farm.

O próprio Ogilvy era uma rebarba de singularidade, ou talvez muitas rebarbas — um homem que se dizia escocês, mas não gostava muito da Escócia, nem passava nenhum tempo lá; um britânico que não se sentia nem um pouco em casa no escritório da sua própria agência em Londres; um inglês que conquistou o setor publicitário americano nos seus próprios termos, mas que nunca recebeu o reconhecimento e os elogios no Reino Unido que julgava merecer; um expatriado que foi morar na França e afirmava amar o país, mas não o povo francês. Na opinião de Herta, Ogilvy era "o britânico mais americano" e "o americano mais britânico".

David Ogilvy era um homem de muitos paradoxos. Um elitista blasonador que introduziu a meritocracia na sua agência. Era tolerante com as pessoas, mas limitado com relação às teorias da publicidade. Um ateu fascinado pela estrutura da Igreja Católica, admirava particularmente o papa João Paulo II, entrelaçava os seus memorandos com a linguagem da igreja e citações da Bíblia, e se deleitava quando o chamavam de "o Papa da Publicidade Moderna".

Conservador no gosto e nas atitudes, Ogilvy podia às vezes se vestir de uma maneira extravagante, exibir um comportamento excêntrico e apresentar ideias novas e radicais. *Mirem mais alto. Desbravem novos caminhos. Concorram com os Imortais.* Um modelo de bom gosto civilizado, ele com frequência se comportava como uma criança mimada nos restaurantes e contava sistematicamente uma piada a respeito de peido.

Ogilvy pregava a importância da bondade e da "delicadeza", mas podia ser cruel ao descrever a personalidade ou a aparência física de alguém:

"a alma de Uriah Heep no corpo de um babuíno". Um líder que inspirava lealdade e a valorizava, ele podia se apaixonar pelos seus executivos e deixar de amá-los, sendo um caso notório aquele em que ele elogiou uma pessoa que acabara de ingressar na empresa como o seu único sucessor digno de mérito.

Defensor da mensagem de venda racional, ele criou o tapa-olho da Hathaway com base na intuição e compreendia o poder da emoção, estimulando um redator a recorrer ao "esnobismo" ao promover o tecido Viyella para as mães. Embora fosse muito sério com relação ao propósito dos seus negócios, Ogilvy adorava piadas e acreditava que os empreendimentos criativos funcionavam melhor se as pessoas que trabalhavam nele estivessem se divertindo.

Um homem obcecado pelo dinheiro, Ogilvy pagava a si mesmo um salário modesto, impunha ações da agência aos seus sócios e instituiu um fundo de participação nos lucros para a aposentadoria dos funcionários quando a agência ainda era pequena e os seus lucros não o estavam enriquecendo. Ele era um chefe generoso que levava grupos para almoçar no melhor restaurante de Manhattan, mas não deixava que as pessoas bebessem antes de comer.

Ogilvy fumou a vida inteira, recusou-se a aceitar a conta de uma marca de cigarro quando os problemas do fumo para a saúde se tornaram conhecidos, mas continuou a fumar, embora o seu irmão tivesse morrido de câncer no pulmão.

Treze anos antes de falecer, Ogilvy escreveu um memorando intitulado: "Minha Morte". Ele estipulou que um serviço em sua memória só poderia acontecer sob certas condições.

> Só quero que a cerimônia tenha lugar se ela se basear na seguinte música, o que seria dispendioso.
> O Coro Aleluia de Handel, com um coro profissional e uma grande orquestra
> "Rule Britannia" — os três versos
> A audiência deve deixar o auditório ao som alegre de uma jiga animada.

Dois meses depois do seu falecimento, em um serviço animado no Avery Fisher Hall do Lincoln Center, a música que ele determinara foi tocada por uma grande orquestra com coro e encerrou com a tradicional jiga "Bramble Bush". Presentes no recinto lotado estavam familiares, clientes, personalidades do setor, funcionários e ex-funcionários da O&M (muitos dos quais já não trabalhavam na agência havia mais de vinte ou trinta anos) e um grande número de amigos. As amizades podem ser mais importantes do que os eventos, escreveu Ogilvy já em idade avançada. "Assim sendo, fiz um inventário dos meus amigos — e relacionou *várias centenas deles.* Ele encarava a sua vida como dividida em uma série de aposentos: "20 diferentes aposentos, quatro países e sete empregos". Havia amigos em cada aposento, e alguns permaneciam quando ele ia para outros aposentos.

Antes do serviço, diretores da O&M do mundo inteiro se reuniram para almoçar e trocaram histórias sobre "David". Uma das mais características foi contada por Hans Lange, diretor administrativo da agência na Alemanha, que assumira o cargo ainda jovem. Quando pediram a Ogilvy que passasse algum tempo em Frankfurt, ele concordou e lhe deram uma sala ao lado de Lange. Passados alguns dias, Lange notou que estavam desaparecendo charutos da caixa que ficava atrás da sua mesa e deixou um bilhete na caixa: "David, se você quiser um charuto, basta me dizer que providenciarei alguns para você". No dia seguinte, quando Lange abriu a caixa, o seu bilhete não estava mais lá, e havia um novo no seu lugar: "Hans, não fui eu".

Algumas pessoas achavam que Ogilvy poderia ter se dedicado a algo mais importante do que a publicidade. As suas irmãs o menosprezavam porque ele trabalhava na área comercial — elas estavam no setor artístico, e, na presença delas, ele sempre se sentia como um vendedor de porta em porta. Quando lhe perguntaram por que escolhera a publicidade quando poderia ter tido sucesso em qualquer coisa, ele respondeu: "Você está redondamente enganado. A única coisa que eu poderia ter feito bem é publicidade".

Quando ficou claro que Ogilvy e a sua agência eram um grande sucesso, perguntaram-lhe a que ele atribuía esse fato. A três coisas, respondeu: "Trabalhei arduamente. Eu tinha um certo talento para a atividade. E tive muita sorte".

Um repórter de Edimburgo perguntou certa vez a Ogilvy o que ele gostaria de ter como epitáfio. Ele começou citando a tradução de Dryden de versos de Horácio:

Feliz o homem, e somente ele,
Ele, que pode chamar o dia de hoje de seu:
Ele que, seguro de si, pode afirmar,
Que o amanhã faça o que há de pior, porque vivi o hoje.

Depois, mudou de ideia, e voltou-se para um antigo ditado escocês: "Seja feliz enquanto está vivo, porque você fica morto por um longo tempo".

As avaliações da felicidade de David Ogilvy podem variar, mas ninguém discordará da conclusão de um amigo americano dos seus dias de Oxford: "Ele se saiu muito bem para um imigrante, vocês não acham?".

EPÍLOGO

(Mais)
Textos não Publicados de
David Ogilvy

Quando completou 75 anos, em 1986, Ogilvy recebeu de presente um livro impresso pela empresa, internamente — *The Unpublished David Ogilvy*, uma seleção de memorandos, cartas, discursos e artigos extraídos dos arquivos dos seus sócios. Ele disse que foi o melhor presente de aniversário que já recebera.

As pesquisas realizadas para esta biografia trouxeram à luz mais exemplos não publicados (com uma exceção) do seu estilo exclusivo, com uma combinação de fatos pouco conhecidos, analogia histórica, alusões apropriadas embora obscuras, um formato surpreendente, charme e impertinência.

Memorando ao produtor de televisão de uma agência

17 de dezembro de 1953
A vida inteira fui fascinado por macacos.

Os chimpanzés são os meus favoritos.

Gosto de prestar atenção ao chá da tarde deles no zoológico de Londres. É um evento formal. Os chimpanzés se comportam com um decoro impressionante, só que, de vez em quando, o chimpanzé de mais alto escalão vira sobre a cabeça um prato cheio de ensopado. É isso que eu gosto de ver.

Eu me pergunto se você poderia usar chimpanzés nos comerciais da televisão. Eles fumam cigarros. Adoram pão com margarina.

O comandante Edward Whitehead era presidente da Schweppes U.S.A e o modelo na propaganda da Schweppes — pelo que recebia uma remuneração pelo talento, de acordo com as normas do sindicato. No dia 18 de junho de 1954, Ogilvy enviou duas cartas a Whitehead.

Prezado dr. Jekyll,
Em uma carta separada, escrevi para o sr. Hyde, o presidente da Schweppes U.S.A, anexando cópias da autorização de modelo.
Esta carta trata do seu cachê de modelo.
Se o senhor recebe 25 dólares por hora para um anúncio impresso e 15 dólares por hora por um comercial no rádio, a sua receita total pelo trabalho que fez durante a sua recente visita aos Estados Unidos seria de 1.567,70 dólares.
A discussão do tema da sua remuneração como modelo é delicada e espinhosa para a agência.

Prezado sr. Hyde,
Na sua função oficial de presidente da Schweppes U.S.A, preciso chamar a sua atenção para uma questão que, se não for solucionada de imediato, poderá colocar a sua empresa em risco.
O nosso modelo da Schweppes, um homem de duas cabeças chamado Whitehead (ou Jekyll) recusou-se a assinar uma autorização de modelo a não ser que veja uma prova de cada anúncio no qual ele aparece.
Esta é uma situação extremamente inusitada, mas devo admitir que ele é um modelo extremamente inusitado. Nunca, em toda a minha experiência profissional, vi uma agência ter que mostrar os anúncios a um modelo para poder publicá-los — nem mesmo aos que têm a fama do barão George Wrangel da Hathaway.
Poderia o senhor tentar persuadir o modelo a assinar esta autorização e dispensar essas especificações, já que elas ergueriam obstáculos impossíveis ao processo de aprovação e publicação de uma boa propaganda para a Schweppes aqui?

Carta a um editor da revista The New Yorker

18 de agosto de 1955

Queremos ser a primeira agência a usar a quintilha humorística na propaganda. Não estou bem certo a respeito de qual cliente (atual ou futuro) tem a probabilidade de ser o beneficiário desta ideia, mas vamos supor — em prol do argumento — que fosse a Schweppes.

No entanto, como você e eu sabemos, quase todas as boas quintilhas humorísticas tendem a ser um pouco chocantes. E o que quero descobrir é o seguinte: a *The New Yorker* teria uma posição muito conservadora a respeito disso?

Os seus editores frequentemente imprimem cartuns que são levemente pornográficos, mas ninguém faz objeção porque eles são muito espirituosos — e porque os seus leitores são *ipso facto* adultos.

Você aplicaria esse mesmo tipo de critério à publicidade?

Não tenho nenhum desejo de ser pornográfico por amor à pornografia. Não gosto da propaganda da Spring Maid, porque ela tende a ser obscena sem ser espirituosa.

Envio em anexo dez quintilhas humorísticas. São todas clássicas. E elas representam o limite de impropriedade a que iríamos na nossa campanha.

*Estas são três das quintilhas apresentadas para análise**

Sentei-me ao lado da duquesa na hora do chá;
Aconteceu exatamente o que eu temia,
   Os ribombos do seu abdômen

---

*   Segue o texto das quintilhas em inglês, que rimam no original. (N. da T.)

I sat next to the Duchess at tea;
It was just as I feared it would be,
   Her rumblings abdominal
   Were simply phenomenal,
And everyone thought it was me!

There was a young lady from Madras,
Who had a magnificent ass;
   Not rounded and pink,
   As you probably think —
It was grey, had long ears, and ate grass.

There was once a spinterish lass
Who constructed her panties of brass.
   When I asked: "Do they chafe?"
   She said: "No, but I'm safe
Against pinches, and pins in the grass."

Eram simplesmente fenomenais,
E todo mundo pensou que era eu!

Era uma vez uma jovem dama de Madras,
Que tinha um traseiro magnífico;
    Não róseo e arredondado,
    Como vocês provavelmente imaginam –
Ela era cinza, tinha orelhas longas e comia relva.

Era uma vez uma solteirona
Cujas calcinhas eram de metal.
    Quando perguntei: "Elas esfolam a pele?"
    Ela respondeu: "Não, mas estou segura
Contra beliscões e alfinetadas da grama".

Memorando à equipe

15 de dezembro de 1958 (e reenviado praticamente todos os anos a partir de então)

CARTÕES DE NATAL

Estou escrevendo este texto em benefício das pessoas que ingressaram na Ogilvy, Benson & Mather depois do último Natal.

Quero que saibam que aboli a convenção do envio de cartões de Natal na empresa.

A coisa ficou absurda. Somamos cerca de duzentas pessoas. Se todas enviassem um cartão para todas as outras, teríamos um total de 40 mil cartões — o que custaria pelo menos 10 mil dólares.

Muito poucos de nós podemos nos dar ao luxo de gastar o tempo e o dinheiro necessários para dedicar-nos ao envio dessa volumosa correspondência. Assim sendo, vamos todos dizer "Feliz Natal" — pessoalmente. Não pelo correio.

Carta a Randolph Churchill, na Inglaterra

25 de julho de 1961
Obrigado pelo seu telegrama. O cozinheiro o entregou a mim em uma salva no meio de um jogo de croquê.

Carta a David Burpee, presidente da W. Atlee Burpee Seed Company

1º de julho de 1971
A minha firma Ogilvy & Mather é candidata a ser nomeada a sua agência publicitária.

Se essa escolha se concretizar, ficarei extremamente feliz, porque também sou horticultor. Há trinta e nove anos sou Membro Vitalício da Royal Horticultural Society.

A minha esposa e eu acabamos de voltar de uma visita a alguns jardins na Inglaterra. As rosas antigas em Sissinghurst e nos Savill Gardens estavam gloriosas.

Passamos os verões na França, onde temos 95 diferentes tipos de rosas — cerca de setecentas plantas. A estrela hoje é a Sereia — seis delas sobem por um muro de pedra do século XV, e estão cobertas de flores.

Esperamos a sua visita — quer ou não o senhor venha a contratar a Ogilvy & Mather!

Burpee entregou a sua conta à O&M. Ogilvy visitou David Burpee e escreveu novamente em 7 de junho de 1972, mencionando a propensão da empresa dele de colocar muitos produtos em uma única página de catálogo.

Helena Rubinstein foi minha cliente durante dezesseis anos, dos 77 aos 93 anos de idade. Ela me atormentava constantemente, exigindo que eu colocasse vários produtos em cada anúncio. Eu sempre lhe disse que isso não era possível.

Um dia então eu disse a ela: "Madame, pensei em uma maneira de fazer o que a senhora deseja".

Coloquei doze cremes para o rosto em um único anúncio. Tivemos muito sucesso e usamos a ideia durante anos. Vou mostrar o que fiz na próxima vez que nos encontrarmos. O senhor está certo!

Aqui no meu jardim, as rosas trepadeiras estão subindo pelos muros de pedra medievais, e os tremoceiros Russell estão em flor. O jardineiro acaba de desenterrar 5 mil plantas anuais das pequenas estufas.

Adorei o dia que passei em Fordhook [Farms].

P. S. O senhor dirige a sua empresa há 57 anos. Deve ser um recorde. Não consigo parar de pensar nisso.

Extraído de um memorando aos diretores

21 de dezembro de 1971

A VOZ DO MESTRE

Acho que vocês devem ter arquivada uma cópia xerox da minha Lanterna Mágica. Vocês podem agora comprar um conjunto dos slides, complementado por uma fita cassete estéreo com a minha voz lendo os slides.

Pensem em como teria sido útil se Moisés tivesse gravado uma fita cassete quando desceu da montanha com as tábuas da lei.

Memorando aos diretores

27 de julho de 1972

Durante a Primeira Guerra Mundial, sempre que um dos colegas de Churchill no Gabinete ficava zangado com ele, Churchill escrevia para eles nesta linha de raciocínio:

"Estamos no palco da história. Vamos guardar a nossa raiva para o inimigo comum".

Com uma pequena modificação, deveríamos às vezes dizer o mesmo uns para os outros.

Memorando aos diretores

17 de janeiro de 1973

O BICO

ENCORAJAMOS O BICO, PARTICULARMENTE ENTRE OS NOSSOS REDATORES DE PUBLICIDADE.

Fazer bico amplia a experiência deles.
Confere a eles um maior senso de responsabilidade.
<u>Aumenta a renda deles — sem nenhum custo para nós.</u>

Aprendi esse truque com o dr. Gallup. Ele nos pagava muito mal, mas nos estimulava a fazer bico.

Rosser Reeves sempre fez muito bico. E eu também. Houve um ano em que ganhei mais — muito mais — fazendo bico do que ganhei na agência. E o bico me tornou mais esperto.

Qualquer pessoa que se oponha ao bico é um chicaneiro.

Existem apenas duas regras. Os caras não devem fazer bico em contas concorrentes ou em outras agências, e não devem ser pegos trabalhando em outras coisas durante o horário de trabalho.

Extraído de um memorando a um chairman do conselho administrativo da O&M

30 de março de 1975
Gerard B. Lambert, que tornou Listerine famoso, reorganizou a Gillette em 1932. Ele decidiu trocar de agência. Foi visitar a JWT, mas ficou tão chocado com a opulência das instalações da empresa que decidiu não contratar a agência.

Muitos anos depois, ele me disse: "Se você um dia abrir uma agência, não alugue salas em um desses prédios luxuosos. Escolha um velho armazém. Não mobilie o local com antiguidades e carpetes altos. Use mesas velhas do tipo cavalete. Faça a sua agência se parecer com a sala da redação de um jornal. Isso impressionará os possíveis clientes. Uma atmosfera de muito trabalho, com todas as incumbências sendo cumpridas — em vez de opulência.

Várias vezes, ao longo dos anos, tentei isso em Shelby [Page, CFO], mas nunca cheguei a lugar nenhum. Acho divertido que você tampouco tenha chegado.

Outra maneira de diferenciar a sua agência seria colocar as salas no campo, perto de uma cidade agradável como Princeton. Os argumentos contra essa ideia são óbvios, mas nunca me convenceram. É uma das coisas que lamento não ter feito.

Na minha próxima encarnação, serei um ditador.

Extraído de um memorando aos diretores

20 de agosto de 1975

OS GENERALISTAS CUSTAM MENOS

Durante trinta anos, todas as agências foram estruturadas mais ou menos da mesma maneira. O exorbitante aumento dos salários e do aluguel talvez nos obrigue a evoluir para uma estrutura diferente, uma estrutura que possa funcionar com menos pessoas.

Quando trabalhei no Hotel Majestic, cada cozinheiro era um especialista, e a cozinha estava dividida em departamentos: molhos, peixes, hortaliças, sopas, folhados e assim por diante. Cada departamento tinha três níveis.

Essa estrutura clássica produzia pratos de qualidade, mas era extravagante no que dizia respeito à mão de obra. Ela só se tornou possível porque o salário dos cozinheiros era baixo.

Hoje, os cozinheiros franceses recebem um salário relativamente elevado. Em decorrência disso, nenhum hotel ou restaurante pode se dar ao luxo de ter a estrutura clássica. Os departamentos especializados desapareceram.

Os especialistas se tornaram generalistas. O tamanho das suas brigadas foi com isso drasticamente reduzido.

Quando trabalhei na Ogilvy & Mather em Nova York, todo mundo era especialista, e a agência estava dividida em departamentos — redação, executivo de conta, mídia, pesquisa e assim por diante. Cada departamento tinha, pelo menos, três níveis.

A estrutura clássica era extravagante no que dizia respeito à mão de obra. Eu me pergunto por quanto tempo as agências conseguirão arcar com o custo da estrutura clássica. Os especialistas terão que se tornar generalistas para que os custos possam ser reduzidos? O mesmo homem redigiria os textos, administraria as contas, faria o planejamento da mídia e cuidaria das pesquisas. É assim que as pequenas agências operam.

Nos primeiros dias, eu costumava elaborar planos, cuidar de contas, supervisionar pesquisas e redigir textos.

Na pequena conta da Hathaway, alguns anos depois, o escritório de Nova York mobilizou três níveis de executivos de conta e três níveis de redatores de publicidade. Perdemos dinheiro. Em seguida colocamos a conta nas mãos de um único redator-contato, e ela se tornou lucrativa.

Memorando aos diretores

6 de outubro de 1975
Quando era *chairman* do Conselho Administrativo da Sears Roebuck, Charlie Kellstadt contratou a Ogilvy & Mather. Trabalhei em estreito contato com ele, e o admirava enormemente. Ele faleceu na semana passada, aos 78 anos de idade.

Certa vez, ele disse o seguinte: "A primeira pessoa com quem devemos nos preocupar é o cliente. Em seguida, cuidamos dos nossos funcionários. Em terceiro lugar pensamos nos nossos acionistas. Mas, se tivermos feito um bom trabalho nos dois primeiros itens, o acionista não terá com o que se preocupar".

Poderíamos aplicar essas palavras à OMI. Esse sempre foi o sermão de Marvin Bower* para mim.

---

* Bower foi o duradouro dirigente da McKinsey & Company, a famosa firma de consultoria. (N. da T.)

Carta a um sócio-diretor da McKinsey

25 de fevereiro de 1978
Então você enviou os meus Princípios de Administração para os seus sócios. Bem, isso completa o ciclo, porque escrevi para eles depois de ler a VONTADE DE ADMINISTRAR, de Marvin, e ele teve a delicadeza de aprimorar a minha versão preliminar.
Vida longa para a McKinsey.

Memorando aos diretores

10 de novembro de 1975

PROMOÇÕES

Quando vocês enfrentarem o problema de escolher pessoas para serem promovidas a cargos importantes, talvez lhes sirva de consolo saber que Luís XIV, o supremo autocrata, também achava isso difícil.

"Toutes les fois que je donne une place vacante, je fais cent m'econtents e une ingrate."

Essa frase pode ser traduzida da seguinte maneira: "Todas as vezes que nomeio alguém para um cargo, torno cem pessoas infelizes e uma ingrata".

Memorando aos diretores

5 de maio de 1978

APRESENTAÇÕES

Na minha recente turnê, apresentaram-me uma grande quantidade de relatos de casos. Eu sempre me pergunto se elas aborrecem os possíveis clientes tanto quanto me aborrecem. Seja como for, os nossos apresentadores ainda estão cometendo os mesmos antigos erros.

1) Exibem um slide repleto de palavras, ao mesmo tempo que proferem palavras inteiramente diferentes. O resultado é uma confusão total.
2) Os slides são escritos em um jargão pretensioso. (Escrevi a respeito disso em outro lugar.)
3) O último slide em cada relato é intitulado RESULTADOS. Ele invariavelmente afirma que a nossa campanha aumentou as vendas. Depois da apresentação de vários desses slides, a credibilidade da pessoa fica prejudicada.

E o possível cliente pensa o seguinte: "Se esses incompetentes nunca dão crédito aos esforços dos seus clientes, não quero contratar a agência deles".

Estava escrito no Plano Quinquenal que treinamos os executivos de conta melhor do que treinamos o nosso pessoal da área de criação. Tenho as minhas dúvidas.

Memorando aos diretores quando ele estava atuando temporariamente como chefe da agência na Alemanha

31 de março de 1979

"SALTADORES"

Quando visitamos as fábricas Daimler Benz, vemos grupos de dois ou três homens em pé sem fazer nada; às vezes eles vão para o lado de fora fumar um cigarro.

Esses homens são chamados de SALTADORES. A função deles é saltar para o lugar de qualquer homem na linha de montagem que passe mal ou tenha que ir ao banheiro. O saltador precisa ser capaz de executar diferentes tarefas.

Nos últimos sete meses tenho sido um saltador, substituindo temporariamente Dieter na linha de montagem.

Não é uma maneira ruim de usar pessoas como eu — e você, Gentil Leitor, quando você não está mais na "linha de montagem".

Memorando aos diretores de criação

1º de julho de 1979

VOCÊ É O MAIS COMPETENTE?

1. Você está criando a propaganda mais extraordinária no seu país?
2. Isso é geralmente reconhecido, dentro e fora da sua agência?
3. Você é capaz de mostrar aos possíveis clientes pelo menos quatro campanhas que os deixem eletrizados?
4. Você parou de sobrecarregar comerciais?
5. Você parou com o papo de vendedor?
6. Todos os seus comerciais começam com algo que prende visualmente a atenção?
7. Você deixou de usar personagens de história em quadrinhos quando vende para adultos?

8. Você mostra pelo menos seis Lanternas Mágicas para todos os que ingressam na sua equipe?
9. Se eles não entendem inglês, você traduziu todas as Lanternas para o idioma deles?
10. Você repete o nome da marca várias vezes em todo comercial?
11. Você parou de usar o depoimento de celebridades nos comerciais da televisão?
12. Você tem pronta uma lista dos melhores profissionais de criação de outras agências para o dia em que tiver recursos para contratá-los?
13. Todas as suas campanhas executam um posicionamento combinado?
14. Elas prometem um benefício — que foi testado?
15. Você sempre sobrepõe a promessa pelo menos duas vezes em cada comercial?
16. Você teve pelo menos três Grandes Ideias nos últimos seis meses?
17. Você sempre torna o produto o herói?
18. Você vai ganhar mais prêmios de criatividade do que qualquer outra agência este ano?
19. Você usa a solução de problemas, o humor, personagens relevantes, parte da história de pessoas?
20. Você evita os comerciais de estilo de vida?
21. O seu pessoal trabalha de boa vontade à noite e nos fins de semana?
22. Você é competente em introduzir notícias na sua campanha?
23. Você sempre mostra o produto sendo utilizado?
24. O seu rolo de filme "da casa" contém alguns comerciais com um charme irresistível?
25. Você sempre mostra a embalagem no fim?
26. Você parou de usar clichês visuais — como o pôr do sol e uma família feliz à mesa do jantar? Você usa muitas surpresas visuais?
27. As ilustrações dos seus anúncios impressos atraem o interesse pela história?
28. Você está desativando os layouts com cara de anúncio e adotando os layouts editoriais?
29. Você às vezes usa o contraste visualizado?
30. Todos os seus títulos contêm o nome da marca — e a promessa?
31. Todas as suas ilustrações são fotografias?
32. Você parou de criar textos irregulares à esquerda e à direita?
33. Você parou de usar mais de 40 caracteres em uma linha de texto?
34. Você parou de criar textos menores do que 10 pontos e maiores do que 12 pontos?
35. Você sempre cola os anúncios em revistas ou jornais antes de aprová-los?
36. Você parou de criar o corpo dos textos sem serifa?
37. Você parou de bater na sua mulher?

Se você respondeu SIM a todas as perguntas, você é o Diretor de Criação mais competente da face da terra.

Memorando aos coautores de Writing That Works

24 de setembro de 1979

COMO ESCREVER

Se você está procurando exemplos de uma má redação de autoria de homens normalmente competentes, eis um para a sua coleção:

> Especificamente, as atitudes e os hábitos de consumo dos consumidores são analisados dentro do contexto dos posicionamentos do produto anunciado no registro do mercado principal.

Nove substantivos em uma única frase. Ele continua:

> Os posicionamentos do produto derivam da avaliação detalhada da propaganda atualmente utilizada pelas marcas de café anunciadas.

É desnecessário dizer que ele usa símbolos em vez de números — como MDM, TDM, SOV, MMDM. O que é aceitável quando a pessoa conhece os códigos; eu não conheço.

Só Deus sabe o que podemos fazer em casos desse tipo.

P. S. Apesar da redação, é um relatório valioso, e a General Foods ficou agradecida.

26 de março de 1980

INGLÊS

Na versão preliminar de uma nova Lanterna sobre promoção de vendas, eu me deparei com VEÍCULO DE DISTRIBUIÇÃO...

Mais tarde, no mesmo rascunho, o autor continuou a falar a respeito do REDENTOR.

Quem você imagina que seja o Redentor? Você acha que é Jesus Cristo?

De jeito nenhum. O Redentor é a pessoa que redime (resgata) cupons no supermercado.

Contemplem o Redentor no Veículo de Distribuição do autor.

Extraído de um memorando ao comitê executivo

28 de fevereiro de 1980

AQUISIÇÕES

Como vocês podem ver no meu papel de carta [do Conselho de Criação], não sei nada a respeito de finanças.

Mas acabo de ler a biografia de Lord (Roy) Thomson, o canadense que foi para a Grã-Bretanha quando tinha cerca de 60 anos de idade e fez uma grande fortuna.

Ele fez isso tomando emprestado cada penny que conseguia, comprando jornais, e depois administrando-os com mais lucratividade do que os seus antigos donos.

Essa é a maneira clássica de enriquecer. É claro que muitas pessoas que participam desse jogo vão à falência. Ele é extremamente perigoso.

Não creio que devamos fazer os nossos acionistas correr esses riscos, mas se o fizéssemos, talvez ficássemos ricos.

Não sou um adquirente por natureza. Nem tampouco um jogador como Roy Thomson. É por esse motivo que não estou nem muito rico nem fui à falência.

Entretanto, aqueles de vocês que são adquirentes talvez devessem fixar o preço das suas ofertas levando um pouco mais em conta a receita futura, e um pouco menos a receita passada. Caso contrário, a sua oferta sempre será inadequada.

P. S. Espero que vocês evitem as aquisições. Pondo de lado o aspecto financeiro, sempre as considerei uma maneira frágil de crescer. As boas agências nunca estão à venda.

Memorando a um chairman do conselho administrativo da O&M

11 de outubro de 1981

"Os amigos que tens, e o reconhecimento deles testado,
Prenda-os à tua alma com uma argola de aço."
Shakespeare

Esse deveria ser o lema de todos na nossa gestão.

Quanto mais argolas, melhor. Se um homem de valor só é leal a uma única pessoa na administração, e se essa pessoa for transferida ou for embora, ele talvez não fique conosco.

Faço todo o possível para prender os nossos melhores Criativos à nossa alma com argolas de aço.

Memorando aos diretores, sobre as consequências de ter feito um convite geral à equipe da O&M para ir visitá-lo no seu castelo na França

18 de setembro de 1985

UM CRESCENTE INCÔMODO

Visitar Touffou está agora na moda entre os 9 mil funcionários dos nossos 201 escritórios.

Está excessivamente na moda.

Há dois dias eu ousei dizer NÃO quando um grupo de quatro pessoas do nosso departamento de criação em Nova York, que estavam em Paris para tirar fotos, se convidou para se hospedar em Touffou.

Com frequência, esses visitantes são um terrível incômodo. Somos obrigados a entretê-los, quando temos outras coisas a fazer. A conversa deles não é interessante. Quando oferecemos jantares para os nossos vizinhos franceses, é difícil integrar executivos de conta que não sabem falar uma única palavra de francês.

O fardo da minha esposa-governanta está se tornando intolerável. Organizar as refeições e o entretenimento, providenciar a lavagem da roupa, fazer o planejamento.

Gostaria de saber como eu poderia acabar com tudo isso sem ser rude. Qualquer ajuda que vocês puderem me oferecer será muito bem recebida.

Carta a um principiante em um programa de treinamento

22 de setembro de 1977

Certa vez perguntei ao cirurgião do rei Jorge o que definia um grande cirurgião. Ele respondeu: "O grande cirurgião sabe mais do que os outros cirurgiões".

O mesmo se aplica aos publicitários; os profissionais realmente competentes sabem mais a respeito de publicidade.

Não parece haver nenhuma dúvida de que a Ogilvy & Mather sabe mais do que as outras agências, e nós nos esforçamos ao máximo para compartilhar o nosso conhecimento com os homens e as mulheres que trabalham aqui. Por essa razão, oferecemos o magnífico programa de treinamento que você está prestes a iniciar.

Por essa razão, temos também as nossas famosas Lanternas Mágicas, que sintetizam parte do que sabemos a respeito de um vasto leque de assuntos.

Mas a nossa vantagem mais preciosa é provavelmente o nosso ETHOS — o espírito que une os nossos escritórios no mundo inteiro. Ele abarca:

A honestidade intelectual — para com os clientes e uns para com os outros.

O esmero — em contraste com a superficialidade.

O profissionalismo — em tudo o que fazemos; padrões elevados.

Integridade humana — e boas maneiras.

A ênfase que atribuímos ao caráter — ao escolher pessoas para cargos importantes.

Orgulho pela O&M — moderado pela inexorável insatisfação com relação às nossas falhas.

Você poderá ler mais a respeito desse assunto nos meus Princípios de Administração.

BIBLIOGRAFIA E NOTAS DAS FONTES

PESQUISAS E ENTREVISTAS DO AUTOR

Ogilvy era um escritor prolífico, quase além da compreensão. Ele escreveu livros, memorandos, cartas, bilhetes, discursos e apresentações. Quando se aposentou e foi morar na França, ele doou os seus documentos à Library of Congress: mais de 30 mil itens, a maioria de sua autoria. Ele não parou aí, continuando a escrever por mais 25 anos. Examinei as 87 caixas na Biblioteca, revi mais de dois mil documentos da minha coleção pessoal e inspecionei ainda mais livros, filmes e fitas que estão de alguma maneira relacionados com ele.

Além do registro escrito, visitei o seu lugar de origem em Surrey, a escola Fettes em Edimburgo, o Christ Church College em Oxford, Lancaster County, na Pensilvânia, onde ele teve duas fazendas, e as suas casas em Nova York e na França.

A minha principal fonte de material original foram mais de cem longas entrevistas, bem como muitas dúzias de conversas telefônicas, cartas e e-mails mais breves.

BIBLIOGRAFIA

Coleções e documentos originais não publicados

BIBLIOTECAS E ARQUIVOS

American Association of Advertising Agencies, Nova York

Archives Center, National Museum of American History, Smithsonian Institution, Washington DC
– *Barton S. Cummings papers*

British Library, Newspaper Library, Londres

British Library, Science and Reference Division, Londres

Churchill Museum e Cabinet War Rooms, Londres

Federal Bureau of Investigation, Washington DC

John W. Hartman Center for Sales, Advertising and Marketing History, Rare Book, Manuscript and Special Collections Library, Duke University, Durham NC – *David B. McCall papers, Jock Elliott papers*

History of Advertising Trust Archive, Raveningham, Norwich, Inglaterra

Imperial War Museum, Londres

289

International Spy Museum, Washington DC
Leo Burnett Company, Chicago IL – *Burnett-Ogilvy files*
Manuscript Division, Library of Congress, Washington DC – *David Ogilvy papers*
Museum of TV and Radio, Nova York
The National Archives, Public Record Office, Londres
National Library of Scotland, Edimburgo
The Roper Center for Public Opinion Research, Univ. of Connecticut, Storrs, CT
Wisconsin State Historical Society, Madison WI – *Rosser Reeves papers*
The University Club, Nova York

ORIGINAIS E DOCUMENTOS

How to Make $50,000 a Year in Advertising circa 1957 – Judson H. Irish
The Story of Ted Bates & Company 1965 – Martin Mayer
How to Create Advertising That Sells 1964-198? – Ogilvy & Mather
Principles of Management 1968 – David Ogilvy
My Creative Principles 1968 – David Ogilvy
Reva Korda interviews David Ogilvy – Viewpoint novembro de 1976
Corporate Culture – Ogilvy & Mather 24/6/85 *My Life* dezembro de 1986 – David Ogilvy
Mr. David Ogilvy 1986 – Stanley Piggott
A Gallup Through Our First 139 Years (1850-1989) – Joel Raphaelson
Entrevista com David Ogilvy – Lee Bartlett 30/10/91
David Ogilvy's Biography 1994 – Joel Raphaelson
David Ogilvy's Last Crusade 2000 – Entrevista de Kenneth Jacobsen
Alan Northcote Sidnam: Autobiography 2001
Flagbearer (vários) – Ogilvy & Mather
Viewpoint (vários) – Ogilvy & Mather

Entrevistas do autor
Fettes: Michael Dawson
Christ Church, Oxford: Ronald Hilton, Margot Wilkie
Gallup: Alec Gallup, George Gallup Jr.
British Security Coordination: William Stevenson
Lancaster County: Annie Fisher, Gerry Leszt, John e Michael Ranck
O&M U.S.: Alex Biel, Bill e Gaile Binzen, Paul Biklen, Doug Bomeisler, Sue Buck, Julian Clopet, Helen DeKay, Fran Devereux, Jules Fine, Charlie Fredericks, Gene Grayson, Chuck Guariglia, Steve Hayden, Jim Heekin, Judson Irish, Abe Jones, Ian Keown, Reva Korda, Shelly Lazarus, Jane Maas, Peter Mayle, Bruce McCall, Jerry McGee, Edmund Morris, Shelby Page, Bill Phillips, Graham Phillips, Jerry Pickholz, Gary Press, Vel Richey-Rankin, Joel e Marikay Raphaelson, Elaine Reiss, Brendan Ryan, Nancy Schutz, Dick Seclow, Gloria Sidnam, Ted Shaw, Bruce Stauderman, Lee Thuna, Mike Turner, Emil Vaessen, Jack Walker, Ellie Watrous, Bill Weed, Bill Whitney.
O&M U.K.: Clive Aldred, Don Arlett, Bernard Barnett, Jimmy Benson, Drayton Bird, Nick Evans, Richard Fowler, John Nettleton, Archie Pitcher, Harry Reid, Sir Anthony Tennant, John e Jill Treneman, Sheila Trevellyan, Mike Walsh, Peter e Susan Warren, John Williams.
O&M International: Michael Ball (Austrália), Luis Bassat (Espanha), Neil French (Cingapura), Tony Houghton (Canadá), Ranjan Kapur (Índia), Barry Owen (Cingapura), Robyn Putter e Bob Rightford (África do Sul), John Straiton (Canadá), François e Simone Tiger (França), Roger Winter (Tailândia), Lorna Wilson (Paris)
Clientes: Tony Adams (Campbell), Phil Carroll (Shell), Jean Clark (viúva do *chairman* do American Express Howard Clark), Edgar Cullman (Culbro), Louis Gerstner (American Express, IBM),

Louis den Hartog e Dr. J. F. A. de Soet (KLM), Jack Keenan (General Foods), Bob Lauterborn (International Paper), e, para o World Wildlife Fund, Harold Burson (Burson-Marsteller), Charles de Haes, David Mitchell e Mac Stewart (McKinsey)

Publicidade e Mídia: David Abbott e Michael Baulk (Abbott Mead Vickers), Cap Adams (Leo Burnett), Lee Bartlett (Cole & Weber), Jeremy Bullmore (J. Walter Thompson), Walter Cronkite (CBS), Burtch Drake (4As), Winston Fletcher (ASBOF), Lou Harris (Louis Harris Associates), Leo Kelmenson (Kenyon & Eckhardt), Gene Kummel (Interpublic), Bob Kuperman (Doyle Dane Bernbach), Dick Lord (Richard Lord Agency), Martin Mayer (autor), Ed McCabe (Scali McCabe Sloves), Ed Ney (Young & Rubicam), Fred Papert (Papert Koenig Lois), Keith e Rose-Lee Reinhard (DDB), Randy Rothenberg (*Advertising Age*), Frank Stanton (CBS)

Amigos/familiares: Louis Auchincloss, Louis Begley, Elly Elliott, Mary Lindsay, Herta Ogilvy

Livros Publicados, Publicações, Fitas
DE AUTORIA DE DAVID OGILVY
Confessions of an Advertising Man Atheneum 1963
Blood, Brains and Beer Atheneus 1978
Ogilvy on Advertising Crown Publishers 1983
The Unpublished David Ogilvy Ogilvy & Mather 1986 – editado por Joel Raphaelson
The Unpublished David Ogilvy Crown 1986 – editado por Joel Raphaelson
Dear Friend Fund Raising Institute 1990 – Lautman e Goldstein, prefácio de D.O.
Scientific Advertising Moore Publishing 1952 – Claude Hopkins, 1993 prefácio de D.O.
David Ogilvy: An Autobiography John Wiley & Sons 1997
Tested Advertising Methods Prentice Hall 1997 – John Caples, prefácio de D.O.
Confessions of an Advertising Man Scribner 1988 – 2002 prefácio à nova edição
Quotations of David Ogilvy Ogilvy & Mather Londres

FAMÍLIA
The Fountain Overflows Penguin Books 1956 – Rebecca West
The Scotch-Irish University of North Carolina Press 1962 – James G. Leyburn
Rebecca West: a Life Alfred A. Knopf, Inc. 1987 – Victoria Glendinning
Pigeon Holes of Memory Constable, Londres 1988 – Editado por Christina Byam Shaw
The Story of West Horsley Manor St. Mary's Church P.C.C. 1993 – Pam Bowley
Old West Horsley Horse & Tree Publications 2000 – Pam Bowley
A Century of Change Horse & Tree Publications 2003 – Pam Bowley
East Horsley Horsley Countryside Preservation Society 2006
Around & About Horsley Horsley Countryside Preservation Society 2007

ALUNO
A Keen Wind Blows: The Story of Fettes James & James Pub. Ltd. 1929 – Roger Philp
Confessions of an Innkeeper Chatto & Windus, Londres 1938 – John Fothergill
George: Autobiography of Emlyn Williams Random House 1961
Illustrated History of Oxford Oxford University Press 1993 – Editado por John Priest
You Only Live Twice Jonathan Cape Ltd. 1964, Penguin Books 2003 – Ian Fleming
A Hundred Years of Fettes T. and A. Constable Ltd. 1970 – Editado por H. F. MacDonald
Cyril Connelly St. Martin's Press 1996 – Clive Fisher
Christ Church Oxford Pitkin Pictorials 1991
The Fettes List 1870-1992 Fettes College 1993 – George Preston
William Fettes Fettes College 1995 – Lindsay, Cheetham, Clarke, Hughes, Rose
Orwell, Wintry Conscience of a Generation W. W. Norton Co. 2000 – Jeffrey Meyers

VENDEDOR
Aga: The Story of a Kitchen Classic Absolute Press 2002 – Tim James

PESQUISADOR
Increasing Profits with Audience Research ARI 1941 – George H. Gallup, D.O.
George Gallup in Hollywood Columbia University Press 2006 – Susan Ohmer
A Guide to Public Opinion Polls Princeton University Press 1944 – George H. Gallup
Learning from Winners Taylor & Francis Group 2008 – Raymond Pettit

ESPIÃO
Room 3603 Farrar, Straus and Company 1962 – H. Montgomery Hyde
The Life of Ian Fleming McGraw-Hill Book Company 1966 – John Pearson
A History of the British Secret Service Taplinger Publishing 1969 – Richard Deacon
A Man Called Intrepid Lyons Press 1976 – William Stevenson
Camp X Lester & Orpen Dennys Ltd., Toronto 1986 – David Stafford
Secret Intelligence Agent Constable Londres 1982 – H. Montgomery Hyde
"C": The Secret Life of Sir Stewart Menzies Macmillan 1987 – Anthony Cave Brown
Desperate Deception Brassey's 1998 – Thomas E. Mahl
British Security Coordination Fromm International 1999 – Higher, Hill, Dahl
Ian Fleming: The Man Behind James Bond Turner Publishing 1995 – Andrew Lycett
The Quiet Canadian H. Hamilton 1962 – H. Montgomery Hyde
Spymistress: The Life of Vera Atkins Arcade Publishing 2007 – William Stevenson
The Letters of Noël Coward Alfred A. Knopf 2007 – Editado por Barry Day
The Irregulars Simon & Schuster 2008 – Jennet Conant

AGRICULTOR
To Lancaster with Love Brookshire Publications 1992 – Gerald S. Leszt
Amish Perspectives York 1998 – Armstrong, Fisher, Klimeski, Leszt
A History of Salisbury Township 2002 – John M. Lorenz

RELACIONADOS COM OGILVY & MATHER
Murder Must Advertise HarperCollins 1933 – Dorothy L. Sayers
My Lives: Francis Meynell The Bodley Head Ltd. 1971 – Francis Meynell
OBM: 125 Years Ogilvy Benson & Mather Londres 1975 – Stanley Piggott
How to Advertise St. Martin's Press 1976 – Kenneth Roman e Jane Maas
Nobody Else is Perfect W. H. Allen, Londres 1980 – Charles Hennessy
Writing That Works Harper & Row 1981 – Kenneth Roman e Joel Raphaelson
Or Your Money Back Crown Publishers, Inc. 1982 – Alvin Eicoff
Of Women and Advertising McClelland and Stewart 1984 – John S. Straiton
Adventures of an Advertising Woman St. Martin's Press 1986 – Jane Maas
Debevoise & Plimpton: The Autobiography of a Law Firm 1991 – D. Bret Carlson
Having It All Signet 1992 – Reva Korda
Dorothy L. Sayers: Her Life and Soul St. Martin's Press 1993 – Barbara Reynolds
David Ogilvy as I Knew Him www.dnaml.com 2008 – Michael Ball. Também www.ebook.com

PUBLICIDADE
Attention and Interest Factors in Advertising Printer's Ink Bookshelf – Harold J. Rudolph
The Hidden Persuaders D. McKay Co. 1957 – Vance Packard

Madison Avenue U.S.A. Pocket Books 1958 – Martin Mayer
Reality in Advertising – Alfred A. Knopt 1961 – Rosser Reeves
The New Advertising The Citadel Press NY – Robert Glatzer
Ad: An Inside View of Advertising Bachman & Turner 1973
Advertising the American Dream Univ. of California Press 1984 – Roland Marchand
The Mirror Makers William Morrow and Co., Inc. 1984 – Stephen Fox
The Benevolent Dictators Crain Books 1984 – Bart Cummings
Advertising in America Harry N. Abrams 1990 – Charles Goodrum e Helen Dalrymple
50 Years of TV Advertising – Advertising Age Special Collectors Edition Primavera de 1995
Whatever Happened to Madison Avenue? Little, Brown 1991 – Martin Mayer
The Art of Writing Advertising NTC Business 1995 – Denis Higgins
Adcult USA Columbia University Press 1996 – James B. Twitchell
Conflicting Accounts: Saatchi & Saatchi Touchstone 1997 – Kevin Goldman
Adweek 20th anniversary issue – 9/11/98
Twenty Ads That Shook the World Crown Publishers 2000 – James B. Twichell
5 Giants of Advertising Assouline 2001 – Philippe Lorin
Adland: A Global History of Advertising Kogan Page Limited 2007 – Mark Tungate
Advertising of Today UK Quaritch
American Advertising 1800-1900 Chandler Press 1975 – Myron Johnson
The 100 Greatest Advertisements 1852-1959 Dover Publications, Julian Lewis Watkins
Diary of an Ad Man Advertising Publications 1944 – James Webb Young
The Care and Feeding of Ideas Times Book Division, Random House – Bill Backer
J. Walter Takeover Business One Irwin 1991 – Richard Morgan
Powers of Persuasion: The Inside Story of British Advertising Oxford University Press 2008 – Winston Fletcher

CLIENTES/CONCORRENTES

The Beard and I David McKay Company 1965 – Tommy Whitehead
Leo Leo Burnett Company Inc. 1971
Madame: Helena Rubinstein Weidenfeld and Nicolson 1971 – Patrick O'Higgins
Marion Harper, An Unauthorized Biography Crain Books 1982 – Russ Johnston
J. Walter Takeover Business One Irwin 1991 – Richard Morgan
Leo Burnett: Star Reacher Leo Burnett Company 1995 – Joan Kufrin
100 Leo's: Wit and Wisdom from Leo Burnett NTC Business Books 1995
Bill Bernbach's Book Villard Books 1987 – Bob Levenson
Bill Bernbach Said DDB Needham Worldwide
The Power of the Obvious Palo Alto Press 1995 – Aldo Papone
A Big Life (in Advertising) Alfred A. Knopf 2002 – Mary Wells Lawrence

OUTROS

Obvious Adams Executive Development Press, Inc. 1916 – Robert Updegraff
All Out of Step Doubleday & Co., Inc. 1956 – Gerard B. Lambert
The Supersalesmen World Publishing Co. 1962 – Edwin P. Hoyt
The Pump House Gang Farrar Straus Giroux 1968 – Tom Wolfe
Myself Among Others Dell 1971 – Ruth Gordon
Americana Houghton Mifflin 1971 – Don DeLillo
Gardens of France Harmony Books 1983 – Anita Pereire e Gabrielle van Zuylen
Big Deal Warner Books 1998 – Bruce Wasserstein
The Fifties Random House 1993 – David Halberstam

The Longevity Factor HarperCollins 1993 – Lydia Brontë, Ph.D.

The Tennessee Encyclopedia of History and Culture Thomas Nelson Inc. 1998 – Tennessee Historical Society, Carroll van West (Editor)

McKinsey's Marvin Bower John Wiley & Sons, Inc. 2004 – Elizabeth Haas Edersheim

FITAS DE VÍDEO E DE ÁUDIO

Dr. George Gallup 1979 entrevista com David Ogilvy por John Crichton – 4As

David Ogilvy Project – Entrevista de Frank McGee 1963

When to Take My Name Off the Door 1967 – Leo Burnett

David Ogilvy – *The View from Touffou* 1981

Entrevistas de David Susskind com David Ogilvy 1985

Ken Roman e Martin Sorrell na reunião dos executivos da O&M U.S. 17/5/89

David Ogilvy no O&M Worldwide Meeting de outubro de 1989

David Ogilvy – *The Importance of Direct Marketing* 19/9/92

David Ogilvy – *The Art of Persuasion* 18/9/92

David Ogilvy – *David Ogilvy on Creativity* 18/9/92

Advertising on Ogilvy 1996

Booknotes – entrevista com Jeffrey Meyers 11/3/2001

HRH Prince Philip, Duque de Edimburgo (World Wildlife Fund) 19/11/06

David Ogilvy Original Mad Man BBC Quatro 29/3/08

NOTAS DAS FONTES

Salvo indicação em contrário, os documentos pertencem à coleção do autor

Abreviaturas

4As American Association of Advertising Agencies

ANA: Association of National Advertisers

DO: David Ogilvy

FO: Francis Ogilvy

HC: Hartman Center

HOBM: Hewitt, Ogilvy, Benson & Mather

KR: Kenneth Roman

LB: Documentos de Leo Burnett

LOC: Library of Congress

M&C: Mather & Crowther

O&M: Ogilvy & Mather

OBM: Ogilvy, Benson & Mather

OMW: Ogilvy & Mather Worldwide

TOG: The Ogilvy Group

WI: Rosser Reeves papers

NOTA DO AUTOR

A única coisa que pode ser dita a favor [The only thing that can be said in favor] – DO para Richard Thomas 10/6/68

INTRODUÇÃO: O REI DA MADISON AVENUE

a consciência e agente catalisador [the conscience and catalytic agent] – *Printer's Ink* 1958

Nenhuma figura isolada [No single figure] – Revista não identificada 1958

Ogilvy é um Gênio? [Is Ogilvy a Genius?] – *Fortune* abril de 1965

se deveria entrar com um processo [if he should sue] – "Further Confessions", *Viewpoint* janeiro/fevereiro de 1989

bruxo mais procurado [most sought-after wizard] - "The literate wizard", *Time* 12/10/62

equipe publicitária ideal [all-time agency team] – DO para Joel Raphaelson 18/9/85

o campeão [the best of the best] – Ed Ney para KR 22/10/99

o único livro civilizado, esclarecido e divertido [only civilized, literate and entertaining book] – Bruce McCall *7 Days* NY 14/6/89

Ele sempre fez uma questão enorme [He always made a big point] – *The Pump House Gang* p. 57

relacionou Ogilvy ao lado do papa Paulo II [listed Ogilvy with Pope John Paul II] – DO aos diretores da OMI 24/1/83

o mais perto de ser ungido [came as close to being anointed] – *Advertising Age* 18/10/82

Papa da publicidade moderna [Pope of modern advertising] – DO aos diretores da OMI 21/10/82

capa preta longa, esvoaçante [flowing black cape] – entrevista com Ellie Watrous 5/4/06

magricela ["pencil slim"] – *Printer's Ink* 1961

mãos grandes de agricultor ["big agricultural hands"] – entrevista com Peter Warren 25/5/99

Ele se parecia um pouco com Rupert Brooke [He looked a tiny bit like Rupert Brooke] – entrevista com Margot Wilkie 12/3/06

Ele era muito, muito sexy [He was very, very sexy] – entrevista com Jane Maas 11/4/06

um astro do cinema estava na minha salinha [a movie star was in my little office] – entrevista com Lee Thuna 8/12/06

estendeu o paletó [lay down his jacket] – Bill Phillips para KR

Talvez isso seja um pouco de autopromoção [Perhaps a bit of self-advertisement] – *Printer's Ink* c. 1957

Ogilvy esperava até que o homem terminasse [Ogilvy waited until the man had finished] – entrevista com Archie Pitcher 23/5/06

Consultora de oratória [A speech consultant] – Dorothy Sarnoff para KR sem data

primeiro emprego tinha sido com a BAT [first job had been with BAT] – entrevista com Elly Elliott 18/4/06

O problema de Ogilvy [Ogilvy's trouble] – *Printer's Ink* 1961

situação do petróleo no Oriente Médio [oil situation in the Middle East] – entrevista com Sue Buck 17/7/06

Quantas flautas? [How many flutes?] – entrevista com Mike Turner 15/6/06

livros espalhados pela casa [books all over his house] – entrevista com Mary Lindsay 26/9/06

coleção de selos de Jorge V [George V's stamp collection] – entrevista com Drayton Bird 2/5/06

discussão sobre pintura abstrata [discussion of abstract painting] – entrevista com Fran Devereux 5/3/08

"cultura" o entediava ["culture" bored him] – entrevista com Bruce McCall 8/10/06

Se existe uma coisa que David gosta [If there's anything David likes] – entrevista com Marikay Raphaelson 8/5/97

Eu não ia jogar aquele jogo [I wasn't going to play that game] – DO para KR 25/1/93

Não levamos as pessoas até o elevador [We don't take people to the elevator] – entrevista com Elly Elliott 18/4/06

jovem escritor havia perdido os pais [young writer had lost his parents] – entrevista com Devereux 5/3/08

jantar na época do Natal [pre-Christmas dinner] – entrevista com Warren 25/5/06

Ele era famoso pelas suas excentricidades [He was famous for his eccentricities] – David McCall, HC McCall Box 1

qual de dois comerciais deveria ser mostrado primeiro [which of two commercials to show first] – entrevista com Bruce Stauderman 26/8/06

Ele nutria um ódio quase psicopático pela preguiça [He had a near-psychopathic hatred of laziness] – entrevista com Bruce McCall 14/7/06

vê-lo trabalhando na sua mesa [see him working at his desk] – entrevista com Walter Cronkite 24/4/06

Examinei 375 páginas [I went over 375 pieces of paper] – entrevista com Bill Phillips 29/5/97

A não ser que o seu anúncio se baseie em uma Grande Ideia [Unless your advertisement is based on a Big Idea] – *Autobiography* p. 139

CAPÍTULO 1: UMA EXCÊNTRICA MISTURA CÉLTICA

O nosso *chairman decididamente* descende [Our chairman is *definitely* descended] – *Flagbearer* O&M NY c. 1964

Imperatriz Eugênia da França [Empress Eugenie of France – DO para Joel Raphaelson 12/9/85

nascido em 1911 [born in 1911] – General Register Office, Guildford, Albury, Condado de Surrey

população de West Horsley tinha tido recentemente um surto de crescimento [population of West Horsley had recently boomed] – *A Century of Change*

Wix Hill – *Kelly's Directory* 1911

um paraíso de ovos de tarambola [a paradise of plover's eggs] – *Autobiography* p. 1

"Venha para a Grã-Bretanha" ["Come to Britain"] – *Madison Avenue* 1958

classe média alta e a classe alta [upper middle to upper class] – Winston Fletcher para DO 22/5/78

um copo de sangue cru todos os dias [a glass of raw blood every day] – *Autobiography* p. 5

pai "excêntrico" ["eccentric" father] – Pam Bouley para KR Oct 06

parou de falar com ele durante 15 anos [didn't speak to him for 15 years] – Stanley Pigott para KR 21/5/93

eu era mimado [I was a mollycoddle] – *DO Autobiography* p. 2

Quando escrevemos um livro a respeito de publicidade [When you write a book about advertising] – entrevista com Mike Turner 15/6/06

o título era repulsivo [the title was repulsive] – DO para Winston Fletcher 22/2/95

"essa excêntrica mistura céltica" ["that eccentric Celtic mixture"] – Peter Warren para KR sem data

Sou celta [I'm a Celt] – *Printer's Ink* 1953

os seus parentes nas Highlands [his Highland relatives] – entrevista com Mary Lindsay 26/9/06

discurso para a St. Andrew's Society [address to the St. Andrew's Society] 30/11/62 – LOC, documentos de DO

duas grafias do mesmo nome [two spellings of the name] – DO para Richard B. Ogilvy 10/3/67

Eu me chamo David Ogilvy [My name is David Ogilvy] – David Airlie para KR 9/1/07

nenhuma conexão conhecida [no known connection] – entrevista com Louis Auchincloss 5/10/06

um homem de prestígio [a man of status] – Tony Reid para KR 1/11/06

seis criados [six servantes] – Registrar General for Scotland, Censo do Ano de 1861

testamento de 1796 [1796 will] – Reid para KR 1/11/06

esse inculto criador de carneiros [this uneducated sheep farmer] – *Autobiography* p. 16

"Cavalheiros inteligentes" ["Gentlemen with brains"] – *Autobiography* p. 17

tinha de chamá-lo de "senhor" [had to call him "sir"] – entrevista com Emil Vaessen 18/5/06

famoso jardineiro de Potter, o Sr. McGregor [Potter's famous gardener, Mr. McGregor] – *A Century of Change* p. 6

Éramos uma família muito pobre ["We were a very poor family"] – *The Benevolent Dictators* p. 101

duro como pedra [hard as nails] – entrevista no septuagésimo quinto aniversário de DO 1996

edito de fogo e espada [writ of fire and sword] – *Pigeon Holes of Memory* p. 19

"ardoroso" Mackenzie ["perfervid" Mackenzie] – DO para W. A. Stevenson Mackenzie 18/4/60, LOC

Desobstrução das Highlands [Highland Clearances] – www.highlanderweb.co.uk/clearance.htm

anglo-irlandesa [Anglo-Irish] – *Rebecca West: A Life* p. 9

residiam no Condado de Kerry havia quatrocentos anos [lived in County Kerry for 400 years] – *Madison Avenue* 12/58

um "Cavalheiro" (i.e) rico [a "Gentleman" (i.e.) rich] – Tony Reid para KR 8/3/07

Dolly – entrevista com Lorna Wilson 28/10/07

pocket Venus – entrevista com Herta Ogilvy 30/9/07

aos 18 anos, quando era estudante de medicina [18-year-old medical student] – General Register Office, Marriage Certificate 20/6/1900

Dolly satisfez as suas ambições [Dolly fulfilled her ambitions] – *Madison Avenue* 1958

louca de pedra [nutty as a fruitcake] – entrevista com Joel Raphaelson no 75º aniversário de DO 1996

oito anos mais velho [elder (by eight years)] – Guildford Registration District (Vol 2a 90)

considerava Christina a mais inteligente [considered Christina the cleverest] – entrevista com Mike Walsh 25/5/06

Dolly deixou algum dinheiro como herança [Dolly left some inherited money] – *Madison Avenue* 1958

Rebecca West... mudou o nome de Cicely [Rebecca West... changed her name from Cicely] – Tony Reid para KR 13/3/07

Rebecca era uma mentirosa incurável [Rebecca was an incurable liar] – DO para KR 25/1/93

do lado de fora do Waldorf-Astoria [stand outside the Waldorf-Astoria] – entrevista com Jules Fine 14/5/97

a razão pela qual eu deixei a Escócia [the reason I left Scotland] – entrevista com Bill Whitney 29/9/08

Zucky – DO para Mairi Ann Macleod 5/7/60

ele foi criado pela mãe com a ajuda [he was raised by his mother with help] – entrevista com Vaessen 18/5/06

Essa escola deve ser horrível [That would be a dreadful school] – David McCall, HC McCall Papers Box 1

obrigado a vestir um kilt [made to wear a dress kilt] – entrevista com Clive Aldred 25/5/06

como pai era "uma mistura muito, muito cruel" [as a father was "a cruel, cruel mix"] – entrevista com Doug Bomeisler 30/6/06

O que vou fazer [What am I going to do] – entrevista com Bill Weed 13/12/06

publicidade nunca foi uma opção [advertising was never an option] – entrevista com Weed 13/12/06

orgulhoso do seu sucesso posterior [proud of his later success] – entrevista com Weed 13/12/06

Remedia tudo [He puts a salve on everything] – entrevista com Weed 13/12/06

afastados por um período [estranged for a period] – entrevista com Louis Begley 3/5/06

beijavam quando se encontravam [kissed when meeting] – entrevista com Walsh 25/5/06

Gostava do filho [He cared for his son] – entrevista com Auchincloss 5/10/06

Fairfield voava dos Estados Unidos para a França [Fairfield flew to France from the United States] – entrevista com Vaessen 18/5/06

Melinda de nona geração [ninth-generation Melinda] – Mary Huyck para KR 6/7/06

CAPÍTULO 2: "NÃO PASSEI EM NENHUM EXAME"

uma mente claramente original [a distinctly original mind] – DO para Sue Brown 11/5/59, LOC

o supremo horror dos seus anos escolares [the crowning horror of his school years] – Jeffrey Meyers sobre *Booknotes* 11/3/01

um pouco dickensioniana [a bit Dickensian] – entrevista com Gayle Binzen 9/10/06

as opiniões de Orwell a respeito da escola [Orwell's views of the school] – *Orwell, Wintry Conscience of a Generation*, p. 20

a Bíblia era intensamente ensinada [the Bible was taught intensively] – entrevista no 75º aniversário de DO 1996

aluno ficcional, o agente secreto James Bond [fictional student, secret agent James Bond] – *You Only Live Twice*, p. 201

uma combinação quase perfeita [an almost perfect combination] – entrevista com Ian Keown 12/7/06

"dever de casa, dever de casa, dever de casa" ["homework, homework, homework"] – entrevista com Keown 12/7/06

virtudes da escola pública clássica [classic public school virtues] – David Johnston para KR 19/7/06

delicioso mingau escocês [delicious Scottish porridge] – *Autobiography* p. 19

o colocou no "Lado dos Grandes" [put him on "Big Side"] – DO para S. Knox Cunningham 22/8/55, LOC

tocava contrabaixo [played the double bass] – *A Hundred Years of Fettes*

lecionada por Walter Sellar [taught by Walter Sellar] – *Autobiography* p. 20

calouro principal [head fag] – DO para Rosser Reeves, 13/3/? WI Reeves Box 1, Folder 3

preguiçoso demais para se dedicar aos estudos clássicos [too lazy to take classical studies] – DO para A. H. Ashcroft 7/10/59

falava com um sotaque da elite [spoke with an upper-crust accent] – DO para Winston Fletcher 14/5/78

uma escola predominantemente "clássica" [a predominately "classics" school] – Cameron Cochrane para KR 4/9/07

infrações de menor monta eram punidas [minor infractions were punished] – George Preston para KR 9/9/07

deveriam ter estudado os clássicos na escola [should have studied the classics at school] – Cameron Cochrane para KR 4/9/07

Discurso do Dia do Fundador de 1968 [1968 Founder's Day oration] – *Unpublished David Ogilvy* p. 95

Novo convite em 1974 [Invited back in 1974] – DO no Founder's Day 5/10/74, arquivos de Jock Elliott no HL

uma inventiva ladainha de ideias [an inventive litany of ideas] – discurso de DO no Fettes 5/10/74 documentos de Jock Elliott no HC

comercializar o "Produto Fettes" [market the "Fettes Product"] – DO para Cameron Cochrane 4/12/84

você está podre de rico [you are stinking rich] – *A Keen Wind Blows*

Diante da decisão de escolher uma escola [Faced with choosing a school] – DO para H. Glynne Newman, 19/4/55, LOC

excelentes marcas em estudos modernos [top marks in modern studies] – diretor da Fettes 6/11/29

uma rara bolsa de estudos aberta de história [a rare open history scholarship] – DO para A. H. Ashcroft 7/10/59

produziu mais primeiros-ministros [produced more Prime Ministers] – *Autobiography* p. 34

mais ilustre, mais aristocrática [grandest, most aristocratic] – Hilary Spurling in *New York Times Book Review* 29/7/07

os dois primeiros filmes de Harry Potter [first two Harry Potter movies] – *Christ Church Guide to College and Cathedral*, p. 5

seu fundador, rei Henrique VIII [its founder, King Henry VIII] – *The Illustrated History of Oxford University*

mais aristocrática [most aristocratic] – *George: Autobiography of Emlyn Wililams*

ingressou na Christ Church em 1929 [entered Christ Church in 1929] – Judith Curthoys para KR 31/10/06

os bolsistas se sentavam em uma área levemente mais elevada [scholars sat in an area slightly higher] – Ronald Hilton para KR 3/7/06

Os bolsistas como Ogilvy vestiam [Scholars like Ogilvy wore] – Ronald Hilton para KR 28/11/06

Você frequentou uma boa escola? [Did you go to a good school?] – Ronald Hilton para KR sem data

298

caloroso, cordial e "um pouco esquisito" [warm and friendly and "sort of odd"] – entrevista com Margot Wilkie 12/3/2006

eternamente atrasado às aulas [perpetually late to classes] – entrevista com Harold Burson 9/5/06

sempre dramatizava a si mesmo [always very self-dramatizing] – entrevista com Wilkie 12/3/06

residira um ano em Cambridge [lodged for a year in Cambridge] – DO para Mairi Ann Macleod 5/7/60

a cirurgia deixou um grande buraco atrás do seu ouvido esquerdo [surgery left a large hole behind his left ear] – entrevista com Herta Ogilvy 29/9/07

Embora Oxford fosse uma instituição exigente [Although Oxford was demanding] – Ronald Hilton para KR 3/7/06

Ele era sociável [He was sociable] – entrevista com Wilkie 12/3/06, 2/7/08

expulso [sent down] – *Printer's Ink* 1961

impetuoso, bonito e quase insensato [boisterous, handsome and almost idiotic] – *Confessions of an Innkeeper*, p. 83

CAPÍTULO 3: A FORMAÇÃO DE UM PROFISSIONAL DE VENDAS

Tempos muito difíceis [A very bad time] – *Printer's Ink* 1961

Um *chef* sempre tem o que comer [A chef always has enough to eat] – *Madison Avenue* 1958

por intermédio dos pais de algumas moças bonitas [through the parents of some pretty young girls] – entrevista com Herta Ogilvy 29/9/07

a última coisa que ele queria era um escocês [wanted a Scotsman like a hole in the head] – entrevista com Frank McGee 1963

na ocasião na Avenue Kleber 19 [then at 19 Avenue Kleber] – François Tiger para KR 3/4/07

confiscado por Hitler [seized by Hitler] – *New York Times* 1/12/06

onde Le Duc Tho e Henry Kissinger [where Le Duc Tho and Henry Kissinger] – Ronald Hilton para KR 11/9/06

classificação máxima no Le Guide Michelin [highest rating in the Michelin Guide] – Tiger para KR 19/6/07

"um monstruoso autocrata" ["a terrifying martinet"] – *Autobiography* p. 41

uma cozinha no velho estilo imponente e majestoso [a kitchen in the grand old manner] – *Printer's Ink* 1961

vasto repertório de pratos [vast repertoire of dishes] – *Autobiography* p. 46

Trabalhava em cozinhas subterrâneas [Working in underground kitchens] – *Printer's Ink* 1961

Se esse rapaz deixar de preparar essas maçãs para mim [If I can't have the boy doing those apples] – entrevista com Herta Ogilvy 29/9/07

"Essa é a maneira correta de fazer isso" ["That is the way to do it"] – *Autobiography* p. 45

passado no teste de *chef* [passed the test as chef] – entrevista com John Nettleton 19/9/06, *Printer's Ink* 1961

encontrado nas melhores cozinhas [found in better kitchens] – Dawn Roads para KR 27/9/07

uma das maiores contas da agência [one of the agency's largest accounts] – entrevista com Jimmy Benson 23/5/06

tão britânico quando o rosbife [as British as roast beef] – Richard Bicknell in *Marketing* Reino Unido sem data

criado... por Gustaf Dalen [created... by Gustaf Dalen] – *AGA: The Story of a Kitchen Classic*

a jogou para o alto [threw it high in the air] – perfil de Frank McGee 1963

a vender mais oferecendo seis aulas de culinária [sold more by offering six cooking lessons] – *Madison Avenue* 1958

vendeu um Aga para o Arcebispo católico romano [sold an Aga to the Roman Catholic Archbishop] – *Autobiography* p. 50

sem ter conhecimento da ajuda secreta [not knowing of the secret help] – entrevista no 75º aniversário de DO 1986

Theory and Practice of Selling the Aga Cooker – 1935, LOC

um clássico divertido [an amusing classic] – obituário de DO, Stanley Pigott 1989

podia pedir um prato de ketchup [might order a plate of ketchup] – entrevista com Vel Richey-Rankin 17/11/06

se interessava pouco por jantares elegantes [little interest in fine dining] – *David Ogilvy as I Knew Him*

O que não é perfeito é ruim [What is not perfect is bad] – Pierre LaForêt em uma revista francesa sem data identificada

Aga o havia mandado embora [Aga had "axed" him] – DO para um amigo que fora demitido 28/11/66

tampouco havia qualquer possibilidade de que Ogilvy fosse ser um vendedor de fogões [no chance Ogilvy was going to be a stove salesman] – entrevista com Bill Phillips 21/5/97

"senti gosto de sangue" ["I tasted blood"] – *Autobiography* p. 55

CAPÍTULO 4: QUEM FOI MATHER?

o homem mais bem vestido de Fleet Street [best dressed man on Fleet Street]– *Now and Then* O&M Londres Verão 2008

Is it 'Infra-Dig' – *OBM 125 Years* p. 12

A Mather & Crowther liderou o avanço [Mather & Crowther rode the boom] – *OBM 125 Years* p. 12

"propaganda elétrica" ["electric advertising"] – *OBM 125 Years* p. 18

jeito especial e tranquilo [Pickwickian style] – entrevista com Jimmy Benson 23/5/06

"Uma maçã por dia mantém o médico a distância" ["An apple a day keeps the doctor away"] – *OBM 125 Years* p. 32

Se levantava às cinco horas da manhã. [Rising at 5 A.M.] – Philip Riley *Now and Then* Inverno de 2005

no romance de 1933 [In her 1933 novel] – *OBM 125 Years* p. 37

mas eu era exatamente a pessoa [but I was just the chap] – *OBM 125 Years* p. 37

se casado com uma atriz [married an actress] – documento administrativo da M&C sem data, LOC Box 32

Até uma época relativamente recente [as recent as the 1950s] – Don Arlett para KR 28/2/07

mensageiro entrava apressado na sala [messenger would come scuttling in] – entrevista com Peter Warren 25/5/06

dois botões debaixo da mesa [two buttons under the desk] – entrevista com Clive Aldred 25/5/06

O horário do expediente era [Office hours were] – entrevista com Aldred 25/5/06

"Velho devasso" ["Dirty Old Man"] – entrevista com Aldred 25/5/06

Uma versão mais avantajada do irmão [A bigger version of this brother] – entrevista com Aldred 25/5/06

rosto mais redondo e avermelhado [rounder, reddish face] – entrevista com Gaile Binzen 9/10/06

bon vivant – entrevista com Pitcher 23/5/06

mulheres atraentes no escritório [attractive women in the office] – entrevista com John Straiton 7/6/06

escreveu em latim o título [wrote a headline in Latin] – entrevista com Aldred 25/5/06

Francis lançou um movimento jovem [Francis launched a youth movement] – *The Advertising World* Londres sem data

Francis me diz [Francis tells me] – *How to Make $50,000 a Year in Advertising*

Francis tinha a tendência de dizer o que lhe vinha à cabeça [Francis tended to blurt out] – entrevista com Anthony Tennant 27/11/06

relacionou os seus passatempos como [listed his recreations as] – *The Advertising World* Londres sem data

300

dirigia uma agência paternalista [ran a paternalistic agency] – entrevista com Jill Treneman 28/10/06

Parte do problema [Part of the problem] – entrevista com Benson 23/5/06

recolhia as contas da gaveta de baixo [gather bills from his bottom drawer] – entrevista com Warren 25/5/06

dois casamentos tumultuados [two roller-coaster marriages] – entrevista com Pitcher 23/5/06

não sei como um homem [I don't know how a man] – entrevista com John Nettleton 19/9/06

detestava falar em público [hated public speaking] – entrevista com Benson 23/5/06

"Creed for Copywriters" – *Synopsis* O&M Londres 1964

relacionamento estreito porém complicado [close but complicated relationship] – entrevista com Tennant 27/11/06

tudo o que David deseja ser [everything David wanted to be] – Peter Warren para KR sem data

CAPÍTULO 5: O LUCRO NOS ESTADOS UNIDOS

livro de capa dura, com letras douradas [hardbound, gold-blocked book] – entrevista com Archie Pitcher 23/5/06

"Old Masters in Advertising" – Dawn Roads para KR 24/9/07

Ogilvy logo ficou constrangido [Ogilvy was soon embarrassed] – *Ogilvy on Advertising* p. 25

ia trabalhar de fraque com uma flor na lapela [going to work in a morning coat] – entrevista com Margot Wilkie 12/3/06

Na parte sobre publicidade [In the section on Advertising] – DO para os Diretores 7/5/64

embora ainda não fosse considerado um enorme sucesso [although not yet considered a huge success] – entrevista com Pitcher 23/5/06

alegou um monte de razões [professed a grab bag of reasons] – *New York* 6/2/78

curiosidade de saber como um colega de Oxford [curious how an Oxford classmate] – Mary Huyck para KR 14/10/06

renda de menos de 1.000 dólares por ano [income was less than $1,000 a year] – *Benevolent Dictators* p. 101

muito longe de ser pobre [a far cry from being poor] – David McCall, Perfil de Frank McGee 1963

disse que tinha lido todos os livros [said he had read every book] – *Benevolent Dictators* p. 102

a publicidade americana estava anos à frente [American advertising was years ahead] – *Benevolent Dictators* p. 102

na terceira classe [in steerage] – obituário de Stanley Pigott de DO 1989

onde pudesse comandar o movimento [where he could direct the action] – *Vanity Fair* fevereiro de 2001

o barco a motor de Bull atracou na doca [Bull's motorboat hit the dock] – *Myself Among Others*

lancei um ataque [I launched an attack] – *Journal of Advertising History* sem data

Meynell o desafiou [Meynell challenged him] – *My Lives*

Vi um anúncio de venda pelo correio efetivamente vender [seen one mail-order advertisement actually sell] – *Tested Advertising Methods* p. 4

As minhas ideias a respeito da publicidade [My ideas about advertising] – *Journal of Advertising History* sem data

Gallup fora notícia em 1936 [Gallup had made headlines in 1936] – Ascribe Newire 29/6/06

o contratou como subdiretor [hired him as associate director] – *Printer's Ink* 1961

chegara à mesma conclusão [had come to the same conclusion] – entrevista com Joel Raphaelson no 75º aniversário de DO 1986

um dos melhores contadores de histórias [one of the best raconteurs] – videotape do Gallup 1979

Muito bonito e rico [A very beautiful and rich] – DO para Joel Raphaelson 24/10/86

Gestapo de Gallup ["Gallup Gestapo"] – videotape do Gallup 1979

indo a Hollywood o tempo todo [going to Hollywood all the time] – *Printer's Ink*

Gallup recebeu grande parte do mérito [Gallup got much of the credit] – entrevista com Alec e George Gallup Jr. 21/2/07

467 levantamentos em âmbito nacional [467 nationwide surveys] – DO para o grupo O&M General Foods 5/3/74

todo o mundo soubesse quando ele espirrava [everyone knew when he sneezed] – entrevista do Gallup 21/2/07

uma doença chamada halitose [a disease called halitosis] – *All Out of Step* p. 98

Provavelmente o único homem [Probably the only other man] – videotape de Gallup 1979

convidou Gallup para se unir a ele [ask Gallup to join him] – entrevista com Gallup 28/11/06

proporcionou uma nova vida a Ogilvy [gave Ogilvy a new life] – entrevista com Margot Wilkie 12/3/06

o detestou à primeira vista [hated him on sight] – David Fairfield Ogilvy *David Ogilvy: Original Mad Man* 29/3/08

CAPÍTULO 6: O AGRICULTOR E O ESPIÃO

fazendo um bico desde 1939 [moonlighting since 1939] – *Autobiography* p. 77

primeiro cliente na Mather & Crowther [first client at Mather & Crowther] – DO para KR 25/1/93

representar todos os serviços de inteligência britânicos [represent all British intelligence services] – *British Security Coordination* p. ix

As pessoas frequentemente me perguntam quanto [People often ask me how closely] – *Room 3603* p. x

obtém a sua classificação 00 [earns his double-O classification] – *The Life of Ian Fleming* – pp. 98-99

martínis, servidos em copos de um litro [martinis, served in quart glasses] – *The Life of Ian Fleming* p. 98

Na Grã-Bretanha, com falta de armamentos [In Britain, short of arms] – *A History of the British Secret Service*

"Vou arrastar os Estados Unidos para a guerra" ["I shall drag the United States in"] – *Desperate Deception* p. 1

alarmado ao descobrir [alarmed to discover] – *A History of the British Secret Service* p. 328

"Controle Britânico de Passaportes" ["British Passport Control"] – *Camp X* p. 15

tarefa de combinar a propaganda [task of combining propaganda] – *A History of the British Secret Service* p. 329

"A celebridade era um disfarce maravilhoso" ["Celebrity was a wonderful cover"] – *The Letters of Noel Coward* pp. 402-403

talvez o mais extraordinário dos homens mais jovens [perhaps the most remarkable of the younger men] – *Room 3603* p. 195

criticado por não servir [criticized for not serving] – Francis Ogilvy para Gordon Boggon 3/2/46 LOC Box 32

A asma o atormentou pelo resto da vida [Asthma... afflicted him for the rest of his life] – entrevista com Herta Ogilvy 29/9/07

Francis estava trabalhando no serviço de inteligência britânico [Francis was working in British Intelligence] – *Desperate Deception*

bem trajado, vestindo chapéu preto [complete with black hat] – *Secret Intelligence Agent* pp. 57-58

Comandante de Esquadrão F. F. Ogilvy [Squadron Leader F. F. Ogilvy] – Ian Ogilvy para KR 15/7/08

o Velho descia [the Old Man would come down] – entrevista com James Benson 23/5/06

começou a trabalhar lá [started his new job] – entrevistas com Bill Stevenson 12/12/06, Nick Evans 25/10/06

mestre da concisão [a master of the terse note] – obituário de Joel Raphaelson de DO 1989

Por favor, informe hoje [Pray state this day] – DO para *Flagbearer* 9/2/63

Em vez de ser lançado de paraquedas atrás das linhas inimigas [Instead of being parachuted behind enemy lines] – *Autobiography* p. 82

Ogilvy ficou responsável por recolher [Ogilvy was placed in charge of collecting] – entrevista com Herta Ogilvy 29/9/07

A experiência de Ogilvy com Gallup [Ogilvy's experience with Gallup] – *Room 3603* p. 198

A função básica de Ogilvy [Ogilvy's basic job] – Richard Spence para KR 2/1/07

O trabalho de espionagem soa mais romântico [Espionage work sounds more romantic] – *The Benevolent Dictators* p. 102

pasta algemada ao pulso [briefcase handcuffed to his wrist] – Peter Hochstein para KR 10/6/08

sendo questionado até mesmo se Intrépido era o seu codinome [questioning whether Intrepid was his code name] – *Camp X* p. xix

Ogilvy permaneceu um admirador de Stephenson [Ogilvy remained Stephenson's admirer] – DO para Roald Dahl 5/11/62

nos ensinou tudo o que viemos a saber [taught us everything we ever knew] – Bill Stevenson para KR 12/9/08

o trabalho de Ogilvy sobre assuntos econômicos [Ogilvy's work on economic issues] – DO para Gardner Cowles 3/5/62

pediu demissão da equipe [resigned from the staff] – DO para Alan Watson 14/12/51, LOC Box 38

Ao contrário do que fazia com relação a outras partes [Unlike other parts] – Entrevistas com Herta Ogilvy 29/9/07, Stevenson 12/12/06

"extremamente indiscreto" ["blazingly indiscreet"] – DO para Roald Dahl 27/7/64, LOC Box 38

uma das várias pessoas que tinham "informações privilegiadas" da BSC [one of several BSC "insiders"] – *British Security Coordination* p. xiv

dividiram acomodações em Washington [shared quarters in Washington's] – *The Irregulars* p. 196

Se eu me atribuir nota dez pelo trabalho [If I give myself Alpha for the work] – *Autobiography* p. 94

Como muitas outras pessoas, depois da guerra [Like so many others, after the war] – *The Benevolent Dictators* p. 102

mais vacas do que pessoas [more cows than people] – *To Lancaster with Love*

uma tempestade arrancou [a storm came up] – entrevista com Annie Fisher 15/2/07

Denlinger Road – Deed 166 David W. Denlinger para David M. Ogilvy

um homem que morava em uma propriedade agrícola [a man who lived on a farm] – entrevista com Gerry Leszt 6/1/07

mascava tabaco Mail Pouch [chewed Mail Pouch tobacco] – DO para John S. Hewitt 7/5/62 WI RR Box 9 Folder 2

Michael Finnegan – entrevista com Fisher 15/2/07

Um especialista autodesignado [A self-appointed expert] – DO para H. Connell 27/9/54, LOC Box 38

recomendava um livro infantil [recommended a children's book] – DO para Ronald Hooker 6/3/62, LOC Box 38

musical baseado nos *amish* [Amish-based musical] – DO para a Sra. Cecil Preston 21/12/53, LOC Box 38

Os *amish* **chamam todos os que não são** *amish* [Amish call everybody who is not Amish] – entrevista com John Ranck 9/1/07

no alto da escada vestindo um kilt [at the top of the stairs in a kilt] – Ann Slaymaker O'Reilly para KR 4/1/07

desiludido com a vida na cidade [disenchanted with city life] – *Madison Avenue*, dezembro de 1953

Por que não abrir uma agência de publicidade? [Why not start an advertising agency?] – *Autobiography* p. 115

Ele propôs formar a equipe de operações [He proposed staffing the operation] – DO para M&C 7/9/38 LOC Box 32

Mas David ainda não estava comprometido [But David was not yet committed] – DO para FO 18/7/45 LOC Box 31

fundado uma empresa comercial [started a trading company] – DO para Anderson Hewitt 30/10/45

Durante quatro anos, a partir de 1945 [For four years, starting in 1945] – DO para Joel Raphaelson 28/10/86

Já em 1946, David tinha concluído uma venda [By 1946, David had made a sale] – FO para DO 25/10/46 LOC Box 31

Nova York é uma cidade de gente esquisita [New York is a city of freaks] – atas do conselho administrativo da M&C 1946 LOC Box 32

um minúsculo escritório com duas salas [a tiny two-room office] – FO para M&C Board 29/4/46 LOC Box 32

"Trinta e Nove Regras" ["Thirty-Nine Rules"] – DO para Rosser Reeves 22/7/47 WI RR Box 1 Folder 3

Ogilvy recebeu o mérito de reorientar [Ogilvy took credit for reorienting] – DO para Fred ? 25/5/47, LOC Box 32

seu "professor do jardim de infância" [his "kindergarten instructor"] – DO para Rosser Reeves 22/7/47

Ogilvy vendeu a propriedade [Ogilvy sold the farm] – Deed 25914 David M. Ogilvy para Harvey L. Heller

preferisse *não* fazer parte [prefer *not* to be a part] – atas de reuniões da M&C 22/9/47 LOC Box 32

Para aqueles que têm medo [To those of you who are scared] – DO para FO 6/5/47, LOC Box 31

"Benson & Mather" – relatório de reunião da M&C 14/1/47 LOC Box 32

contratasse um americano experiente [hire an experienced American] – relatório de reunião da M&C 14/1/47 LOC Box 32

"nenhuma noção" da atividade das agências ["no clue" about the agency business] – Charlie Fredericks 26/4/06

All-time All-American – *The Nielsen Researcher* WI RR Box 1 Folder 1 1947

um "maluco agradável" [a "likeable nut"] – entrevista com Paul Biklen 15/6/06

Ogilvy seria o segundo homem [Ogilvy would be number two] – relatório de reunião da M&C 14/1/47 LOC Box 32

Operation Overlord – DO para FO 9/9/47 LOC Box 31

CAPÍTULO 7: GRANDES IDEIAS

bar do Knickerbocker Club [bar of the Knickerbocker Club] – entrevista com Louis Auchincloss 5/10/06

hipotecou a sua casa [mortgaged his home] – *Printer's Ink* 1961

gravuras de Audubon [Audubon prints] – Shelby Page *Viewpoint* janeiro/fevereiro de 1989

luzes verdes e vermelhas [green, red lights] – entrevista com Helen DeKay 9/10/06, Joel Raphaelson para KR 4/11/07

Esta é uma nova agência [This is a new agency] – DO para Anderson Hewitt, LOC Box 38

os cinco clientes que ele mais desejava [five clients he wanted most] – Prime Target List 21/5/57, LOC Box 38

gastaram apenas [spent only $250,000] – DO para Mather & Crowther Londres 4/8/48

Ogilvy o diretor de pesquisa [Ogilvy the research director] – DO entrevista John Crichton sem data

o texto foi de autoria do redator de publicidade [text was by copywriter Peter Geer] – DO para Joel Raphaelson 2/9/82

não sabia *nada* a respeito de contabilidade [knew *nothing* about accounting] – entrevista com Shelby Page 4/5/06

impressionado com o fato de que o avô dele [impressed that his grandfather] – Page *Viewpoint* janeiro/fevereiro de 1989

304

calculei que a minha função fosse [I figured my job was to] – entrevista com Page 4/5/06

como se um assassino da máfia tivesse sido contratado [as if a Mafia contract] – David McCall 1988 não identificada

pele de um rinoceronte [hide of a rhinoceros] – David McCall 1988 não identificada

Camelot – entrevista com Mike Turner 1/3/06

teve de reduzir a comissão de 15% [had to discount the 15 percent] – entrevista com Page 4/5/06

ficando sem dinheiro [running out of money] – entrevista com Page 4/5/06

fortuna de mais de 100 milhões de dólares [fortune of over $100 million] – *Wall Street Journal* 15/3/08

ceder à sua paixão pelas joias [indulge her passion for jewels] – entrevista com Reva Korda 29/4/98

Chega dessa porcaria [Enough of that crap] – entrevista com Bruce Stauderman 26/8/06

prestando atenção suficiente a ela [not paying enough attention] – Bill Phillips para KR

Não poderiam ser publicados outros anúncios enquanto [No more could run until] – *Tide* NY 28/4/50

abdicou da conta Rubinstein [resigned the Rubinstein business] – Esty Stowell para Equipe 25/8/64

Grandes Ideias [Big Ideas] – DO para Equipe 19/7/55

jamais alteraria uma única palavra [never change a word] – entrevista de Reiss com DO 16/12/59, LOC Box 38

nono lugar em uma delas, em décimo oitavo em outra [#9 in one, #18 in another] – DO para Walter Weir 10/4/57

um nobre espanhol de Málaga [noble Spaniard from Malaga] – *El Nacional* 11/2/55

descobrira o conceito da atratividade da história [discovered the concept of story appeal] – Advertising Workshop Incorporated

imitado no mundo inteiro [imitated around the world] – *Harper's Magazine* maio de 1955 p. 55

ideia foi inspirada [idea was prompted] – DO para Ellerton Jette 17/5/51, entrevista com Bomeisler 30/6/06

maior do que nós dois [bigger than both of us] – *Harper's* maio de 1955

uma luva de seda com um tijolo dentro [a silk glove with a brick inside it] – *Observer*, Londres 5/5/57

os textos mais espetaculares dos Estados Unidos [the "sockiest" copy in America] – *Space & Time* NY 5/11/51

farto de contas pequenas [fed up with "shop window" accounts] – DO para FO 7/3/52, LOC Box 38

"Ponha o preço para cima" ["Plush it up"] – memorando de DO para a equipe 20/5/53, LOC Box 38

demonstração simbólica de retraimento [token show of diffidence] – DO para Charlie Brower 27/3/59, LOC Box 38

rosto barbado de Whitehead [Whitehead's bearded mug] – DO para F. C. Hooper 2/7/53, LOC Box 38

Você não é o cara da Schweppes?" [Aren't you that Schweppes guy?"] – *The Beard and I* p. 58

"Mr. Schweppes" – *Daily Mail*, Londres, LOC Box 38

Gary Cooper pediu [Gary Cooper asked] – DO para Roy Whittier 20/1/55, LOC Box 38

as vendas iniciais deixaram a desejar [initial sales were disappointing] – Guy Mountfort para DO 31/7/53, LOC Box 38

mais poderoso [more hard-hitting] – F. C. Hooper 10/7/53, LOC Box 38

O rosto barbado de Teddy [Teddy's hairy kisser] – DO para Alfred N. Steele 9/6/53, LOC Box 38

pareço um rabino? [look like a rabbi?] – Joel Raphaelson para KR 2008

As vendas deram um salto de 600% [Sales leapt 600 percent] – DO para sr. Johnson 20/6/55, LOC Box 38

uma das campanhas mais bem-sucedidas [one of the most successful campaigns] – *Financial Times* 18/11/55, LOC Box 38

Sucesso de Agência Britânica [Success of British Agency] – *Times*, Londres dezembro de 1950, LOC Box 38

apoiavam Adlai Stevenson [supported Adlai Stevenson] – *The Fifties* p. 231

design se inspirava na *Holiday* [design derived from *Holiday*] – entrevista com Bill Binzen 9/10/06

Borgie foi fundamental [Borgie was key] – entrevista com Binzen 9/10/06

excelência no layout, no trabalho artístico e na tipografia [excellence in layout, art, and typography] – *Advertising Agency* janeiro de 1955

o renascimento de uma ilha [an island in renaissance] – "My involvement in Operation Bootstrap" DO fev. de 1991

como chamar Chippendale de carpinteiro [like calling Chippendale a carpenter] – *Viewpoint* setembro/outubro de 1990

"iluminada por Vermeer" ["lit by Vermeer"] – *Nobody Else Is Perfect* p. 242

sujo, sórdido e desagradável [dirty, squalid, unpleasant] – *Viewpoint* dezembro de 1992, DO para Teodoro Moscoso 15/3/56

fotografias imortais [immortal photographs] – entrevista com Binzen 9/10/06

melhor cliente que já tivera [best client he had ever known] – DO para KR 30/6/92

Agências o procuravam com propostas [Agencies came with proposals] – DO para R. A. Bevan 20/9/56, LOC Box 39

Haloid Xerox o procurou [Haloid Xerox came to him] – entrevista com Fred Papert 26/4/06

pisou na bola – duas vezes [stubbed his toe – twice] – para KR 31/10/79

Rinso Branco ou Rinso Azul? [Rinso White or Rinso Blue?] – *Confessions* p. 64

Quando ele conheceu Dove [When he met Dove] – DO para Robyn Putter 16/9/91

primeira "barra de beleza" neutra [first "beauty bar" that is neutral] – entrevista com Jim Heekin 31/7/06

creme de limpeza [cleansing cream] – David McCall *O&M Flagbearers* Outono de 1988

Dove montado a cavalo [Dove on horseback] – entrevista com Jules Fine 14/5/97

teve a ideia em um sonho [came to him in a dream] – *Confessions* p. 134

contra a vontade [over the dead bodies] – *How to Make $50,000 a Year* p. 46

não inventou o que acabou escolhendo [did not invent his eventual choice] – entrevista com John Crichton com DO sem data.

fazer alguma coisa a respeito do relógio [do something about our clock] – *New York Times* 7/9/58

anúncio de 1933 [used in a 1933 ad] – DO para Charlie Brower 21/8/58, LOC Box 39

recebeu mais elogios [stimulated more praise] – DO para Equipe 4/4/58, LOC Box 39

não ousamos publicá-lo novamente [we dare not run it again] – DO para Walter Guild 1960

queria um Rolls-Royce [wanted a Rolls-Royce] – entrevista com Page 4/5/06

OBM-2 – entrevista com Doug Bomeisler 30/6/06

se arrastava pela Quinta Avenida [trudging down Fifth Avenue] – *Original Mad Man* 2008

renunciou à conta [resigned the account] – DO para Dr. F. Llewelyn Smith 15/3/62, LOC Box 39

tinha feito milagres [a miracle worker] – DO para Rollo Waterhouse 14/4/59, LOC

forçar uma confrontação [force a confrontation] – entrevista com Page 4/5/06

brigavam o tempo todo [fighting the whole time] – *The Benevolent Dictators* p. 103

não estava trabalhando tanto [was not working as hard] – *Printer's Ink* 1961

Hewitt nunca teve a menor chance [Hewitt never had a chance] – David McCall in *Viewpoint*

atitude com relação ao sexo [attitude toward sex] – Joel Raphaelson para KR 2008

"Mesa organizada, mente organizada?" ["Tidy desk, tidy mind?"] – entrevista com Jules Fine 14/5/97

Faculdade Nacional de Propaganda [National College of Advertising] – "A Program of Reform" 24/11/54 LOC Box 78

profissionais ardilosos [weasel merchants] – DO para ANA 1954

imagem da marca [brand image] – The Image and the Brand, DO para 4As 14/10/55 LOC Box 78

"apóstolo da imagem da marca" ["apostle of the brand image"] – *New York Times Magazine* 10/4/05 p. 20

uma espécie de chefe de torcida [something of a cheerleader] – *Madison Avenue* 1958

um símbolo não racional extremamente bem-sucedido [successful nonrational symbol] – *The Hidden Persuaders* pp. 47-48

"A Hidden Persuader Confesses" – DO 1957, LOC Box 41

que estudara todos os livros existentes sobre publicidade [he had studied every book on advertising] – *Autobiography* p. 117

quatro homens estavam tentando independentemente [four men were independently trying] – *McKinsey's Marvin Bower* p. 213

Quem toma conta [Who takes care] – *The Unpublished D.O.* p. 99

passou várias sessões de treinamento dos sábados [devoted several Saturday training sessions] – entrevista com Mac Stewart 14/4/06

o vermelho usado na casa chique da sua tia rica [the red of his rich aunt's chic household] – *Adweek* 23/11/92

arrumação [tidiness] – *Welcome to O&M* década de 1960

Play of the Week – Winter Shanck para KR 11/9/07

os patrocinadores estavam caindo fora [sponsors were dropping out] – DO para Equipe, LOC Box 40

pegou o telefone [picked up the phone] – "Honor among thieves" David McCall sem data

o papel decisivo a Ogilvy [decisive role to Ogilvy] – Daily Close-Up, *NY Post* 21/1/60

"Príncipes Herdeiros" ["Crown Princes"] – DO para Jock Elliott 4/11/75

"pessoas altamente criativas" ["high-flyers"] – DO para os Diretores da OMI 4/1/80 HC

"hospital-escola" ["teaching hospital"] *The Unpublished David Ogilvy* p. 25

O treinamento tornou-se importante [Training was made important] – DO para o grupo O&M General Foods 5/3/74

participava do maior número possível de programas de treinamento [attended every training program] – entrevista com Paul Biklen 15/6/06

aprimorando a sua filosofia de publicidade [honing his advertising philosophy] – DO para Equipe "Creative Credo" 19/7/55

passarinhos famintos [hungry little birds] O&M *Alumni Flagbearer* primavera de 1989

Rayon Manufacturers Association – *Confessions* p. 50

conta da Greyhound Bus [Greyhound Bus account] – *Confessions* p. 45

Nada era deixado ao acaso [Nothing was left to chance] – entrevista com Julian Clopet 20/10/06

enviava malas postais [sent mailings] – *How to Make $50,000 a Year* Capítulo 8

cavou um convite [wangled an invitation] – DO para R. A. Bevan 27/8/56 LOC Box 39, entrevista com Gerry Leszt 6/1/07

"Escócia, o meu país natal" ["Scotland, my native country"] – DO para Donegal Society 23/6/56, LOC

conta da Steuben Glass [Steuben Glass account] – DO para R. A. Bevan 3/12/53, LOC Box 38

Relógio de um Ato do Parlamento [Act of Parliament clock] – *The New York Times* 7/9/58

trataram mal a ambas [treated them both badly] – Joy S. Wiley para KR, entrevista com Louis Begley 3/5/06

fotografia na revista *Life* [photograph in *Life* magazine] – entrevista com Bill Phillips 13/11/06

verdadeira moça americana [real all-American girl] – entrevista com Louis Begley 3/5/06

havia se casado com uma Cabot de Boston [had married a Cabot from Boston] – entrevista com Elly Elliott 18/4/06

ruídos na parede contígua [noises in the adjoining wall] – entrevista com Walter Cronkite 24/4/06

talvez não todos os dias [maybe not every day] – entrevista com Cronkite 24/4/06

completamente obcecado por uma coisa [totally obsessed with one thing] – entrevista com Bill Phillips 29/5/97

18 clientes problemáticos [18 "hydra-headed" clientes] – DO para John Rhodes 28/5/54, LOC Box 41

CAPÍTULO 8: OS REIS FILÓSOFOS

planejava passar grande parte do verão [planned to spend much of his Summer] – DO para Sue Brown 19/6/62

amenizado por relatos de casos e episódios interessantes [sugar-coated with anecdotes] – Pasch 1/11/63 LOC Box 82

uma maneira de atrair novos clientes [a way to attract new business] – entrevista com Jane Maas 11/4/06

dias na praia [days at the beach] – DO para Bob Pasch 1/11/63, LOC Box 82

dez "supervendedores" [ten "super-salesmen"] – *The Supersalesmen*

não o deixará entediado [you won't be bored] – Raymond Rubicam para DO 4/11/63, LOC Box 82

Claude Hopkins enriquecido [Claude Hopkins enriched] – Rubicam para DO 10/10/63, LOC Box 82

estimulante, gratificante, brilhante [stimulating, rewarding, brilliant] – Leo Burnett para DO LB

altamente letrado, exuberante [highly literate, colorful] – Rosser Reeves para DO 6/8/63 WI RR Box 9 Folder 6

repleto de discernimento [rich in insights] – Benjamin Sonnenberg para DO 13/6/63, LOC Box 82

nadar prodigiosamente [swimming prodigiously] – Rebecca West para DO 30/11/63, LOC Box 82

a ilusão de maturidade [the illusion of maturity] – Charlie Brower para DO 18/10/63, LOC Box 82

Minha cara [Dear girl] – entrevista com Maas 11/4/06

na seção erótica [in the erotica section] – entrevista com Jules Fine 14/5/97

Não podemos entediar as pessoas a ponto de fazer com que comprem [You cannot bore people into buying] – *Confessions* p. 97

1,5 milhão de exemplares [1.5 million copies] – DO para KR 23/4/93

livro clássico [standard text] – DO para os Diretores da OMI 23/2/80

reis filósofos [philosopher kings] – Platão, Livro VII de *A República*

Martelos batendo horrivelmente [Hammers pounding horribly] – "The Man from Iron City", *New Yorker* 27/9/69

U.S.P. – *Reality in Advertising* p. 46

Escocês filho da puta [Scottish son of a bitch] – entrevista com Gene Grayson 6/6/06

presenteou com um exemplar datilografado [gaveme a typed copy] – DO para Rosser Reeves 18/4/60, LOC Box 39

a mesma verdadeira igreja [the same true church] – DO para Rudi (desconhecido) 22/5/62, LOC Box 39

"Hard Sell vs. Product Image" – DO para S. H. Britt 1/2/60 WI RR Box 7 Folder 4

Se o modelo de Rosser Reeves... fosse verdadeiro [If the Rosser Reeves model... is true] – entrevista com Jeremy Bullmore 24/5/06

ela é idiota [she's an idiot] – entrevista com Grayson 6/6/06

ele me ensinou como vender [he taught me how to sell] – fita de testemunho de DO, Advertising Hall of Fame 1993

maior campanha publicitária [greatest advertising campaign] – entrevista com Dick Lord 16/5/06

vínculo com o câncer de pulmão [link to lung cancer] – "Cancer by the Carton" *Reader's Digest* 1952

absoluto defensor da qualidade [absolute gatekeeper of quality] – entrevista com Jack Keenan 21/5/06

muito pouco atraente [most unprepossessing man] – entrevista com Alex Biel 2/8/06

Associação de Ex-Alunos da Northwestern University [Northwestern University Alumni Association] – entrevista com Keenan 21/5/06

Quando Tirar o Meu Nome [When to Take My Name] – Leo Burnett para equipe 1/12/67 LB

sociedade de admiração mútua [mutual admiration society] – Leo Burnett para equipe 27/1/55 LB

sociedade de admiração mútua [mutual admiration society] – DO para executivos da HOBM 25/9/50

considerou a ideia excelente [best possible merger] – DO para R. A. Bevan 16/4/54, LOC

Prêmio do Lápis Preto [Black Pencil Award] – Gary Press para KR 21/12/06

Burnett entrou em choque [Burnett went into shock] – Gary Press para KR 21/12/06

enorme reconhecimento de mérito [all-out accolade] – DO "The Leo Burnett I Knew" 21/10/91

maior elogio [greatest compliment] – DO para Leo Burnett 27/7/64

publicado uma única vez [ad ran only once] – *The New Advertising*

Esqueçam palavras como 'venda agressiva' [Forget words like 'hard sell'] – Bernbach para 4As 14/5/80

quieto e de fala mansa [quiet and soft-spoken] – entrevista com Ed McCabe 26/5/06

Vestia-se de uma maneira impecável [Neatly dressed] – entrevista com Bob Kuperman 3/5/06

Picasso do setor [Picasso of our business] – Alan Rosenshine *Agency* primavera de 1992

Judeus, italianos e outras minorias [Jews, Italians, and other minorities] – entrevista com Dick Lord 16/5/06

algo novo [something *fresh*] – entrevista com Kuperman 3/5/06, entrevista com Lord 16/5/06

As regras são o que os artistas quebram [Rules are what artists break] – entrevista com Reinhard 13/11/06

Nenhum judeu jamais [No Jew is ever] – entrevista com Martin Mayer 13/1/07

O meu primeiro herói foi David Ogilvy [My first hero was David Ogilvy] – entrevista com David Abbott 22/5/06

a necessidade de chamar atenção [the need to be noticed] – entrevista com David Abbott 22/5/06

Os fatos não são suficientes [Facts are not enough] – Bernbach para 4As 14/5/80

Vocês fazem o pão [You make the bread] – entrevista com Kuperman 3/5/06

grupo alvo... eram eles mesmos [target group... was themselves] – entrevista com Bullmore 24/5/06

Nunca em toda a história documentada [Never in all recorded history] – DO para Bill Bernbach 6/5/63 LOC Box 65

de certa maneira um artífice [something of a craftsman] – entrevista com Kuperman 3/5/06

precisamos escolher entre o gênio irracional [we must choose between irrational genius] – DO para Esty Stowell 12/5/61

duas escolas de publicidade [two schools of advertising] – DO para Leo Burnett 27/7/64

não existe um dogma [where there is no dogma] – *Time* 1/11/63 p. 98

Nunca trabalhei na sua agência [I was never in your agency] – DO para Raymond Rubicam 1/4/54

estrela da equipe americana [star of the all-American team] – Raymond Rubicam para DO 16/4/54, LOC

Thompson Blue Book – entrevista com Jeremy Bullmore 24/5/06

Marion Harper – DO para KR 26/1/83

quando os olhos estão fechados [when the eyes are closed] – entrevista com Fred Papert 26/4/06

The Gallagher Report – DO para Bob Pasch 25/2/64, LOC Box 83

O seu cliente é você [Your client is you] – Roald Dahl para DO Dia da Festa de São Miguel [Michaelmas Day] 1963, LOC Box 82

CAPÍTULO 9: A VERDADEIRA IGREJA

Durante sete anos conseguimos todas as contas [For seven years we got every account] – *The Benevolent Dictators* p. 104

na capa da revista *Time* [on the cover of *Time*] – "The Visible Persuaders" *Time* 12/10/62

as principais agências em 1960 [top agencies in 1960] – DO para Rosser Reeves 6/5/63 WI RR Box 9 Folder 6

a favorita dos intelectuais [the high brows' darling] – DO para Gustavo Agrait 15/5/58

empresas de produtos de consumo embalados [packaged goods companies] – DO para o grupo O&M General Foods 5/5/74

precisava de pessoas de peso [needed big people] – entrevista com Bill Phillips 29/5/97

qualquer compromisso importante [any key appointment] – DO para o grupo de contas da General Foods 5/5/74

Esty nos tornou respeitáveis [Esty made us respectable] – *The Benevolent Dictators* p. 106

entrar para a agência como vice-presidente executivo [come in as executive vice president] – DO para R. A. Bevan 27/12/56

trouxe profissionais competentes [brought in smart pros] – DO para Hugh Cullman 12/11/58, LOC Box 57

algumas pessoas o achavam reservado [some found him aloof] – *How to Make $50,000 a Year* p. 5

"O sabor é tão bom quanto o aroma" ["Tastes as good as it smells"] – John Crichton, entrevista com Bill Phillips 29/5/97

Maxwell House Hotel – *The Tennessee Encyclopedia of History and Culture*

nova droga ética [new ethical drug] – entrevista com Gene Grayson 6/6/06

cultivou esse contato durante vários anos [cultivated him over several years] – DO para Max Burns 7/9/54, LOC Box 41

não era antiético pagar honorários aos médicos [not unethical to pay your doctor] – DO para o grupo O&M General Foods 5/3/74

na realidade, nós preferimos trabalhar recebendo honorários [prefer to work on a fee basis] – resposta ao questionário da Shell, LOC Box 61

Nenhum dos sócios gostou da ideia [None of his partners wanted to do it] – entrevista com Shelby Page 4/5/06

apoio de líderes do setor de marketing [support from marketing leaders] – DO para vice-presidentes da O&M 1/2/61, LOC

Só fazemos amor depois do casamento [We don't make love until we're married] – entrevista com Jules Fine 14/5/97

anúncios da Thompson com desenho animado na televisão [Thompson's TV cartoon ads] – DO para Charlotte Beers 26/7/94 Joel Raphaelson

"Eu não *leio* os anúncios" ["I don't *read* the ads"] – *How to Make $50,000 a Year* p. 56

os resultados que eles obtêm [the results they get] – DO para Bob Pasch 15/8/63 LOC Box 64

alardeava a sua linhagem escocesa [flaunted his Scottish heritage] – conversa de Jock Elliott com *Reader's Digest* 15/4/86

fez com que o seu novo marido se interessasse [got her new husband interested] – DO para Esty Stowell 15/2/62, LOC Box 43

disse que achava que não estava interessado [didn't think he was interested] – entrevista com Jean Clark 12/9/06

aumento das vendas quase que totalmente à propaganda [increases almost wholly to advertising] – DO para Elliott Detchon 28/5/64

morria de medo de ir à General Foods [terrified to go to General Foods] – entrevista com Bill Phillips 29/5/97

"brâmanes" da General Foods ["Brahmins" of General Foods] – entrevista com Bill Phillips 29/5/97

mais diamantes de visom [more mink too] – John Crichton, Dave McCall *Flagbearers* outono de 1988

pesquisas revelaram que ele estava melhorando a imagem da Sears [research showed it was upgrading Sear's image] – George Fanning to KR 29/9/08

convidavam Ogilvy para falar [invited Ogilvy to speak] – entrevista com Brendan Ryan 9/11/06

o único que manteve a palavra [the only one who kept his word] – *The Care and Feeding of Ideas*

tão espetacular [so super-duper] – Joel Raphaelson para KR 4/11/07

propôs uma casinha [proposed an outhouse] – entrevista com Bruce Stauderman 26/8/06

chutou uma parede próxima [kicked a nearby wall] – entrevista com Gene Grayson 6/6/06

escrevia o anúncio inicial [wrote the initial ad] – Entrevista com Ted Shaw 16/4/07, Sue Buck 1/8/06

A companhia aérea confiável [The reliable airline] – Louis den Hertog para KR 8/12/06

capítulo sobre plágio [chapter on plagiarism] – Dick Seclow para KR 14/1/08

o rebento americano se tornara maior [U.S. offspring had now grown bigger] – entrevista com Jimmy Benson 23/5/06

se reuniram no Festival Hall [gathered in London's Festival Hall] – entrevista com Peter Warren 25/5/06

dois maços por dia durante trinta anos [two packs a day for 30 years] – DO para Fay Stender 31/8/64

morreu de câncer no pulmão [died of lung cancer] – DO para Raymond Rubicam 30/4/64, LOC Box 41

CBS Reports – "Cigarettes: A Collision of Interests" 15/4/64, LOC Box 41

Relatório do Royal College of Physicians [Royal College of Physicians Report] – "Smoking and Health" 1962

Se David não fosse irmão de Francis [If he hadn't been Franci's brother] – entrevista com Anthony Tennant 27/11/06

nunca o aceitaram completamente [never fully accepted him] – entrevista com Bill Phillips 29/5/97

o homem que conseguiu convencê-los [man who won them over] – entrevista com Clive Aldred 25/5/06

Ogilvy & Mather International – *The Wall Street Journal* 19/11/64

a fusão em partes iguais foi vendida [50-50 merger was sold] – entrevista com John Treneman 28/10/06

uma condição para que uma companhia britânica fosse vendida [condition of allowing the sale] – *Debevoise & Plimpton* p. 148

não dispunha de recursos para pagar os salários em ascensão [couldn't afford the escalating salaries] – entrevista com Fred Papert 26/4/06

queria abrir o capital [wanted to go public] – DO para Esty Strowell 7/1/64, LOC Box 85

"Todos os meus ovos estão em uma única cesta" ["All my eggs are in one basket"] – DO para os Diretores 18/2/63

O único aspecto negativo [The only downside] – DO para Shelby Page 23/7/62, LOC Box 85

O ÔNIBUS [THE OMNIBUS] – DO para Stowell, Page, Atkins 22/6/64, LOC Box 85

a oferta pública de ações da Ogilvy & Mather [public offering of Ogilvy & Mather] – *NY Herald Tribune* 25/3/66

pouco afetou a maneira [made little difference] – entrevista com Shelby Page 4/5/06

o homem que ganhou mais dinheiro [the fellow who has made more money] – Warren Buffett para KR 6/4/05

"países Mickey Mouse" ["Mickey Mouse countries"] – entrevista com Shelby Page 4/5/06

opunha-se fortemente à compra [bitterly opposed to the buyout] – entrevista com Bill Phillips 29/5/97

seria ousado demais [would be too adventurous] – Michael Ball para KR 18/5/08

considerou a ideia um esquema Ponzi [considered it a Ponzi scheme] – entrevista com Shelby Page 4/5/06

"Uma Única Agência Indivisa ["One Agency Indivisible"] – DO para Ogilvy Group Board 24/10/85

"bárbaros que sujam as nossas ruas" ["barbarians who litter our streets"] – *Flagbearer* 15/9/99

a consciência do público a respeito do novo centro de artes [public awareness of the new arts complex] – Judith Johnson para KR 23/10/06

aumentara para 67% [boosted to 67 percent] – relatório de DO para o Lincoln Center agosto de 1960

Bernstein é Sucesso de Bilheteria [Bernstein is Box Office] – Richard Wandel para KR 1/12/06

consideradas menos honestas [seen as less honest] – DO para a National Automobile Dealers Association 3/2/65 LOC Box 78

o símbolo-mor do materialismo de mau gosto – [arch-symbol of tasteless materialism] – *The New York Times* 18/9/63

oportunidades de uma rápida promoção [opportunities for rapid advancement] – DO para o Harvard Business School Club 26/1/65 LOC Box 78

Galeria da Fama dos Redatores de Publicidade [Copywriters Hall of Fame] – *Advertising Age* 29/4/65

12 ideias a respeito de como administrar a faculdade [12 ideas on how to run the college] – DO para Robert E. L. Strider 8/7/63

esse mesmo governo desdenha o rei [HMG scorns the king] – DO para Kathleen Graham 25/1/65, LOC Box 56

homenageado no Buckingham Palace [honored at Buckingham Palace] – C.B.E. Birthday Honours List 11/7/67

ao mesmo tempo "inacreditável, horrível e divertida" ["a mixture of incredulity, horror and amusement"] – *The View from Touffou*

Roar Like a Dove – IBDB Internet Broadway Database

a noite mais magnífica da minha vida [grandest evening of my life] – Harry Bauder para Bob Pasch 20/2/64, LOC Box 84

comprou uma segunda fazenda [bought a second farm] – Joan Lorenz para KR 24/1/08

Quem cuidou dessa segunda fazenda... foi o neto de Ira [farmed for him by Ira's grandson] – Ira and Fannie Stoltfus para KR sem data

David Ogilvy Stoltfus – Joan Lorenz para KR 29/4/08

"Princípios de Administração" ["Principles of Management"] – entrevista com Jules Fine 14/5/97

alguns católicos que trabalhavam na agência [reminded some Catholics] – entrevista com Chuck Guariglia 25/4/06

um barbeiro belga [a Belgian barber] – *Flagbearer* 3/9/66

retirado do Park Lane [extricated from the Park Lane] – entrevista com Emil Vaessen 18/5/06

sugestões para um nome [suggestions for a name] – *How to Make $50,000 a Year* p. 257

Você não pode trazê-lo para jantar [You can't have him for dinner] – entrevista com Elly Elliott 18/4/06

Quando ele é agradável, ele é extremamente agradável [When he's nice, he's very very nice] – *David Ogilvy: Original Mad Man* 2008

CAPÍTULO 10: O REI NO SEU CASTELO

três elegantes melodias [three jaunty tunes] – *Advertising Age* 3/5/71, entrevista com Phil Carroll 28/7/06

Il n'ya que deux châteaux – entrevista com Louis Auchincloss 5/10/06

"folie de grandeur" – "A Weekend with David Ogilvy" Tony Houghton sem data

na verdade não se dava bem com... sócios ingleses [didn't really get along with... English partners] – entrevista com Bill Phillips 29/5/97

sem nunca convidá-lo [never inviting him] – DO para os *chairmen* do conselho 1/5/88, entrevista com Stauderman 26/8/06

amava a França [loved France] – *Viewpoint* Setembro/outubro 1986, entrevista com Herta Ogilvy 29/9/07

entendia francês [understood French] – entrevista com François Tiger 7/11/06

esperou a presença de tanques russos [expected Russian tanks] – entrevista com Tiger 7/11/06

o quarto de dormir de François I [François I bedroom] – "Fortified Paradise" Carolyn Harrison, não identificada sem data

Soldados alemães se aquartelaram lá [German soldiers billeted there] – "Fortified Paradise"

contando os turistas [counting the tourists] – entrevista com Tony Houghton 9/1/07

conseguir algum dinheiro para comprar Touffou [getting some money to buy Touffou] – DO para Board na Ham House 20/6/88

licor amarelo amargo [bitter yellow liqueur] – entrevista com Louis Begley 3/5/06

uma pequena lista [a little list] – "David Ogilvy at 75" *Viewpoint* Setembro/outubro 1986

chifres de um sem-número de veados [horns of countless deer] – entrevista com Begley 3/5/06

úmido e frio [damp and cold] – entrevistas com Begley 3/5/06, Jean Clark 12/9/06

elas não viajam muito bem [It doesn't travel very well] – Hank Bernhard *Flagbearer* 15/9/99

mostrado em livros de jardinagem [featured in gardening books] – *Gardens of France* p. 142

312

Você herdou a minha paixão pela jardinagem [You have inherited my love of gardening] – *Autobiography* p. 8

recentemente divorciada [she was recently divorced] – entrevista com Herta Ogilvy 29/9/07

Vamos lá, David [Come on, David] – entrevista com Bill Phillips 13/11/06

de tempestade em tempestade [one storm to the next] – Bob Noble para KR novembro de 2000

sair abruptamente das reuniões [stomping out of meetings] – entrevista com Phillips 13/11/06

um anfitrião atencioso [a thoughtful host] – entrevista com Drayton Bird 2/5/06

aparecia na sacada do segundo andar do castelo [appear on the château's second floor balcony] – entrevista com Carroll 28/7/06

348 pernoitaram lá pelo menos duas noites [348 stayed at least two nights] – entrevista com Herta Ogilvy 29/9/07

punha alguns hóspedes para trabalhar [put some houseguests to work] – Alex Biel para David Fairfield Ogilvy 16/8/99

almoços idílicos [idyllic lunches] – entrevista com Lee Bartlett 13/12/06

tinha muita energia [full of energy] – entrevista com Nick Evans 25/10/06, *David Ogilvy's Last Crusade*

ele me odeia [he hates me] – entrevista com Bird 2/5/06

o seu "lar espiritual" [his "spiritual home"] – *David Ogilvy's Last Crusade*

ele poderia estar na lua [could have been on the moon] – entrevista com Herta Ogilvy 29/9/07

com frequência, de 30 a 50 por dia [often 30 to 50 a day] – entrevista com Lorna Wilson 28/10/07

cochilava, lia e trabalhava [snooze, read, and work] – entrevista com Herta Ogilvy 29/9/07

gorro branco [white nightcap] – entrevista com Stauderman 26/8/06

escrevia o tempo todo [writing, writing, writing] – entrevista com Herta Ogilvy 29/9/07

se preocupava **continuamente com dinheiro** [continually *worried* about money] – entrevista com Louis Auchincloss 5/10/06

O Augustus é repugnante [The Augustus is Disgustus] – Bill Phillips *Flagbearer* 15/3/05

ricos octogenários [rich octogenarians] – "Down Under" DO para Board 1/4/78

desembarcou em seguida [got off the plane] – Roger Winter 27/9/06, *David Ogilvy as I Knew Him*

relacionando 17 critérios [listing 17 criteria] – DO para Diretores da OMI 8/2/73

capitão não participante [non-playing captain] – DO para Angus Ross e Jimmy Benson 14/2/75

nomeou Jock Elliott [nominated Jock Elliott] – *Advertising Age* 10/3/75

Vocês não estão vendendo uísque [You aren't selling whiskey] – DO na National Distillers Convention 10/4/72 LOC Box 78

atirando para ele um frasco [throwing him a bottle] – DO na Proprietary Association 12/5/70 LOC Box 78

"A Despedida de Ogilvy" ["Ogilvy's Farewell"] – *The New York Times* 20/5/74

"como Frank Sinatra descobriu" ["as Frank Sinatra discovered"] – *Flagbearer* 21/5/74

"carta de agradecimento" ["bread-and-butter letter"] – DO para 4As 18/5/74

atacou o crescimento pelo bem do crescimento [attacked growth for the sake of growth] – DO para KR 24/10/82

não por um desconhecido [*not by a stranger*] – DO para Jock Elliott 9/1/80

administrada para impressionar os analistas de garantias [managed to impress security analysts] – DO para Diretores da OMI 6/4/78

Os analistas vão dar gargalhadas [The analysts will guffaw] – DO para Jock Elliott 7/12/75

resistir à criação de uma segunda rede [resist starting a second network] – DO para Jock Elliott, Bill Phillips

congresso festivo internacional [international "jamboree"] – notas de DO para discurso 4/4/84

parece uma lata de óleo [looks like an oil can] – DO para Campbell Soup Company 11/12/79

David Susskind – *Open End* WNTA-TV NY 1985

World Wildlife Fund – "David Ogilvy at 75" *Viewpoint* Setembro/outubro 1986

prestigioso conselho diretor [prestigious board] – entrevista com David Mitchell 9/5/06

Este é o meu favorito [This is my favorite] – DO para Bill Phillips 10/7/79

fez uma enorme contribuição [contributed enormously] – entrevista com HRH Prince Philip 19/11/98

nunca pareceram se dar bem [never seemed to get along] – entrevista com Mac Stewart 14/4/06

"um completo idiota" ["a blithering idiot"] – entrevista com Charles de Haes 3/6/05

fortes opiniões [strong opinions] – entrevista com Archie Pitcher 23/5/06

centro das atenções [center of attention] – Harold Burson para KR 27/4/05

fazendo um excelente trabalho [doing a fine job] – entrevista com De Haes 3/6/05

"O livro de David" ["The book of David"] – "On Madison Avenue" *New York* 22/8/83

a cultura... é o jogo [culture... is the game] – entrevista com Lou Gerstner 28/7/06

Fishmongers Hall – DO para diretores do Ogilvy Group 24/6/85

detestava camisetas [he hated T-shirts] – entrevista com Robyn Putter 14/2/07

não deixamos de notar [It did not escape our notice] – entrevista com Lee Bartlett 13/12/06

escrevia como um anjo [wrote like an angel] – Dave McCall *Viewpoint* Março/abril 1990

Se eu fosse um escritor realmente criativo [If I were a really creative writer] – DO para C. B. Larrabee 25/1/54, LOC

nunca escreveu um anúncio no escritório [never wrote an advertisement in the office] – DO para Ray Calt 19/54/55, LOC

redigia os rascunhos a *lápis* [drafted in *pencil*] – entrevistas com Sheila Trevellyn 26/5/06, Wilson 28/10/07

rabiscado e reescrito [scribbled and rewritten] – entrevista com Ian Keown 12/7/06

As pessoas que pensam de uma maneira satisfatória [People who think well] – DO "How to Write" destinatários não declarados 7/9/82

"Traquinas porém saborosos" ["Naughty but nice"] – entrevista com Winston Fletcher 26/10/06

se valeram da sua formação publicitária [drew on his advertising background] – *Americana* pp. 84-85, 270-275

Belas-letras [Quack-quack] – entrevista com Peter Mayle, *David Ogilvy: Original Mad Man*

redator de publicidade para a conta "menos glamourosa" [copywriter on the "least glamorous" account] – entrevista com Edmund Morris 9/7/06

propaganda de carro mais influente [most influential car advertising] – Joel Raphaelson para KR 2008

"Coisa de analfabeto!!!" ["Illiterate!!!"] – entrevista com Bruce McCall 14/7/06

"Não é tan-tan-tara e sim *tin*-tan-tara" ["Not tan-tan-tara, *tin*-tan-tara"] – entrevista com Ian Keown 12/7/06

no metrô (com uma mala de viagem) [on the Métro (with suitcase)] – entrevista com Tiger 7/11/06

melhorava a cada visita [grew better with every visit] – Bob Rightford para KR 6/7/06

tratado como um deus [treated like a god] – entrevista com Graham Phillips 23/7/06

"Guru Maja" ["Maja Guru"] – Mani Ayer para KR 24/7/-08

As viagens de carro na Índia o deixavam assustado [Car rides in India scared him] – Ayer para KR 24/7/08

Galeria da Fama do National Business [National Business Hall of Fame] – "Four Living Leaders" *Fortune* 26/3/79

poderia ter morrido de medo [might have died of fright] – DO para Bill Phillips 21/3/1979

L'etat c'est moi – DO para Bill Phillips 12/3/70, DO para George Lindsay 5/7/78

duas tentativas de retratá-lo [two attempts to capture his likeness] – DO para John Treneman 5/10/84

brigaram durante dois dias [fought for two days] – DO para KR 8/7/88, entrevista com Herta Ogilvy 29/9/07

foi embora em prantos [left in tears] – DO para Bill Phillips 28/7/88

última vontade e testamento [last will and testament] – Bob Neuman para KR 1981

Sou o homem mais objetivo [I'm the most objective man] – "David Ogilvy at 75" *Viewpoint* Setembro/outubro de 1986

"próximo do paraíso" ["close to paradise"] – "Fortified Paradise" revista não identificada

CAPÍTULO 11: MEGAFUSÕES E MEGALOMANÍACOS

o "terceiro Saatchi" [the "third Saatchi"] – "Buying American" *New York* 10/8/87

O "Big Bang" [The "Big Bang"] – *Advertising Age* 22/4/96

As megafusões são para megalomaníacos [Megamergers are for megalomaniacs] - *Viewpoint* Setembro/outubro 1986

a JWT era mal-administrada [JWT was undermanaged] – *Advertising Age* 29/6/87, 15/8/88

As agências de publicidade como investimento [Advertising agencies as an investment] – J. Walter Takeover

Sou um comprador [I'm a buyer] – entrevista com Dick Lord 16/5/06

como um aprendiz de servidor [like an indentured servant] – entrevista com Lord 16/5/06

ex-executivos da Ted Bates [former Ted Bates executives] – *Advertising Age* 17/8/87

critérios que se encaixavam excepcionalmente bem no The Ogilvy Group [criteria fit The Ogilvy Group] – *Chicago Tribune, London Times* 17/4/89

nenhuma semelhança com a JWT [no parallel with JWT] – *Fortune* 5/6/89 pp. 131-132

Se Deus abrisse o capital [If God went public] – *The Wall Street Journal* 20/3/87

depois de apresentar um bom desempenho durante anos [after years of doing well] – *Fortune* 10/6/85 pp. 220-221

as especulações continuaram [speculation continued] – *The New York Times* 11/1/89, *Chicago Tribune* 11/1/89

o preço das ações flutuava [stock price bounced around] – KR para Atkins, Brown, Rinehart 10/4/89

trouxe à baila a fusão [brought up merger] – KR para o TOG Executive Committee 10/2/89

reunira com analistas financeiros [met with financial analysts] – *London Times* 1/5/89

sugeriu que nos encontrássemos de novo [suggested we meet again] – Martin Sorrell para KR 25/4/89

fiz o meu discurso [delivered my script] – Notas de KR 26-7/4/89

desestabilizar o seu alvo [destabilize his target] – "Is Sorrell bashing clients" *The Wall Street Journal* 10/10/06

O "abraço de urso" chegou [The "bear hug" arrived] – Martin Sorrell para KR 4/5/89

não é uma carta de amor [no love letter] – *The New York Times* 5/2/08

filhos ser vendido como escravo [children being sold into slavery] – *Advertising Age* 8/5/89

quase se encontrou com Sorrell no ano anterior [almost met Sorrell the prior year] – *Advertising Age* 5/5/88

JUSTIFICA O MEU PECADO! [EXCULPATE MY SIN!] – DO para TOG Board 17/1/89

fechar o capital [going private] – DO para KR 18/1/89

"merda minúscula e detestável! ["odious little shit"] – DO para Jonathan Rinehart 1/5/89

incorretas e insinceras ["inaccurate and disingenuous"] – KR para Martin Sorrell 30/4/89

Anúncios foram preparados [Ads were prepared] – Joel Raphaelson para Bill Phillips 1/5/89

explorávamos as possíveis defesas [explored defenses] – Shearson Lehman, Smith Barney para o Conselho Administrativo do TOG 15/5/89

enxurrada de processos judiciais [firestorm of litigation] – DO para KR 9/5/89

Sorrell havia aumentado a sua oferta [Sorrell's offer had risen] – Martin Sorrell para KR 5/5/89

65 possíveis questões [65 possible issues] – KR para diretores do TOG, pessoal da PR 8/5/89

esgotados pela pressão e pelas emoções [drained by pressure and emotions] – KR para diretores externos do TOG 12/5/89

não enxergavam nenhum benefício [didn't see the benefits] – Mike Perry para KR 27/4/89

parecia Gordon Gecko [resembled Gordon Gecko] – *The New York Times* 4/4/93

a oferta da Interpublic [the Interpublic offer] – Phil Geier para KR 15/5/89

andara deixando transparecer que talvez estivesse aberto [had been suggesting he might be open] – DO para KR 1/5/89, 7/5/89

pote de ouro [pot of gold] – KR para acionistas do TOG 16/5/89

Sorrell não tinha paliativos [Sorrell had no quick fixes] – *Adweek* 18/11/91

o novo dono da empresa [company's new owner] – KR e Martin Sorrell na reunião dos altos executivos da O&M 29/5/89

no local de um acidente [at the scene of an accident] – entrevista com Randy Rothenberg 23/10/06

aceitou o convite para ser o *chairman* do conselho administrativo [accepted the invitation to be chairman] – DO para Martin Sorrell 19/5/89

o valor das marcas [the value of brands] – Martin Sorrell *Viewpoint* agosto de 1989

de uma fusão com a J. Walter Thompson [merging with J. Walter Thompson] – Jock Elliott para KR 13/1/99

"Gosto de calcular os custos com cuidado" ["I like to count beans"] – "The Rise and Fall of the Ad Man" BBC Four 2/6/08

aceitei uma proposta [accepted an offer] – KR para altos executivos da O&M 23/10/89

o efeito da incorporação em Ogilvy [effect of the takeover on Ogilvy] – entrevista com Lorna Wilson 28/10/07

fora raptada [had been kidnapped] – entrevistas com Jerry McGee 5/6/06, Lorna Wilson 28/10/07

um dia, acabou [one day, it was over]– David Fairfield Ogilvy *David Ogilvy: Original Mad Man*

passou a vida elevando padrões [spent his life raising standards] – "Tribute to DO" Dave McCall 26/9/89

ferindo ainda mais os seus ex-parceiros, já machucados [bruising his already black-and-blue] – JE para DO 15/8/89

O dinheiro apagou a admiração [Money erased his admiration] – DO para KR 22/7/93

já não estava no apogeu [lost something from his prime] – entrevista com Bullmore 24/5/06

Por que ele aceitou [Why did he accept] – Marvin Sloves para KR julho de 1991

vendido a alma [sold his soul] – entrevistas com Julian Clopet 20/10/06, Peter Warren 2/10/06

A Piada [The Joke] – Reunião da O&M Worldwide Outubro de 1989

CAPÍTULO 12: UMA DOENÇA CHAMADA ENTRETENIMENTO

proibir os funcionários da Ogilvy & Mather de participar [ban Ogilvy & Mather people from entering] – DO para a Equipe 26/1/70

The David Ogilvy Award – DO na Reunião da Equipe da O&M 14/12/70

"propaganda de vitrine" ["show-case advertising"] – DO para diretores de criação da O&M 25/12/79

Alka-Seltzer caiu na mesma armadilha [Alka-Seltzer fell into the same trap] – *Advertising in America* p. 9

nunca houve tanta propaganda de má qualidade [more bad advertising] – *The Wall Street Journal* 29/10/91

uma noção de prioridades mais confusa [as screwed up a sense of priorities] – "Brand Burning", Jim Jordan 28/10/91

mais valioso que já ouvi [the most valuable I have ever heard] – DO na ANA 28/10/91

que atrevimento! [unmitigated gall] – *Chicago Advertising & Media* 15/12/91

hora de parar de fazer tantas críticas [time to stop scolding] – DO para Lee Bartlett 8/11/91

Antes do Festival anual de Cannes [Before the annual Cannes Festival] – Daniel Sicouri para KR 27/9/07

nenhum deles era enfadonho [none of them were dull] – Joel Raphaelson para KR 10/1/02

guru dos falsos criativos [guru of phony creatives] – *Adweek* 5/10/92

deixou a reunião em Touffou depois do almoço [left the Touffou Jamboree after lunch] – DO para Graham Phillips 19/6/92

Quando ele começou a aparecer nas reuniões [When he started appearing at its meetings] – entrevista com Jerry Pickholz 17/5/06

é possível controlar o trabalho de vocês [your work is accountable] – entrevista com Pickholz 17/5/06

"Nós Vendemos. Senão..." ["We Sell. Or Else"] – Jerry Pickholz para KR 3/7/06

atacando o mundo [ripping into the world] – DO para o Direct Marketing Hall of Fame [Galeria da Fama do Marketing Direto] 1986

"Por que roubar de alguém que não seja o melhor?" – ["Why steal from anyone but the best?" – Pickholz para KR Junho de 1990

"Como você sabe disso?" [How do you know?"] – Joel Raphaelson, *Admap* Reino Unido Outubro de 1999

falta de autoestima [short on self-esteem] – Entrevista com Tony Adams 10/11/05

Ogilvy Research Awards – Entrevista com Tony Adams 10/11/05, *Advertising Age* 19/2/96

especialistas em televisão [specialists in television] – DO para a Advertising Research Foundation 9/4/94

Ogilvy Center – Entrevista com Biel 2/8/06, relatório "Life in the Twilight Zone" 30/5/89

retorno sobre o investimento [return on investment] – relatório "Converting Image Into Equity" de Alex Biel 16/6/91

lado mais brando da publicidade [softer side of advertising]– Entrevista com Biel 2/8/06

se dirigindo ao homem interior [talking to the inner man] – Entrevista com Biel 2/8/06

testagem de "promessa" ["promise" testing] – Entrevista com Biel 2/8/06

o que define um grande cirurgião [what makes a great surgeon] – DO para Jock Elliott 29/1/75

cavado um buraco profundo para si mesmo [dug himself a deep hole] – *The Economist* 19/10/91 pp. 80-85

"O WPP Group Armou as Suas Defesas" ["Wagons Are Circled at WPP Group"] – *New York Times* 31/10/91

assinou o relatório anual de 1991 do WPP [signed the 1991 WPP annual report] – Relatório Anual do WPP Group 1991

Não quero que ele saia [I don't want him out] – DO para KR 16/5/92

pouco mais do que ornamental [little more than ornamental] – *Advertising Age* 20/7/92

mínima influência [minimal influence] – DO para Graham Phillips 23/7/92

"O pires de esmola do WPP está novamente à vista ["WPP begging bowl out again"] – *Independent* Londres 12/3/93

insistiram em que ele fosse substituído [insisted he be replaced] – *The Wall Street Journal* 9/7/92

Eu ouvi *chairman* do conselho? [Did I hear Chairman?] – Chris Simpson para KR 14/5/92

concordou em renunciar [agreed to step down] – *The Wall Street Journal* 7/8/92

Eu morreria de tristeza [I'd die of misery] – DO para KR 16/5/92

um idiota do escritório de Nova York [some baboon in the New York office] – DO para Nigel (desconhecido) 6/5/93

formalizar a sua filosofia criativa [formalizing his creative philosophy] – DO *"My Creative Principles"* DO 1968

um vendedor que de repente começa a cantar [sales person who suddenly bursts into song] – Entrevista com Keith Reinhard 13/11/06

simplesmente se levantava e saía da sala [simply got up and left the room] – Entrevista com Vel Richey-Rankin 17/11/06

O mesmo tipo de mudança estava tendo lugar na publicidade britânica [changes were taking place in British advertising] - Don Arlett para KR 27/2/08

Na verdade, o que não queríamos era ter contato com David [It was David we wanted no part of] – Ed McCabe para KR 2008

como ter sucesso em publicidade [how to succeed in advertising] – DO para INSEAD *Viewpoint* Janeiro-fevereiro de 1994

"Bees in My Bonnet" – DO "15 Bees in My Bonnet" 14/7/93

O leite Carnation é o melhor que existe [Carnation milk is the best] – *Confessions* p. 112

obrigaram Maurice Saatchi a deixar o cargo [forced Maurice Saatchi out] – "Master of Illusion" *The New Yorker* 15/5/95

fazer outra aquisição [make another acquisition] – *The Wall Street Journal* Maio-junho de 1998

Ele não era realmente assim [It was very unlike him] – Bill Phillips para KR 28/3/95

A única coisa de que entendo agora é senilidade [anything except senility] – Joel Raphaelson para KR setembro de 1992

sentindo o peso dos anos [feeling my age] – DO para KR 18/1/94

"quente como as charneiras do inferno" ["hot as the hinges of Hell" - DO para KR 16/5/92

"O meu problema é a pobreza" ["My problem is poverty"] – DO para Graham Phillips 19/7/93

pedir a Sorrell que aumentasse a sua pensão [ask Sorrell to rectify his pension] – DO para Martin Sorrell 20/7/95

Eu agora estou FORA [I am now OUT] – DO para Graham Phillips 1/3/95

Se alguém cantar aquela música horrível [If anyone sings that dreadful song] – Joel Raphaelson to KR junho de 1995

"uma série de cinco amigos" [a series of five friends"] – DO para Graham Phillips 1/3/95

três anos de uma crescente interferência [three years of increased meddling] – entrevista com Graham Phillips 23/7/06

não discordou de nada [found nothing to disagree with] – DO para Lee Bartlett 7/5/92

Ela é a melhor chefe que já tivemos [She's the best chief we've had] – DO para KR 16/5/92

não respondia aos memorandos de Ogilvy [didn't answer Ogilvy's memos] – Entrevista com Herta Ogilvy 29/9/07

acabou com o slogan "Nós vendemos. Senão…" [killed his "We Sell. Or Else" – DO para Graham Phillips 9/1/94, para KR 1/7/94

impedisse as pessoas de falar a respeito da nova O&M [stop people from talking about the new O&M] – DO para Charlotte Beers 2/6/94

uma importante mudança tenha lugar na cultura corporativa [major change in the corporate culture] – DO para KR 1/7/94

não trouxe uma única conta nova [has not brought in a single new account] – DO para Graham Phillips 9/1/94

eliminou tudo o que considero valioso [abolished everything which I think is valuable – DO para KR 9/5/95

promoveu Shelly Lazarus a *chairman* do conselho administrativo [promoting Shelly Lazarus to chairman] – *The Wall Street Journal* 9/9/96

Telefonei para saber como você está [I called to find out how you are] – Entrevista com Shelly Lazarus 16/11/06

permaneceu obcecado pelo passado [remained fixated on the past] – Alex Biel para KR Outubro de 1993

conspiração contra os homens velhos [conspiracy against the old men] – DO para KR 14/4/91

Se ele tivesse se aposentado aos 60 [Had he retired at 60 – *Campaign* Londres 7/12/90

Se você trabalha até a idade de 85 anos [If you work to age 85] – *The Longevity Factor* p. 204

ele passou a assistir repetidamente a dois filmes [he watched two movies over and over] – Joel Raphaelson para KR 25/5/97

Nós esposas entramos na vida dele [We wives came into his life] – Entrevista com Herta Ogilvy 29/9/07

CAPÍTULO 13: A REBARBA DE SINGULARIDADE

Uma bênção [a blessing] – Entrevista com Herta Ogilvy 29/9/07

surripiava cigarros [sneaked cigarettes] Entrevista com Steve Hayden 14/2/07

o último publicitário cuja morte [last advertising man whose death] – Jerry Della Femina *Adweek* 26/7/99

agência de Burnett publicou [Burnett agency placed] – *The New York Times* 16/8/99

a cena do funeral em Touffou [funeral scene at Touffou] – Shelly Lazarus para o conselho administrativo da OMW 26/7/99

nenhuma pompa ou circunstância [no pomp nor circumstance] –Shelly Lazarus para a Família O&M 21/7/99

a pessoa pode mudar de ideia [you can change your mind] Joel Raphaelson para KR 4/8/99

colocá-lo em uma caixa de papelão [put him in a cardboard box] – Entrevista com Lorna Wilson 28/10/07

é bom ter um especialista em televisão [nice to have a television expert] – Entrevista com Jules Fine 14/5/97

ele nunca escreveu um bom comercial de televisão [he never wrote a good TV commercial] – DO em uma reunião do conselho administrativo em Touffou 11/5/94

não é relevante hoje [not relevant today] – Entrevistas com Ed McCabe 26/5/06, Barry Owen 7/2/07

"Você reverteu o corpo do texto" ["You reversed the body copy"] – Entrevista com Neil French 18/10/06

Monte Rushmore [Mount Rushmore] – Jeremy Bullmore no *Marketing* Londres 29/7/99

A Associated Press aventou [Associated Press suggested] – "Manager's Journal" *The Wall Street Journal* 2/8/99

advogava a defesa do consumidor antes que isso tivesse um nome [consumerist before it had a name] – Entrevista com Randy Rothenberg 23/10/06

a principal marca de higiene pessoal, perfumaria e cosméticos [the leading personal care brand] – "Unilever to Cut" *Wall Street Journal* 22/9/99

as cem campanhas publicitárias "mais importantes" [100 "top" advertising campaigns] – "The Advertising Century" *Advertising Age* 1999

força criativa mais influente [most influential creative force] – "The Advertising Century" *Advertising Age* 1999

pensassem em seguir a carreira publicitária [consider a career in advertising] – *Adweek* 12/4/04

a maior mente publicitária [greatest advertising mind] – *Forbes* 9/5/05

o "manual" definitivo [the definitive "how to" book] – Jerry Della Femina *The Wall Street Journal* 18/3/06

Eu me dei conta de que ele estava falando a meu respeito [I realized he was talking about me] – Jerry Della Femina *Adweek* 2/8/99

lado vencedor ou lado perdedor [winning side or the losing side] – *The Economist* Novembro de 2006

Pense na China [Consider China] – *The New York Times* 26/7/08

O WPP começou a se afastar [WPP started edging back] – *The New York Times* 13/9/04

funcionar como um escritório comercial [operate like a business] – "path to creative success" *Financial Times* 28/10/04

um dos seus dois maiores desgostos [one of his two major regrets] – Entrevista com Emil Vaessen 18/5/06

Por que ele foi preterido [Why he was passed over] – Sir Michael Angus para KR 16/10/06

Jock Elliott – *The New York Times* 31/10/05

Hal Riney – *The New York Times* 26/3/08

gênios criativos como Hal Riney [creative geniuses like Hal Riney] – *Adweek* Novembro de 1992

daqueles papéis brilhantes [all that shiny paper] – Joel Raphaelson para KR 26/3/08

Madison Avenue na década de 1960 [Madison Avenue in the 1960s] *–The New York Times* 30/5/06
inspirou figurinos de moda [inspired designer fashions] – *Vanity Fair* Junho de 2008 pp. 128-129
edição gozadora [mock issue] – *Advertising Age* 23/6/08
um dos Mad Men Originais [Original Mad Man] – BBC Four 29/3/08
rebarba de singularidade [burr of singularity] – *Confessions* p. 132
"o britânico mais americano" [the most American Brit" – Entrevista com Herta Ogilvy 29/9/07
a alma de Uriah Heep [the soul of Uriah Heep] – Entrevista com Robyn Putter 14/2/07
"Minha Morte" ["My Death"] – "For David" Jock Elliott 15/9/99
As amizades podem ser mais importantes [Friendships can be more important] – DO "My Life"
versos de Horácio [lines by Horace] – jornal de Edimburgo 1984
se saiu muito bem para um imigrante [done rather well for an immigrant] – Margot Wilkie to KR Junho de 1997

EPÍLOGO: (MAIS) TEXTOS NÃO PUBLICADOS DE DAVID OGILVY

fascinado por macacos [fascinated by monkeys] – a Howard Connell 17/12/53, LOC
Jekyll/Hyde – ao comandante Whitehead 18/6/54, LOC Box 61
quintilhas [limericks] – a Howard Baldwin 18/8/55, LOC
CARTÕES DE NATAL [CHRISTMAS CARDS] – à equipe 15/12/58, LOC
em uma salva [on a salver] – a Randolph Churchill 25/7/61, LOC
Burpee Seed Company – a David Burpee 7/6/72
A VOZ DO MESTRE [HIS MASTER'S VOICE] – aos diretores da OMI 21/12/71
para o inimigo comum [to common foe] – aos diretores da OMI 27/7/72
O BICO [MOONLIGHTING] – aos diretores da OMI 17/1/73
a opulência das instalações [opulence of their offices] – a Bill Phillips 30/3/75
OS GENERALISTAS CUSTAM MENOS [GENERALISTS COST LESS] – aos diretores da OMI 20/8/75
a primeira pessoa com quem devemos nos preocupar é o cliente [first person to look out for is the customer] – aos diretores da OMI 6/10/75
Princípios de Administração [Principles of Management] – a Ron Daniel 25/2/78
PROMOÇÕES [PROMOTIONS] – aos diretores da OMI 10/11/75
APRESENTAÇÕES [PRESENTATIONS] – aos executivos da O&M 5/5/78
SALTADORES [JUMPERS] – aos diretores da OMI 31/3/79
VOCÊ É O MAIS COMPETENTE? [ARE YOU THE GREATEST?] – aos diretores de criação 1/7/79
COMO ESCREVER [HOW TO WRITE] – a Joel Raphaelson e Ken Roman 24/9/79
INGLÊS [ENGLISH] – a Joel Raphaelson 26/3/80
AQUISIÇÕES [ACQUISITIONS] – a Jock Elliott 28/2/80
argola de aço [hoope of steel] – a Bill Phillips 11/10/81
UM CRESCENTE INCÔMODO [A GROWING NUISANCE] – ao conselho administrativo do Ogilvy Group 18/9/85
cirurgião do rei Jorge [King George's surgeon] – a Steve Gardner 22/9/77